깨우자!
독해력!

중등 국어 독해 0 준비편

WRITERS

미래엔콘텐츠연구회

김상미   풍산고 교사
김선주   은평고 교사
이세주   광성고 교사
최성운   동탄국제고 교사

COPYRIGHT

인쇄일 2024년 10월 30일(1판6쇄)
발행일 2022년 11월 21일

펴낸이 신광수
펴낸곳 ㈜미래엔
등록번호 제16-67호

교육개발1실장 하남규
개발책임 이충선
개발 허은실, 장혜연, 정윤숙

디자인실장 손현지
디자인책임 김기욱
디자인 윤지혜, 김단비

CS본부장 강윤구
CS지원책임 강승훈

ISBN 979-11-6841-421-1

독해력을 깨울 시간!

어휘는 어렵고, 지문은 길어서 읽기가 힘들어.
나, 이대로 괜찮을까?

걱정하지 마! 너희 선배들도 다 같은 고민을 했거든.
그런 고민이 하나하나 모여서 만들어진 게 바로,
깨독이야!

국어가 어렵다는 생각은 버려.
네 안의 독해력을 깨우면
국어가 이렇게 쉬웠다고? 소리가 저절로 나올 걸~

우리 함께 독해력을 깨울 시간이야!

중등 국어 수능 독해
학습 전략

Level. 0

나의 수준 점검

글을 읽고 글의 화제나 중심 내용을 찾기가 어려워요.

기초부터 다지며 수능 국어 공부를 시작하고 싶어요.

66

독해 원리부터 익혀 기초를
다지는 훈련을 해 보세요.

99

추천 대상: 예비 중

중등 국어
독해 0
준비편
Mirae N 미래엔

구성 비율	원리	문제
문제 경향	내신	수능
글자 수	1000 이하	2000 이상
문제 수준	하	상

한번에 모두
하려 하지 말고,

Level. 1

계획을 세워 공부하는 습관이 잡히지 않았어요.

인문, 사회, 과학, 기술, 예술 영역의 글을 읽으며 독해 능력을 기르고 싶어요.

66

영역별로 비문학 지문을
집중하여 읽는 훈련을 해 보세요.

99

추천 대상: 중 1

중등 국어
독해 1
기본편
Mirae N 미래엔

구성 비율	원리	문제
문제 경향	내신	수능
글자 수	1000 이하	2000 이상
문제 수준	하	상

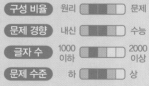

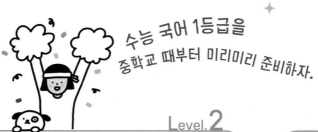

수능 국어 1등급을
중학교 때부터 미리미리 준비하자.

Level. 2

다양한 영역의 긴 지문을 읽고 독해 실력을 키우고 싶어요.

수준 높은 문제를 풀어 보고 싶어요.

❝
짧은 지문 – 긴 지문의 순서로
단계별 독해 훈련을 해 보세요.
❞

추천 대상: 중 2

구성 비율	원리 ▢▢▢▢ 문제
문제 경향	내신 ▢▢▢▢ 수능
글자 수	1000 이하 ▢▢▢▢ 2000 이상
문제 수준	하 ▢▢▢▢ 상

Level. 3

수능 국어 1등급을 목표로 꾸준히 공부하고 싶어요.

수능에 나오는 국어 지문과 문제 유형으로 공부하고 싶어요.

❝
실제 수능에 나오는 문제 유형에 따라
독해 훈련을 해 보세요.
❞

추천 대상: 중 3

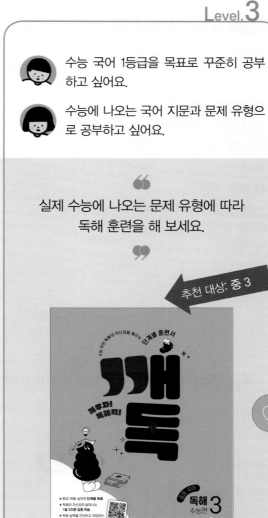

구성 비율	원리 ▢▢▢▢ 문제
문제 경향	내신 ▢▢▢▢ 수능
글자 수	1000 이하 ▢▢▢▢ 2000 이상
문제 수준	하 ▢▢▢▢ 상

차근차근
하나씩 –

구성과 특징

1 독해 원리 익히기
7가지 독해 원리를 단계별로 학습하여 스스로 독해하는 방법을 익혀요.

❶ 독해 원리 포인트
7가지 독해 원리를 단계별로 익혀 다양한 영역에 맞게 독해하는 방법을 익혀요.

❷ 독해 원리 적용
7가지 독해 원리를 적용하여 다양한 영역의 글을 꼼꼼하게 읽고, 문제를 푸는 연습을 해요.

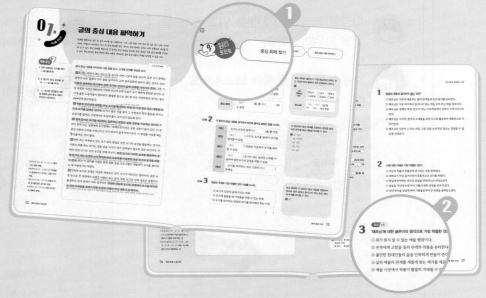

2 독해력 깨우기
'내용 이해하기>주제 파악하기>확인 문제'의 단계에 따라 독해 실력을 길러요.

❶ 지문 읽기
수능이 쉬워지는 지문 키워드를 통해 글의 세부 영역과 핵심 키워드를 알아보고, 독해 방법을 적용하며 글을 읽어요.

❷ 단계별 지문 독해
빈칸 넣기, ○✕ 문제로 구성된 '내용 이해하기>주제 파악하기>확인 문제'를 통해 지문의 내용을 정확히 이해해요.

❸ 독해 문제 풀이
7가지 독해 원리의 적용 문제를 풀며 실전 훈련을 해요.

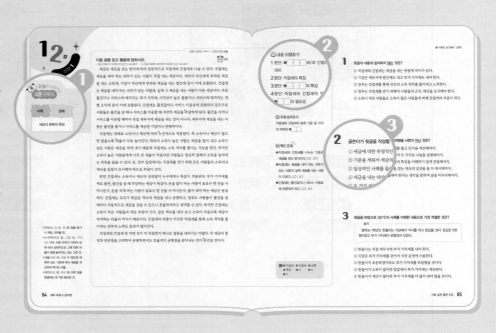

3 독해력 다지기 　독해에 도움이 되는 어휘력과 배경지식을 쌓아요.

❶ 어휘 공략하기
지문에 나온 핵심 어휘를 학습하며 어휘력을 높여요.

❷ 배경지식
지문과 관련 있는 배경지식을 읽으며 지문 이해력을 높이고, 독해력을 강화해요.

✦ 모바일 진단 평가

+ '학습 전 – 학습 중간 – 학습 완료 후' 총 3회의
  모바일 진단 평가로 자신의 독해 실력을 진단해요.

+ 수능 국어 **예상 등급**과 **학습 처방**을 통해
  스스로 실력을 점검해요.

QR 코드를
찍어 봐!

차례

진단 평가 3회

5주 완성

1주	①일 ☐ 월 일	②일 ☐ 월 일	③일 ☐ 월 일	④일 ☐ 월 일	⑤일 ☐ 월 일
2주	⑥일 ☐ 월 일	⑦일 ☐ 월 일	⑧일 ☐ 월 일	⑨일 ☐ 월 일	⑩일 ☐ 월 일
3주	⑪일 ☐ 월 일	⑫일 ☐ 월 일	⑬일 ☐ 월 일	⑭일 ☐ 월 일	⑮일 ☐ 월 일
4주	⑯일 ☐ 월 일	⑰일 ☐ 월 일	⑱일 ☐ 월 일	⑲일 ☐ 월 일	⑳일 ☐ 월 일
5주	㉑일 ☐ 월 일	㉒일 ☐ 월 일	㉓일 ☐ 월 일	㉔일 ☐ 월 일	목표 달성

#계획표 #공부 습관 #꾸준히 #천천히 #1일 2지문

'학습 플래너'를 활용하여
나만의 학습 계획을 세워 보세요.

PLAN

3주 완성

1주	1일 ☐ 월 일	2일 ☐ 월 일	3일 ☐ 월 일	4일 ☐ 월 일	5일 ☐ 월 일
2주	6일 ☐ 월 일	7일 ☐ 월 일	8일 ☐ 월 일	9일 ☐ 월 일	10일 ☐ 월 일
3주	11일 ☐ 월 일	12일 ☐ 월 일	13일 ☐ 월 일	14일 ☐ 월 일	15일 ☐ 월 일

목표 달성!

#계획표 #방학 집중 #단기 완성 #1일 4지문

깨독 독해편을 완벽하게
사용하는 Tip

❶ 필기 도구와 깨독 독해책 준비하기 ✏️📚

❷ 학습 날짜와 분량을 적어서 계획표 완성하기

❸ 계획표에 따라 공부하고 ✓표 하기

❹ 틀린 문제를 정리하여 나만의 오답 노트 만들기

7가지 독해 원리로 깨우자!

독해 원리

글의 중심 내용 파악하기

0 1 강

독해 원리

독해를 잘한다는 것은 곧 글의 의미를 잘 이해한다는 거야. 이를 위해 가장 먼저 할 일은 글이 어떤 이야깃 거리로 쓰였는지 파악하는 거야. 즉 중심 화제를 찾는 것이지. 중심 화제는 글에서 자주 반복되는 단어를 통해 알 수 있어. 중심 화제를 찾았으면 각 문단의 중심 문장을 찾아봐. 중심 문장은 보통 중심 화제를 포함하고 있어. 중심 문장을 통해 문단의 핵심 내용을 정리하면 글의 중심 내용인 주제를 파악할 수 있을 거야.

독해 꿀팁

1 자주 반복되는 단어를 찾아 ○ 표시를 해 봐.

2 각 문단의 중심 문장을 찾아 ▬▬ 표시를 해 봐.

3 ▬▬ 표시한 문장들의 내용을 종합해 글의 중심 내용이 무엇인지 생각해 봐.

교과 연계 과학

글의 중심 내용을 파악하며 다음 글을 읽고, 단계별 문제를 해결해 보자.

1 모기는 바닥이 젖는 정도의 물 깊이만 되면 그곳에 알을 낳는다. 일부 모기 중에는
↳ 글 전체에서 가장 많이 반복되는 단어야.
알에서 나온 벌레가 다시 알을 낳기까지 고작 일주일밖에 걸리지 않는 경우도 있다.
이렇게 생존력과 번식력이 강한 모기는 인간의 삶에 피해를 끼치기도 한다. 그중 가
↳ 1문단에는 모기가 인간에게 피해를 끼친 사례가 나와 있으므로 이 문장이 중심 문장이야.
장 유명한 사건은 1881년에 시작한 파나마 운하 건설이 모기 때문에 중단된 일이다. 모
기에 물린 노동자들이 말라리아, 황열병 등으로 2만 명 이상 사망하면서 공사는 결국
1884년에 중단되었다.

2 이렇게 인간에게 피해를 주는 모기를 퇴치하는 방법 중 가장 좋은 것은 애벌레 시
↳ 이 단어도 많이 나와.
↳ 2문단의 중심 문장은 문단의 처음에 위치하고 있어.
기의 모기를 없애는 것이다. 모기가 많은 곳을 찾아 그 주변에서 방역 활동을 하거나
웅덩이를 없애고, 가정에서는 욕실에 물이 고여 있지 않도록 한다.

3 집에 들어온 모기를 퇴치하는 일반적인 방법은 살충 성분을 사용하는 것이다. 우
↳ 3문단의 중심 문장 역시 문단의 처음에 위치하고 있어.
리가 흔히 쓰는 살충제와 모기향에는 '피레트린'이라는 살충 성분이 들어 있다. 이 성
분은 곤충의 근육을 수축시키고 다시 펴지지 않게 마비시킨다. 이 방법을 사용할 때는
환기를 하는 것이 좋다.

4 한편 최근 주목받고 있는 모기 퇴치 방법은 암컷 모기의 습성을 활용하는 것이다.
사람의 피를 빠는 모기는 알을 낳을 시기가 되어 단백질이 필요한 암컷 모기이다. 이
때의 암컷 모기는 수컷 모기를 피해 다닌다. 암컷 모기의 이러한 습성을 활용하여 수
컷 모기가 내는 날갯짓 소리 대역과 같은 초음파를 이용하면 암컷 모기의 공격을 피할
↳ 4문단의 첫 문장에서 말한 최근 주목받는 모기 퇴치 방법이 이 문장에 제시되어 있어.
수 있다. 최근 이 원리를 이용한 휴대 전화 응용 프로그램이 개발되어 모기를 쫓아내
는 데 사용되기도 하였다.

5 인류와 모기의 전쟁은 여전히 계속되고 있다. 모기가 퍼뜨리는 말라리아, 일본 뇌
염 등으로 전 세계에서 수많은 사람이 죽고 있다. 또한 모기로 인해 새로운 질병까지
발생하고 있어 문제가 더욱 심각하다. 이러한 인류와 모기의 전쟁에서 모기를 퇴치하
↳ 5문단은 중심 문장을 문단의 끝에 놓아서 말하고자 하는 바를 강조하고 있어.
는 것은 가려움을 피하기 위한 순간의 선택이 아닌 생존의 문제이다.
➡ 각 문단의 중심 문장을 통해 모기 퇴치 방법과 모기를 퇴치해야 하는 이유를 설명한 글임을 파악할 수 있어.

✦**퇴치**(물러날 退, 다스릴 治) 물리쳐서 없애 버림.

✦**방역**(막을 防, 전염병 疫) 전염병이 발생하거나 퍼지는 것을 미리 막음.

✦**환기**(바꿀 換, 기운 氣) 더럽고 탁한 공기를 맑은 공기로 바꿈.

✦**대역**(띠 帶, 지경 域) 어떤 폭으로써 정해진 범위.

중심 화제 찾기	→	각 문단의 중심 문장 찾기	→	글의 중심 내용 파악하기

단계 1 윗글에서 자주 반복되는 단어 두 가지에 ∨표 하고, 이 단어를 빈칸에 써서 중심 화제를 완성하시오.

자주 반복되는 단어	☐ 모기 ☐ 공사 ☐ 퇴치 ☐ 살충제 ☐ 초음파 ☐ 질병
중심 화제	(1) ( )을/를 (2) ( )하는 방법

중심 화제는 글쓴이가 가장 중요하게 다루고 있는 대상이라서 글에서 자주 반복되어 나타나.

답

자주 반복되는 단어	☑ 모기 ☐ 공사 ☑ 퇴치 ☐ 살충제 ☐ 초음파 ☐ 질병
중심 화제	(1) (모기)을/를 (2) (퇴치)하는 방법

단계 2 각 문단의 중심 내용을 생각하여 빈칸에 들어갈 알맞은 말을 쓰시오.

1문단	모기는 인간의 삶에 (1)( )을/를 끼침.
2문단	(2)( ) 시기의 모기를 없애서 모기를 퇴치할 수 있음.
3문단	(3)( ) 성분을 사용하여 모기를 퇴치할 수 있음.
4문단	(4)( ) 모기가 내는 날갯짓 소리를 이용하여 암컷 모기의 공격을 피할 수 있음.
5문단	모기를 퇴치하는 것은 인류의 (5)( ) 문제임.

각 문단에서 중심 화제를 포함하는 문장을 살펴보면 문단별 중심 내용을 파악할 수 있어.

답 (1) 피해
(2) 애벌레
(3) 살충
(4) 수컷
(5) 생존

단계 3 윗글의 주제로 가장 적절한 것의 기호를 쓰시오.

㉠ 모기가 인간의 삶에 끼치는 피해
㉡ 모기에 물렸을 때 가려움을 피할 수 있는 방법
㉢ 모기를 퇴치하는 방법과 모기를 퇴치해야 하는 이유

( )

중심 화제와 각 문단의 중심 내용을 종합하여 정리해 보면 글에서 말하고자 하는 중심 생각, 즉 주제를 파악할 수 있어.

답 ㉢

01강

원리 적용 1

다음 글을 읽고 물음에 답하시오.

1 인간은 다양한 놀이를 하며 살아간다. 놀이에 대해 연구한 로제 카이와는 사회 제도적 측면에서 바라보았을 때, 인간이 하는 다양한 놀이에는 네 가지의 속성이 있다고 주장하였다.

2 첫 번째 속성은 '경쟁'이다. 아이들은 달리기로 경쟁하여 먼저 목표 지점에 닿는 놀이를 한다. 경쟁의 이 속성은 시험이나 스포츠 등에서 순위를 정하는 것으로 바뀌어 사회 제도의 기본 원칙으로 활용되고 있다.

3 다음 속성은 '운'이다. 아이들은 ˙제비를 뽑아 술래를 정하기도 하고, 어른들은 운을 시험하는 방식으로 내기를 하기도 한다. 축구 경기가 경쟁을 통해 승부를 결정하는 것이라면, 조 추첨을 통한 ˙부전승은 실력과는 상관없이 운에 영향을 받는 것이라 할 수 있다.

4 그다음은 '흉내'의 속성이다. 어린아이들은 주로 부모의 행동을 흉내 내고, 소년기의 아이들은 선생님이나 친구의 행동을 흉내 낸다. 많은 철학자들이 다른 것을 흉내 내는 모방을 예술의 기본이 되는 원리로 파악하였다.

5 마지막은 '균형의 파괴' 혹은 ˙일탈'의 속성이다. 어린아이들은 어른들이 자신의 몸을 공중에 던져 신체적 균형이 무너지는 상황 속에서 재미를 느끼고, 소년기의 아이들은 롤러코스터를 타면서 현기증을 체험하며 즐거워한다. 이러한 속성은 개인이 사회 제도의 압박으로부터 벗어나 균형의 파괴 혹은 일탈을 통해 자유로움을 추구하는 모습과 관련지어 생각할 수 있다.

6 요약하자면, 놀이가 지닌 네 가지 속성은 인간이 형성한 문화의 ˙근간이 된다고 볼 수 있다. 사람들은 때로는 다른 사람과 경쟁하고 때로는 운에 따라서 상황이 결정되는 사회 제도를 만들었고, 모방을 통해 예술의 기본 원리를 마련하였으며, 사회 제도에서 벗어나는 일탈의 속성을 자신들이 살아가는 사회에 끌어들이기도 했다는 것이다. 놀이의 관점으로 인간의 문화를 이해할 때 특정 속성만을 옳다고 여기거나 특정 속성을 제외해서는 안 된다. 경쟁, 운, 흉내, 일탈의 네 가지 놀이의 속성이 상호 작용하여 사회의 각 부분을 이루면서 각종 예술과 사회 문화가 성숙할 수 있었음을 기억할 필요가 있다.

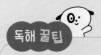

독해 꿀팁

1 자주 반복되는 단어 두 가지에 ○ 표시를 해 봐.

2 각 문단의 중심 문장을 찾아 ▨▨ 표시를 해 봐.

3 6문단에서 글의 내용을 요약한 부분을 찾아 〰〰을 그어 봐.

✦제비 여럿 가운데 어느 하나를 골라잡게 하여 거기에 미리 적어 놓은 기호나 글에 따라 승부나 차례 따위를 결정하는 방법.

✦부전승(아닐 不, 싸울 戰, 이길 勝) 추첨이나 상대편의 기권 따위로 경기를 치르지 아니하고 이기는 일.

✦일탈(잃을 逸, 벗을 脫) 정해진 영역이나 체계, 또는 원래의 목적이나 방향에서 벗어남.

✦근간(뿌리 根, 줄기 幹) 어떤 것의 중심이 되는 부분.

😀 핵심어 찾기 ❶

☐ 인간 ☐ 놀이 ☐ 경쟁
☐ 속성 ☐ 흉내 ☐ 사회 제도

😀 중심 화제 찾기 ❷

☐ 놀이가 지닌 속성
☐ 놀이의 속성인 흉내

😊 내용 이해하기

1 문단: 사회 제도적 측면에서 놀이는 네 가지 속성을 지님.

2 문단: 놀이가 지닌 ❸ ☐☐ 의 속성은 사회 제도의 기본 원칙으로 쓰임.

3 문단: 놀이가 지닌 ❹ ☐ 의 속성은 실력과는 상관없이 상황을 결정함.

4 문단: 놀이가 지닌 흉내의 속성은 ❺ ☐☐ 의 기본 원리가 됨.

5 문단: 놀이가 지닌 ❻ ☐☐ 의 속성은 사회 제도의 압박으로부터 벗어나게 함.

6 문단: 네 가지 놀이의 속성은 인간이 이룬 예술과 사회 문화를 성숙하게 함.

답 ❶ 놀이, 속성 ❷ 놀이가 지닌 속성 ❸ 경쟁 ❹ 운 ❺ 예술 ❻ 일탈

---

1 원리 적용

윗글에서 자주 반복되는 단어 두 가지에 ∨표 하고, 이 단어를 포함하여 중심 화제를 쓰시오.

| (1) 자주 반복되는 단어 | ☐ 놀이 | ☐ 연구 | ☐ 속성 | ☐ 원칙 |
| | ☐ 내기 | ☐ 체험 | ☐ 개인 | ☐ 관점 |

(2) 중심 화제 ( )

---

2 원리 적용

각 문단의 중심 내용에 대한 설명으로 적절하지 <u>않은</u> 것은?

① 1, 6문단에서 놀이의 속성은 사회 제도와 관련이 있다고 설명하고 있어.

② 2문단에서 경쟁의 속성은 사회 제도의 원칙으로 쓰인다고 설명하고 있어.

③ 3문단에서 운의 속성은 실력을 쌓아 좋은 결과를 얻는 모습과 관련된다고 설명하고 있어.

④ 4문단에서 흉내의 속성은 예술의 기본 원리가 된다고 설명하고 있어.

⑤ 5문단에서 일탈의 속성은 개인이 사회 제도의 압박으로부터 벗어나 자유로움을 추구하는 모습과 관련된다고 설명하고 있어.

---

3 원리 적용

윗글의 글쓴이가 말하고자 하는 내용으로 가장 적절한 것은?

① 일탈의 속성은 사회 제도의 기본적인 원칙에 해당한다.

② 경쟁을 하는 상황은 아이들에게 압박감을 느끼게 한다.

③ 사람들은 모방의 속성을 통해 사회 제도에서 벗어나는 경험을 한다.

④ 놀이가 지닌 속성 간의 상호 작용으로 인간의 문화가 성숙할 수 있었다.

⑤ 놀이의 네 가지 속성 중 하나를 선택하여 그것을 중심으로 인간의 문화를 이해해야 한다.

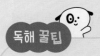

독해 꿀팁

1 자주 반복되는 단어에 ○ 표시를 하고, 이것을 정의한 문장에 ▨▨ 표시를 해 봐.

2 2~3문단에서 중심 화제의 특성을 찾아 ﹏﹏을 그어 봐.

3 '이를 통해', '그렇게 함으로써', '그럼에도 불구하고'와 같은 연결어에 △ 표시를 하고, 이어지는 내용이 의미하는 바를 파악해 봐.

+ **본질**(근본 本, 바탕 質) 어떤 사물이 그 사물 자체가 되게 하는 원래의 특성.

+ **즉흥적**(곧 卽, 일어날 興, 과녁 的) 그 자리에서 바로 일어나는 느낌이나 기분에 따라 하는 것.

+ **동시다발적**(같을 同, 때 時, 많을 多, 필 發, 과녁 的) 같은 시기에 여러 가지가 발생하는 것.

지문 난이도 ★★☆ | 교과 연계 음악, 미술

다음 글을 읽고 물음에 답하시오.

현대 음악가 ㉠존 케이지는 1952년 어느 날, 미국의 한 대학에서 강의를 하였다. 그가 강의를 한 곳은 사다리 꼭대기였고, 강의의 내용은 춤과 긴 침묵이었다. 그의 이러한 행위는 형식과 내용 면에서 일반적인 강의와 거리가 먼 것이어서 큰 반향을 불러일으켰다. 또 어떤 작가는 거대한 얼음 덩어리 20개를 길거리에서 녹게 두어, 사물이 시시때때로 변화하는 과정을 보여 주었고, 또 다른 작가는 빌딩만큼 커다란 립스틱이나 전기 플러그 등을 예술 작품으로 전시하였다. 이처럼 친숙한 것을 낯선 것으로, 낯선 것을 친숙한 것으로 보여 주어 인간의 상상력을 자극하는 예술 행위의 본질은 무엇일까?

해프닝(happening)이란 장르는 '지금 여기에서 일어나고 있는 것'을 보여 준다. 이것은 말보다는 시각적이고 청각적인 소재들을 중요한 표현의 도구로 삼아 즉흥적으로 이루어진다. 공연은 폐쇄된 극장이 아니라 길거리나 시장 등과 같은 일상적인 공간에서 이루어지고, 대화는 생략되거나 아예 없는 경우가 많다. 이를 통해 해프닝은 우리 삶의 희망이나 고통 등을 논리적인 말로는 더 이상 전달할 수 없다는 것을 표현한다.

또한 해프닝은 기존 예술에서의 관객의 역할을 변화시켰다. 공연하는 사람들은 관객에게 고함을 지르면서 관객들을 자극하기도 하고, 공연은 정해진 어느 한곳이 아니라 이곳저곳에서 혹은 동시다발적으로 이루어지기도 한다. 이것은 관객들을 공연에 참여하게 하려는 의도라고 할 수 있다. 그렇게 함으로써 해프닝은 삶과 예술이 분리되지 않게 하고자 한다. 나아가 작품이 예술 시장에서 사람들에게 거래되는 것을 거부하고, 박물관에 전시·보존되는 것에도 저항한다.

이와 같은 예술적 현상은 단순한 운동이 아니라 예술가들의 정신적 모험의 실천이라고 할 수 있다. 사회 제도를 그대로 받아들이는 것을 거부하고, 고정된 예술의 개념을 변혁하려고 했던 해프닝은 우연적 사건, 개인의 깨달음 등을 강조해서 뭐가 뭔지 알 수 없는 것이라는 비판을 듣기도 했다. 그럼에도 불구하고 해프닝은 안락한 감정에 빠져 있는 현대인들을 휘저어 놓으면서 삶과 예술의 관계를 새롭게 찾는 계기를 제공하였다는 점에서 의미 있는 장르라고 할 수 있다.

😊 핵심어 찾기❶

☐ 강의 ☐ 작가 ☐ 해프닝
☐ 예술 행위 ☐ 예술 작품

😊 중심 화제 찾기❷

☐ 해프닝 공연에서 관객의 역할
☐ 해프닝이란 장르의 특성과 가치

😊 내용 이해하기

1 문단: 친숙한 것을 낯선 것으로, 낯선 것을 친숙한 것으로 보여 주는 ❸ ☐ ☐ 행위의 예

2 문단: 해프닝의 ❹ ☐ ☐ 와/과 특성

3 문단: 해프닝의 특성과 ❺ ☐ ☐ 목적

4 문단: 해프닝이 ❻ ☐ ☐ 을/를 들은 이유와 해프닝의 의의

답 ❶ 해프닝 ❷ 해프닝이란 장르의 특성과 가치 ❸ 예술
❹ 정의 ❺ 공연 ❻ 비판

1 윗글의 내용과 일치하지 <u>않는</u> 것은?

① 해프닝은 기존의 예술과는 달리 관객들의 공연 참여를 유도한다.

② 해프닝은 지금 여기에서 일어나고 있는 것을 보여 주는 예술 장르이다.

③ 해프닝은 정해진 특정 장소가 아닌 이곳저곳에서 공연이 이루어지기도 한다.

④ 해프닝은 시각적, 청각적 소재들을 표현 도구로 활용하여 계획적으로 이루어진다.

⑤ 해프닝은 인간이 느끼는 희망, 고통 등을 논리적인 말로는 전달할 수 없음을 내세운다.

2 ㉠에 대한 이해로 가장 적절한 것은?

① 자신의 작품이 박물관에 전시되는 것을 원하였다.

② 대학교가 아닌 길거리에서 즉흥적으로 강의를 하였다.

③ 현실에 만족하는 자신의 모습을 비판적으로 바라보았다.

④ 얼음을 거리에 녹게 두어 사물의 변화 과정을 보여 주었다.

⑤ 강의 방식을 낯설게 하여 사람들로부터 큰 반향을 불러일으켰다.

3 원리 적용

'해프닝'에 대한 글쓴이의 생각으로 가장 적절한 것은?

① 뭐가 뭔지 알 수 없는 예술 행위이다.

② 관객에게 고함을 질러 관객과 작품을 분리한다.

③ 불안한 현대인들의 삶을 안락하게 만들어 준다.

④ 삶과 예술의 관계를 새롭게 찾는 계기를 제공한다.

⑤ 예술 시장에서 작품이 활발히 거래될 수 있는 환경을 만든다.

글의 구조 파악하기

02강 독해 원리

한 편의 글에 여러 정보들이 무질서하게 나열되어 있으면 글의 주제를 파악하기 어렵겠지? 글쓴이는 주제를 효과적으로 전달하기 위해 일정한 원리나 순서에 따라 정보를 제시해. 그래서 글을 읽을 때는 글의 구조, 즉 문단과 문단 간의 연결 관계를 파악하며 읽어야 해. 글의 구조에는 원인과 결과, 비교 및 대조, 과정 등이 있어. 문단 간의 관계를 바탕으로 전체 글의 구조를 파악하면 글의 주제를 정확하게 알 수 있을 거야.

독해 꿀팁

1 각 문단의 중심 문장을 찾아 ▩ 표시를 해 봐.

2 언어 소멸 현상의 원인에 [ ], 결과에 ( ) 표시를 해 봐.

3 의미적으로 관계가 있는 문단끼리 묶어 봐.

교과 연계 국어

문단 간의 관계를 생각하며 다음 글을 읽고, 단계별 문제를 해결해 보자.

1 언어는 배우는 아이들이 있어야 오랫동안 유지된다. 그러므로 성인들만 사용하는 언어가 있다면 그 언어의 운명은 어느 정도 정해진 셈이다. 언어학자들은 이런 방식으로 추리하여 인류 역사에 드리워진 비극에 대해 경고한다. (언어학자들에 따르면 전 세계적으로는 기존 언어의 50%인 대략 3,000개의 언어들이 소멸해 가고 있다고 한다.)
→ 언어 소멸 현상이라는 결과를 제시하고 있어.

2 언어가 이처럼 대규모로 소멸하는 원인에는 여러 가지가 있다. [토착 언어 사용자들의 거주지가 파괴되고, 종족 말살이 이루어지며, 사용 인구가 급격히 감소하는 것 외에 전자 매체가 확산되는 것도 그 원인이 된다.] 물론 우리는 토착 언어로 된 교육 자료나 텔레비전 프로그램 등을 개발함으로써 언어 소멸을 어느 정도 막을 수 있다.
→ 뒤에서 언어 소멸 현상이 일어나는 네 가지 원인을 제시하고 있어.
➡ 1문단과 2문단은 언어 소멸의 결과와 원인을 설명하여 의미적으로 관계가 있어.

3 합리적으로 보자면, 우리가 지구상의 모든 동물이나 식물 종들을 보존할 수 없는 것처럼 모든 언어를 보존할 수는 없으며 어쩌면 그래서는 안 되는지도 모른다. 여기에는 도덕적이고 현실적인 문제들이 얽혀 있기 때문이다. 어떤 언어 공동체가 경제적 발전을 보장해 주는 주류 언어를 사용하겠다고 할 때, 그 어떤 외부 집단이 이들에게 토착 언어를 유지하도록 강요할 수 있겠는가? 또한, 한 공동체 내에서 서로 다른 언어가 사용되면 사람들 사이에 심각한 분열이 발생할 수도 있다. 그러나 이러한 문제가 있더라도 전 세계 언어의 50% 이상이 없어질 수도 있는 상황을 그저 바라볼 수만은 없다.
→ 언어 소멸 현상에 대한 글쓴이의 입장이 드러나 있어.

4 왜 우리는 위험에 처한 언어에 관심을 가져야 하는가? 언어는 인간의 역사와 지리를 담고 있으므로 한 언어가 소멸한다는 것은 역사적 문서를 소장한 도서관 하나가 통째로 없어지는 것과 비슷하다. 또 언어는 한 문화에서 시, 이야기, 노래가 존재하는 바탕이 되므로, 언어가 계속 소멸하여 몇몇의 주류 언어만 살아남는다면 이는 인류의 문화적 다양성까지 해치는 셈이 된다.
→ 소멸 위험에 처한 언어에 관심을 가져야 하는 이유를 밝히고 있어.
➡ 3문단과 4문단은 소멸 위험에 처한 언어에 관심을 가져야 한다는 내용을 제시하여 의미적으로 관계가 있어.

✦**소멸**(꺼질 消, 멸망할 滅) 사라져 없어짐.
✦**토착**(흙 土, 붙을 着) 대대로 그곳에서 태어나서 살고 있음. 또는 그곳에 들어와서 정착함.
✦**종족**(씨 種, 겨레 族) 조상이 같고, 같은 계통의 언어와 문화 등을 가지고 있는 사회 집단.
✦**주류**(주인 主, 흐를 流) 조직이나 단체 내에서 다수를 이루는 집단.

단계 1

각 문단의 중심 내용을 알맞게 선으로 연결하시오.

1문단		㉮ 언어가 소멸하는 원인은 여러 가지임.
2문단		㉯ 전 세계적으로 많은 수의 언어가 소멸해 가고 있음.
3문단		㉰ 모든 언어를 보존하는 것은 어려운 일이지만 두고 볼 일만은 아님.
4문단		㉱ 인류의 문화적 다양성을 위해 소멸 위험에 처한 언어에 관심을 가져야 함.

글 전체 구조를 파악하려면 문단 간의 연결 관계를 알아야 해. 이를 위해서는 먼저 각 문단의 중심 내용을 파악해 봐.

답

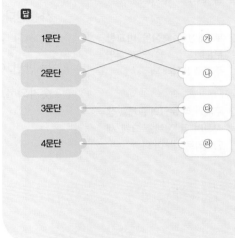

단계 2

1문단과 2문단의 관계로 가장 적절한 것에 ○표 하시오.

(1) 2문단은 1문단에 제시된 내용을 구체적으로 설명하고 있다. (   )

(2) 2문단은 1문단에 제시된 문제의 해결 방안을 서술하고 있다. (   )

(3) 2문단은 1문단에 제시된 현상이 일어나는 원인을 밝히고 있다. (   )

1문단에서는 언어 소멸 현상이라는 결과를 제시하고 있어. 그리고 2문단에서는 1문단에 제시된 언어 소멸 현상이 왜 일어나는지, 그 원인을 밝히고 있어.

답 (3) ○

단계 3

다음은 윗글의 구조도이다. 문단 간의 관계를 생각하며 빈칸에 알맞은 문단 번호를 쓰시오.

글의 구조를 그린 도식을 구조도라고 해. 이 글은 언어 소멸 현상의 결과와 원인을 설명한 1~2문단을 한 덩어리로, 언어 보존의 필요성을 이야기한 3~4문단을 한 덩어리로 볼 수 있어.

답 (1) 2 (2) 3

02강

원리 적용 1

독해 꿀팁

1 설명 대상 두 가지를 찾아 각각 ○, □ 표시를 해 봐.

2 두 대상의 특징을 비교한 부분에 〜〜을 긋고, 글의 주제를 생각해 봐.

3 주제와 각 문단의 관계를 생각하며 글 전체를 크게 세 덩어리로 나누어 봐.

다음 글을 읽고 물음에 답하시오.

1 우리는 원하는 정보를 신속하게 얻을 수 있는 편리한 세상에 살고 있다. 책이나 광고, 알림판 따위에 있는 네모 모양의 ✦표식을 통해서도 여러 가지 정보를 빠르게 확인할 수 있는데, 검은 선과 점을 배열한 이 네모 모양의 기호를 QR 코드라고 한다. QR은 'Quick Response(빠른 응답)'의 줄임 말이다.

2 QR 코드가 있기 전에는 바코드를 이용하여 상품에 대한 정보를 기록했다. 바코드는 막대 모양의 검고 흰 줄무늬 기호로, 상품의 가격이나 도서 정보 등을 표시하는 데 사용된다. QR 코드는 이러한 바코드보다 저장할 수 있는 정보량이 훨씬 많다는 장점이 있다. 바코드가 한 방향으로만 정보를 저장하여 최대 20자의 숫자를 저장할 수 있는 반면, QR 코드는 가로, 세로 두 방향으로 정보를 저장하기 때문에 최대 7,089자의 숫자와 4,296자의 문자를 저장할 수 있다.

QR 코드   바코드

정보를 가짐. → 정보를 가짐.   정보 없음. → 정보를 가짐.

3 QR 코드는 숫자에 대한 정보만 담는 바코드와 달리, 소리와 그림 심지어 영상까지 담을 수 있다. 지하철역에서 흔히 볼 수 있는 영화 전단지에 있는 작은 QR 코드에 스마트폰을 대어 보라. 그 즉시 영화사 홈페이지에 접속되어 전단지에서 보는 것보다 훨씬 더 다양한 정보를 얻을 수 있다. 신문 광고에 있는 QR 코드를 찍으면 3차원의 동영상 광고가 나오기도 하고, 책에 있는 QR 코드를 찍으면 등장인물이 튀어나와 책의 정보와 줄거리를 알려 주기도 한다. 박물관이나 미술관에서는 자료나 작품을 더 알아볼 수 있도록 QR 코드에 설명을 담아 제공하기도 한다.

4 QR 코드의 또 다른 장점으로 ✦오류 복원 능력을 들 수 있다. QR 코드는 코드의 일부가 더러워지거나 최대 30%까지 훼손되어도 ✦데이터를 복원할 수 있다. QR 코드의 세 귀퉁이에 위치를 지정하는 문양이 있기 때문이다. 따라서 QR 코드는 오염이나 훼손에 ✦취약한 바코드에 비해 지속성과 보관성이 뛰어나다고 할 수 있다.

5 이와 같이 QR 코드는 저장할 수 있는 정보의 양이 많을 뿐만 아니라, 복잡하고 다양한 형태의 정보를 담을 수 있다. 게다가 오류 복원 능력까지 있어 우리를 더욱 편리하고 놀라운 세상으로 이끄는 정보 전달자로서의 역할을 톡톡히 하고 있다.

✦표식(겉 表, 법 式) 무엇을 나타내 보이는 일정한 방식.
✦오류(그릇할 誤, 그릇될 謬) 컴퓨터 시스템이 제대로 작동하지 않는 원인이 되는 프로그램의 잘못.
✦데이터(data) 컴퓨터로 처리할 수 있게 전산화되어 저장된 정보.
✦취약(무를 脆, 약할 弱) 일을 진행하는 상황이나 환경이 탄탄하지 못하고 약함.

핵심어 찾기 ❶

☐ 정보   ☐ 표식   ☐ 기호
☐ QR 코드   ☐ 바코드
☐ 정보 전달자

중심 화제 찾기 ❷

☐ QR 코드의 장단점
☐ QR 코드와 바코드의 특징

내용 이해하기

1문단: QR 코드의 역할 및 모양과 이름의 뜻
2문단: QR 코드와 ❸ ☐☐☐의 비교 ① – QR 코드가 저장할 수 있는 정보량이 더 많음.
3문단: QR 코드와 바코드의 비교 ② – QR 코드는 다양한 형태의 ❹ ☐☐을/를 담을 수 있음.
4문단: QR 코드와 바코드의 비교 ③ – QR 코드는 오류 ❺ ☐☐ 능력이 있음.
5문단: QR 코드의 ❻ ☐☐ 요약

답 ❶ QR 코드, 바코드   ❷ QR 코드와 바코드의 특징   ❸ 바코드
❹ 정보   ❺ 복원   ❻ 장점

---

1 원리 적용

다음은 2~4문단과 5문단의 관계에 대한 설명이다. 〈보기〉에서 알맞은 말을 골라 빈칸에 쓰시오.

보기

| 반박하여 | 요약하여 | 비교하여 | 시간 순서대로 |

• 2~4문단에서 QR 코드와 바코드의 특징을 (1) (   ) 설명한 뒤, 5문단에서 이를 종합해 QR 코드의 장점을 (2) (   ) 제시하고 있다.

2 원리 적용

윗글의 구조를 도식으로 나타낼 때 가장 적절한 것은?

3 윗글에서 확인할 수 있는 사실로 적절하지 <u>않은</u> 것은?

① QR 코드는 신속하게 정보를 확인할 수 있도록 한 표식이다.

② QR 코드는 막대 표시를 활용해 많은 양의 정보를 저장할 수 있다.

③ QR 코드는 박물관이나 미술관 등에서 추가적인 정보 제공을 위해 활용되기도 한다.

④ QR 코드는 숫자에 대한 정보만 담을 수 있는 바코드와 달리 다양한 유형의 정보를 담을 수 있다.

⑤ QR 코드는 바코드와 달리 코드의 일부가 더러워졌을 경우 데이터를 복원할 수 있는 능력이 있다.

다음 글을 읽고 물음에 답하시오.

1 "황금색 똥을 누면 건강하다."라는 말이 있듯이 인간은 자신의 건강 상태를 똥을 통해 확인할 수 있다. 똥은 음식물이 인간의 소화 기관을 거쳐 나오는 것이기 때문에, 똥의 상태에 따라 소화 기관의 건강 상태를 짐작할 수 있는 것이다.

2 우선 똥이 어떻게 만들어지는지부터 알아보자. 우리가 먹은 음식물이 소화 과정을 거쳐 똥이 되어 몸 밖으로 나오기까지는 최소한 1박 2일이 걸린다. 입 → 식도 → 위 → 십이지장 → 작은창자 → 큰창자를 지나는 동안, 음식물은 각 소화 기관에 영양소를 공급하고, 남은 찌꺼기가 똥이 된다.

3 똥이 만들어지는 과정을 자세히 살펴보자. 입을 통해 들어온 음식물은 치아와 침에 의해 잘게 부스러진다. 이 음식물은 식도를 지나 위에 도달한다. 위에서는 음식물을 다시 잘게 부수어 십이지장으로 보낸다. 십이지장은 소화액을 이용해 음식물을 다시 분해하고 작은창자로 밀어 보낸다. 우리가 먹은 음식물의 영양소 대부분은 작은창자에서 흡수된다. 작은창자에서는 남은 찌꺼기를 큰창자로 보낸다. 영양소를 다 빼앗긴 음식물 찌꺼기가 큰창자에 도달한 순간부터 본격적으로 똥의 생산이 시작된다. 똥의 생산에는 장내 세균이 중요한 역할을 한다. 이 세균들이 찌꺼기를 발효시키는데 이 과정에서 발생하는 가스가 바로 방귀다. 큰창자에서 발효된 음식물 찌꺼기가 항문에 이르러 배출되며 똥이 되는 것이다.

4 그렇다면 어떤 똥이 건강한 똥일까? 건강한 똥은 냄새가 별로 나지 않거나 나더라도 지독하지 않다. 똥 냄새가 지독한 이유는 음식물 찌꺼기가 큰창자에서 머무르면서 함께 있는 세균에 의해서 발효가 많이 되기 때문이다. 이때 우리가 먹은 음식물의 영양분이 잘 흡수되어 거의 남아 있지 않으면 발효가 되지 않아 냄새가 나더라도 약하게 난다.

5 똥의 색으로도 건강 상태를 파악할 수 있다. 건강한 똥은 대부분 황갈색에 가깝지만 건강하지 않은 똥은 붉거나 검다. 똥이 붉은색을 띠면 위나 작은창자 등에 심한 출혈이 있거나 큰창자나 항문 부근에 출혈이 있을 가능성을 의심해 봐야 한다.

6 지금까지 똥이 만들어지는 과정과 똥을 통해 건강을 파악하는 방법에 대해 알아보았다. 똥으로 우리 몸과 관련된 모든 것을 알 수는 없지만 똥을 잘 살핀다면 자신의 건강 상태를 점검하는 데 도움을 받을 수 있다.

[A] (본문 3 옆 표시)

독해 꿀팁

1 핵심어를 찾아 ○ 표시를 해 봐.

2 각 문단의 중심 문장을 찾아 ▨▨ 표시를 해 봐.

3 문단 간의 연결 관계를 생각하며 글 전체를 크게 네 덩어리로 나누어 봐.

✦**장내**(창자 腸, 안 內) 창자의 안.
✦**발효**(술을 괼 醱, 삭힐 酵) 효모나 미생물에 의해 유기물이 분해되고 변화하는 작용.
✦**배출**(물리칠 排, 날 出) 안에서 만들어진 것을 밖으로 밀어 내보냄.

1 **윗글의 내용과 일치하지 않는 것은?**

① 똥을 통해 건강 상태를 확인할 수 있다.

② 장내 세균은 음식물 찌꺼기를 발효시킨다.

③ 음식물은 소화 기관을 거치며 영양소를 빼앗긴다.

④ 십이지장에서는 음식물을 잘게 부수어 위로 보낸다.

⑤ 항문 부근에 출혈이 있을 경우 똥이 붉은색을 띨 수 있다.

2 원리 적용
윗글의 구조도로 가장 적절한 것은?

3 **[A]에 대한 설명으로 가장 적절한 것은?**

① 건강한 똥의 조건에 대해 설명하고 있다.

② 소화 기관의 중요성에 대해 설명하고 있다.

③ 똥이 만들어지는 과정에 대해 설명하고 있다.

④ 영양소가 많은 음식의 종류에 대해 설명하고 있다.

⑤ 장내 세균이 부족할 때 생기는 문제에 대해 설명하고 있다.

03강 글의 전개 방식 파악하기

독해 열기

글의 전개 방식은 글쓴이가 자신이 말하고자 하는 내용을 효과적으로 전달하기 위해 선택한 설명 방식이야. 어떤 말이나 사물의 뜻을 밝히는 정의, 구체적인 예를 드는 예시, 여러 사실을 늘어놓는 열거, 두 대상이 어떤 면에서 비슷하다는 점을 바탕으로 다른 속성도 비슷할 것이라고 추론하는 유추 등이 있어. 글에서 '~(이)란 ~(이)다', '예를 들어', '첫째, 둘째', '~듯이' 등을 단서로 삼으면 글의 전개 방식을 파악할 수 있을 거야.

독해 꿀팁

1 1문단에서 중심 화제를 찾아 ○ 표시를 해 봐.

2 2~4문단에서 글의 전개 방식을 나타내는 표현에 △ 표시를 하고, 각 중심 문장에 ▥ 표시를 해 봐.

3 글쓴이가 글을 쓴 의도가 드러난 문장에 ～～을 그어 봐.

교과 연계 사회

글의 전개 방식을 파악하며 다음 글을 읽고, 단계별 문제를 해결해 보자.

1 숲은 인간에게 주요한 자원이다. 맑은 물과 깨끗한 공기를 만드는 환경 자원, 인간의 심성을 어루만져 주는 문화 자원, 열매나 약초 등을 생산하는 경제 자원으로 기능하기 때문이다. 그런데 우리나라의 숲은 아직 이런 기능을 제대로 담당하지 못하고 있다. 그 이유는 바로 숲에 대한 잘못된 상식 때문이다. *이 글은 숲에 대한 잘못된 상식에 대해 말하겠구나.* 지금부터 숲에 대한 잘못된 상식 세 가지를 살펴보자.

첫째', '둘째', '셋째'라는 표현을 사용하여 숲에 대한 잘못된 상식을 나열하고 있어.

2 첫째, 사람들은 우리 숲에 쓸모없는 나무가 많다고 말한다. 그 대표적인 나무로 아까시나무를 꼽는다. 이 나무는 왕성한 번식력으로 다른 식물들을 몰아내는 나쁜 나무로 알려져 있다. 일정 부분은 사실이지만, 아까시나무의 뿌리에는 공기 중의 질소를 흡수하여 저장하는 균이 있어 사막 같았던 우리 산의 척박한 토양을 기름지게 했다. 그리고 양봉 농가들은 아까시나무의 꿀을 판매해 살아가고 있다.

3 둘째, 사람들은 우리의 강토가 푸른 숲으로 가꾸어졌으니 더 이상의 관리가 불필요하다고 말한다. 그러나 이는 잘못된 생각이다. 촘촘하게 심긴 나무들을 제때에 솎아 주면, 숲 바닥에 햇빛이 충분히 들어와 땅 위에 쌓인 낙엽이 빨리 썩는다. 그러면 흙 알갱이에 영양분이 많아지면서 산림 토양은 마치 스펀지처럼 더 많은 빗물을 흡수할 수 있게 된다.

4 셋째, 사람들은 숲길을 내면 환경이 파괴된다고 생각한다. 그래서 숲길을 만들려고 할 때마다 반대하는 의견이 생겨난다. 그러나 숲길은 산불의 피해로부터 산과 숲을 보호하는 역할을 할 뿐만 아니라 촘촘하게 심긴 나무를 솎아 주어 나무가 충분히 자랄 수 있는 공간을 만들어 주기도 한다.

5 이 세 가지의 잘못된 상식은 생태계의 질서를 정상적으로 유지하는 숲의 역할을 축소시킬 수 있다. 따라서 우리의 숲이 환경과 경제를 아우르는 복합 자원으로서 그 기능을 제대로 할 수 있도록 *글쓴이의 의도와 글의 주제가 드러나 있어.* 잘못된 상식을 버리고, 숲에 대한 관심과 애정을 바탕으로 숲을 잘 돌보아야 한다.

✦아까시나무 가지에 날카로운 가시가 있고, 원줄기에 둥근 잎들이 어긋나며, 봄에 향기로운 흰 꽃이 송이를 이루어 피는 나무. 흔히 아카시아라고도 함.

✦양봉(기를 養, 벌 蜂) 꿀을 얻기 위하여 벌을 기름.

✦솎다 촘촘히 있는 것이 드문드문하게 되도록 군데군데 골라 뽑다.

중심 화제와 중심 내용 파악하기 → 글의 전개 방식을 나타내는 표현 찾기 → 글의 전개 방식을 바탕으로 글쓴이의 의도 파악하기

단계 1

다음은 2~4문단의 중심 내용을 정리한 표이다. 빈칸에 들어갈 알맞은 말을 쓰시오.

숲에 대한 잘못된 상식	글쓴이의 반박
우리 숲에 쓸모없는 (1) (　　　)이/가 많음.	아까시나무는 나쁜 나무로 알려졌지만 여러 긍정적 역할을 함.
푸른 숲은 더 이상의 (2) (　　　)이/가 필요 없음.	촘촘하게 심긴 나무들도 관리를 해 주면 숲을 더 건강하게 만들 수 있음.
숲길을 내면 환경이 파괴됨.	숲길은 (3) (　　　)의 피해를 막아 주고, 나무가 충분히 자랄 수 있는 공간을 만들어 줌.

글쓴이가 사용한 전개 방식을 찾기 전에 글의 중심 내용부터 파악해야 해. 2~4문단에서는 숲에 대한 잘못된 상식과 이에 대한 글쓴이의 반박을 제시하고 있어.

답 (1) 나무 (2) 관리 (3) 산불

단계 2

2~4문단에 사용된 글의 전개 방식을 다음과 같이 정리할 때, (　　) 안에서 알맞은 말을 골라 ○표 하시오.

> '첫째', '둘째', '셋째'라는 표현을 사용하여 숲에 대한 잘못된 상식을 (정의 , 유추 , 열거)하는 전개 방식을 사용하고 있다.

글의 전개 방식을 파악하려면 글에 쓰인 표지를 찾아봐. '표지'는 어떤 것을 다른 것과 구별하게 하는 표시나 특징이라는 뜻으로, 내용 사이의 관계나 전개 방식을 드러내는 특징적인 표현이야. 이 글에는 말하려는 내용을 대등한 관계로 늘어놓는 방법이 쓰였어. 이는 '첫째', '둘째', '셋째'라는 표지에서 확인할 수 있어.

답 열거

단계 3

글쓴이가 윗글을 쓴 의도로 가장 적절한 것의 기호를 쓰시오.

> ㉮ 아까시나무에 대한 오해를 풀기 위해서
> ㉯ 숲길에 대한 잘못된 생각을 깨우쳐 주기 위해서
> ㉰ 숲이 제 기능을 할 수 있도록 숲에 대한 잘못된 상식을 바로잡아 숲을 잘 돌보아야 함을 주장하기 위해서

글의 전개 방식을 파악하면 글쓴이가 글을 쓴 의도와 글의 주제를 빠르게 파악할 수 있어. 이 글을 쓴 의도와 글의 주제는 5문단에 잘 나타나 있어.

답 ㉰

(　　)

독해 꿀팁

1 1, 3문단에서 '정의'의 전개 방식이 사용된 부분에 █ 표시를 해 봐.

2 2~3문단에 제시된 이타적 디자인의 예에 □ 표시를 해 봐.

3 글의 주제가 드러난 문장에 ﹏﹏을 그어 봐.

다음 글을 읽고 물음에 답하시오.

빅터 파파넥은 세계적인 디자이너들의 존경을 받는 인물이다. 그는 사회적 약자를 돕는 데 디자인이 중요한 역할을 할 수 있다고 생각했다. 그래서 세계를 다니며 가난한 사람, 어린이 등을 위한 디자인에 힘썼다. 이처럼 사회적 약자에게 쓸모 있는 물건을 만드는 일, 또는 그렇게 만든 물건을 '이타적 디자인'이라고 한다.

이타적 디자인의 대표적인 사례로 손꼽히는 것은 빅터 파파넥이 화산 지역의 주민들을 위해 만든 '깡통 라디오'이다. 발리섬 원주민들은 재난 경보를 들려주는 간단한 장비조차 살 수 없을 만큼 가난해서 화산 폭발로 인한 피해를 많이 입었다. 게다가 원주민들이 사는 곳에는 전기가 들어오지 않아 일반 라디오는 사용할 수 없었다. 이를 본 파파넥은 관광객들이 버리고 간 깡통을 이용해 깡통 라디오를 제작했다. 단돈 9센트로 만들 수 있는 이 라디오는 몸체에 붙은 손잡이를 돌려 전류를 발생시키면 전기가 없는 곳에서도 사용할 수 있다. 이 깡통 라디오 덕분에 발리섬의 수많은 원주민은 목숨을 구할 수 있었다.

후대의 많은 이들이 이타적 디자인의 정신을 이어받아 다양한 제품을 만들었다. '라이프 스트로(Life Straw)'와 '큐(Q) 드럼'을 그 예로 들 수 있다. 미켈 베스타고 프란슨이 만든 '라이프 스트로'는 생명을 구하는 빨대라는 뜻으로, 오염된 물을 마시고 죽어 가는 아프리카 사람들을 위한 구호 장비이다. 이 빨대는 값이 싸고, 한 사람이 일 년 동안 마실 수 있을 만큼 충분한 양을 정수할 수 있다. ㉠피에트 헨드릭스가 만든 큐 드럼은 알파벳 'Q' 자를 닮은 물통으로, 원통 가운데로 구멍이 뚫린 부분에 끈이 연결된 형태이다. 큐 드럼을 사용하면 많은 양의 물을 적은 힘으로 옮길 수 있다. 큐 드럼을 사용하기 전 아프리카 사람들은 식수를 구하기 위해 수십 킬로미터를 힘들게 왕복해야 했다. 그러나 큐 드럼에는 최대 75리터의 물이 들어가기 때문에 한 가정이 하루 동안 사용할 수 있는 충분한 양을 담아 옮길 수 있다. 특히 큐 드럼은 물통을 장난감 가지고 놀듯 줄로 묶어 끌 수 있어, 어린아이들도 쉽게 물통을 운반할 수 있다.

빅터 파파넥의 '이타적 디자인'이 처음 세상에 알려졌을 때는 헛된 생각에 불과하다고 비난을 받기도 했다. 그러나 오늘날 파파넥의 생각은 지속 가능한 디자인의 밑거름으로 평가받고 있으며, 수많은 후배 디자이너가 그의 뜻을 이어 가고 있다.

✦**약자**(약할 弱, 사람 者) 힘이나 세력이 약한 사람.

✦**이타적**(이로울 利, 다를 他, 과녁 的) 자기의 이익보다는 다른 사람의 이익을 더 중요하게 생각하는.

✦**원주민**(근원 原, 살 住, 백성 民) 어떤 지역에 원래부터 살고 있는 사람들.

✦**구호**(구원할 救, 보호할 護) 재난이나 재해를 당한 사람을 도와서 보호함.

✦**정수**(깨끗할 淨, 물 水) 물을 깨끗하고 맑게 함. 또는 그 물.

핵심어 찾기❶

- ☐ 큐 드럼
- ☐ 빅터 파파넥
- ☐ 사회적 약자
- ☐ 깡통 라디오
- ☐ 이타적 디자인

중심 화제 찾기❷

- ☐ 이타적 디자인이 지닌 가치
- ☐ 이타적 디자인으로 만들어진 물건

내용 이해하기

1 문단: ❸ ☐☐☐☐☐의 생각을 담고 있는 이타적 디자인

2 문단: 이타적 디자인의 예 ① – 깡통 ❹ ☐☐☐

3 문단: 이타적 디자인의 예 ② – 라이프 스트로 ❺ ☐☐☐

4 문단: 이타적 디자인에 대한 과거와 현재의 ❻ ☐☐

답 ❶ 이타적 디자인
❷ 이타적 디자인이 지닌 가치
❸ 빅터 파파넥   ❹ 라디오
❺ 큐 드럼   ❻ 평가

---

1 원리|적용

윗글의 다음 문장에 쓰인 전개 방식을 〈보기〉에서 골라 쓰시오.

┌─ 보기 ─────────────────────────┐
분류   예시   인과   정의
└──────────────────────────────┘

⑴ 사회적 약자에게 쓸모 있는 물건을 만드는 일, 또는 그렇게 만든 물건을 '이타적 디자인'이라고 한다.   (   )

⑵ 이타적 디자인의 대표적인 사례로 손꼽히는 것은 빅터 파파넥이 화산 지역의 주민들을 위해 만든 '깡통 라디오'이다.   (   )

2 **윗글의 내용과 일치하지 <u>않는</u> 것은?**

① 오늘날에는 이타적 디자인이 긍정적으로 평가받고 있다.

② 큐 드럼은 발리섬 원주민들의 생명을 구하는 데 기여했다.

③ 라이프 스트로는 오염된 물을 정수해 주는 기능을 하는 빨대이다.

④ 빅터 파파넥은 디자인으로 사회적 약자를 도울 수 있다고 생각했다.

⑤ 깡통 라디오는 일반 라디오와는 달리 전기가 없는 곳에서도 사용할 수 있다.

3 **㉠이 했을 생각으로 적절하지 <u>않은</u> 것은?**

① 물통을 끈으로 끌 수 있게 만들어야겠군.

② 알파벳 'Q' 자처럼 물통의 가운데에 구멍을 뚫어야겠군.

③ 어린아이들도 쉽게 물통을 운반할 수 있게 만들어야겠군.

④ 어린아이들이 장난감처럼 가지고 놀 수 있는 형태로 디자인해야겠군.

⑤ 식수가 있는 곳까지 여러 번 왔다 갔다 하며 운반할 수 있게 만들어야겠군.

다음 글을 읽고 물음에 답하시오.

'구경꾼 효과'라고도 불리는 '방관자 효과'는 주위에 사람이 많을수록 도움을 필요로 하는 사람을 돕지 않게 되는 현상을 의미한다. 심리학자들의 이론에 따르면 일반적으로 사람들이 남을 도울 때는 일정한 단계를 거친다. 먼저 위기에 처한 사람을 발견했을 때 '이 상황이 정말 긴급한 상황인가?'를 판단한다. 그러고 나서 위급한 상황이라고 판단을 내리면 도움을 제공해야 한다는 책임감을 가지게 된다. 그런 다음 어떤 도움을 줄지 생각한 뒤에 남을 돕게 된다.

그러나 위기 상황을 자주 겪는 사람은 많지 않기 때문에 어떤 상황이 위기 상황인지 빠르게 알아차리기 힘들다. 위기 상황인지 아닌지를 판단해야 할 때, 사람들은 다른 사람을 관찰하기 시작한다. 자신은 모르고 있는 사건의 단서를 다른 사람은 알고 있을 수도 있다고 여기기 때문이다. 만약 다른 사람이 특별한 반응을 보이지 않는다면 사람들은 이것이 위기 상황이 아니라고 생각한다. 다른 사람이 자신보다 일어난 사건에 대해 더 많은 것을 알고 있을 것이라 생각하지만, 실제로는 아무것도 모르고 있기 때문에 아무도 행동하지 않는 상황인데도 말이다. 또한 심리적으로 남들과 다르게 행동하는 것에서 어색함과 불안감을 느끼기 때문이기도 하다.

한편 위급한 상황인 것을 알아차렸다 하더라도 도움을 제공해야 한다는 책임감을 느껴야 한다. 책임감을 느껴야 하는 단계에서 도움을 제공할 수 있는 사람이 나 혼자뿐이라면 100%의 책임감을 가지게 될 것이다. 하지만 2명이 존재한다면 각각 가져야 할 책임감은 50%로, 4명이라면 각각 가져야 할 책임감은 25%로 줄어든다. 그러다 보면 '내가 돕지 않더라도 다른 누군가가 도울지 몰라.'라고 생각하게 되는 것이다. 이렇게 사람들은 자신 주변의 다른 누군가가 도움이 필요한 이에게 도움을 제공할 것이라 생각하지만 실제로는 아무도 나서지 않는 상황이 발생하게 된다.

평범한 사람이더라도 상황에 따라서는 비정한 방관자가 될 수 있다. '방관자 효과'가 확산되면 큰 사회적 문제가 생길 수 있는 만큼, 지금 내가 돕지 않으면 결국 아무도 나서지 않을 것이라는 생각을 가지고 주변을 둘러보는 태도가 필요하다.

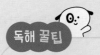

독해 꿀팁

1 1문단에서 '정의'의 전개 방식이 사용된 부분에 □□□ 표시를 해 봐.

2 1문단에서 '과정'의 전개 방식을 나타내는 표현에 △ 표시를 하고, 해당 부분에 [ ]표시를 해 봐.

3 글쓴이가 글을 쓴 의도가 드러난 문장에 ～～을 그어 봐.

✦ **방관자**(곁 傍, 볼 觀, 사람 者) 어떤 일에 직접 나서지 않고 옆에서 바라보기만 하는 사람.

✦ **긴급**(팽팽할 緊, 급할 急) 매우 중요하고 급함.

✦ **비정**(아닐 非, 뜻 情) 사람에게 느껴지는 따뜻한 마음이 없이 차갑고 쌀쌀함.

ⓜ 핵심어 찾기 ❶

- ☐ 책임감
- ☐ 구경꾼 효과
- ☐ 방관자 효과
- ☐ 긴급한 상황
- ☐ 비정한 방관자

ⓜ 중심 화제 찾기 ❷

- ☐ '방관자 효과'가 발생하는 이유
- ☐ '방관자 효과'가 사회에 미치는 영향

ⓜ 내용 이해하기

1 문단: '방관자 효과'는 주위에 ❸ ☐ 이/가 많을수록 위기에 처한 사람을 돕지 않게 되는 현상임.

2 문단: 다른 사람의 반응을 ❹ ☐☐ 하는 과정에서 '방관자 효과'가 일어남.

3 문단: 사람이 많으면 ❺ ☐☐☐ 을/를 적게 느껴서 '방관자 효과'가 일어남.

4 문단: '방관자 효과'가 확산되지 않도록 ❻ ☐☐ 을/를 둘러보는 태도가 필요함.

답 ❶ 방관자 효과 ❷ '방관자 효과'가 발생하는 이유 ❸ 사람 ❹ 관찰 ❺ 책임감 ❻ 주변

1

윗글의 중심 내용으로 가장 적절한 것은?

① '방관자 효과'가 발생하는 이유
② '방관자 효과' 연구가 주는 교훈
③ '방관자 효과'와 '구경꾼 효과'의 비교
④ '방관자 효과' 연구가 나아가야 할 방향
⑤ '방관자 효과'의 확산으로 인한 사회 변화

2

원리 적용

윗글에 쓰인 전개 방식으로 적절한 것끼리 바르게 묶은 것은?

> ㉮ '방관자'의 종류를 나누어 설명하고 있다.
> ㉯ '방관자 효과'란 무엇인지 정의를 내리고 있다.
> ㉰ '방관자 효과'로 생긴 사회 문제의 예를 제시하고 있다.
> ㉱ 사람이 다른 사람을 돕게 되는 과정을 단계적으로 설명하고 있다.

① ㉮, ㉯   ② ㉮, ㉰   ③ ㉮, ㉱   ④ ㉯, ㉰   ⑤ ㉯, ㉱

3

윗글을 읽고 이해한 내용으로 적절하지 않은 것은?

① 사람들은 위기 상황인지를 판단할 때 주변 사람들을 관찰하겠군.
② 인간은 자신이 남들과 다르게 행동하는 것에 불편함과 어색함을 느끼는군.
③ 평소에 주변 사람들에게 이기적이라는 평가를 받는 사람만이 비정한 방관자가 되는군.
④ 사람들은 누군가 위급한 상황에 처했다고 생각되면 도움을 제공해야 한다는 책임감을 느끼는군.
⑤ 인간은 긴급한 상황에서 주변에 사람들이 많으면 자신이 아닌 다른 사람이 도움이 필요한 이를 도울 것이라 생각하는군.

04강

숨어 있는 내용 찾기

독해를 잘하려면 글에 드러난 내용을 정확히 파악하는 것도 중요하지만 글에 직접 나오지 않는 내용을 미루어 아는 것도 중요해. 글쓴이는 독자가 이미 알고 있을 만한 내용을 생략하거나 글의 주제를 숨겨 놓기도 하거든. 따라서 독자는 지시어나 접속어와 같은 표지, 글의 문맥 등 글에 나와 있는 단서를 활용하여 생략된 내용, 글쓴이의 의도, 숨겨진 주제 등을 짐작할 수 있어야 해.

독해 꿀팁

1 '동메달 수상자의 행복 점수'에 □, '은메달 수상자의 행복 점수'에 ○ 표시를 해 봐.

2 '또한', '그러나', '반면', '이는' 등의 말에 △ 표시를 하고, 앞뒤 내용의 관계를 살펴봐.

3 4문단의 중심 문장을 찾아 ▨▨ 표시를 하고, 글의 핵심 내용을 짐작해 봐.

글쓴이의 의도를 생각하며 다음 글을 읽고, 단계별 문제를 해결해 보자.

1992년 미국 코넬 대학교 심리학과 연구 팀은 엔비시(NBC)의 하계 올림픽 중계 자료를 면밀히 분석하며 연구를 진행했다. 메달 수상자들이 경기를 마친 순간과 메달 색깔이 결정되는 순간에 어떤 표정을 짓는지 감정을 분석하는 연구였다.

연구 팀은 실험 관찰자들에게 23명의 은메달 수상자와 18명의 동메달 수상자의 얼굴 표정을 보고 경기가 끝나는 순간에 이들의 감정이 '비통'에 가까운지 '환희'에 가까운지 10점 만점으로 평정하게 했다. 또한 경기가 끝난 후, 시상식에서 선수들이 보이는 감정을 같은 방법으로 평정하게 했다. 시상식에서 보이는 감정을 평정하기 위해 은메달 수상자 20명과 동메달 수상자 15명의 시상식 장면을 분석하게 했다.
→ 앞 문장에 덧붙이는 내용이 이어져.

분석 결과, 경기가 종료되고 메달 색깔이 결정되는 순간 동메달 수상자의 행복 점수는 10점 만점에 7.1로 나타났다. 비통보다는 환희에 더 가까운 점수였다. 그러나 은메달 수상자의 행복 점수는 고작 4.8로 평정되었다. 환희와 거리가 먼 감정 표현이었다.
→ 앞 문장과 반대되는 내용이 이어져.
객관적인 성취의 크기로 보자면 은메달 수상자가 동메달 수상자보다 더 큰 성취를 이룬 것이 분명하다. 그러나 은메달 수상자와 동메달 수상자가 주관적으로 경험한 성취의 크기는 이와 반대로 나왔다. 시상식에서도 이들의 감정 표현은 역전되지 않았다.
→ 앞 문장과 반대되는 내용이 이어져.
동메달 수상자의 행복 점수는 5.7이었지만 은메달 수상자는 4.3에 그쳤다.

왜 은메달 수상자가 3위인 동메달 수상자보다 결과를 더 만족스럽게 느끼지 못하는가? 이는 선수들이 자신이 거둔 객관적인 성취를 가상의 성취와 비교하여 주관적으로 해석했기 때문이다. 은메달 수상자들에게 그 가상의 성취는 당연히 금메달이었다. 최
→ 앞 문장의 물음에 대한 답이 이어지고 있어.
고 도달점인 금메달과 비교한 은메달의 주관적 성취의 크기는 선수 입장에서는 실망
→ 은메달 수상자가 동메달 수상자보다 결과에 대한 만족감이 낮은 이유가 이 때문이구나.
스러운 것이다. 반면 동메달 수상자들이 비교한 가상의 성취는 '노메달'이었다. 까딱
→ 은메달 수상자와 동메달 수상자의 상황이 서로 대비됨을 나타내.
잘못했으면 4위에 그칠 뻔했기 때문에 동메달의 주관적 성취의 가치는 은메달의 행복 점수를 뛰어넘을 수밖에 없었던 것이다.

✦ **비통**(슬플 悲, 아플 痛) 매우 슬퍼서 마음이 아픔.

✦ **평정**(평할 評, 정할 定) 평가하여 결정함.

✦ **객관적**(손님 客, 볼 觀, 과녁 的) 개인의 생각이나 감정에 치우치지 않고 사실이나 사물을 있는 그대로 보거나 생각하는 것.

✦ **주관적**(주인 主, 볼 觀, 과녁 的) 자신의 생각이나 관점을 기준으로 하는 것.

단어나 문장의 앞뒤 내용의 관계 이해하기 → 서로 연결되어 있는 내용의 핵심 정보 파악하기 → 생략된 내용, 글쓴이의 의도, 숨겨진 주제 찾기

단계 1

앞뒤 문장의 내용 관계를 고려할 때, ( ) 안에서 알맞은 내용을 골라 ○표 하시오.

> 코넬 대학교 연구 팀의 연구 결과, 올림픽에서 메달 색깔이 결정되는 순간 동메달 수상자의 감정은 비통보다 환희에 가까웠다. 그러나 은메달 수상자의 감정은 (환희에 매우 가까웠다 , 환희보다 비통에 가까웠다).

글의 내용을 추론할 때는 내용 사이의 관계를 나타내는 표지에 주목해야 해. 표지란 무엇인지 3강에서 공부했어. 제시된 글에는 표지로 '그러나'가 쓰였는데, 이것이 앞뒤 내용이 반대됨을 알리는 접속어임을 고려하면 이어질 내용을 쉽게 예측할 수 있을 거야.

🔲 환희보다 비통에 가까웠다

단계 2

윗글의 핵심 정보를 파악하여 다음 빈칸에 들어갈 알맞은 말을 〈보기〉에서 골라 쓰시오.

> ┌ 보기 ┐
> 주관적   객관적

> 은메달 수상자의 행복 점수가 동메달 수상자의 행복 점수보다 낮은 까닭은 다음과 같이 이해할 수 있다. 은메달 수상자와 동메달 수상자는 자신이 거둔 (1) (   )인 성취를 각각 '금메달'과 '노메달'이라는 가상의 성취와 비교하여 (2) (   )으로 해석했기 때문이다.

글에 자주 나오는 단어나 반복되는 문장, 내용 사이의 관계를 알려 주는 표지를 살펴보면 글의 핵심 정보를 파악할 수 있어. 이 방법을 적용하며 4문단의 내용을 꼼꼼히 살펴봐.

🔲 (1) 객관적 (2) 주관적

단계 3

글쓴이가 윗글을 쓴 의도로 가장 적절한 것의 기호를 쓰시오.

> ㉮ 2등은 행복 점수가 낮으므로 1등을 해야 한다.
> ㉯ 경기에서 등수를 매기는 것은 행복 점수를 높이는 데 도움이 안 된다.
> ㉰ 행복의 기준이 주관적이라는 것을 알고, 자신을 다른 사람과 비교하지 않아야 한다.

글의 처음 부분이나 끝부분에 글쓴이의 생각이 담겨 있을 가능성이 커. 글쓴이가 무슨 말을 하고 싶어서 코넬 대학교 연구 팀의 연구 내용을 이야기했는지, 글 속에 숨어 있는 주제를 생각해 봐.

🔲 ㉯

(   )

04강

원리 적용 1

다음 글을 읽고 물음에 답하시오.

오늘날 '힙합'이 솔직한 이야기와 자유로운 감정 표현을 무기로 10-20대 젊은 세대에게 큰 인기를 얻고 있다. 여러 방송 프로그램에 힙합 가수들이 출연해 다양한 끼와 랩 실력으로 주목을 받고 있고, 힙합 가수를 꿈꾸는 청소년들도 늘어나고 있다. 이렇게 힙합이 대중화된 상황에서 힙합 가수들에게는 어떠한 창작 태도가 필요할까? 힙합 음악의 중요한 창작 수단으로 인식되어 온 '샘플링'을 중심으로 이를 알아보고자 한다.

1960년대 미국에서 힙합이 '거리 음악'으로 막 시작되고 성장해 가던 시기의 샘플링은 단순히 원곡의 일부나 혹은 전체를 빌려 쓰는 것이었다. 당시에는 완전히 새로운 음악 창작 방법이었으며, 저작권에 대한 인식이 확고하지 않았던 때라 샘플링에 큰 제약도 없었다. 샘플링에 대한 이런 인식은 1990년대 초반까지 이어지며 확대되었다.

하지만 힙합 음악이 대중적으로 관심을 끌면서 샘플링에 대한 인식도 점차 발전적으로 변화하였다. 특히 1992년 미국에서 샘플링과 관련하여 제기된 저작권 소송이 변화의 중요한 계기가 되었다. 이후 힙합 음악에서 샘플링은 원곡에 대한 충분한 이해와 원작자에 대한 존경심을 바탕으로 그의 허락을 받아 자신만의 방식으로 재해석하는 예술 기법으로 인식되고 있다.

이런 변화 속에서 우리나라에서도 1990년대에 힙합 음악이 본격적으로 발표되기 시작했고, 지금까지 많은 양적, 질적 성장을 이루어 내고 있다. 그런데 우리나라의 일부 힙합 가수들은 여전히 샘플링을 쉽고 간단한 '복사하고 붙여 넣기' 방법 정도로 이해하고 있다. 이러한 베끼기 수준의 샘플링은 표절 문제를 피하기 어렵다. 원곡에 새로운 의미를 부여하거나 원곡의 가치를 더 높이려는 태도를 보이지 않는다면, 힙합 음악의 대중화 열풍을 가져왔던 ㉠샘플링이 오히려 힙합 발전의 발목을 잡을 수도 있다.

현재 우리나라에서 힙합 음악은 '거리 음악'의 단계를 뛰어넘은 지 오래다. 각종 음원 차트를 보면, 이제 힙합은 대중음악의 중요한 갈래 중 하나로 인정받고 있다. 이런 상황에서 힙합 가수들은 샘플링이 원곡에 대한 진지한 이해와 존경을 바탕으로 한 재창조라는 점을 더욱 분명하게 인식해야 할 것이다. 그리고 샘플링을 넘어서는 새로운 창작 방법을 찾기 위한 노력도 해야 할 것이다.

독해 꿀팁

1 핵심어에 ○ 표시를 하고, 1문단에서 이어질 내용을 예측할 수 있는 부분에 〰 을 그어 봐.

2 4문단의 '그런데'에 △ 표시를 하고 앞뒤 내용을 살펴 중심 내용을 파악해 봐.

3 5문단에서 글쓴이의 의도가 드러난 부분을 찾아 ▬ 표시를 해 봐.

✦원곡(근원 原, 굽을 曲) 작곡가가 처음 작곡한 곡에서 다른 형식으로 바뀌지 아니한 본래의 곡.
✦인식(알 認, 알 識) 무엇을 분명히 알고 이해함.
✦표절(위협할 剽, 훔칠 竊) 글. 노래 등을 지을 때 다른 사람의 작품의 일부를 몰래 따와서 씀.
✦부여(붙을 附, 줄 與) 가치, 권리, 의미, 임무 등을 지니게 하거나 그렇다고 여김.

😊 핵심어 찾기❶

☐ 힙합　　☐ 샘플링
☐ 저작권　☐ 예술 기법
☐ 표절 문제

😊 중심 화제 찾기❷

☐ 힙합 음악의 역사
☐ 샘플링에 대한 올바른 인식

😊 내용 이해하기

1 문단: ❸ ☐☐☐ 음악의 중요한 창작 수단인 '샘플링'

2 문단: 힙합이 시작되고 성장해 가던 시기의 샘플링에 대한 인식

3 문단: 1992년 이후 변화한 ❹ ☐☐☐ 에 대한 인식

4 문단: 샘플링을 ❺ ☐☐☐ 수준으로 생각하는 일부 힙합 가수들의 문제점

5 문단: 샘플링에 대한 올바른 인식과 새로운 ❻ ☐☐ 방법을 찾기 위한 노력에 대한 당부

1 '샘플링'에 대한 인식의 변화를 다음과 같이 정리할 때, 빈칸에 들어갈 알맞은 말을 윗글에서 찾아 쓰시오.

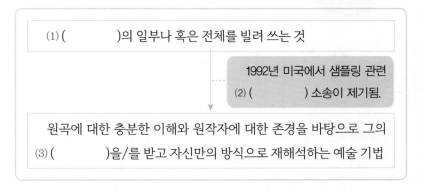

(1) (　　　　　)의 일부나 혹은 전체를 빌려 쓰는 것

1992년 미국에서 샘플링 관련
(2) (　　　　　) 소송이 제기됨.

원곡에 대한 충분한 이해와 원작자에 대한 존경을 바탕으로 그의 (3) (　　　　)을/를 받고 자신만의 방식으로 재해석하는 예술 기법

2 원리 / 적용

㉠의 의미를 짐작한 내용으로 가장 적절한 것은?

① 샘플링을 사용한 힙합 음악은 이미 유행이 지났다.
② 베끼기 수준의 샘플링은 우리나라의 힙합 음악 발전에 방해가 된다.
③ 원곡에 대한 이해가 충분해도 샘플링을 가급적 사용하지 말아야 한다.
④ 샘플링은 자신만의 방식으로 원곡을 복사한다는 점에서 표절 문제를 피할 수 없다.
⑤ 샘플링은 원작자의 허락을 받아야만 사용할 수 있다는 점에서 힙합 가수들의 창작을 가로막는다.

3 원리 / 적용

글쓴이가 윗글을 쓴 의도를 추론한 내용으로 가장 적절한 것은?

① '복사하고 붙여 넣기'를 샘플링에 적극 활용할 것을 권장하고 있군.
② 우리나라 힙합 가수들의 샘플링에 대한 인식 개선을 요구하고 있군.
③ 과거 '거리 음악' 시대의 힙합 정신으로 돌아갈 것을 주장하고 있군.
④ 대중음악의 창작 방법으로 샘플링을 널리 사용할 것을 당부하고 있군.
⑤ 원작자의 음악을 마음껏 활용할 수 있도록 저작권 규제를 완화해야 함을 강조하고 있군.

답 ❶ 샘플링 ❷ 샘플링에 대한 올바른 인식 ❸ 힙합 ❹ 샘플링 ❺ 베끼기 ❻ 창작

04강 원리 적용 2

다음 글을 읽고 물음에 답하시오.

2010년, 한국, 벨기에, 체코, 프랑스 등 11개국이 공동으로 신청한 '매사냥'이 유네스코 인류 무형 유산에 등재되었다. 그렇지만 매사냥에 대해 아는 현대인은 그리 많지 않다. ㉠현재까지도 명맥을 이어 가고 있는 우리의 전통 문화유산인 매사냥에 대해 알아보자.

매사냥은 매를 이용해 꿩, 토끼 같은 야생 동물을 잡는 사냥법이다. 일반적으로 사냥을 할 때 동물은 주인의 사냥을 돕는 보조적인 역할만 하지만, 매사냥에서 매는 주인을 대신해 짐승을 잡는 사냥꾼 역할을 한다. 매사냥의 주인공은 사람이 아니라 매인 것이다. ㉡그런데 아무 매나 매사냥의 주인공이 될 수 없다. 사람이 많은 정성과 시간을 들여 길들인 것이어야 한다. 매가 사냥을 할 만큼 훈련이 되면 본격적인 매사냥이 시작되는데, 매사냥을 할 때 우선 매사냥꾼은 사방이 잘 보이는 산의 높은 곳으로 매를 들고 올라간다. 준비하고 있던 몰이꾼들이 꿩을 몰면, 매사냥꾼은 꿩을 향해 매를 보내며 "매 나간다."라고 소리친다. 그러면 몰이꾼들은 매에 달아 놓은 방울의 소리를 따라 신속히 가서 매를 찾는다.

㉢그렇다면 매사냥은 언제, 어디에서 시작되었을까? 기록에 따르면 매사냥은 4,000여 년 전 고대 중앙아시아와 서아시아에서 시작되어 세계로 퍼져 나갔다. 메소포타미아 유적지에서는 매사냥꾼을 새긴 유물이 발견되었고, 마르코 폴로의 『동방견문록』에는 쿠빌라이 황제가 사냥터로 떠날 때 다양한 매 500마리를 동원한 기록이 남아 있다.

㉣우리나라는 어떠했을까? 우리나라의 경우 고구려 고분 벽화에 남아 있는 매사냥 그림을 통해 이미 삼국 시대부터 매사냥이 이루어졌음을 알 수 있다. 『삼국사기』에는 신라 진평왕이 매사냥에 푹 빠져 신하들이 걱정했다는 기록도 있다. 고려 충렬왕은 매사냥을 담당하는 응방이라는 관청을 두었고, 이를 위해 몽골에서 기술자를 데려오기도 했다.

㉤지금까지 매사냥의 방법과 역사에 대해 살펴보았다. 매사냥은 많은 정성과 시간을 들여 매를 길들인 후 행해지는 사냥법이다. 과거의 매사냥은 식량을 얻는 한 가지 방법이었으나, 오늘날에는 자연과의 융화를 추구하는 야외 활동이 되었다. 매사냥은 오랫동안 이어져 내려온 우리의 소중한 전통 문화유산이지만, 지금은 소수의 사람들만이 매사냥을 전승해 가고 있다.

핵심어 찾기❶

중심 화제 찾기❷

내용 이해하기

1 문단: ❸ ☐☐☐☐ 인류 무형 유산에 등재된 매사냥

2 문단: 매사냥의 개념과 특징 및 매사냥을 하는 ❹ ☐☐

3 문단: 매사냥의 역사 ① – 매사냥의 시작

4 문단: 매사냥의 ❺ ☐☐ ② – 우리나라의 매사냥 역사

5 문단: 오랫동안 이어져 내려온 우리의 전통 문화유산인 ❻ ☐☐☐

1 윗글에 사용된 설명 방식으로 가장 적절한 것은?

① 유명인의 말을 인용하여 매사냥의 가치를 강조하고 있다.

② 유추의 방식을 활용하여 매사냥에 대한 이해를 돕고 있다.

③ 매사냥이 오늘날의 여가 생활에 미친 영향을 분석하고 있다.

④ 매사냥의 뜻을 풀이하고 다른 사냥과의 차이점을 드러내고 있다.

⑤ 매사냥이 현재까지 전승되는 이유와 그로 인한 결과를 밝히고 있다.

2 원리 적용

㉠~㉤의 뒤에 이어질 내용을 예측한 것으로 적절하지 <u>않은</u> 것은?

① ㉠ 뒤에는 매사냥이 무엇인지 설명하는 내용이 이어지겠군.

② ㉡ 뒤에는 매사냥에 사용되는 매에 대한 내용이 이어지겠군.

③ ㉢ 뒤에는 매사냥의 기원에 대해 밝히는 내용이 이어지겠군.

④ ㉣ 뒤에는 우리나라 매사냥의 방법에 대한 내용이 이어지겠군.

⑤ ㉤ 뒤에는 앞에서 설명한 내용을 정리하는 내용이 이어지겠군.

3 원리 적용

윗글을 읽고 추론한 내용으로 적절하지 <u>않은</u> 것은?

① 다른 나라에서는 매사냥이 대규모로 이루어지기도 했다.

② 오늘날 매사냥은 과거에 비해 가치를 인정받지 못하고 있다.

③ 매사냥에는 매사냥꾼뿐 아니라 여러 명의 몰이꾼이 필요하다.

④ 매사냥꾼은 본격적인 매사냥 전에 충분히 매를 길들여야 한다.

⑤ 고려 충렬왕은 매사냥을 담당하는 관청을 둘 정도로 매사냥을 중요한 일로 생각했다.

관점 비교하기

'관점'이란 대상이나 현상을 바라보는 입장이나 태도를 뜻해. 관점을 파악한다는 것은 '누가 무엇에 대해 어떻게 말하는가?'를 찾는 거야. 여기서 '누가'는 글쓴이, 특정 학자나 이론 등으로 다양하게 나타날 수 있어. 그 중 글쓴이의 관점은 중심 화제에 대한 생각이나 태도가 드러나는 문장을 통해 파악할 수 있지. 같은 대상이나 현상에 대해 다른 관점을 보이는 글을 비교하며 읽다 보면 균형 있는 시각을 가질 수 있을 거야.

독해 꿀팁

1 중심 화제를 찾아 ○ 표시를 해 봐.

2 중심 화제에 대한 두 가지 관점을 찾아 ▆▆ 표시를 하고, 관점의 차이를 나타내는 말에 □ 표시를 해 봐.

3 4문단에서 중심 화제에 대한 글쓴이의 생각이 드러난 부분에 ﹏﹏ 을 그어 봐.

교과 연계 도덕

중심 화제에 대한 관점을 파악하며 다음 글을 읽고, 단계별 문제를 해결해 보자.

어떤 사람이 해외를 여행하고 있었다. 첫 번째 나라에서 젊은 사람들이 노인에게 자리를 양보해 주었다. 두 번째 나라에서도 젊은 사람들이 자리를 양보했고, 세 번째 나라에서도 마찬가지였다. 그래서 그는 모든 나라에서 젊은 사람들이 노인에게 자리를 양보해 준다고 생각했다. 그런데 마지막으로 방문한 나라에서는 그런 경우를 찾아볼 수 없었다. 그렇다면 언제 어디서나 옳다고 여겨지는 도덕은 없는 것일까?
↖ 중심 화제

[A] 이에 대해 시대나 장소와 무관하게 모든 사람들이 옳다고 여기는 보편적인 도덕이 존재한다는 관점이 있다. 예를 들어 '생명을 존중해야 한다.'나 '자기가 하기 싫은 일은 남에게 시키지 말라.'와 같은 것은 어느 시대, 어느 장소에서나 보편적으로 옳다고 여겨진다. 다만 이러한 관점만이 옳다고 생각할 경우 문화에 따라 달라지는 다양한 가치를 받아들이는 데 소극적인 태도를 갖게 된다.
↖ 중심 화제에 대한 첫 번째 관점이군.

[B] 이와 달리 언제 어디서나 옳다고 여겨지는 도덕은 존재하지 않는다고 보는 관점이 있다. 즉 도덕은 시대나 장소에 따라 달라지기 때문에 상대적이라는 것이다. 도덕을 이러한 관점에서 보는 사람들은 자신이 속한 사회의 도덕이 반드시 모든 사회에 적용되어야 한다고 생각하지 않는다. 그러나 이런 관점을 지나치게 확대 해석할 경우 서로 다른 사회에서 동일한 문제에 대해 각기 다른 도덕적 기준을 주장할 때 무엇이 옳은지 판단하기가 쉽지 않다.
↖ 중심 화제에 대한 두 번째 관점이군.

이처럼 '언제 어디서나 옳다고 여겨지는 도덕이 존재하는가?'에 대해서 서로 다른 관점이 있다. 그리고 이러한 논의는 지금도 계속되고 있다. 세계 각국의 다양한 사회 구성원을 만날 기회가 늘어 가고 있는 지금, 우리는 보편적인 도덕에 대한 인식과 함께 나와 다른 생각을 가진 사람들도 존중할 줄 아는 균형 있는 사고를 할 필요가 있다.
↖ 중심 화제에 대한 글쓴이의 생각이 드러나 있군.

✛무관(없을 無, 관계할 關)하다 서로 관계가 없다.
✛보편적(널리 普, 두루 遍, 과녁 的) 모든 것에 두루 미치거나 통하는 것.
✛상대적(서로 相, 대할 對, 과녁 的) 서로 맞서거나 비교되는 관계에 있는 것.

중심 화제 파악하기 → 중심 화제에 대한 생각이나 태도가 드러난 문장 찾기 → 관점 정리하여 비교하기

단계 1 윗글의 중심 화제로 가장 적절한 것의 기호를 쓰시오.

> ㉮ 나라에 따라 다른 도덕규범을 지켜야 하는가?
>
> ㉯ 젊은 사람들이 노인에게 자리를 양보해야 하는가?
>
> ㉰ 언제 어디서나 옳다고 여겨지는 도덕이 존재하는가?

( )

> 글에서 집중적으로 다루거나 문제를 삼고 있는 대상 또는 현상이 중심 화제야. 이 글에서 '언제 어디서나 옳다고 여겨지는 도덕은 없는 것일까?'와 비슷한 내용의 문장이 반복되고, '보편적인 도덕'이라는 말이 반복되는 것에서 중심 화제를 파악할 수 있어.
>
> 답 ㉰

단계 2 중심 화제에 대한 [A], [B]의 관점을 알맞게 선으로 연결하시오.

(1) **[A]의 관점**

(2) **[B]의 관점**

㉮ 도덕적 판단의 기준은 시대나 장소에 따라 달라지지 않는 보편적인 것이다.

㉯ 사람들이 옳다고 생각하는 바가 시대나 장소에 따라 달라지므로 도덕적 판단의 기준은 상대적인 것이다.

> 중심 화제에 대한 상반된 관점이 2, 3문단에 나와 있어. [A]는 보편적인 도덕이 '존재한다'고 보는 관점이고, [B]는 보편적인 도덕이 '존재하지 않는다'고 보는 관점이야.
>
> 답 (1) ㉮ (2) ㉯

단계 3 중심 화제에 대한 글쓴이의 관점으로 가장 적절한 것에 ○표 하시오.

(1) 보편적인 도덕은 존재한다. ( )

(2) 보편적인 도덕은 존재하지 않는다. ( )

(3) 보편적인 도덕의 존재에 대한 서로 다른 관점을 존중하며 균형 있는 사고를 해야 한다. ( )

> 관점은 '～ 해야 한다', '～라고 주장한다.', '～하고자 한다.' 등의 표현이 포함된 문장에 드러나 있어. 이 글에서 글쓴이의 관점은 '～할 필요가 있다.'라는 표현이 포함된, 4문단의 마지막 문장에 드러나 있어.
>
> 답 (3) ○

05강 원리 적용 1

다음 글을 읽고 물음에 답하시오.

가 휴대 전화는 공간과 시간의 제약을 넘어 나와 타인을 연결하는 새로운 소통의 길을 활짝 열어 주었다. 멀리 이사 간 친구가 생각나면 바로 휴대 전화로 안부를 물을 수 있고, 집에 있지 않아도 가족들과 수시로 대화를 나눌 수 있다. 가족, 친구, 연인, 동료 등과 인간관계를 유지하고 개인 간의 소통을 ✦증진시키는 데 휴대 전화가 유용하게 쓰이는 것이다. 휴대 전화가 개인 간의 소통에 유용한 도구가 된 데에는 문자 메시지의 ✦공이 크다. 음성 통화는 아무리 말을 짧게 해도 몇십 초가 훌쩍 지나가 버리는 데 반해, 문자 메시지는 군더더기 없이 핵심만 전달하기 때문에 빠르고 쉽게 소통할 수 있다. 그리고 감사함, 미안함, 축하 등 표현하기 쑥스러운 내용도 문자 메시지를 이용하면 좀 더 쉽게 전달할 수 있다.

휴대 전화는 직접 만나 소통하는 것이 아니기 때문에 인간관계가 더 소원해지는 것이 아니냐는 우려가 있다. 하지만 인간의 만남은 직접 얼굴을 대하는 데에서만 깊어지는 것이 아니다. 휴대 전화가 멀고 낯선 세계를 글과 소리로 연결해 준다는 점에서 소통의 폭과 깊이를 더하는 기능을 한다고 볼 수 있다.

나 휴대 전화는 혼자만의 시간을 갖기에 편리한 도구라서 언제 어디서나 휴대 전화만 있으면 '혼자서도 심심하지 않게' 지낼 수 있어 자기 ✦단절 현상을 빚어낸다. 인간은 사회적 동물이기 때문에 공동체 생활을 통해 성장해 나가야 한다. 그러나 '나 홀로 전화기'와 함께하는 시간이 많다 보니, 타인의 즐거움에 같이 기뻐해 주고 슬픔에 같이 공감해 주는 공동체 문화의 정신을 배울 기회가 줄어들었다. 휴대 전화와 함께하는 시간이 길어질수록 인간관계가 점점 단절되는 것이다.

휴대 전화는 사람 간의 친밀감을 약화시킬 ✦소지가 크다. 언제 어디서나 원하는 사람과 통화하고 문자를 주고받을 수 있지만, 그런 기능을 통해 만남을 대신하는 경우가 늘어나기 때문이다. 직접 만나서 대화를 하더라도 휴대 전화에 신경을 쓰느라 정작 눈앞의 관계를 소홀히 하기 십상이다. 친구와 만나도, 가족과 오랜만에 한자리에 앉는 순간에도 각자의 휴대 전화의 세계에 빠진다. 휴대 전화로 인해 세상과의 소통은 ✦용이해졌지만, 사람 간의 소통은 오히려 단절되어 가는 것은 아닌지 쑥쓸함마저 든다.

독해 꿀팁

1 **가**, **나**의 공통된 핵심어에 ○ 표시를 해 봐.

2 '반해', '그리고', '그러나' 등의 연결어에 △ 표시를 하고, 뒤에 어떤 내용이 이어지는지 살펴봐.

3 **가**, **나**에서 글쓴이의 관점이 드러난 부분을 찾아 각각 ▨▨ 표시를 해 봐.

✦**증진**(더할 增, 나아갈 進) 기운이나 세력 등이 점점 더 늘어 가고 나아감.
✦**공**(공로 功) 어떤 일을 위해 바친 노력과 수고. 또는 그 결과.
✦**단절**(끊을 斷, 끊을 絶) 서로 간의 관계를 끊음.
✦**소지**(본디 素, 땅 地) 문제가 되거나 부정적인 일 따위를 생기게 하는 원인. 또는 그렇게 될 가능성.
✦**용이**(모양 容, 쉬울 易)하다 어렵지 않고 매우 쉽다.

😀 핵심어 찾기 ❶

- [ ] 인간관계
- [ ] 휴대 전화
- [ ] 공동체 생활
- [ ] 문자 메시지
- [ ] 자기 단절 현상

😊 중심 화제 찾기 ❷

- [ ] 도구로서 휴대 전화의 기능
- [ ] 휴대 전화가 사람들 간의 소통에 미치는 영향

😄 내용 이해하기

가

1문단: 휴대 전화는 사람들 간의 ❸ ⬜ 을/를 원활하게 해 줌.

2문단: 휴대 전화는 소통의 폭과 깊이를 더해 줌.

나

1문단: 휴대 전화는 인간관계를 ❹ ⬜ 시킬 수 있음.

2문단: 휴대 전화는 사람 간의 ❺ ⬜⬜ 을/를 약화시킬 수 있음.

1 **가**, **나**에서 공통으로 다루고 있는 대상을 찾아 쓰시오.

(   )

2 원리 적용

다음은 **가**와 **나**에서 각각의 글쓴이가 주장하는 바와 그 근거를 정리한 것이다. 빈칸에 들어갈 알맞은 말을 〈보기〉에서 골라 쓰시오.

보기
약화   연결   단절   원활

가의 주장과 근거	**나**의 주장과 근거
휴대 전화는 우리의 소통을 더욱 (1) ( )하게 하는 도구이다.	휴대 전화는 사람들 간의 소통을 (3) ( )시키는 도구이다.
• 휴대 전화는 시간과 공간의 제약을 넘어 사람과 사람을 (2) ( )해 준다. • 휴대 전화의 문자 메시지는 개인과 개인 간의 소통을 바르고 쉽게 해 준다.	• 휴대 전화로 인해 공동체 문화가 사라지고 있다. • 휴대 전화로 인해 주변 사람들과의 소통이 부족해지는 등 휴대 전화가 사람 간의 친밀감을 (4) ( )시킬 수 있다.

3 원리 적용

대상에 대한 **가**와 **나**의 관점을 바르게 짝지은 것은?

	가	나		가	나
①	부정적	긍정적	②	긍정적	부정적
③	객관적	주관적	④	주관적	객관적
⑤	현실적	이상적			

📋 **답** ❶ 휴대 전화   ❷ 휴대 전화가 사람들 간의 소통에 미치는 영향   ❸ 소통   ❹ 단절   ❺ 친밀감

05강 원리 적용 2

다음 글을 읽고 물음에 답하시오.

인공 지능 기술의 발전으로 로봇이 사람을 대신해 일하는 영역이 늘어나고, 그 규모도 커지면서 '로봇세를 도입해야 하는가?'라는 화제가 도마 위에 올랐다.

로봇세는 로봇을 소유한 기업이나 로봇에게 부과하는 세금이다. 4차 산업 혁명이 본격적으로 시작되면 현존하는 일자리의 80% 이상이 사라질 것으로 예측된다. 사람이 할 일을 로봇이 대신하게 되기 때문이다. 사람들이 일자리를 잃으면 그만큼 정부의 세금 수입은 크게 줄어들 수 있다. 이러한 고민에서 로봇세를 도입하자는 의견이 생겨났다.

[A]로봇세 도입에 찬성하는 사람들은 로봇세를 도입하여 복지 재원을 마련해야 한다고 주장한다. 로봇 때문에 일자리를 잃은 사람들은 새로운 일자리를 찾기 위해 재교육을 받아야 한다. 로봇세를 활용하면 그러한 사람들에게 진로 상담이나 적성 검사, 기술 교육 등을 통해 재교육을 제공할 수 있다. 그리고 미래 사회에는 소수의 사람이 로봇으로 소득을 독점할 수 있는데, 로봇을 소유하고 이용하는 사람이나 로봇에게 세금을 부과하면 소득의 독점을 막을 수 있다. 이렇듯 이 입장은 로봇세를 활용하여 소득을 재분배함으로써 국민의 복지를 향상시켜야 한다는 입장이다.

[B]로봇세 도입에 반대하는 사람들은 로봇세 도입이 로봇 산업의 발전과 국가의 미래 경쟁력에 부정적인 영향을 끼칠 수 있다고 주장한다. 로봇 개발자는 개발 비용에 세금까지 더해져 부담을 느낄 수 있다. 로봇 개발자의 부담은 로봇을 개발하는 과정에서 혁신적인 생각을 발전시키거나 과감한 투자를 하는 데에 걸림돌이 될 수 있다. 또한 로봇세를 부과하는 근거가 명확하지 않기 때문에 세계의 모든 국가가 동시에 로봇세를 도입하기 어렵다. 서둘러 로봇세를 도입한 국가는 세계 시장에서 가격 및 생산성의 경쟁력에서 뒤처질 수 있다. 이렇듯 이 입장은 국가의 미래 경쟁력을 기르려면 로봇 산업 발전에 투자하는 것이 우선이라는 입장이다.

로봇세를 도입할 경우에도 로봇을 이용한 생산 활동에 세금 혜택을 줄 것인지, 아니면 로봇으로 인해 일자리가 줄어드는 부분에 대해 세금의 불이익을 줄 것인지 등의 고려해야 할 여러 문제들이 있다. 따라서 로봇 산업을 발전시키면서 인간과 로봇이 함께 살아가는 방안을 찾아 세금을 매겨야 할 것이다.

독해 꿀팁

1 중심 화제를 찾아 ○ 표시를 하고, 대상의 개념을 설명한 부분에 ﹏﹏을 그어 봐.

2 '주장', '입장'과 같은 말이 사용된 문장에 ▬▬ 표시를 하고, 찬반 양측의 주장을 살펴봐.

3 찬반 양측이 근거로 내세우는 내용에 [ ] 표시를 해 봐.

✦**도입**(이끌 導, 들일 入) 지식, 기술, 물자 등을 끌어 들임.

✦**부과**(매길 賦, 매길 課) 세금이나 벌금 등을 매겨서 내게 함.

✦**수입**(거둘 收, 들일 入) 개인이나 국가, 단체가 벌어들이는 돈.

✦**재원**(재물 財, 근원 源) 필요한 자금이 나올 원천.

✦**투자**(던질 投, 재물 資) 이익을 얻기 위해 어떤 일이나 사업에 돈을 대거나 시간이나 정성을 쏟음.

핵심어 찾기❶

☐ 로봇 ☐ 세금
☐ 로봇세 ☐ 4차 산업 혁명
☐ 인공 지능 기술

중심 화제 찾기❷

☐ 로봇세를 도입해야 하는가
☐ 인공 지능 로봇을 개발해야 하는가

내용 이해하기

1 문단: ❸ ☐☐☐ 도입 문제가 화제가 된 상황
2 문단: 로봇세를 도입하자는 의견이 나온 ❹ ☐☐
3 문단: 로봇세 ❺ ☐☐에 찬성하는 사람들의 주장
4 문단: 로봇세 도입에 ❻ ☐☐하는 사람들의 주장
5 문단: 로봇세를 매길 때 고려해야 할 문제들

답 ❶ 로봇세 ❷ 로봇세를 도입해야 하는가 ❸ 로봇세 ❹ 배경 ❺ 도입 ❻ 반대

1

윗글에서 알 수 있는 내용으로 적절하지 않은 것은?

① 세계 각국은 앞다투어 로봇세를 도입하려 하고 있다.
② 인공 지능 기술이 발전하면서 로봇 산업의 규모가 커지고 있다.
③ 로봇세를 도입하더라도 여러 가지로 고려해야 할 문제들이 많다.
④ 4차 산업 혁명이 본격화되면 많은 사람들이 일자리를 잃을 것이다.
⑤ 로봇세 도입에 대한 의견은 4차 산업 혁명 시대에 정부의 세금 수입이 감소되는 문제에 대한 고민으로부터 나왔다.

2

원리 적용

[A]와 [B]가 나눈 대화 내용으로 적절하지 않은 것은?

① [A]: 로봇 때문에 사람들이 일자리를 잃었다면 국가에서 로봇세를 활용하여 그들에게 재취업을 위한 교육을 제공해야 합니다.
② [B]: 그 재원을 꼭 로봇세에서 얻어야 한다고 생각하지 않습니다. 로봇세는 로봇 산업을 발전시키는 데 방해가 될 뿐입니다.
③ [A]: 로봇세로 얻은 재원을 재분배하면 국민의 복지가 향상되고, 결국에는 국가의 세금 수입 문제에도 도움이 될 것입니다.
④ [B]: 로봇의 가격이나 생산성을 높인다면 로봇세를 부과하지 않더라도 국가 재정에 도움이 될 것입니다.
⑤ [A]: 로봇세를 부과해야 일부 사람들이 로봇으로 소득을 독점하는 상황을 막을 수 있습니다.

3

원리 적용

[B]가 주장한, 국가의 미래 경쟁력을 기르기 위해 할 일로 가장 적절한 것은?

① 기업은 로봇 개발 관련 일자리를 늘려야 한다.
② 로봇세를 부과하는 기준을 명확히 정해야 한다.
③ 국가는 로봇 개발자에게 각종 특혜를 주어야 한다.
④ 로봇 산업 발전에 투자하는 것을 우선시해야 한다.
⑤ 전 국민을 대상으로 로봇 기술 관련 교육을 실시해야 한다.

비판하기

글쓴이의 생각이나 글에 있는 정보가 올바른지 따져 가며 글을 읽는 독자는 그렇지 않은 독자보다 폭넓은 시각을 갖출 수 있어. 따라서 글쓴이의 주장이 타당하고 이를 뒷받침하는 근거가 적절한지, 글쓴이의 시각이 한쪽에 치우치지 않는지, 또 글에 사용된 자료가 정확하고 적절한지, 표현 방법이 적절한지 등을 평가하며 글을 읽을 줄 알아야 해. 비판하며 읽기를 훈련하면 논리적인 사고력과 정확한 판단력을 기를 수 있을 거야.

독해 꿀팁

1 글쓴이의 주장이 드러난 부분에 ▒▒ 표시를 해 봐.

2 주장을 뒷받침하는 근거에 ～～ 을 그어 봐.

3 글에 사용된 자료에 ○ 표시를 하고, 내용이 적절한지 평가해 봐.

+ **경향**(기울 傾, 향할 向) 어느 한 방향으로 기울어진 생각이나 행동 혹은 현상.

+ **자유 무역**(스스로 自, 말미암을 由, 바꿀 貿, 바꿀 易) 국가가 외국 무역에 아무런 간섭이나 보호를 하지 않고 관세도 매기지 않으며 개인의 자유에 맡겨 하는 무역.

+ **주도권**(주인 主, 이끌 導, 권세 權) 중심이 되어 어떤 일을 이끌어 나갈 수 있는 권리나 권력.

+ **이윤**(이로울 利, 윤택할 潤) 기업의 총수익에서 제품 생산에 들어간 비용 등을 빼고 남는 순이익.

교과 연계 **사회**

글쓴이의 주장이나 글의 정보가 적절한지 살피며 다음 글을 읽고, 단계별 문제를 해결해 보자.

나라 사이의 무역이 자유로워지면서 모든 물품의 자유로운 거래를 당연하게 여기는 경향이 있다. 자유 무역의 논리에 따르면 식량도 자유 무역의 대상에서 예외가 될 수 없다. 이대로 두어도 괜찮은 것일까?

<u>유엔 발표</u>에 따르면 지구는 약 130억 명이 먹을 식량을 생산할 능력이 있다. 현재 지
↳ 유엔에서 발표한 내용임을 제시하며 근거의 신뢰성을 높였어.
구의 인구가 70억 명에 불과한 것을 고려하면, 굶주림에 시달리는 사람이 없어야 하고 식량 가격은 지금보다 훨씬 낮아야 한다. 그러나 현실은 그렇지 않다. 일부 거대 곡물 회사가 식량 문제의 주도권을 쥐고 있기 때문이다. 이들은 세계 곡물 거래량의 80%
↳ 일부 거대 곡물 회사가 식량 문제의 주도권을 쥐어서 생기는 부정적 상황을 근거로 제시했어.
가 넘는 곡물을 거래하며, 최대치의 이윤을 얻기 위해 곡물 생산량을 마음대로 결정한다. 2008년 세계 곡물 위기 당시 식량 가격이 마구 치솟아 수많은 빈민들이 굶주림으
↳ 구체적인 예를 들어 앞 문장의 내용을 뒷받침하고 있어.
로 허덕였을 때 오히려 이 회사들의 이익은 40% 이상 높아졌다.

식량은 인간 생존에 필수적인 물품이다. 식량을 자유 무역의 상품으로 둘 수 없는 이
↳ 식량은 인간 생존에 없어서는 안 될 물품임을 근거로 제시했어.
유가 여기에 있다. 실제로 선진국에서도 식량 문제에 대해서는 이중적인 태도를 드러낸다. 저개발 국가에는 자유 무역에 동참할 것을, 그래서 그 국가의 정부가 시장에 개입하지 못하도록 요구하면서도 자기 나라의 경제를 운영할 때에는 굶주림에 시달리는 국민이 없도록 최소 생존권을 지키는 정책을 적용하고 있다. 기업이 이윤을 얻는 것보다 더 중요한 것이 인간의 최소 생존권임을 인정하는 것이다.

[A]

㉠오늘날 지구 한쪽에서는 살을 많이 빼면 25만 달러를 상금으로 주고, 다른 한쪽에서는 하루 1달러가 없어 굶주림에 시달리고 있다. 식량 문제를 자유 무역의 논리로만 다루면 이러한 현상은 더욱더 심해질 것이다. 그러므로 인간 생존의 기본 요건인 식량 문제를 자유
↳ 글쓴이의 주장이 드러난 문장이군.
무역의 대상으로 다루어서는 안 된다.

↳ 식량이 풍족해 비만해진 사람과 식량이 없어 굶주림에 시달리는 사람의 모습을 그림으로 나타내어 문제의 심각성을 효과적으로 전달하고 있어.

단계 1 윗글에 드러난 글쓴이의 관점으로 가장 적절한 것에 ○표 하시오.

⑴ 식량을 자유 무역 시장의 상품으로 거래해서는 안 된다.

( )

⑵ 저개발 국가도 국민의 생존권을 지키기 위해 식량 시장에 개입해야 한다.

( )

⑶ 거대 곡물 회사가 최대치의 이윤을 얻기 위해 곡물 생산량을 결정하는 것은 당연하다.

( )

> 일반적으로 글의 앞부분에서는 글에서 다루는 대상이나 문제 상황을 제시하고, 끝부분에서는 이에 대한 글쓴이의 생각이나 주장, 관점을 강조해. 이 글의 글쓴이는 식량을 자유 무역의 대상으로 삼는 것에 대해 비판적 태도를 보이고 있어.
>
> **답** ⑴ ○

단계 2 [A]는 ㉠을 그림으로 나타낸 것이다. [A]를 가장 적절하게 평가한 친구의 이름을 쓰시오.

> 은우: 사실적인 장면을 제시해서 앞의 내용에 반박했어.
> 지효: 문제 상황을 시각적으로 대조해서 주장을 강조했어.
> 원영: 문제 해결 방법을 그림으로 보여 줌으로써 글의 신뢰성을 높였어.

( )

> 글에 사용한 자료가 글쓴이가 전달하려는 주장이나 정보를 잘 뒷받침하는지, 객관적인 사실을 보여 주는지 등을 평가할 줄 알아야 해. 이러한 기준에 따라 [A]를 적절하게 평가한 친구를 찾아봐.
>
> **답** 지효

단계 3 윗글을 비판하며 읽고 자신의 의견을 정리하려고 할 때, 평가 기준으로 적절하지 <u>않은</u> 것의 기호를 쓰시오.

> • 글의 형식과 표현 방법이 적절한가? ……………………… ㉮
> • 글에 담긴 사회·문화적 이념이 올바른가? …………… ㉯
> • 글쓴이가 한쪽에 치우친 태도를 보이지는 않는가? … ㉰
> • 글쓴이의 생각은 자신의 생각과 어떤 점이 다른가? … ㉱
> • 글에서 자신의 문제를 해결할 방법을 찾을 수 있는가? ………………………………………………… ㉲

( )

> 비판적으로 읽는 것은 글쓴이의 의도나 글의 내용에 공감하거나 반박할 부분을 찾아서 평가하며 읽는 거야. 이때 글쓴이의 생각이 자신의 생각과 다른지는 비교할 수 있지만, 글에서 자신의 문제를 해결할 방법을 찾을 수 있을지는 글의 내용을 자신이 처한 상황에 적용하는 과정에서 검토해야 해.
>
> **답** ㉱

06강

원리 적용 1

독해 꿀팁

1 핵심어에 ◯ 표시를 하고, 글쓴이의 주장에 ▨▨▨ 표시를 해 봐.

2 주장을 뒷받침하는 근거에 〰️을 그어 봐.

3 근거에 대한 자료에 [ ] 표시를 해 봐. 그리고 이 자료가 글의 신뢰도를 높이는지 생각해 봐.

다음 글을 읽고 물음에 답하시오.

동물원은 자연 상태에서 보기 힘든 다양한 종의 동물을 가까이에서 볼 수 있는 곳이라 사람들에게 인기가 많다. 우리나라에는 2018년 기준 동물원이 84곳, 수족관이 23곳 있다. 라쿤 카페와 같은 유사 동물원도 늘어나고 있는 가운데 동물원의 ⁺열악한 환경과 동물 학대 문제로 ㉠동물원을 폐지해야 한다는 목소리가 커지고 있다. 그렇지만 동물원을 폐지하는 것보다 동물원을 유지하는 것이 장점이 더 많다.

첫째, 동물원은 멸종 위기 동물이나 ⁺희귀 동물을 보호해 준다. 인간의 무분별한 개발과 환경 오염 등으로 ⁺서식지를 잃고 멸종 위기에 놓인 동물들이 늘어 가고 있다. 동물원은 이런 동물들을 데려와 보살핌으로써 멸종되지 않게 보호하는 역할을 한다.

둘째, 동물원은 ⁺생태 지식을 늘려 주고 생명 존중 정신을 갖게 하는 등 교육적인 가치가 있다. 세계 동물원 수족관 협회가 세계 30개 동물원의 방문객 6천 명을 대상으로 '생물 다양성 교육 효과'를 조사했다. 그 결과 방문객의 63%가 동물원을 방문함으로써 동물에 대한 지식을 얻었다고 답했고, 특히 생물 다양성 유지의 필요성을 깨달았다고 했다. 이렇게 동물을 직접 보고 관찰하는 과정에서 생태 지식을 습득하고 생명의 소중함을 몸소 느낄 수 있다.

셋째, 동물원을 폐지한 직후에 생기는 여러 가지 문제점이 있다. 현재 동물원에 사는 동물들은 야생성을 거의 잃은 상태여서 야생으로 돌아간다 해도 적응에 실패할 확률이 높다. 또한 인간의 개발로 서식지를 잃은 동물들은 동물원이 폐지되면 갈 곳이 없어 죽임을 당할 수 있다.

100여 년 전, 우리나라에 동물원이 처음 생겼을 때는 철책과 쇠그물을 써서 동물들을 좁은 우리 안에 가두어 수용했다. 그만큼 동물의 복지나 권리는 고려되지 않았다. 하지만 시간이 지날수록 동물들이 머무는 곳을 야생 환경에 가깝게 재현하고, 동물이 안락한 삶을 살아가도록 돕는 등 동물원이 좋게 변화하고 있다. 2016년에는 동물의 권리를 법적으로 보장하기 위해 이른바 '동물원법'이 제정되기도 했다. 동물원을 폐지하는 것만이 동물을 위한 방법이 아니다. 먼저 인간과 동물이 모두 행복하게 공존할 수 있는 방법을 고민하고, 현재 우리가 할 수 있는 일을 찾아야 할 것이다.

⁺**열악**(못할 劣, 나쁠 惡)하다 품질이나 능력 등이 몹시 낮고 조건이 나쁘다.

⁺**희귀**(드물 稀, 귀할 貴) 많이 없거나 쉽게 만날 수 없어서 매우 특이하거나 귀함.

⁺**서식지**(깃들일 棲, 숨쉴 息, 땅 地) 생물이 보금자리를 만들어 사는 곳.

⁺**생태**(날 生, 모양 態) 생물이 살아가는 모양이나 상태.

😊 **핵심어 찾기❶**

☐ 동물   ☐ 동물원
☐ 수족관   ☐ 동물원법
☐ 생명 존중 정신

😊 **중심 화제 찾기❷**

☐ 동물원을 폐지해야 하는가
☐ 동물원의 동물을 어떻게 보호할
    것인가

😊 **내용 이해하기**

1 문단: 동물원을 폐지하는 것보다
❸ ☐☐ 하는 것이 장점이 더 많음.

2 문단: 근거 ① – 동물원은 ❹ ☐☐
위기 동물이나 희귀 동물을 보호해
줌.

3 문단: 근거 ② – 동물원은 ❺ ☐☐
적인 가치가 있음.

4 문단: 근거 ③ – 동물원을 폐지한 직
후 여러 가지 문제점이 생김.

5 문단: 인간과 동물이 ❻ ☐☐ 할 수
있는 방법을 찾아야 함.

📝 **답** ❶ 동물원 ❷ 동물원을 폐지해야
하는가   ❸ 유지   ❹ 멸종
  ❺ 교육   ❻ 공존

1

'동물원을 폐지해야 하는가'에 대한 글쓴이의 관점은 어떠한지 ( ) 안에서 알
맞은 말을 골라 ○표 하시오.

• 글쓴이의 관점: 동물원을 (폐지해야 , 유지해야) 한다.

2

[원리/적용]

다음은 글쓴이가 제시한 근거와 그에 대한 반응을 정리한 내용이다. 빈칸에 들
어갈 알맞은 말을 〈보기〉에서 골라 쓰시오.

┌── 보기 ├──

     사례   타당성   객관적

근거	근거에 대한 반응
동물원은 멸종 위기 동물이나 희귀 동물을 보호해 준다.	실제로 멸종 위기 동물을 보호하여 종을 유지한 (1) (　　　)이/가 추가되면 이해에 도움이 될 것 같아.
동물원은 교육적인 가치가 있다.	동물원이 생태 지식을 늘려 준다는 내용에 대한 (2) (　　　)인 자료를 사용하여 설득력을 높이고 있어.
동물원을 폐지한 직후에 생기는 여러 가지 문제점이 있다.	(3) (　　　)을/를 높일 수 있도록 서식지를 잃은 동물들이 죽임을 당할 수 있다는 내용을 뒷받침할 자료가 추가되면 좋겠어.

3

[원리/적용]

㉠의 입장에서 글쓴이의 입장을 반박할 때의 내용으로 적절하지 않은 것은?

① 동물이 서식하는 생태계가 많이 파괴되었다.

② 동물원의 우리는 동물의 행동 범위에 비해 턱없이 좁다.

③ 동물원에 사는 동물들은 극심한 스트레스로 이상 행동을 보이기도 한다.

④ 동물이 인간을 위한 오락 수단이 되는 것 자체가 생명 존중 정신에 어긋
난 것이다.

⑤ 동물원을 야생 환경과 비슷하게 재현한다 해도 진짜 자연이 아니므로 근
본적인 해결 방안이 될 수 없다.

06강 원리 적용 2

다음 글을 읽고 물음에 답하시오.

우리는 '빨리빨리'를 입에 달고 산다. '빨리빨리'가 우리나라의 급속한 성장을 이끌었다고 볼 수도 있지만, 시간을 들여야 경험할 수 있는 소중한 것을 ✦상실하게도 했다. 가령 참된 의미의 사랑, 우정, 교육, 예술, 학문 같은 것을 우리는 모두 상실하고 있는 것은 아닐까?

심리학자 로버트 레빈의 『시간은 어떻게 인간을 지배하는가』에는 세계 31개국의 시간 문화에 대한 기록이 담겨 있다. 그는 보행자의 걷는 속도, 우체국의 일 처리 시간, 공공장소에 있는 시계의 정확함 등을 종합하여 각국의 생활 속도 순위를 매겼는데 스위스, 독일 등은 상위권을, 멕시코, 인도네시아 등은 하위권을 기록했다. 한국은 18위였다. 순위를 보면 대체로 생활 속도가 빠른 국가의 순위가 산업 발전에 따른 국민 소득 순위와 비슷하다. 이 조사는 조급한 마음이 산업 발전을 ✦가속화한다기보다 체계적인 틀 안에서 정확함을 추구하는 마음이 실제로 '빠른' 결과를 낳는다는 것을 보여 준다.

현대 자본주의 사회에서 경쟁은 '빨리빨리'를 ✦전제한다. 가장 빠른 자가 경쟁에서 이기는 경우가 많기 때문이다. 그래서 많은 사람이 속도, 그것도 가속도를 삶의 바탕으로 삼고 있다. 문제는 '빨리빨리'가 불러오는 속도의 지나침과 한계 없음이다. 자본주의 사회에서 요구하는 생활 리듬에 맞추어 고속으로 살아가면서 우리는 중요한 것을 잃어버린다. 인간으로서의 ✦연대감과 같은 도덕적인 가치가 그것이다. 사람들은 '빨리빨리' 하여 앞으로 얼마나 더 발전해야 하는지 그 한계를 모른 채 치열한 경쟁을 한다. 그런데 경쟁에서 이긴 소수의 사람이 부유해질수록 다수의 사람은 더욱더 가난해지고 있다.

'빨리빨리'에 반대되는 행동으로 '느리게'를 중시하자는 것이 아니다. 지금부터라도 우리는 '빨리빨리'가 아니라 '적정 속도'를 생각하며 살아야 한다. 이는 막연한 타협이나 적당한 중간을 뜻하지 않는다. 그 기준은 현대의 사회와 문화가 지닌 속도의 지나침을 비판적으로 인식하고, 그 한계를 깊이 자각하는 태도를 통해 스스로 세울 수 있다. 이를 위해서는 무엇보다도 '천천히' 생각할 시간이 필요하다. 적정 속도로 사는 삶에 대해 천천히 생각하다 보면 오히려 '빠른' 결과를 낳을 수 있는 정확함과 신속함을 갖추는 지혜를 얻을 수 있을 것이다.

독해 꿀팁

1 핵심어에 ○ 표시를 하고, 1문단에서 글쓴이의 관점이 드러난 부분에 〜〜을 그어 봐.

2 글쓴이의 의견을 뒷받침하는 자료에 [ ] 표시를 해 봐.

3 4문단에서 글쓴이의 의견이 드러난 부분에 ▬▬ 표시를 하고, 이에 공감하는지 비판적으로 생각해 봐.

✦상실(죽을 喪, 잃을 失) 어떤 성질이나 가치 등이 없어지거나 사라짐.

✦가속화(더할 加, 빠를 速, 될 化) 속도가 더욱 빨라지게 됨.

✦전제(앞 前, 끌 提) 어떤 사물이나 현상을 이루기 위하여 먼저 내세우는 것.

✦연대감(잇닿을 連, 띠 帶, 느낄 感) 같은 목표나 뜻으로 서로가 밀접하게 연결되어 있다고 느끼는 마음.

핵심어 찾기❶

☐ 경쟁   ☐ 빨리빨리
☐ 시간 문화   ☐ 생활 속도
☐ 산업 발전

중심 화제 찾기❷

☐ 세계 각국의 생활 속도
☐ '빨리빨리' 문화의 부작용

내용 이해하기

1문단: '빨리빨리' 문화에 대한 비판적 의문 제기

2문단: '빨리빨리' 문화가 ❸☐☐ 발전 속도와 일치하지 않음을 보여 주는 사례

3문단: '빨리빨리' 문화로 인한 ❹☐☐☐

4문단: '❺☐☐ 속도'를 생각하며 사는 일의 필요성

답 ❶ 빨리빨리   ❷ '빨리빨리' 문화의 부작용   ❸ 산업
❹ 부작용   ❺ 적정

---

1 윗글에 대한 설명으로 가장 적절한 것은?

① 화제에 대한 두 관점을 비교하고 있다.

② 화제와 관련한 여러 이론을 나열하고 있다.

③ 화제에 대한 전문가의 견해를 반박하고 있다.

④ 화제가 발생한 배경을 여러 시각에서 설명하고 있다.

⑤ 화제에 대한 문제점을 내놓은 뒤 의견을 제시하고 있다.

---

2 윗글을 읽고 짐작한 내용으로 적절하지 <u>않은</u> 것은?

① 현대 자본주의 사회에서는 빠른 자가 경쟁에서 이기기 쉽군.

② '빨리빨리'와 '느리게' 사이의 적당한 중간이 '적정 속도'겠군.

③ 현대인들은 얼마나 더 발전해야 하는지도 모르고 경쟁만 하고 있군.

④ 조사 결과에 따르면 생활 속도가 빠른 국가일수록 국민 소득이 높군.

⑤ 자본주의 사회의 생활 리듬에 따라 살면서 소중한 것을 상실하고 있군.

---

3 원리 적용

글쓴이의 관점에서 〈보기〉의 생각에 대해 비판할 내용으로 가장 적절한 것은?

> **보기**
>
> 빠르게 일을 처리하려는 문화는 어쩌면 사계절이 뚜렷하고 농업이 중시되었던 우리나라에 신이 내린 축복인지도 모른다. 전통 농경 사회에서는 계절이 바뀔 때마다 다음 작업을 곧바로 준비해야 했기에 우리 조상은 빠른 속도가 몸에 밸 수밖에 없었을 것이다.

① 과거에는 경쟁이 치열하지 않았으니 느긋하게 행동해도 되지 않았을까요?

② '빨리빨리' 문화가 농경 사회부터 이어졌다는 것은 과한 추측이 아닐까요?

③ 농작물을 얼마나 수확할지 한계를 정해 놓았으면 적정 속도를 유지할 수 있지 않았을까요?

④ 적정 속도에 맞추어 정확함과 신속함을 갖추었다면 더 많은 농작물을 수확할 수 있지 않았을까요?

⑤ 전통 농경 사회에서는 빠른 속도를 강조하기보다 자연 환경에 적당히 타협하는 것이 좋지 않았을까요?

적용하기

읽기는 글에 나타난 정보를 활용하여 문제를 해결하는 과정이라 할 수 있어. 독자는 글에 제시된 개념, 원리·방법, 관점·주장 등에 관한 정보를 다양한 사례나 상황에 적용할 수 있어야 해. 글의 내용을 자신의 삶이나 사회적 상황에 적용해 보기, 글에 드러난 문제의 해결 방안이나 대안 생각해 보기, 글의 내용을 다른 사례나 상황에 적용해 보기 등의 활동을 하면 글에 대한 이해의 폭을 넓힐 수 있을 거야.

독해 꿀팁

1 활의 복원력에 영향을 주는 요인이 제시된 문장에 〜〜 을 그어 봐.

2 3문단의 '따라서', '즉', '한편'에 △ 표시를 하고, 앞뒤 문장이 어떻게 연결되는지 살펴봐.

3 시위를 당기고 놓을 때의 에너지 전환 과정에 ▬ 표시를 하고, 그것에서 알 수 있는 내용을 정리해 봐.

교과 연계 과학

글 내용을 적용하는 방법을 생각하며 다음 글을 읽고, 단계별 문제를 해결해 보자.

　우리 민족은 활에 대해 각별한 관심을 가지고 있었으며, 활을 중요한 무기로 여겼다. 이에 따라 활을 만드는 기술도 발달했는데, 특히 조선 시대의 활인 각궁은 매우 뛰어난 성능과 품질을 지니고 있었다. 그렇다면 무엇이 각궁을 최고의 활로 만들었을까?

　활은 복원력을 이용한 무기이다. 복원력은 탄성이 있는 물체가 힘을 받아 휘어졌을 때 원래대로 돌아가는 힘으로, 물체의 재질과 변형 정도에 따라 힘의 크기가 변한다. 이를 활에 적용해 보자.

　활의 시위를 당기면 당기는 만큼의 복원력이 발생한다. 복원력은 물리학적인 에너지의 전환 과정이기도 하다. _{시위를 얼마나 당기느냐에 따라 복원력이 달라지는군.} 사람이 시위를 당기면 원래의 시위 위치에서 시위를 당긴 거리만큼의 위치 에너지가 화살에 작용하게 된다. _{시위를 당기면 당긴 거리만큼 위치 에너지가 작용하는군.} 따라서 시위를 활대에서 멀리 당기면 당길수록 더 큰 위치 에너지가 발생하게 된다. _{앞 내용이 이어지는 내용의 근거가 되는군.} 이때 시위를 놓으면 화살은 날아가게 된다. 바로 이 과정에서 위치 에너지가 운동 에너지로 전환된다. _{시위를 놓으면 위치 에너지가 운동 에너지로 전환되는군.} 즉 시위를 당긴 거리만큼 발생한 위치 에너지가 운동 에너지로 바뀌어 화살을 날아가게 하는 것이다. _{앞 내용을 다시 설명하는군.} 한편 복원력은 활대가 휘는 정도와 관련이 있다. _{복원력에 영향을 주는 또 다른 요소가 나오는군.} 일반적으로 활대가 휘면 휠수록 복원력은 더 커지게 된다. _{활대가 휠수록 복원력이 더 커지는군.}

　따라서 좋은 활이 되기 위해서는 더 큰 위치 에너지를 만들어 낼 수 있는 탄성이 좋은 활대가 필요하다. 각궁은 복원력이 뛰어난 활이다. 그 이유는 각궁이 동물의 뿔이나 뼈, 힘줄, 탄성 좋은 나무 등 다양한 재료를 알맞게 섞어서 만든 활이기 때문이다. 이러한 활을 합성궁이라고 부른다. 합성궁은 대나무와 같은 나무만을 재료로 만든 활보다 탄성력이 좋아서 시위를 풀었을 때 활이 반대 방향으로 굽는 것이 특징이다. 바로 이러한 특성으로 인해 각궁은 화살이 날아가는 거리나 속도, 꿰뚫는 힘 등에서 우수성을 보이는 것이다.

✦**각궁**(뿔 角, 활 弓) 소나 양의 뿔로 장식한 활.
✦**탄성**(탄알 彈, 성질 性) 물체에 외부에서 힘을 가하면 부피와 모양이 바뀌었다가, 그 힘을 없애면 본디의 모양으로 되돌아가려 하는 성질.
✦**시위** 화살을 걸어서 잡아당겼다 놓아 멀리 날아가게 하는, 활대에 팽팽하게 걸어 놓은 줄.
✦**활대** 활등을 이루는 대. 활의 몸체를 이름.

단계 1 윗글의 내용과 일치하는 것에 ○표 하시오.

(1) 활은 복원력을 이용한 것으로, 물체의 재질과 힘의 크기는 관련이 없다. 　(　)

(2) 각궁은 탄성 좋은 나무만을 재료로 하여 복원력이 뛰어나다. 　(　)

(3) 시위를 멀리 당길수록 복원력이 커진다. 　(　)

선택지와 글의 내용을 대응시켜 보며 맞는지, 틀리는지를 꼼꼼히 확인해 봐. (1)은 2문단에서, (2)는 4문단에서, (3)은 3문단에서 확인할 수 있는 내용이야.

답 (3) ○

단계 2 윗글을 읽고 〈보기〉의 [A]~[C]를 다음과 같이 정리할 때, 빈칸에 들어갈 알맞은 말을 쓰시오.

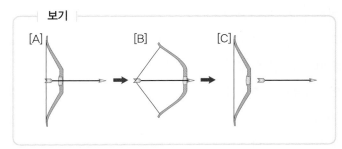

보기

[A] 　[B] 　[C]

(1) [A]: (　　　)을/를 쏘기 이전의 단계

(2) [B]: 활의 (　　)을/를 당기는 단계

(3) [C]: 시위를 놓아 (　　　)이/가 날아가는 단계

〈보기〉의 시각 자료가 나타내는 바를 파악하기 위해서는 글의 핵심 정보와 시각 자료를 대응시켜야 해. [A]~[C]와 관련된 내용은 3문단에 있으니 3문단을 읽고 각각 어떤 단계를 나타내는지 찾아봐.

답 (1) 화살 (2) 시위 (3) 화살

단계 3 윗글을 바탕으로 2의 〈보기〉를 이해한 내용으로 적절하지 않은 것의 기호를 쓰시오.

㉮ [B]의 화살에는 [A]의 화살이 이동한 만큼의 위치 에너지가 발생한다.

㉯ [B]에서 [C]로 진행될 때, 화살의 위치 에너지는 운동 에너지로 전환된다.

㉰ [C]에서 활대의 복원력과 화살이 지니고 있는 운동 에너지의 양은 반비례 관계이다.

(　)

4문단에서 탄성, 즉 복원력이 좋은 활대는 더 큰 위치 에너지를 만들어 낼 수 있다고 했어. 더 큰 위치 에너지를 만들어 내면 운동 에너지로 전환될 때의 에너지도 커지겠지? 이를 통해 [C]에서 활대의 복원력과 화살이 지니고 있는 운동 에너지의 양이 비례 관계임을 알 수 있어.

답 ㉰

07강

원리 적용 1

다음 글을 읽고 물음에 답하시오.

과학은 인간이 눈이나 기계로 자연 현상을 살펴보고 어떤 사실을 알아낼 수 있는 물질적 자연 현상에 관한 것이며, 시행착오를 거치면서 아래에서부터 위로 올라가 우주의 원리를 이해하기 위한 ⊙귀납적 과정의 학문이다. 그리고 과학적 설명은 객관적으로 사실임을 증명할 수 있고, 그 내용이 타당할 때에만 설득력을 가진다.

한편, 종교는 과학과는 달리 물질이 아니라 인간의 마음과 영혼에 관한 것이다. 인간의 마음과 영혼은 객관적으로 사실임을 증명할 수 있는 대상이 아니다. 종교는 초자연적인 신에 대한 직관적 믿음을 바탕으로, 위에서부터 아래로 우주의 원리를 이해하려는 연역적 정신 과정을 특징으로 한다.

우리가 상처를 입었다고 상상해 보자. 상처 입은 사람에 대해 과학과 종교는 각기 다른 대응 방식을 보인다. 과학은 상처를 입었을 때 아플 것이라는 객관적 사실을 알려 주고, 상처를 어떻게 하면 낫게 할 수 있는지에 대한 지식을 제공한다. 이에 비해 종교는 상처 입은 나 자신이 직접 느끼는 아픔에 더 집중한다. 내가 아픔을 얼마나 심각하게 느끼는가는 과학이 요구하는 객관적 타당성과는 관련이 없는 문제이다. 그리고 아픔을 느끼는 내가 종교적 가르침과 깨달음을 어떻게 받아들이고 얼마나 믿는지는 과학적으로 측정하거나 설명할 수 없는 것이다.

우리가 살고 있는 우주에는 수천억 개의 은하계가 있고, 각 은하계는 다시 수천억 개의 별들로 이루어져 있다. 그러나 우주를 이해하려고 하는 우리 뇌와 신경 세포는 고작 100억여 개에 지나지 않는다. 이러한 인간이 지금까지 알아내어 만든 지식 체계인 과학으로 종교를 평가하는 것은 과학의 범주를 벗어나는 것이다. 또한 객관적 사실을 초월해서 모든 것을 직관적 믿음으로 받아들이는 종교가 객관적 타당성을 중시하는 과학에 관여하려는 것도 종교가 가지는 숭고한 정신의 세계를 물질적 차원으로 끌어내리는 것이다.

과학과 종교는 물질과 정신으로 이루어진 인류 문명의 두 궤도라 할 수 있다. 어느 한쪽이 자기 궤도를 벗어나서 엉뚱하게 반대 방향으로 달리지 않는다면 과학과 종교가 충돌할 일은 없다. 결론적으로 말해서 과학과 종교는 근본적으로 서로 다른 차원의 문제이며, 일방적인 입장에서 상대를 공격하는 것은 아무런 의미가 없는 어리석은 일이다.

독해 꿀팁

1 두 가지 설명 대상에 각각 □, ○ 표시를 하고, 둘의 차이점을 비교해 봐.

2 반대를 나타내는 접속어에 △ 표시를 하고, 앞뒤 문맥을 살펴봐.

3 두 설명 대상에 대한 글쓴이의 의견이 드러난 부분에 ▒▒ 표시를 해 봐.

✦**시행착오**(시험할 試, 다닐 行, 섞일 錯, 그릇할 誤) 어떤 목표에 이르기 위해 시도와 실패를 되풀이하면서 점점 알맞은 방법을 찾는 일.

✦**귀납적**(돌아올 歸, 들일 納, 과녁 的) 구체적인 사실로부터 일반적인 결론이나 법칙을 이끌어 내는.

✦**범주**(법 範, 밭 疇) 같은 성질을 가진 부류나 범위.

✦**초월**(넘을 超, 넘을 越) 현실적이고 정상적인 한계를 뛰어넘음.

✦**궤도**(바큇자국 軌, 길 道) 사물이 따라서 움직이는 정해진 길.

◑ 바른답·알찬풀이 13쪽

핵심어 찾기❶

☐ 물질과 정신
☐ 과학과 종교
☐ 우주의 원리
☐ 종교적 가르침
☐ 물질적 자연 현상

중심 화제 찾기❷

☐ 과학과 종교의 관계
☐ 물질적 자연 현상과 종교적 가르침의 관계

내용 이해하기

1문단: 과학의 ❸☐☐와/과 특징
2문단: 종교의 대상과 ❹☐☐
3문단: 과학과 종교의 서로 다른 ❺☐☐ 방식
4문단: 과학과 종교가 서로 ❻☐☐ 하거나 관여해서는 안 되는 이유
5문단: 과학과 종교가 서로를 바라보는 바람직한 관점

답 ❶ 과학과 종교 ❷ 과학과 종교의 관계 ❸ 대상 ❹ 특징 ❺ 대응 ❻ 평가

---

1 [원리 적용]

글쓴이의 의도를 반영하여 '과학과 종교의 관계'에 대한 발표를 준비할 때, 사용할 자료로 가장 적절한 것의 기호를 쓰시오.

시각 자료	발표 계획
 (100원 동전)	과학과 종교의 관계는 동전의 앞면과 뒷면의 관계와 같습니다. 둘은 떼려야 뗄 수 없는 관계로 묶여 있습니다. … ㉮
 (망원경과 현미경)	과학과 종교의 관계는 망원경과 현미경의 관계와 같습니다. 이 둘은 서로 다른 시각으로 대상을 바라봅니다. … ㉯
 (자전거)	과학과 종교의 관계는 자전거의 두 바퀴와 같습니다. 과학이 앞서고 종교가 뒤따르며 인류 문명을 이루어 왔습니다. … ㉰

(   )

---

2 [원리 적용]

㉠을 이해하기 위해 추가 정보를 찾아 〈자료〉와 같이 정리했다. 빈칸에 들어갈 내용으로 가장 적절한 것에 ○표 하시오.

> ┌ **자료** ┐
>
> '귀납적 과정'이란 구체적인 사실에서 일반적인 결론을 이끌어 내는 것이다. 귀납적 과정의 예로는 다음과 같은 것이 있다.
> (   )

(1) 모든 생명은 훼손될 수 없는 절대적 가치를 갖는다. 동물 실험은 생명에 대한 가치를 훼손시키므로 실행해서는 안 된다. (   )

(2) 개인의 인권은 반드시 지켜져야 한다. 시시 티브이(CCTV)는 개인의 사생활과 인권을 침해하므로 설치를 확대해서는 안 된다. (   )

(3) 남극 대륙의 빙하는 무너져 내리는 빙벽이 일 년에 평균 50m에 이를 정도로 빠르게 녹고 있다. 이러한 상황으로 보았을 때 빙하는 빠른 속도로 사라져 가고 있다. (   )

다음 글을 읽고 물음에 답하시오.

독해 꿀팁

1 핵심어 두 가지를 찾아 ○ 표시를 해 봐.

2 1문단과 2문단을 연결하는 접속어에 △ 표시를 하고, 두 문단이 어떻게 이어지는지 살펴봐.

3 과학자들의 실험과 연구에 ﹏﹏을 긋고, 어떤 사실을 보여 주는지 생각해 봐.

인간의 뇌를 연구하던 과학자들은 대뇌 겉질이 영역마다 담당하는 기능이 다르다는 사실을 발견했다. 뇌 중에서도 대뇌의 가장 바깥에 있는 대뇌 겉질에 전기 자극을 주는 실험을 통해 전두엽에는 판단, 성격, 운동 조절 등의 기능이 있으며, 측두엽, 후두엽, 두정엽은 귀, 눈, 피부 등의 감각 기관으로부터 수용하는 정보를 처리하는 기능이 있음을 밝혀냈다. 이와 유사한 과학적 발견이 이어지면서, 인간의 뇌는 영역별로 나누어 맡는 기능이 고정되어 있다는 인식이 자리를 잡았다.

그러나 최근의 연구 성과에 따르면, 대뇌 겉질이 나누어 맡는 기능이 완전히 고정되어 있는 것은 아니다. 어떤 경험을 하느냐에 따라 각 영역이 맡는 기능이 달라지기도 한다. 과학자들은 빛을 완전히 차단한 공간에 실험 참여자들을 머물게 하고 손으로 정보를 찾게 했는데, 이틀이 지나자 시각 정보 처리를 맡았던 뇌 영역이 손에서 오는 촉각 정보를 처리한다는 사실을 발견했다. 빛이 차단된 환경에서 이루어지는 정보 처리의 경험으로 인해 실험 참여자들의 뇌 영역이 맡은 기능이 변화된 것이다.

경험은 대뇌 겉질의 기능만이 아니라 뇌 조직의 변화를 일으키기도 한다. 예를 들어 보자. 인간의 뇌에는 기억을 저장하고 떠올리는 과정에서 중요한 역할을 하는 '해마'라는 기관이 있다. ㉠공간 구조의 기억과 회상에 관여하는 해마로 인해 우리는 눈을 감고 머릿속에 집으로 가는 길을 떠올릴 수 있다. 그런데 바로 이 해마의 크기가 경험에 따라 달라지기도 한다.

과학자들은 택시 기사와 버스 기사의 뇌를 비교한 연구를 통해 이를 발견했다. 대도시의 교통 체증을 피해 시시때때로 새로운 길을 탐색해야 하는 택시 기사의 해마는, 정해진 노선대로 운전해야 하는 버스 기사의 해마보다 그 크기가 더 컸다. 해마의 크기는 택시 운전 경력과 비례했다. 대도시라는 환경에서 새로운 길을 탐색하는 택시 기사의 경험이 뇌의 차이로 나타난 것이다.

이와 같은 연구 결과가 쌓이면서 최근에는 경험에 대응하여 인간의 뇌가 변화한다는 사실에 많은 이들이 주목하고 있다. 과거에는 사람이 일정한 연령에 도달하면 뇌는 변화하지 않는다고 믿기도 했다. 그러나 우리의 뇌는 어떠한 경험을 하는가에 따라 끊임없이 변화한다.

+**영역**(거느릴 領, 지경 域) 힘, 생각, 활동 등이 영향을 끼치는 분야나 범위.

+**회상**(돌아올 回, 생각 想) 지난 일을 다시 생각함. 또는 그런 생각.

+**노선**(길 路, 선 線) 버스, 기차, 비행기 등이 정기적으로 오가는 일정한 두 지점 사이의 정해진 길.

☺ 핵심어 찾기❶

☐ 해마　　☐ 경험
☐ 대뇌 겉질　☐ 감각 기관
☐ 인간의 뇌

☺ 중심 화제 찾기❷

☐ 인간의 뇌와 경험과의 관계
☐ 대뇌 겉질이 영역마다 담당하는
　　기능

☺ 내용 이해하기

1 문단: 인간의 뇌는 영역별로 맡는 기
　능이 ❸ ☐☐되어 있다는 인식이
　자리 잡음.
2 문단: 경험에 따라 대뇌 겉질의 각
　영역이 담당하는 ❹ ☐☐이/가 달
　라지기도 함.
3 문단: 경험은 뇌 조직의 변화를 일으
　키기도 함.
4 문단: 경험에 따라 ❺ ☐☐의 크기
　가 달라짐.
5 문단: 뇌는 어떠한 경험을 하는가에
　따라 끊임없이 ❻ ☐☐함.

답 ❶ 경험, 인간의 뇌　　❷ 인간의
뇌와 경험과의 관계　　❸ 고정
❹ 기능　　❺ 해마　　❻ 변화

1 윗글을 읽고 짐작한 내용으로 적절하지 <u>않은</u> 것은?

① 인간은 자신의 뇌를 바꿀 수 있다.

② 뇌의 영역별 기능은 경험에 따라 달라지기도 한다.

③ 택시 기사가 새로운 길을 탐색하는 과정에서 해마가 활성화된다.

④ 택시 기사가 쌓은 경력의 차이는 해마 크기의 차이를 가져온다.

⑤ 감각 기관에서 오는 정보를 처리하는 뇌 영역을 제외한 나머지 뇌 영역
　은 맡은 기능이 고정되어 있다.

2 ㉠에 사용된 설명 방법과 유사한 것은?

① 시계는 시침, 분침, 초침, 태엽 등으로 이루어져 있다.

② 관악기는 재료에 따라 목관 악기와 금관 악기로 나뉜다.

③ 아궁이는 방이나 솥 따위에 불을 때기 위하여 만든 구멍이다.

④ 전설은 구체적인 증거물이 있는 반면, 민담은 구체적인 증거물이 없다.

⑤ 소금에 절인 배추로 김치를 담그면 나쁜 미생물의 활동이 억제되어 오래
　저장할 수 있다.

3 원리 적용

〈보기〉의 '학생 2'가 윗글의 관점을 바탕으로 '학생 1'에게 말할 때, 빈칸에 들어
갈 내용으로 적절하지 <u>않은</u> 것은?

┌─ 보기 ─
학생 1: 민호의 취미가 바둑인 거 알고 있었어? 얼마 전 학교 바둑 대회에 나
　　　　가서 결승에 올라갔대. 어떻게 해서 그렇게 바둑을 잘 두는 걸까?
학생 2: 민호는 (　　　　　　　　　　　　　　　　　　　).
└─

① 평소에 바둑 방송을 많이 봤을 거야.

② 이번 바둑 대회에서 행운이 따랐을 거야.

③ 시간이 날 때마다 바둑 두는 연습을 했을 거야.

④ 어릴 때부터 바둑을 쉽게 접하는 환경에 있었을 거야.

⑤ 다른 대회에 나가서 여러 상대와 바둑을 두었을 거야.

영역별 특징 1

인문

인문은 인간과 세계에 관한 근원적인 문제나 사상 등을 탐구하는 것을 가리킨다. 인문 영역의 글은 동서양 대표 철학가의 사상, 역사를 보는 관점, 인간의 생각이나 심리에 대한 이론 등을 다룬다. 주로 철학·사상, 윤리, 역사, 논리, 심리, 언어 등을 소재로 한 글이 출제된다.

언어
언어의 기능, 언어의 변화 과정, 언어와 인간의 관계 등

역사
사회나 국가의 역사적 사건, 대상의 변화 과정, 역사 연구 방법 등

철학·사상
인간과 세계에 관한 근본 원리, 삶의 본질 등

심리
인간의 마음과 행동에 관한 연구, 심리 현상 등

논리
올바른 사고나 추리를 위한 방법

윤리
인간의 행동에 관한 선과 악, 도덕, 규범 등

독해 방법

✧ 추상적이고 낯선 개념이 나오는 글은 제시된 사례와 앞뒤 문맥을 바탕으로 핵심을 파악하며 읽는다.
✧ 하나의 대상에 여러 관점이 나오는 글은 대립하거나 대응하는 부분에 기호를 표시하며 읽는다. 글에 소개된 인물과 그 인물의 의견을 표로 정리하는 것도 좋은 방법이다.
✧ 시대의 흐름이 드러난 글은 시대를 나타내는 말에 기호로 표시하고, 흐름에 따른 대상의 변화 과정을 화살표로 연결하며 읽는다.

사회

사회는 인간 사회에서 일어나는 정치, 경제, 환경 등과 같은 사회 현상 및 사회적 활동을 가리킨다. 사회 영역의 글은 사회 현상과 그에 관한 이론, 현대 사회의 문제와 해결 방안 및 사회학적인 개념을 다룬다. 주로 법률, 정치, 경제, 문화, 언론 등을 소재로 한 글이 출제된다.

경제
경제 현상 및 이론, 세금,
물가, 금융, 환율 등

국제 관계
국가 간의 관계, 공정 무역,
외교, 국제기구 등

법률
법률 조항 및 규정,
저작권, 손해 배상,
계약 관계 등

정치
국가의 정치 제도
및 정책, 투표,
민주주의, 복지 등

언론
언론 매체, 여론, 광고,
대중 심리 등

사회·문화
지리, 환경, 의식주 문화,
도시 공동체 등

독해 방법

✧ 법률·경제 등의 전문 용어가 나오는 글은 용어의 개념에 밑줄을 긋는 등 용어의 의미와 쓰임을 정리하며 읽는다.
✧ 글쓴이의 관점이나 의견이 드러나는 글은 현상을 바라보는 관점이 타당한지 비판적으로 따지며 읽는다.
✧ 글이나 〈보기〉에 구체적인 사례가 제시되는 경우 글의 중심 내용을 그 사례에 적용하며 읽는다.

7가지 독해 원리로 깨우자!

인문
실전 훈련

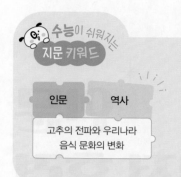

지문 난이도 ★☆☆ | 교과 연계 사회, 기술·가정

다음 글을 읽고 물음에 답하시오.

목표 7분

• 중심 화제에 ○ 표시하기 • 중심 화제의 이동 경로에 → 표시하기

　우리 음식 문화에서 고추는 가장 기본적인 식재료이다. 특히 고추를 넣은 붉은색 김치는 우리나라를 상징하는 음식 중 하나이다. 그래서 우리 조상들이 아주 오래전부터 고추를 먹은 것으로 잘못 알고 있는 사람이 많다. 그러나 우리나라에서 고추를 먹기 시작한 것은 16세기에 들어서이다. 지금은 고추가 우리 식탁에서 배놓을 수 없는 식재료이지만, 우리나라에 고추가 들어온 지는 400여 년밖에 되지 않은 것이다.

　그렇다면 고추의 고향은 어디일까? 바로 ⁺중남미이다. 고추는 기원전 8천~7천 년부터 중남미에서 재배해 왔다. 중남미 고대 국가의 유물 중에는 고추가 그려진 그릇들도 있다. 1492년 콜럼버스의 신대륙 발견을 계기로 고추가 에스파냐와 포르투갈 사람들의 배에 실려 유럽으로 전해졌다. 그것이 인도양을 거쳐 인도와 동남아시아로 왔고, 뒤이어 우리나라에까지 들어온 것이다. 이렇듯 고추의 재배 지역은 나뭇가지처럼 사방으로 뻗어 나갔다.

　우리나라에 고추가 들어오기 전까지 김치는 소금물에 ⁺절이기만 해서 발효시킨 것으로 지금의 백김치나 동치미와 같이 대체로 흰색이었다. 그러니 김치의 색이 붉어진 것은 김치의 역사에서 보면 얼마 되지 않은 일이다. 고추가 들어온 다음 비로소 김치는 붉은색으로 바뀌었고, 고추 특유의 붉은 색깔과 매운맛이 더욱 식욕을 돋우었다. 또한 영양 면에서는 비타민 시(C) 등이 더 풍부해졌으며, 고추 속의 캡사이신 성분이 채소가 쉬어 ⁺문드러지는 것을 막아 ㉠음식을 더욱 오랫동안 보관할 수 있게 되었다. 이처럼 김치에 고추가 이용되면서 우리 김치는 더욱 발전하게 되었다.

　고추가 전해진 이래로 우리나라 사람들은 고추를 활용해 새로운 음식을 만들어 먹어 왔다. 예를 들어 고추를 이용해 고춧가루와 고추장을 만들고, 고추와 멸치를 섞어 ⁺조리해 고추 멸치 볶음을 만들었으며, 고추에 밀가루를 묻혀서 쪄 먹기도 한다. 또한 고춧잎을 데쳐서 먹기도 하고, 고추를 그대로 고추장이나 된장에 찍어 먹는 경우도 많다.

　이처럼 고추는 우리의 식탁에서 쉽게 찾아볼 수 있는 너무도 친숙한 채소이다. 우리나라의 1인당 하루 고추 소비량이 세계 최고 수준일 정도로, 이제 고추는 우리와 떼려야 뗄 수 없는 식재료이다. 중남미에서 태어나 전 세계로 퍼진 고추가 한국에서 고추 축제까지 열릴 정도로 그 날개를 활짝 편 것이다.

⁺중남미(가운데 中, 남녘 南, 아름다울 美) 북아메리카 남부에서 남아메리카에 걸친 지역. 멕시코·아르헨티나·브라질 등이 이에 속함.

⁺절이다 재료에 소금, 식초, 설탕 등이 배어들게 하다.

⁺문드러지다 썩거나 물러서 본래의 모양이 없어지다.

⁺조리(고를 調, 다스릴 理) 재료를 이용하여 음식을 만듦. 또는 그 방법이나 과정.

😄 내용 이해하기

1 문단: 우리나라에서는 고추를 16세기부터 먹기 시작함.

2 문단: 고추는 ❶ ☐☐☐ 에서 재배가 시작되어 세계로 퍼져 나감.

3 문단: 우리나라에 고추가 들어온 후 ❷ ☐☐ 이/가 변화하고 발전함.

4 문단: 우리나라 사람들은 ❸ ☐☐ 을/를 활용해 새로운 음식을 만듦.

5 문단: 고추는 우리와 떼려야 뗄 수 없는 식재료가 됨.

😊 주제 파악하기

고추의 전파와 그로 인한 우리나라 ❹ ☐☐ 문화의 변화

😊 확인 문제

❺ 우리나라에서 고추를 아주 오래전부터 먹어 왔다고 여기는 사람이 많다.
(○ , ×)

❻ 우리나라에 고추가 들어오기 전에는 김치도 존재하지 않았다. (○ , ×)

❼ 고춧가루, 고추장, 고추 멸치 볶음 등은 16세기 이후에 등장한 식품이다.
(○ , ×)

1 윗글을 읽고 답할 수 **없는** 질문은?

① 고추가 들어온 뒤 김치는 어떻게 변했을까?

② 고추는 어디를 거쳐 우리나라에 들어왔을까?

③ 처음으로 고추를 먹기 시작한 곳은 어디일까?

④ 고추를 활용한 우리나라 음식에는 무엇이 있을까?

⑤ 우리나라 사람들이 고추를 특히 좋아하는 이유는 무엇일까?

2 윗글을 읽고 추론한 내용으로 가장 적절한 것은?

① 유럽에서는 고추가 낯선 식재료일 수밖에 없겠군.

② 우리나라 외에도 인도나 동남아시아 역시 고추를 먹겠군.

③ 고추가 들어오기 전 우리나라는 김치를 발효시키지 못했겠군.

④ 우리나라에서는 고추 재배가 어려우니 주로 중남미에서 수입하겠군.

⑤ 중남미를 제외한 다른 나라에서는 매운맛에 관심이 없었던 모양이군.

3 ㉠의 이유로 가장 적절한 것은?

① 소금물에 절여서 담갔기 때문에

② 비타민 시(C)가 더 풍부해졌기 때문에

③ 김치의 색깔이 흰색에서 붉은색으로 바뀌었기 때문에

④ 새로운 음식을 만들어 질리지 않고 먹을 수 있었기 때문에

⑤ 고추 속의 캡사이신 성분이 채소가 문드러지는 것을 막았기 때문에

답 ❶ 중남미 ❷ 김치 ❸ 고추
❹ 음식 ❺ ○ ❻ ×
❼ ○

다음 글을 읽고 물음에 답하시오.

목표 9분

• 글쓴이가 생각하는 문제 상황에 ☐ 표시하고, 해당하는 가르침을 찾기   • 선비답게 닭을 기르는 방법에 〰 긋기

　네 형이 멀리서 와서 기쁘기는 하다만 며칠간 함께 이야기를 주고받아 보니 옛날에 가르쳐 준 책의 내용을 제대로 대답 못 하고 우물우물하니 슬픈 일이로구나. 왜 이렇게 되었겠느냐? 어린 날에 집안이 어려움에 처해 정신을 놓아 버렸기 때문일 것이다. 정신을 차리고 지난날 배운 것을 때때로 점검하고 복습했더라면 어찌 오늘 이 지경에 이르렀겠느냐? 한스럽고 한스럽다. 네 형이 이러니 너인들 오죽하겠느냐? 문학이나 역사를 꽤 좋아했던 네 형이 이렇게 된 것을 보면 전혀 손도 못 댄 너야 알 만하겠구나.

　내가 집에 함께 있으면서 너희들을 가르쳤는데도 말을 듣지 않았다면 이런 일은 다른 집안에서도 간혹 있을 수 있다. 하지만 지금 나는 멀리 ⁺귀양살이를 와서 ⁺풍토병이 심한 남쪽 변방에서 겨우 목숨을 부지한 채 외롭고 불쌍하게 지내면서 밤낮으로 너희들에게 희망을 걸고 마음속에 담긴 뜨거운 마음을 쏟아 편지를 보내고 있는데, 너희들은 이것을 한번 얼핏 읽어 보고 옷장 속에 넣어 두고는 다시는 마음에 두지 않아서야 되겠느냐?

　네가 닭을 기른다고 들었는데 참으로 좋은 일이긴 하다만 닭을 기르는 데에도 품위 있는 것과 ⁺비천한 것, 깨끗한 것과 더러운 것의 차이가 있다. 농사 책을 잘 읽고 좋은 방법을 골라 시험해 보아라. 색깔을 나누어 닭을 길러도 보고, 닭이 앉는 ⁺홰를 다르게도 만들어 보면서 다른 집 닭보다 더 살찌고 알을 잘 낳을 수 있도록 길러야 한다. 또 때로는 닭의 ⁺정경을 시로 지어 보면서 짐승들의 실태를 파악해 보아야 하니, 이것이야말로 ㉠책을 읽는 사람만이 할 수 있는 닭 기르는 법이다.

　만약 이익만 보고 바른 도리는 보지 못하며 가축을 기를 줄만 알지 그 취미는 모르고, 애쓰고 억지 쓰면서 이웃의 채소 가꾸는 사람들과 아침저녁으로 다투기나 한다면 이것은 서너 집 사는 산골의 못난 사람들이나 하는 일이다. 너는 어떤 식으로 하고 있는지 모르겠구나. 이미 닭을 기르고 있으니 아무쪼록 앞으로 많은 책 중에서 닭 기르는 법에 관한 이론을 뽑아낸 뒤 차례로 정리하여 『계경(鷄經)』 같은 책을 하나 만든다면 『다경(茶經)』이나 『연경(煙經)』처럼 좋은 책이 될 것이다. 세상일에 ⁺종사하면서도 선비의 깨끗한 취미를 갖고 지내려면 언제나 이런 식으로 하면 된다.

✦귀양살이 (옛날에) 귀양의 형벌을 받고 정해진 지역에 가서 제한된 생활을 하는 일.
✦풍토병(바람 風, 흙 土, 병 病) 어떤 지역의 특수한 기후나 땅, 환경 등으로 인해 생기는 병.
✦비천(낮을 卑, 천할 賤)하다 지위나 신분이 낮고 천하다.
✦홰 새장이나 닭장 속에 새나 닭이 올라앉게 가로질러 놓은 나무 막대.
✦정경(뜻 情, 경치 景) 감정을 불러일으키는 경치.
✦종사(좇을 從, 일 事) 어떤 일에 마음과 힘을 다함.

😊 내용 이해하기

1 문단: 책 내용을 제대로 대답 못 하는 큰아들을 보고 작은아들을 ❶ □□ 함.

2 문단: 자식들에게 자신의 가르침을 진지하게 받아들일 것을 권함.

3 문단: 닭을 기를 때는 농사 책을 읽고 좋은 방법을 골라 시험하고, 시를 지으며 짐승의 실태를 파악해야 함.

4 문단: 닭을 기르는 법에 관한 ❷ □□ 을/를 뽑아 책을 만들 것을 추천함.

😊 주제 파악하기

자식들에게 ❸ □□ 을/를 게을리하지 않고, 닭을 기르는 일도 ❹ □□ 다운 마음가짐으로 해 나가기를 당부함.

😊 확인 문제

❺ 큰아들이 책 내용을 제대로 대답하지 못한 것은 배운 적이 없어서이다. (○ , ×)

❻ 글쓴이는 자신이 직접 자식들을 가르치지 못한 점을 괴로워하고 있다. (○ , ×)

❼ 글쓴이는 책을 읽는 사람은 닭 기르기와 같은 일을 해서는 안 된다고 생각한다. (○ , ×)

답 ❶ 걱정 ❷ 이론 ❸ 배움
❹ 선비 ❺ × ❻ ○
❼ ×

---

1 글쓴이가 안타깝게 여기는 일이 <u>아닌</u> 것은?

① 자신이 귀양살이를 와서 자식들을 직접 가르치지 못한 것

② 자식들이 어릴 때 집안에 어려움이 있어 정신을 놓게 한 것

③ 큰아들이 문학과 역사만 공부하고 실용적 지식을 모르는 것

④ 자식들이 자신이 편지로 써 보낸 가르침을 깊이 새기지 않는 것

⑤ 자식들이 지난날 배운 것들을 점검하고 복습하기를 게을리한 것

2 글쓴이에 대한 설명으로 적절하지 <u>않은</u> 것은?

① 실용적인 지식을 다룬 책을 긍정적으로 평가하고 있다.

② 자식이 더 깊은 진리에 접근할 수 있도록 거듭 질문을 던지고 있다.

③ 자식의 상황을 파악하고 그에 맞는 가르침을 주기 위해 노력하고 있다.

④ 자식이 어떤 일을 함에 있어서 긍정적인 쪽을 지향하도록 설득하고 있다.

⑤ 자신의 처지와 감정을 직접적으로 드러내며 배움의 중요성을 강조하고 있다.

3 ㉠에 해당하는 일이 <u>아닌</u> 것은?

① 닭을 잘 기를 수 있는 방법을 책에서 골라 시험해 본다.

② 닭의 일상적 모습을 시로 지으며 닭의 실태를 파악해 본다.

③ 닭 기르는 법에 관한 이론을 뽑아 정리한 뒤 책을 만들어 본다.

④ 닭을 길러 이웃보다 더 많은 이익을 볼 수 있는 방법을 궁리해 본다.

⑤ 다른 집 닭보다 더 살찌고 알을 잘 낳을 수 있는 방법을 연구해 본다.

08강 `어휘 공략하기`

1 정류장에 쓰인 뜻을 지닌 어휘가 버스에서 내린다고 할 때, 마지막까지 버스에 남을 어휘는 무엇인지 쓰시오.

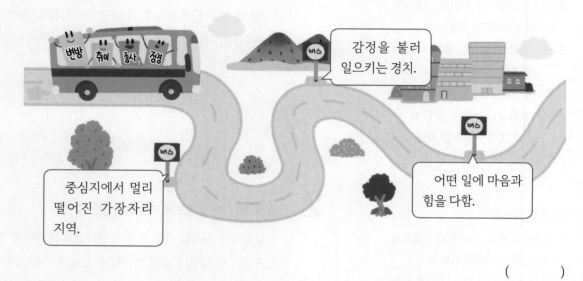

> 감정을 불러 일으키는 경치.

> 중심지에서 멀리 떨어진 가장자리 지역.

> 어떤 일에 마음과 힘을 다함.

(   )

2 다음 밑줄 친 부분의 의미로 알맞은 것에 V표 하시오.

(1) 그 일은 아직 <u>손을 못 댔어</u>.

㉮ 잘하지 못해. ☐
㉯ 끝나지 않았어. ☐
㉰ 시작도 못 했어. ☐

(2) 고추가 한국에서 <u>날개를 활짝 폈다</u>.

㉮ 제멋대로 다녔다. ☐
㉯ 알려지기 시작했다. ☐
㉰ 기세를 힘차게 펼쳤다. ☐

3 다음 문장의 빈칸에 들어갈 알맞은 어휘를 〈보기〉에서 골라 쓰시오.

> 보기
>
> 전혀   간혹   얼핏

(1) 멀리서 [   ] 사람 그림자 같은 것이 보였다.

(2) 나는 [   ] 이라도 친구들 앞에서 말실수를 하지 않으려고 항상 조심한다.

(3) 나는 운동 경기를 보는 것은 좋아하지만 직접 하는 것에는 [   ] 관심이 없다.

4 다음 문장의 ( ) 안에서 표기가 올바른 어휘를 골라 ○표 하시오.

(1) 기름과 물은 (썪이지 , 섞이지) 않는다.

(2) 음식의 색깔은 입맛을 (돋우는 , 돋구는) 효과가 있다.

(3) 애호박에 밀가루를 (묻혀서 , 무쳐서) 달걀 푼 물을 입힌다.

5 다음 요리 방법에 해당하는 어휘를 알맞게 선으로 연결하시오.

(1) | 음식을 끓는 물에 넣어서 살짝 익힌 뒤 금방 꺼낸다. | ㉮ 찌다

(2) | 채소나 생선을 소금이나 식초, 설탕 등에 담가서 간이 배게 한다. | ㉯ 절이다

(3) | 냄비 아래쪽에 물을 넣고 그 위에 찜기를 올려서, 물이 끓을 때 올라오는 뜨거운 김으로 음식을 익힌다. | ㉰ 데치다

배경지식 확장하기

✎ 실전 1과 엮어 읽기

뜨겁고 아프지만 자꾸 먹고 싶은 맛, 매운맛

사실 매운맛은 '맛'이 아니다. 우리의 혀에는 매운맛을 느끼는 미각 세포가 없기 때문이다. 지금까지의 연구에 따르면 혀에서 느낄 수 있는 맛은 단맛, 신맛, 짠맛, 쓴맛, 감칠맛 다섯 가지뿐이다. 매운맛은 구강 점막을 자극하여 아픔을 느끼는 통각으로, 혀와 피부에 있는 온도 감각 기관으로 알아차린다. 매운맛을 내는 성분에는 고추의 캡사이신, 마늘의 알리신, 후추의 피페린, 겨자의 시니그린 등이 있는데, 이들 성분이 있는 음식을 먹으면 우리 몸은 이 음식이 고온인 것으로 감지해서 뜨겁고 위험한 신호로 받아들인다.

그런데 사람들은 매운 음식을 왜 그렇게 좋아하는 것일까? 매운맛이 나는 성분은 혈액 순환을 돕거나 지방 세포의 형성을 막는 등 몸에 좋은 영향을 주기도 한다. 특히 고추의 캡사이신은 아드레날린과 엔도르핀을 분비하게 만들어 진통 효과를 일으키고 일시적으로 스트레스가 해소되는 느낌을 준다. 바로 이 점 때문에 매운 음식을 먹으면 잠시나마 쾌감을 느끼게 되고, 그렇게 매운맛의 매력에 빠지는 것이다.

다음 글을 읽고 물음에 답하시오.

 8분

• 중심 질문에 ☐ 표시하기 • 중심 질문에 대한 답이 나와 있는 문장에 〰〰 긋기

속담은 ㉠'언중의 시'라고 정의할 수 있듯이 많은 사람을 거치면서 잘 다듬어졌다. 그리고 속담은 많은 사람의 반복적인 경험을 압축적으로 표현한 결과물이다. 따라서 오랜 세월을 거치면서 생활에서 얻은 유익한 경험과 지혜가 담겨 있다. 그러므로 속담은 표현이 간결하고 정제되어 있으며 조상들의 삶의 지혜가 담겨 있고 교훈성이 강하다는 특징이 있다. 그렇다면 이러한 특징을 지닌 속담은 글쓰기에서 어떻게 활용될 수 있을까?

속담을 글에서 적절히 활용하면 딱딱한 느낌이 줄어들고 표현이 풍부하다는 인상을 줄 수 있다.

> "옛말에도 있듯이, 무는 개를 돌아보고, 우는 아이 젖 준다고, 사람 스스로가 자기 일을 경영해야지 ㉡어디 감나무 밑에서 입 벌리고 누워 있는다고 감이 떨어지는가?"
>
> − 최명희, 「혼불」

무슨 일에 있어서나 자기가 요구할 것은 요구하고 적극적으로 나서야 원하는 바를 얻을 수 있다는 평범하고 밋밋한 내용을 "무는 개를 돌아본다"와 "우는 아이 젖 준다", "감나무 밑에 누워 감 떨어지기를 기다린다"라는 속담을 써서 풍부하게 표현하였다.

또한 속담에는 많은 사람의 경험이 압축적으로 녹아들어 있다. 그런 만큼 길게 설명해야 할 상황에서 그것에 걸맞은 속담을 활용하면 전달하고자 하는 바는 다 전달하면서도 간결하게 표현할 수 있다.

> 형식은 혼자 있지 못하는 성미이다. 책을 보다가 바깥으로 뛰어나가면 서슴없이 어린애들과 어울려 논다. (중략) 한데 나는 그럴 수가 없다. 어린애들이 모여 놀고 있으면 가만가만 그 곁을 지나간다. 혹시 나의 존재를 의식하면 그들이 어색하게 느낄까 봐서이다. 중년들이 모여 있는 곳도 피한다. 노인들의 경우는 더욱 그렇다. 요컨대, 개밥에 도토리처럼 될까 봐 겁이 나는 것이다.
>
> − 이병주, 「행복어 사전」

다른 사람과 어울리지 못하고 외톨이가 되는 것을 두려워하는 마음을 "개밥에 도토리"라는 속담을 써서 간결하게 드러내었다. 그 자체로 많은 내용을 전달할 수 있는 속담의 힘을 잘 보여 주는 예이다.

이처럼 글을 쓸 때 속담을 활용하면 글의 표현이 풍부해지고, 상황을 간결하게 표현할 수 있다. 속담은 수많은 사람이 오랜 세월의 경험을 통해 얻은 지혜를 간결한 방식으로 표현한 것으로, 우리 민족의 언어생활과 문화가 녹아 있다. 우리도 자신의 생각이나 느낌을 잘 드러낼 수 있는 속담을 적절히 활용하여 글을 써 보자.

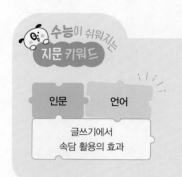

수능이 쉬워지는 **지문 키워드**

인문 언어

글쓰기에서 속담 활용의 효과

✦ **언중**(말씀 言, 무리 衆) 같은 언어를 사용하면서 공동생활을 하는 언어 사회 안의 대중.

✦ **정제**(가지런할 整, 가지런할 齊) 정돈하여 가지런히 함.

✦ **경영**(다스릴 經, 지을 營) 기초를 닦고 계획을 세워 어떤 일을 해 나감.

✦ **밋밋하다** 특색이나 변화가 없이 평범하다.

✦ **서슴없이** 말이나 행동에 망설임이나 막힘이 없이.

1

글쓴이가 속담을 ⊙과 같이 말한 이유로 가장 적절한 것은?

① 문학 작품에서 자주 쓰이는 표현이기 때문에

② 운율이 포함되어 노랫말처럼 느껴지기 때문에

③ 많은 사람들이 쓰면서 간결하게 다듬어졌기 때문에

④ 사람들이 배우기 편하도록 쉬운 말로 표현되기 때문에

⑤ 훌륭한 시에 쓰인 표현이 사람들에게 알려진 것이기 때문에

2

ⓛ과 바꾸어 쓸 수 있는 문장으로 가장 적절한 것은?

① 아무런 노력도 하지 않고 좋은 결과만 기대하면 되겠나?

② 잘못된 방법으로 노력하고 있으니 노력해도 소용없지 않은가?

③ 사람들이 해 달라고 하는 대로 다 해 주면 남는 것이 있겠는가?

④ 욕심난다고 일을 서두르다가는 실수가 생긴다는 것을 모르는가?

⑤ 잘될 사람은 어렸을 때부터 그런 가능성이 보이는 것을 모르는가?

3

윗글을 참고할 때 〈보기〉와 같이 신문의 표제에 속담을 활용하여 얻을 수 있는 효과로 가장 적절한 것은?

┌─ 보기 ─

• 재해 당일에도 부실 대응 논란 …… 또다시 반복된 "소 잃고 외양간 고치기"
　　　　　　　　　　　　　　　　　　　－『○○일보』(2022.8.12.)

• "백짓장도 맞들면 낫다", 농촌 일손 돕기 맞손
　　　　　　　　　　　　　　　　　　　－『△△일보』(2021.6.16.)

① 글쓴이의 감정이나 느낌을 쉽게 공유할 수 있다.

② 같은 상황을 아름답고 풍성하게 표현할 수 있다.

③ 복잡한 상황을 객관적·사실적으로 묘사할 수 있다.

④ 주요 정보를 간결하고 압축적으로 전달할 수 있다.

⑤ 새말을 사용하여 언어생활을 풍부하게 만들 수 있다.

다음 글을 읽고 물음에 답하시오.

 목표 8분

• 글쓴이가 생각하는 문제 상황에 ☐ 표시하기   • 글쓴이의 생각이 드러난 부분에 〰〰 긋기

요즘 우리는 시련이나 고통이 찾아오면 지레 겁부터 먹는다. 시련이나 고통을 극복하고 어떻게든 도전할 생각을 하는 게 아니라 좌절하고 다시 못 일어나지 않을까부터 염려한다. 그런 두려움은 결국 도전을 무조건 회피하는 현상으로 나타난다.

"저는 중학생인데 이사를 가고 싶어요. 제가 사는 곳은 분위기도 저와 맞지 않는 것 같고, 학교도 집과 너무 멀리 떨어져 있어요. 게임을 하다가 생각대로 잘되지 않을 때는 그 게임을 삭제하고 새롭게 시작하면 되거든요. 지금 문제도 새로운 곳으로 이사를 가서 새롭게 출발하면 해결될 것 같아요."

이는 리셋(reset) 증후군을 보이는 중학생의 이야기이다. 리셋 증후군이란 컴퓨터의 리셋 버튼만 누르면 처음부터 다시 시작할 수 있는 것처럼 현실 세계에서도 리셋이 가능할 것이라고 착각하는 현상을 일컫는 말이다. 힘들고 고통스러운 상황에서 벗어나 다시 새롭게 시작하고 싶은 마음은 이해가 된다. 하지만 어떤 환경이든 고통스러운 과정은 있게 마련인데 그때마다 다시 새롭게 시작할 수는 없는 노릇 아닌가.

청소년기에 적절한 좌절을 경험하지 않으면 어떠한 문제가 생길 수 있을까? 당시에는 고통스러운 상황을 겪지 않아 좋을지 모르나, 어른이 되었을 때 오히려 더 큰 위기에 봉착할 수 있다. 2, 30대가 되어 그 나이에 겪어야 할 고통에다가 사춘기의 고통까지 함께 겪게 될 수도 있기 때문이다.

『그래도 계속 가라』라는 책에서 '늙은 매'라고 불리는 할아버지는 손자에게 다음과 같이 말한다.

[A] "폭풍이 얼마나 많이 불어닥치건 간에 폭풍에 맞서 대항하다 보면, 그것에 저항하기 위해서는 굳이 폭풍만큼 강할 필요가 없다는 사실을 터득하게 된다. 그냥 서 있을 정도로만 강하면 된다. 겁에 질린 채 떨면서 서 있든지, 주먹을 휘두르면서 서 있든지 간에 우리가 서 있는 한은 그만큼 강하다는 뜻이 아니겠느냐."

어떤 사람들은 잘하지 못할 바에는 처음부터 도전하지 않는 게 낫다고 말한다. 중간에 그만두면 괜히 시간만 낭비하는 셈이라면서 말이다. 그러나 그것은 도전이 두려워 포기해 버리는 자의 변명에 불과하다. '늙은 매'의 말처럼 폭풍이 불어닥칠 때는 그냥 서 있을 정도로만 강해도 된다. 포기하고 싶은 마음이 들 때는 더도 말고 덜도 말고 딱 한 발자국만 앞으로 나아가 보라. 시련을 이겨 내고 더 단단해진 나를 상상하면서 말이다.

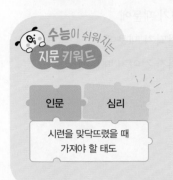

✦ 지레 어떤 일이 일어나기 전이나 어떤 때가 되기 전에 미리.

✦ 회피(돌아올 回, 피할 避) 어떠한 일을 하기 싫어서 나서지 않고 피함.

✦ 증후군(증세 症, 살필 候, 무리 群) 직접적인 원인이 무엇인지 분명하지 않은 채 한꺼번에 나타나는 여러 가지 병적인 증세.

✦ 봉착(만날 逢, 붙을 着) 어떤 처지나 상태에 부닥침.

✦ 터득(펼 攄, 얻을 得) 깊이 생각하여 이치를 깨달아 알아냄.

1 '리셋 증후군'에 대한 설명으로 가장 적절한 것은?

① 컴퓨터 속 가상 세계를 현실이라 믿고 받아들이는 상태이다.

② 좌절을 경험한 사람들이 이를 극복하고 현실에 적응하는 과정이다.

③ 컴퓨터가 없으면 현실의 문제를 해결할 수 없다고 생각하는 증세이다.

④ 문제를 해결하기 위해 계속 새로운 시각으로 문제를 분석하는 일이다.

⑤ 시련이 닥치면 컴퓨터를 리셋하듯 현실도 새로 시작할 수 있다고 믿는 현상이다.

2 [A]를 통해 글쓴이가 하고 싶은 말로 가장 적절한 것은?

① 두렵고 잘 못하더라도 시련에 맞서려는 태도가 중요하다.

② 하던 일을 중간에 그만두는 것은 시간을 낭비하는 것과 같다.

③ 제대로 하지 못할 것 같으면 처음부터 도전하지 않는 것이 낫다.

④ 시련을 이겨 내기 위해서는 스스로를 매우 강하게 만들어야 한다.

⑤ 어려움을 피하고 싶은 마음은 자연스러운 것이니 부끄러워하지 않아도 된다.

3 윗글에 대한 비판적 생각으로 적절하지 <u>않은</u> 것은?

① 자기가 할 수 없는 일은 할 수 없다고 말하고 포기할 수 있는 것도 용기 있는 행동이 아닐까?

② 청소년기에 좌절을 경험하지 않으면 어른이 되었을 때도 시련에 대처하는 방법을 알지 못하게 되는 것이 아닐까?

③ 청소년기에는 힘들어도 어른이 되면 별것 아닌 시련이 있으니, 시기에 맞게 시련을 적절히 피하는 것도 현명한 일이 아닐까?

④ 시련과 고통을 적게 겪은 사람은 마음의 상처가 덜하기 때문에 오히려 어른이 되면 적극적으로 도전하려는 태도를 갖게 되지 않을까?

⑤ 자기와 잘 맞는 공간에 있을 때 잠재력을 발휘하기 쉬우니, 리셋 증후군은 자기에게 적합한 환경을 찾아 가려는 자연스러운 현상이 아닐까?

어휘 공략하기

1 다음 밑줄 친 어휘의 뜻풀이로 알맞은 것에 V표 하시오.

(1) 문장이 길어서 <u>간결한</u> 표현으로 고치는 것이 좋겠다.

> ㉮ 글이나 말 등이 거침없이 미끈하고 아름다운. ☐
>
> ㉯ 글이나 말이 군더더기가 없이 간단하고 깔끔한. ☐

(2) 채연이는 처음 보는 사람들에게도 <u>서슴없이</u> 말을 걸었다.

> ㉮ 갑작스럽고 엉뚱하게. ☐
>
> ㉯ 말이나 행동에 망설임이나 막힘이 없이. ☐

2 다음 문장의 빈칸에 들어갈 알맞은 어휘를 〈보기〉에서 골라 쓰시오.

> ┌ 보기 ┐
>
> 지레   가만가만   밋밋하게

(1) 시합도 하기 전에 [   ] 겁을 먹을 필요는 없다.

(2) 다른 사람이 들을 수도 있으니 소리를 죽여서 [   ] 이야기하자.

(3) 아무런 장식도 없이 [   ] 만들어진 장롱이 구석에 놓여 있었다.

3 다음 밑줄 친 부분과 바꾸어 쓸 수 있는 어휘를 〈보기〉에서 골라 쓰시오.

> ┌ 보기 ┐
>
> 대항   봉착   정제

(1) 속담은 많은 사람을 거치면서 잘 <u>다듬어졌다</u>.

→ (   )되었다

(2) 일제가 침략하자 우리나라의 의병은 무력으로 <u>맞서 싸웠다</u>.

→ (   )했다

(3) 우리 반의 발표회 준비는 예상하지 못했던 위기에 <u>부닥쳤다</u>.

→ (   )했다

4 다음 문장의 ( ) 안에서 표기가 올바른 어휘를 골라 ○표 하시오.

(1) 어차피 피할 수 없다면 도전하는 것이 (낫다 , 낳다).

(2) 세계 최고의 부자가 되겠다는 바람은 헛된 꿈에 (불가하다 , 불과하다).

5 〈보기〉의 밑줄 친 말을 할 때, 활용할 수 있는 속담으로 알맞은 것의 기호를 쓰시오.

┌─ 보기 ───┐
지우: 나도 너처럼 이번 합창 대회에 나가고 싶어.
서준: 선생님께 합창 대회에 참가하고 싶다고 말씀드려 봤어?
지우: 아니, 안 된다고 하실 게 뻔한 데 뭐.
서준: 그래도, 한번 말씀드려 봐. 적극적으로 네 마음을 전달하면 들어주실지도 모르잖아.
└───┘

┌───┐
㉮ 우는 아이 젖 준다   ㉯ 아이보다 배꼽이 크다   ㉰ 미운 아이 떡 하나 더 준다
└───┘

( )

배경지식 확장하기 ──────────────── ✔ 실전 2와 엮어 읽기

디지털 조급증, 퀵백 현상

　　퀵백(Quick Back)은 자신의 행동에 대한 즉각적인 반응을 확인하려고 하는 특성을 가리키는 말이다. 요즘 대다수가 사용하는 휴대 전화와 인터넷은 모두 상대방의 반응을 바로 확인할 수 있는 빠른 속도 감각을 지닌 매체이다. 그러다 보니 일상생활에도 이러한 속도 감각이 영향을 미친다. 공부를 하면서도 휴대 전화를 언제나 옆에 놓고 혹시라도 올 메시지에 바로 답변할 준비를 하고 있다거나, 반대로 자신이 보낸 메시지에 바로 답변이 오지 않으면 불안하고 화가 나는 일 등이 그런 사례이다. 이와 같은 현상은 사회 전반에도 영향을 미치고 있다. 한두 시간 정도 되는 영화를 보는 대신 그 내용을 요약한 영상을 보고, 그 영상마저도 1.5배속, 2배속으로 재생해서 본다. 그러다 보니 긴 호흡이 필요한 글 읽기나 과제 등을 처리하는 데 어려움을 겪는다. 나아가 이러한 속도에 맞춰 자신도 빨리 반응해야 한다는 생각 때문에 스트레스를 받기도 한다. 24시간 연결되어 있는 디지털 시대에 퀵백은 어쩔 수 없는 현상일 수도 있지만, 때로는 느긋하게 시간을 보내며 여유를 즐겨 보는 것이 어떨까.

다음 글을 읽고 물음에 답하시오.

목표 9분

• 2~4문단의 중심 문장에 ▬▬▬ 표시하기 • 2~4문단에서 제시한 예에 ⌒⌒⌒ 긋기

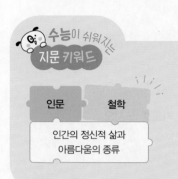

학문·종교·예술은 우리의 정신적 삶을 구성하는 세 가지 세계이다. 일상적 삶이 반복적인 것과 달리 정신적 삶은 일회적이고, 인간이 개성과 인격을 가질 수 있게 한다. 우리는 매일 반복되는 일상적 삶을 살아가면서도 변하지 않는 앎을 추구하며 학문의 세계를 만든다. 그리고 우리는 절대자를 믿고 따르며 종교의 세계를 만든다. 또 우리는 세계를 조화롭게 재창조하여 아름다운 것을 만들고 느낌으로써 예술의 세계를 만든다. '아름다움'이란 대상에 대한 조화로운 느낌이다. 그러나 조화로운 느낌은 대상의 성격에 따라서 여러 가지로 나뉜다.

일상생활에서 벗어난 크고 위대한 것을 추구하는 데서 오는 아름다움을 '숭고미'라고 한다. 추사 김정희의 붓글씨와 베토벤의 합창 교향곡은 인간의 경지를 초월한 듯한 느낌을 가져다준다. 이런 경우 우리는 숭고한 아름다움을 맛본다.

다음으로 소망하는 것이 현실에 부딪혀 실현되지 못하는 과정에서 발생하는 아름다움인 '비장미'가 있다. 고대 그리스의 비극이나 셰익스피어의 비극은 비장미를 느끼게 해 준다. 오이디푸스왕이 자신의 과오를 처절하게 뉘우치며 장님이 되는 장면과, 로미오와 줄리엣의 사랑이 끝내 이루어지지 못하는 장면에서 우리는 비장한 아름다움을 느낀다.

아름다움에는 추함에서 찾을 수 있는 아름다움인 '추미'가 있다. 보통은 아름다움에 반대되는 것을 추함으로 생각한다. 그러나 추함이 아름다움으로 발전하고 더 나아가서 추함이 아름다움을 구성하는 요소가 될 때 우리는 추미를 느낀다. 노트르담의 꼽추를 예로 들어 보자. 우리는 소설의 처음에서 꼽추의 흉측한 모습의 추함만을 보지만 마지막에 이르러서는 꼽추에게 ㉠풍기는 비장함과 함께 추미를 느낀다. 이처럼 조화로운 느낌은 대상의 성질과 그 성질이 우리에게 어떻게 느껴지느냐에 따라서 가지각색의 아름다움으로 나타난다.

인간은 원래 아름다움을 창조한다. 피아니스트의 예를 들어 보자. 어떤 피아니스트가 베토벤의 피아노 소나타를 연주한다. 그는 제한된 연주 시간 안에 악기로 음악을 연주함으로써 아름다움을 창조한다. 그러면 화가는 어떤가? 어떤 화가가 벽을 채울 만큼 커다란 도화지 위에 산과 바다를 그렸다고 하자. 이 화가는 정해진 공간에 그림을 그려 넣음으로써 아름다움을 창조한다. 이렇게 볼 때 예술이란 인간이 아름다움을 창조하는 세계라고 하지 않을 수 없다.

✦절대자(끊을 絕, 대답할 對, 사람 者) 어떤 것에도 의존하지 않고 스스로 존재하며 무한한 능력과 힘을 가진 완전한 존재.

✦숭고(높을 崇, 뛰어날 高)하다 뜻이 높고 훌륭하다.

✦과오(지날 過, 그르칠 誤) 잘못이나 실수.

✦추(추할 醜)하다 옷차림이나 언행이 더럽거나 외모 등이 못생겨서 흉하게 보이다.

✦가지각색(각각 各, 빛 色) 모양이나 성질 등이 서로 다른 여러 가지.

☺ 내용 이해하기

1 문단: 아름다움은 대상에 대한 조화로운 느낌에서 만들어짐.

2 문단: ❶◻◻◻은/는 크고 위대한 것을 추구하는 데서 오는 아름다움임.

3 문단: ❷◻◻◻은/는 소망이 좌절되는 과정에서 발생하는 아름다움임.

4 문단: ❸◻◻은/는 추함에서 찾을 수 있는 아름다움임.

5 문단: 예술은 아름다움을 ❹◻◻하는 세계임.

☺ 주제 파악하기

❺◻◻◻◻의 종류와 아름다움을 창조하는 예술의 세계

☺ 확인 문제

❻인간은 변하지 않는 앎을 추구하려는 자세를 통해 예술의 세계를 만든다. (○ , ×)

❼아름다움이란 대상에 대한 조화로운 느낌을 말한다. (○ , ×)

❽로미오와 줄리엣의 슬픈 사랑 이야기에서 우리는 숭고미를 느낄 수 있다. (○ , ×)

답 ❶ 숭고미 ❷ 비장미 ❸ 추미
❹ 창조 ❺ 아름다움
❻ ×   ❼ ○   ❽ ×

---

1 윗글에 대한 이해로 적절하지 <u>않은</u> 것은?

① 아름다움은 대상의 성격에 따라 분류할 수 있다.

② 인간이 아름다움을 창조하는 세계가 곧 예술이다.

③ 인간은 변하지 않는 앎보다는 아름다움을 추구한다.

④ 학문과 종교와 예술은 인간이 개성과 인격을 갖출 수 있게 한다.

⑤ 추함은 아름다움의 반대이지만 아름다움을 구성하는 요소가 될 수 있다.

2 윗글의 내용 전개에 대한 설명으로 가장 적절한 것은?

① 아름다움의 종류와 예술의 의미를 소개하고 있다.

② 정신적 삶과 일상적 삶의 장단점을 비교하고 있다.

③ 아름다움과 추함을 구분하는 조건을 제시하고 있다.

④ 아름다움의 의미 변화 과정을 순차적으로 나열하고 있다.

⑤ 아름다움의 성격이 나뉜 원인을 분석하여 설명하고 있다.

3 다음 밑줄 친 어휘 중, ㉠과 문맥적 의미가 가장 비슷한 것은?

① 마차가 먼지를 <u>풍기며</u> 달려간다.

② 검은 개가 달려들자 닭들이 놀라서 확 <u>풍겼다</u>.

③ 옆집에서 이상한 냄새를 <u>풍겨</u> 창문을 열 수 없다.

④ 그 식당은 유럽풍의 인테리어로 꾸미면서 이국적인 분위기를 <u>풍겼다</u>.

⑤ 이 샴푸는 상쾌한 향을 <u>풍겨서</u> 머리를 감을 때마다 기분을 좋게 한다.

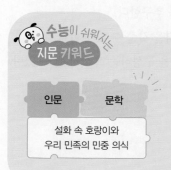

다음 글을 읽고 물음에 답하시오.

 목표 8분

• 설화에 나타나는 호랑이의 모습에 ▇▇▇ 표시하기 • 설화 속 호랑이의 모습을 통해 알 수 있는 민중 의식에 〰〰 긋기

호랑이는 건국 신화인 단군 신화에서부터 등장한다. 호랑이는 여러 역사 기록물에서 산신으로 나타나는데, '산손님', '산신령', '산군', '산돌이', '산 지킴이' 등으로 불리기도 했다. 이처럼 신성시된 호랑이는 설화 속에서 여러 가지 모습으로 나타난다. 우리는 설화 속에서 사납고 무서운 호랑이, 신이한 호랑이, 정과 의리를 지닌 호랑이 등을 만날 수 있다.

옛날에는 호랑이가 가축을 해치고 사람을 다치게 하는 일이 많았다. 그래서 설화 중에는 가축이나 사람이 호랑이한테 해를 당하는 이야기가 많다. 사냥을 하던 아버지가 호랑이에게 해를 당하자 아들이 그 호랑이와 싸워 이겼다는 이야기, 밤중에 변소에 간 신랑이 호랑이한테 물려 가는 것을 본 신부가 있는 힘을 다해 호랑이의 꼬리를 붙잡고 매달려 신랑을 구했다는 이야기가 대표적이다. 이러한 이야기들은 호랑이의 사납고 무서운 성질을 바탕으로 한 것으로, 사납고 무서운 호랑이가 벌을 받는 이야기에는 악을 물리치고 선이 이기기를 바라는 민중 의식이 들어 있다. 이런 사나운 호랑이는 탐관오리를 뜻하기도 한다.

설화 속에서 호랑이는 신이한 존재로 나타나기도 한다. 「효녀와 산신령」에서 산신령은 호랑이의 모습으로 나타나 겨울철에 병든 어머니께 드릴 잉어를 찾는 소녀에게 잉어를 잡아 준다. 또 「장화홍련전」에서 계모의 아들은 장화를 물에 빠지게 하고 돌아오는 길에 호랑이한테 물려 죽는데, 이때의 호랑이는 신이한 존재로서 징벌자 역할을 한다. 이러한 이야기에는 호랑이를 신성한 존재로 보고, 신앙의 대상으로 삼으려는 사람들의 심성이 반영되어 있다.

한편 설화 속에서 호랑이는 따뜻한 정과 의리를 지니고 있는 것으로 나타나기도 하는데, 설화 중에는 인간의 효성에 감동한 호랑이 이야기가 많다. 여름철에 어머니께 드릴 홍시를 구하려는 효자를 등에 태워 홍시가 있는 곳으로 데려다준 호랑이 이야기, 고개를 넘어 성묘 다니는 효자를 날마다 태워다 준 호랑이 이야기 등이 그 예다. 이러한 이야기에서 우리 민족이 효를 인간이 지켜야 할 큰 도리로 생각했음을 알 수 있다.

이처럼 우리 선조들은 설화 속에서 호랑이를 다양한 모습으로 형상화했다. 호랑이를 사납고 무섭게 표현하기도 했고, 신성한 존재로 여겨 신격화하기도 했으며, 때로는 인간의 정과 의리, 효성에 감동하는 인간적인 존재로 그리기도 했다. 이렇게 설화에 나타난 호랑이의 여러 가지 모습은 호랑이에 투영된 민중 의식이 문학적으로 형상화된 것이다.

✦ 신이(귀신 神, 다를 異)하다 신기하고 이상하다.

✦ 탐관오리(탐낼 貪, 벼슬 官, 더러울 汚, 벼슬아치 吏) 백성의 재물을 탐내어 빼앗으며 행실이 깨끗하지 못한 관리.

✦ 형상화(형상 形, 모양 象, 될 化) 모습이 분명하지 않은 것을 구체적이고 명확한 모양으로 나타냄.

✦ 투영(던질 投, 그림자 影) (비유적으로) 어떤 일을 다른 일에 비추어 나타냄.

내용 이해하기

1 문단: ❶ [   ]은/는 우리 설화 속에서 여러 가지 모습으로 나타남.

2 문단: 설화 속 사납고 무서운 호랑이의 모습에는 ❷ [   ]이/가 이기기를 바라는 민중 의식이 담겨 있음.

3 문단: 설화 속 신이한 호랑이의 모습에는 호랑이를 신앙의 대상으로 삼으려는 민중 의식이 담겨 있음.

4 문단: 설화 속 ❸ [   ]와/과 의리를 지닌 호랑이의 모습에는 효를 도리로 생각하는 민중 의식이 담겨 있음.

5 문단: 설화 속 호랑이는 ❹ [   ] 의식이 문학적으로 형상화된 것임.

주제 파악하기

❺ [   ] 속 호랑이의 모습에 투영된 우리 민족의 삶의 모습과 민중 의식

확인 문제

❻ 우리 설화 속에서 호랑이는 다양한 모습으로 나타난다. (○ , ×)

❼ 설화에서 호랑이는 사람을 다치게 하거나 해를 입히지 않는다. (○ , ×)

❽ 설화 속 호랑이의 모습을 통해 우리 민족이 효를 중시했음을 알 수 있다.
(○ , ×)

답 ❶ 호랑이 ❷ 선 ❸ 정
❹ 민중 ❺ 설화 ❻ ○
❼ ✕ ❽ ○

1 윗글의 내용과 일치하지 않는 것은?

① 오래전부터 호랑이는 우리 민족에게 신성시되었다.

② 설화 속 호랑이의 다양한 모습은 선조들의 의식이 반영된 결과이다.

③ 호랑이의 사나운 성질로 인해 호랑이에게 해를 입는 이야기가 많다.

④ 설화에서 신이한 모습을 한 호랑이는 항상 인간에게 선행을 베푼다.

⑤ 정과 의리 있는 호랑이는 주로 인간의 효성을 강조하는 설화에 나타난다.

2 윗글의 설명 방식으로 가장 적절한 것은?

① 역사 기록 속 '호랑이'의 개념을 정의하고 그 유형을 제시하고 있다.

② 설화 속 호랑이 묘사의 문제점을 제시하고 사례를 통해 부각하고 있다.

③ 설화 속 호랑이의 여러 모습을 제시하고 관련된 이야기를 소개하고 있다.

④ 설화 속 호랑이의 모습에 담긴 민중 의식을 부정적인 시각으로 살펴보고 있다.

⑤ 호랑이를 소재로 한 설화를 역사적인 측면에서 분석하고 시대별 변화 과정을 보여 주고 있다.

3 윗글을 바탕으로 〈보기〉를 이해한 내용으로 적절하지 않은 것은?

> **보기**
>
> 「해와 달이 된 오누이」 이야기에 등장하는 호랑이는 어린 오누이의 어머니를 잡아먹고, 자신을 피해 동아줄을 타고 하늘로 올라가는 오누이를 쫓아가다가 그만 동아줄이 끊어져 죽는다.

① 〈보기〉의 호랑이는 정과 의리를 지닌 호랑이의 모습과는 거리가 멀군.

② 〈보기〉의 호랑이는 설화 속에 등장하는 호랑이의 여러 모습 중 하나겠군.

③ 〈보기〉의 호랑이는 동아줄이 끊어져 죽음으로써 설화 속 징벌자로서의 역할을 한 것이군.

④ 〈보기〉의 호랑이는 악한 존재로서 힘없는 백성을 괴롭히는 탐관오리로도 해석할 수 있겠군.

⑤ 〈보기〉의 호랑이의 모습에는 악을 물리치고 선이 이기기를 바라는 민중 의식이 반영된 것으로 볼 수 있겠군.

어휘 공략하기

1 다음 뜻풀이를 읽고, 십자말풀이의 빈칸에 들어갈 알맞은 말을 쓰시오.

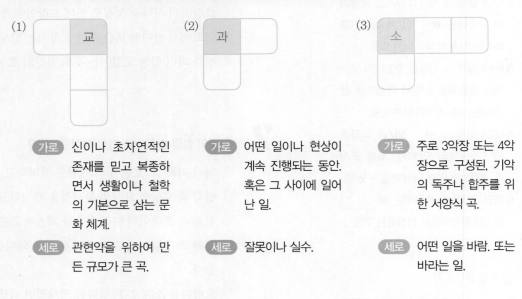

(1) 교

가로 신이나 초자연적인 존재를 믿고 복종하면서 생활이나 철학의 기본으로 삼는 문화 체계.

세로 관현악을 위하여 만든 규모가 큰 곡.

(2) 과

가로 어떤 일이나 현상이 계속 진행되는 동안. 혹은 그 사이에 일어난 일.

세로 잘못이나 실수.

(3) 소

가로 주로 3악장 또는 4악장으로 구성된, 기악의 독주나 합주를 위한 서양식 곡.

세로 어떤 일을 바람. 또는 바라는 일.

2 다음 문장의 빈칸에 들어갈 알맞은 어휘를 〈보기〉에서 골라 쓰시오.

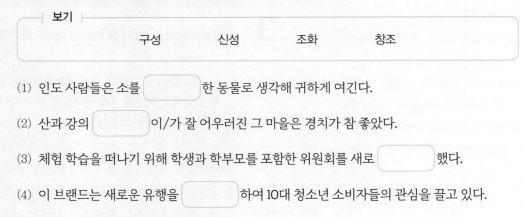

┤ 보기 ├

구성   신성   조화   창조

(1) 인도 사람들은 소를 [   ]한 동물로 생각해 귀하게 여긴다.

(2) 산과 강의 [   ]이/가 잘 어우러진 그 마을은 경치가 참 좋았다.

(3) 체험 학습을 떠나기 위해 학생과 학부모를 포함한 위원회를 새로 [   ]했다.

(4) 이 브랜드는 새로운 유행을 [   ]하여 10대 청소년 소비자들의 관심을 끌고 있다.

3 다음 문장의 (   ) 안에서 표기가 올바른 어휘를 골라 ○표 하시오.

(1) 시장에서 (여러가지 , 여러 가지) 제철 과일을 샀다.

(2) 병원에 입원한 친구에게 책 몇 권을 (가져다주었다 , 가져다 주었다).

(3) 민아는 웹툰이 한창 재미있는 부분에서 끝나 버려 아쉬움을 (맛보았다 , 맛 보았다).

4 다음 밑줄 친 어휘와 바꾸어 쓸 수 있는 어휘에 모두 ○표 하시오.

(1) **신이하다** : 옛날에는 왕이 태어나기 전에 여러 <u>신이한</u> 조짐이 있었다.

신기하다	예사롭다	평범하다	희한하다

(2) **투영하다** : 그 시인은 낙엽에 이별을 슬퍼하는 마음을 <u>투영한</u> 작품을 썼다.

비꼬다	반영하다	찬양하다	나타내다

(3) **형상화하다** : 동화 「파랑새」는 행복이 우리 가까이에 있다는 주제를 <u>형상화한다</u>.

베끼다	기재하다	묘사하다	표현하다

배경지식 확장하기

🏷 실전 1과 엮어 읽기

그리스 신화 속 비극, 「오이디푸스왕」 이야기

테베 왕국의 라이오스왕은 아들의 손에 죽을 운명이라는 신의 계시를 받고 두려움을 느껴 아들 오이디푸스를 산속 깊숙이 갖다 버린다. 하지만 양치기가 이 아이를 주워서 이웃 나라의 왕에게 갖다 바치고, 오이디푸스는 아무것도 모른 채 이웃 나라 왕의 아들로 자라게 된다. 어른이 된 오이디푸스는 자신이 아버지를 죽이고 어머니를 아내로 맞이할 운명이라는 신의 계시를 받자 두려워하며 먼 길을 떠난다. 한편 오이디푸스는 길을 가던 중에 라이오스왕을 만나 서로 길을 비키지 않는다고 싸움을 하게 된다. 싸움 중에 오이디푸스는 그가 친아버지인 줄 모르고 라이오스왕을 죽이고 만다. 그리고 스핑크스를 만나 수수께끼를 푼 공으로 테베의 왕위를 얻는다. 또 친어머니인 줄도 모르고 이오카스테라는 여인을 아내로 맞이한다. 뒤에 이러한 사실을 알게 된 오이디푸스는 죄책감에 스스로 눈을 찔러 장님이 된 채 방랑의 길을 떠난다.

다음 글을 읽고 물음에 답하시오. (목표)8분

• 중심 화제의 두 가지 유형에 ▨▨ 표시하기 • 글쓴이가 생각하는 문제 해결 방법에 〜〜 긋기

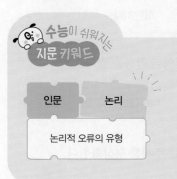
옳은 판단을 내리는 것은 매우 중요한 일이지만, 우리가 언제나 옳은 판단만을 내리는 것은 아니다. 때때로 틀린 판단을 내리고 나서 "아차!" 싶을 때도 있고, 틀린 판단인지 아닌지조차 구분하지 못하는 때도 있다. 이렇게 모르고 하는 틀린 판단을 논리에서는 '오류'라고 한다. 오류는 거짓말과는 조금 다르다. 둘 다 '거짓 판단'이라는 점은 같다. 그러나 거짓말은 남을 속이려고 일부러 하는 거짓 판단이라 속임수에 가깝고, 오류는 그것이 옳다고 믿고 하는 거짓 판단이라 실수에 가깝다. 오류는 거짓 판단의 성격에 따라 몇 가지 유형으로 구분할 수 있다.

우리가 흔히 범하는 오류로는 '흑백 사고의 오류'가 있다. 우리는 가끔 "어때, 네 말이 틀렸지? 그것 봐! 그러니까 내 말이 옳다고 했잖아!"와 같이 말할 때가 있다. 그런데 "네 말이 옳지 않으니 내 말이 옳다."라는 것은 틀린 판단이다. 두 사람의 말이 모두 틀렸을 수도 있기 때문이다. 이렇게 두 가지로 딱 갈라서 판단하여 생기는 오류를 '흑백 사고의 오류'라고 한다.

또 어떤 오류가 있을까? 어떤 사람이 아주 못된 의사를 만나 터무니없이 비싼 치료비를 물게 되었다. 그는 화가 나서 이렇게 말했다. "의사들은 다 사기꾼들이야!" 이것은 '성급한 일반화의 오류'에 해당한다. 못된 의사 몇몇만 보고 '모든 의사는 다 사기꾼'이라고 말할 수 없기 때문이다. 이렇게 어떤 특별한 경우에만 맞는 판단을 때와 장소를 가릴 것 없이 골고루 맞는 판단이라고 여기는 오류를 '성급한 일반화의 오류'라고 한다.

이러한 오류를 막기 위해서는 어떻게 해야 할까? 주관적인 판단은 우리가 오류를 저지르기 쉽게 만든다. 특히 우리는 슬프거나 기쁘거나 화가 나는 감정에 빠져 있을 때, 주관적인 판단을 하기 쉽다. 이를테면 친한 친구가 자신의 부탁을 거절해 기분이 상하여 그 친구가 자신을 미워한다고 판단하는 것이다. 이러한 오류를 피하려면 어떤 판단을 할 때 그것이 자기만의 생각일 뿐인지, 아니면 실제로도 그런지 곰곰이 따져 봐야 한다.

또한 우리는 어느 한 부분만을 보고 전체를 판단하는 것을 조심해야 한다. 예를 들어 책을 한두 장쯤 읽어 본 후 "이 책은 참 재미없구나!"라고 판단하는 경우가 있다. 이는 책의 한 부분만 보고 어설프게 판단하는 오류이다. '한 가지를 보고 열 가지를 아는' 경우가 도움이 될 때도 있지만, 오류를 막기 위해서는 항상 앞뒤 이치를 잘 따져 보고, 신중하게 판단해야 한다.

◆**판단**(판가름할 判, 끊을 斷) 논리나 기준에 따라 어떠한 것에 대한 생각을 정함.

◆**흑백**(검을 黑, 흴 白) 옳고 그름.

◆**일반화**(하나 一, 옮길 般, 될 化) 여러 가지 의견이나 사실들에서 공통되고 일반적인 결론을 내림. 또는 그런 방식.

◆**이치**(다스릴 理, 이를 致) 정당하고 도리에 맞는 원리. 또는 근본이 되는 목적이나 중요한 뜻.

⊛ 내용 이해하기

1 문단: 논리에서의 ❶ ▢▢은/는 모르고 하는 틀린 판단임.

2 문단: ❷ ▢▢▢의 오류는 두 가지로 딱 갈라서 판단하여 생기는 오류임.

3 문단: 성급한 ❸ ▢▢의 오류는 특별한 경우에만 맞는 판단을 골고루 맞는 판단이라고 여기는 오류임.

4 문단: 주관적인 생각과 ❹ ▢▢을/를 구분해야 오류를 막을 수 있음.

5 문단: 앞뒤 이치를 따져 보고 신중하게 판단해야 오류를 막을 수 있음.

⊛ 주제 파악하기

논리적 ❺ ▢▢의 개념과 유형, 논리적 오류를 막는 방법

⊛ 확인 문제

❻ 모르고 하는 틀린 판단은 속이려는 의도가 없으므로 거짓 판단이 아니다. (○ , ×)

❼ 판단을 내릴 때는 자기만의 생각인지, 실제가 그러한지 따져 보아야 한다. (○ , ×)

❽ 논리적 오류를 막는 데에는 한 가지를 보고 열 가지를 아는 경우가 도움이 되지 않는다. (○ , ×)

답 ❶ 오류 ❷ 흑백 사고
❸ 일반화 ❹ 실제 ❺ 오류
❻ × ❼ ○ ❽ ○

1 윗글에 대한 이해로 적절하지 <u>않은</u> 것은?

① 흑백 사고는 그 결과에 논리적인 오류가 있을 수 있다.

② 논리에서의 오류는 그 성격에 따라 유형을 구분할 수 있다.

③ 사람들은 때때로 자신도 모르게 틀린 판단을 하는 경우가 있다.

④ 사람들은 슬프거나 화가 나는 상황에서 논리적 오류를 저지르기 쉽다.

⑤ 틀린 판단이라도 자신이 옳다고 믿고 내린 판단이라면 오류가 아니다.

2 '성급한 일반화의 오류'에 대한 설명으로 가장 적절한 것은?

① 대상을 두 가지로 갈라서 판단할 때 발생한다.

② 네 말이 틀렸으니 내 말이 옳다는 식의 생각이 이에 해당한다.

③ 주관을 배제하고 이성적 판단을 고집하는 것이 직접적인 원인이 된다.

④ 대상의 전후 사정을 살피고 신중히 판단하는 방법으로 예방할 수 있다.

⑤ 자신이 내린 판단이 특별한 경우에만 적용될 수 있음을 아는 경우이다.

3 윗글을 바탕으로 〈보기〉를 이해한 내용으로 가장 적절한 것은?

> | 보기 |
>
> 옛날, 두 아들을 둔 어머니가 살았습니다. 큰아들은 우산 장수였고, 작은아들은 부채 장수였습니다. 어머니는 날씨가 맑은 날이면 큰아들을 걱정했고, 비가 오는 날이면 작은아들을 걱정했습니다. 어느 날, 어머니의 이야기를 들은 어떤 나그네가 이렇게 말했습니다.
> "큰아들은 꼭 우산 장사만 해야 하고, 작은아들은 꼭 부채 장사만 해야 하나요? 날씨가 맑은 날에는 큰아들이 부채 장사를 돕고, 비가 오는 날에는 작은아들이 우산 장사를 도우면 되잖아요! 왜 그 생각을 못 합니까?"

① 나그네는 주관적인 판단을 하지 않아 논리적 오류에 빠지지 않고 있다.

② 나그네는 두 아들의 사례만 보고 전체를 판단하는 오류를 저지르고 있다.

③ 어머니와 나그네 모두 대상의 한 부분만을 보고 어설프게 판단하는 오류를 범하고 있다.

④ 어머니는 맑은 날씨와 비가 오는 날씨가 동시에 있을 수 없다는 식의 흑백 사고를 하고 있다.

⑤ 어머니는 큰아들은 꼭 우산을 팔고, 작은아들은 꼭 부채를 팔아야 한다는 식의 흑백 사고를 하고 있다.

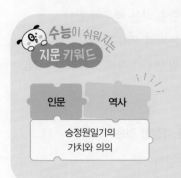

다음 글을 읽고 물음에 답하시오.

목표 7분

• 중심 화제의 가치가 나온 부분에 ▨▨▨ 표시하기 • 중심 화제의 가치를 뒷받침하는 정보에 〰〰 긋기

우리나라에는 유네스코가 인정한 세계 기록 유산들이 있는데, 그중의 하나가 '승정원일기'이다. 승정원일기는 조선 시대 기관인 승정원에서 매일 취급한 문서와 사건을 기록한 책이다. 즉 승정원일기는 승정원의 업무 일지로, 조선 시대 초기부터 작성되기 시작하였으나 전쟁으로 인해 사라지고 현재는 1623년부터 1910년까지의 기록만 남아 있다. 다시 말해 남아 있는 승정원일기는 인조 때인 1623년부터 고종 때인 1910년까지 약 288년간의 기록이다. 승정원일기의 가치는 다음과 같은 두 측면에서 살펴볼 수 있다.

먼저 승정원일기는 조선 시대에 국가의 정책이 어떻게 운영되었는지 이해하는 데 큰 도움을 준다. 승정원은 왕명의 출납, 왕의 음식과 건강 관리, 경호 등을 담당하던 기관으로, 왕의 국정 운영을 보조하였다. 승정원의 관리인 주서는 왕을 그림자처럼 따라다니며 왕의 언행 하나하나를 속기로 적었을 뿐만 아니라 왕과 신하가 주고받은 이야기까지 낱낱이 기록했다. 이에 따라 승정원일기에는 국가 정책과 관련된 보고 내용과 왕의 지시 사항 등이 자세하게 기록되어 있다. 이러한 승정원일기를 통해 우리는 조선 시대에 정책이 결정되고 진행되는 과정 등을 매우 구체적이고 상세하게 파악할 수 있다.

승정원일기의 또 다른 가치는 기상 변화를 연구하는 데 귀중한 자료가 된다는 점이다. 승정원일기는 항상 날짜와 날씨로 시작한다. 여기에는 눈, 비, 안개, 맑음, 흐림 등을 기록하고 하루 중에 날씨 변화가 있었을 때는 날씨가 어떻게 변화했는지까지 기술해 놓았다. 영조가 세종 대에 만들어졌던 측우기를 복원한 이후에는 강우량을 측정한 결과도 승정원일기에 구체적으로 기록되어 있다. 기상 변화는 매일 일어나는 것도 있지만 몇백 년을 주기로 일어나는 것도 있어서 그 내용을 분석하려면 오랜 기간의 자료가 필요하다. 그런 측면에서 승정원일기에 기술된 날씨와 강우량에 대한 기록은 과거뿐만 아니라 오늘날의 기상 변화를 연구하는 데에도 귀중한 자료가 된다고 할 수 있다.

이처럼 승정원일기는 역사적인 기록물로서의 가치만이 아니라 기상 변화 예측에 필요한 유용한 자원으로서 오늘날의 우리에게도 큰 의미가 있다. 선조들의 철저한 기록 정신이 담겨 있는 승정원일기는 우리가 자랑스럽게 여겨야 할 기록 유산이라 할 수 있다.

✦**출납**(날 出, 들일 納) 돈이나 물건을 내주거나 받아들임.

✦**속기**(빠를 速, 기록할 記) 꽤 빨리 적음.

✦**기술**(기록할 記, 지을 述) 어떤 사실을 있는 그대로 적음. 또는 그런 기록.

✦**주기**(돌 週, 기약할 期) 같은 현상이나 특징이 한 번 나타나고 다음에 다시 나타나기까지의 기간.

1 윗글의 내용과 일치하지 않는 것은?

① 승정원일기는 항상 그날의 날짜와 날씨로 시작한다.

② 기상 변화는 몇백 년을 주기로 일어나는 경우도 있다.

③ 승정원일기는 조선 시대 초기부터 작성된 승정원의 업무 일지이다.

④ 승정원은 왕실 교육을 담당한 기관으로 왕의 국정 운영을 보조했다.

⑤ 승정원일기에 강우량을 기록한 것은 영조가 측우기를 복원한 이후이다.

2 윗글에 대한 평가로 가장 적절한 것은?

① 구체적인 수치를 보여 주니 자료에 대해 믿음이 가네.

② 권위 있는 전문가의 말을 인용해서 타당성을 높이고 있군.

③ 문제만 제기하지 말고 해결 방법도 함께 제시해 주면 좋겠어.

④ 대상이 지닌 가치를 여러 측면으로 나누어 설명해 주니 이해가 쉽네.

⑤ 제시한 주장을 뒷받침하는 그래프나 도표를 추가하는 것도 좋을 것 같아.

3 〈보기〉를 바탕으로 윗글을 이해한 내용으로 적절하지 않은 것은?

┌─ 보기 ┐

역사학에서 '일기'는 당시의 거의 모든 상황을 마치 영상처럼 보여 준다. '실록'이 사건을 요약하여 전하는 반면, '일기'는 대화까지 기록하며 사건을 구체적으로 기록한다. 기록을 담당한 관리들은 왕이 궐 밖에 나갈 때도 따라다니며 기록함으로써 '임금의 모든 행동은 은폐하지 않고 반드시 기록한다.'라는 동양의 기록 정신을 모범적으로 보여 준다.

① 승정원일기가 구체적인 것은 대화까지 기록한 덕분이겠군.

② 선조들의 철저한 기록 정신은 동양의 기록 정신과 서로 통하겠군.

③ 승정원일기는 오늘날 조선의 정책을 연구하는 데 귀중한 자료가 되겠군.

④ 승정원일기가 모든 상황을 담고 있는 것은 궐 밖에서도 기록했던 승정원 관리들의 노력 덕분이겠군.

⑤ 승정원일기가 기상 변화 연구에 유용한 자료인 이유는 임금이 궐 밖에 나갔던 기록이 남아 있기 때문이겠군.

어휘 공략하기

1 다음 어휘에 해당하는 뜻풀이를 알맞게 선으로 연결하시오.

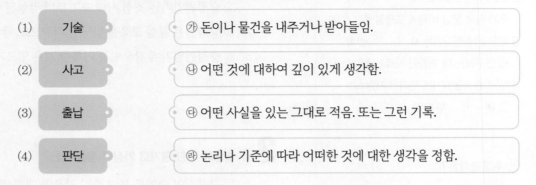

(1) 기술 　　　　　⑦ 돈이나 물건을 내주거나 받아들임.

(2) 사고 　　　　　⑭ 어떤 것에 대하여 깊이 있게 생각함.

(3) 출납 　　　　　⑭ 어떤 사실을 있는 그대로 적음. 또는 그런 기록.

(4) 판단 　　　　　⑭ 논리나 기준에 따라 어떠한 것에 대한 생각을 정함.

2 사다리를 타서 뜻풀이에 알맞은 어휘를 〈보기〉에서 골라 빈칸에 쓰시오.

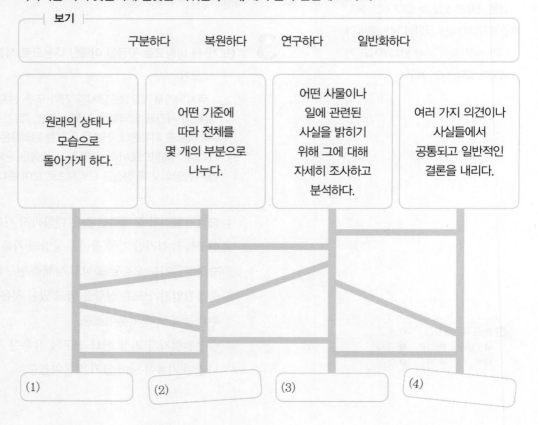

┌─ 보기 ├─
구분하다　　　복원하다　　　연구하다　　　일반화하다

| 원래의 상태나 모습으로 돌아가게 하다. | 어떤 기준에 따라 전체를 몇 개의 부분으로 나누다. | 어떤 사물이나 일에 관련된 사실을 밝히기 위해 그에 대해 자세히 조사하고 분석하다. | 여러 가지 의견이나 사실들에서 공통되고 일반적인 결론을 내리다. |

(1)　　　(2)　　　(3)　　　(4)

3 다음 뜻풀이를 읽고, 십자풀이의 빈칸에 들어갈 알맞은 말을 쓰시오.

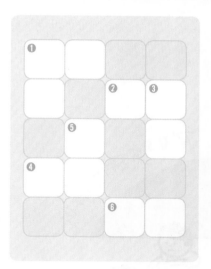

┌─ 보기 ─┐

가로 열쇠

❶ 어느 해의 어느 달 며칠.

❷ 일정한 양을 기준으로 하여 같은 종류의 다른 양의 크기를 잼.

❹ 바람, 비, 구름, 눈 등의 대기 속에서 일어나는 현상.

❻ 말과 행동.

세로 열쇠

❶ 그날그날의 기온이나 공기 중에 비, 구름, 바람, 안개 등이 나타나는 상태.

❸ 정치적 목적을 이루기 위한 방법.

❺ 어떤 일이나 행동의 상대나 목표가 되는 사람이나 물건.

4 다음 문장의 ( ) 안에서 표기가 올바른 어휘를 골라 ○표 하시오.

⑴ 오빠는 나의 잘못을 어머니께 (낱낱이 , 낱낱히) 일러바쳤다.

⑵ 나는 (반장으로서 , 반장으로써) 항상 아이들의 모범이 되기 위해 노력한다.

배경지식 확장하기　　　　　　　　　　　　　🏷 실전 1과 엮어 읽기

허수아비 때리기 오류

　논리적 오류의 유형에는 '허수아비 때리기'라는 재미있는 이름의 오류가 있다. 허수아비 때리기 오류란 상대방의 입장을 사실과 다르게 해석할 때 발생한다. 예를 들어 누군가 "비 오는 날이 좋아."라고 말했을 때, "매일 비가 온다면 우리는 모두 빗물에 잠기고 말 거야. 이런 말도 안 되는 소리를 하는 것을 보니 너의 말은 하나도 믿을 수가 없어."와 같이 대꾸했다고 하자. 상대방은 비 오는 날이 좋다고만 했을 뿐인데, 그가 마치 매일 비가 오기를 바란다고 말한 것으로 단정하고 그의 말을 공격하는 모습에서 허수아비 때리기 오류를 확인할 수 있다. 이 오류는 전쟁터에서 전투 훈련을 하면서 가상의 적인 허수아비를 만들어 공격한 것에서 유래하였다. '허수아비'라는 환상으로 상대방의 의견을 대체하고 그 환상을 공격하는 것이다. 즉 가상의 적인 허수아비에 집착한 나머지 상대방의 입장은 고려되지 않아 반박의 초점을 잃게 되는 말하기 오류이다.

7가지 독해 원리로 깨우자!

사회
실전 훈련

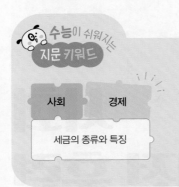

다음 글을 읽고 물음에 답하시오.

 목표 8분

• 중심 화제 두 가지에 각각 ○ 표시하기 • 두 중심 화제의 대표적인 특징에 ▨ 표시하기

　세금은 세금을 걷는 방식에 따라 일반적으로 직접세와 간접세로 나눌 수 있다. 직접세는 세금을 내야 하는 의무가 있는 사람이 직접 내는 세금이다. 개인이 자신에게 부과된 세금을 내는 소득세, 기업이 자신에게 부과된 세금을 내는 법인세 등이 이에 포함된다. 간접세는 세금을 내야 하는 의무가 있는 사람과, 실제 그 세금을 내는 사람이 다른 세금이다. 주로 물건이나 서비스에 매겨지는 부가 가치세, 사치성이 높은 물품이나 서비스에 매겨지는 개별 소비세 등이 이에 포함된다. 간접세는 물건값이나 서비스 이용료에 포함되어 있으므로 사람들은 물건을 살 때나 서비스를 이용할 때 자연히 세금을 부담하게 된다. 물건을 사거나 서비스를 이용할 때마다 직접 세무서에 세금을 내는 것이 아니다. 세무서에 세금을 내는 사람은 물건을 팔거나 서비스를 제공한 기업이나 판매자이다.

　직접세는 대체로 소득이나 재산에 따라 누진적으로 적용된다. 즉 소득이나 재산이 많으면 많을수록 세율이 더욱 높아진다. 따라서 소득이 높은 사람은 세금을 많이 내고 소득이 낮은 사람은 세금을 적게 내기 때문에 직접세는 소득 격차를 줄이는 기능을 한다. 하지만 소득이 높은 사람들에게 너무 큰 세율이 적용되면 사람들은 열심히 일해서 소득을 늘리려는 의욕을 잃을 수 있다. 또, 정부 입장에서는 직접세를 걷기 위해 모든 사람들의 소득이나 재산을 일일이 조사해야 하므로 부담이 크다.

　반면 간접세는 소득이나 재산과 상관없이 누구에게나 똑같이 적용된다. 부가 가치세를 예로 들면, 물건을 살 때 부담하는 세금이 똑같다. 돈을 많이 버는 사람이 음료수 한 잔을 사 마시든지, 돈을 적게 버는 사람이 음료수 한 잔을 사 마시든지, 둘이 내야 하는 세금은 동일하다. 간접세는 모두가 똑같은 액수의 세금을 내니 공평하고, 정부도 사람들이 물건을 살 때마다 자동적으로 세금을 걷을 수 있으니 효율적이라고 생각할 수 있다. 하지만 간접세는 소득이 적은 사람들의 세금 부담이 크다. 같은 액수를 내다 보니 소득이 적을수록 세금이 차지하는 비율이 커지기 때문이다. 간접세의 비중이 커지면 직접세를 통해 소득 격차를 줄이려는 정부의 노력도 효과가 떨어진다.

　직접세와 간접세 중 어떤 것이 더 적절한지 하나로 결론을 내리기는 어렵다. 각 세금의 특징과 장단점을 고려하여 공평하면서도 효율적인 균형점을 찾아내는 것이 관건일 것이다.

◆ **부담**(짐 질 負, 멜 擔) 일을 맡거나 책임, 의무를 짐.

◆ **누진적**(묶을 累, 오를 進, 과녁 的) 가격, 수량 따위가 더하여 감에 따라 상대적으로 그에 대한 비율이 점점 높아지는. 또는 그런 것.

◆ **세율**(세금 稅, 비율 率) 법으로 정해져 있는 기준에 따라 세금을 계산하여 매기는 비율.

◆ **관건**(빗장 關, 열쇠 鍵) 어떤 일을 해결하는 데 가장 중요한 것.

내용 이해하기

1 문단: ❶ [ ][ ][ ]와/과 간접세의
    의미
2 문단: 직접세의 특징
3 문단: ❷ [ ][ ][ ]의 특징
4 문단: 직접세와 간접세의 적절한
    ❸ [ ][ ]의 필요성

주제 파악하기

직접세와 간접세의 분류 기준 및 각각
의 의미와 ❹ [ ][ ]

확인 문제

❺ 직접세와 간접세를 나누는 기준은
    세금을 걷는 방식이다. (○ , ×)
❻ 직접세는 세금을 내야 하는 의무가
    있는 사람과 실제 세금을 내는 사람
    이 다르다. (○ , ×)
❼ 간접세는 물건값이나 서비스 이용료
    에 포함되어 있다. (○ , ×)

답 ❶ 직접세 ❷ 간접세 ❸ 균형
    ❹ 특징 ❺ ○ ❻ ×
    ❼ ○

1 윗글의 내용과 일치하지 <u>않는</u> 것은?

① 직접세와 간접세는 세금을 내는 방법에 차이가 있다.
② 기업은 세무서에 법인세도 내고 부가 가치세도 내야 한다.
③ 정부는 직접세를 통해 국민의 소득 격차를 줄이려고 노력한다.
④ 정부는 직접세를 걷기 위해서 사람들의 소득, 재산을 조사해야 한다.
⑤ 소득이 적은 사람들은 소득이 많은 사람들에 비해 간접세의 부담이 적다.

2 글쓴이가 윗글을 작성할 때 고려했을 사항이 <u>아닌</u> 것은?

① 세금에 대한 부정적인 오해를 풀고 인식을 개선해야지.
② 기준을 세워서 세금의 종류가 두 가지로 나뉨을 설명해야지.
③ 일상적인 사례를 들어 세금의 특징을 이해하기 쉽게 전달해야지.
④ 세금을 내는 대상과 세금을 걷는 대상의 입장을 둘 다 제시해야지.
⑤ 두 가지 세금을 잘 조율해야 한다는 생각을 밝히며 글을 마무리해야지.

3 윗글을 바탕으로 〈보기〉의 사례를 이해한 내용으로 가장 적절한 것은?

> **보기**
>
> 중학교 1학년인 한울이는 식당에서 식사를 하고 밥값을 냈다. 밥값은 6천
> 원이었고 부가 가치세가 포함되어 있었다.

① 한울이는 직접 세무서에 부가 가치세를 내야 한다.
② 식당은 부가 가치세를 걷어서 식당 운영에 사용한다.
③ 한울이가 초등학생이라도 부가 가치세를 부담했을 것이다.
④ 한울이가 소득이 없다면 밥값에서 부가 가치세는 제외된다.
⑤ 한울이가 재산이 많다면 부가 가치세를 더 많이 내야 했을 것이다.

다음 글을 읽고 물음에 답하시오.

 8분

• 중심 화제에 ☐ 표시하고, 그 특징에 〰〰 긋기 • 글의 주제를 요약 및 정리한 부분에 ▩▩ 표시하기

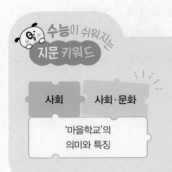

수능이 쉬워지는 지문 키워드

| 사회 | 사회·문화 |

'마을학교'의 의미와 특징

극심한 무한 경쟁에 지친 현대인들은 도시화 이전에 서로 도우며 살아가던 옛날 공동체의 모습을 그리워하게 되었다. 그래서 사람들 사이의 관계가 중심이 되는 '마을'을 만들려는 노력을 기울였고, 그 대표적인 사업이 '마을학교'이다.

'마을학교'는 마을의 구성원인 주민이 그들의 필요에 따라 만든다. 다른 기관처럼 관청이 주도하여 만드는 것이 아니다. '마을학교'에서는 주민이라면 누구나 선생님이 될 수 있고, 학생이 될 수 있다. 배울 내용 역시 주민이 스스로 결정한다. 그래서 주민은 '마을학교'의 주체이자 학습의 원천이 된다.

'마을학교'는 어디서든지 이루어질 수 있다. 우리는 학교라고 하면 책상과 걸상, 칠판이 놓인 교실을 떠올리기 쉽다. 하지만 '마을학교'는 주민 센터나 학교분만 아니라 마을의 찻집, 도서관, 식당, 놀이터 등 주민들이 생활하는 모든 곳을 '마을학교'의 공간으로 삼아 자유롭게 배움을 추구하고 활동할 수 있다.

'마을학교'의 가장 기초적인 활동은 마을 주민의 교육 프로그램 운영이지만, 이 활동은 가지를 치듯 다른 분야로 뻗어 나간다. '마을학교'에서 교육 프로그램으로 관계를 맺은 주민들은 동아리를 만들고 마을 축제도 기획하며, 나아가 마을 사업도 한다. 친해진 주민들끼리 모여 공동육아를 하고, 나아가 어린이집이나 학교를 세우기도 한다. 공부방에서 함께 공부하던 학생들이 만든 청소년 악단은 마을의 문화 예술을 책임지는 공연단이 되기도 한다.

이렇게 '마을학교'는 주민의 삶을 바꾸어 가는 것을 목표로 한다. 주민들은 학습을 매개로 만나지만 소통을 통해 긴밀한 유대 관계를 형성하는데, 이는 마을이라는 한 공간에 사는 사람들의 복합적인 관계망 속에서 서로 협력하여 마을의 문제를 해결하고 더 나은 삶터를 만들어 갈 수 있는 원동력이 된다. 즉 '마을학교'는 주민들의 따뜻한 관계를 토대로 '삶의 질 향상'을 위해 활동하는 것이다.

'마을학교'는 마을과 학교가 하나가 되는 것을 추구한다. 마을이 학교의 기능을 단순히 보완하는 것이 아니라 마을 자체가 학교의 기능을 하는 것이다. 이러한 '마을학교'는 마을의 주인을 키워 내고, 주민 간의 어울림을 만들어 낼 것이다. 나아가 '마을학교'의 경험은 주민 스스로 마을을 움직이고 마을의 문제를 해결하는 마을의 역량인 '마을력'의 밑거름이 될 것이다.

✦**주체**(주인 主, 몸 體) 어떤 단체나 물건의 중심이 되는 부분.
✦**원천**(근원 源, 샘 泉) 어떤 사물이 나거나 생기는 바탕.
✦**매개**(중매 媒, 끼일 介) 둘 사이에서 양쪽의 관계를 맺어 줌.
✦**유대**(맬 紐, 띠 帶) 둘 이상을 서로 이어 주거나 결합하게 하는 것. 또는 그런 관계.
✦**보완**(도울 補, 완전할 完) 모자라거나 부족한 것을 보충하여 완전하게 함.

😄 내용 이해하기

1 문단: '마을학교'의 등장 배경

2 문단: ❶◯◯◯이/가 주도하는 '마을학교'

3 문단: 공간의 제약이 없는 '마을학교'

4 문단: 다양한 활동을 하는 '마을학교'

5 문단: 주민의 삶의 질 향상을 ❷◯◯(으)로 하는 '마을학교'

6 문단: ❸◯◯와/과 학교가 하나 되는 것을 추구하는 '마을학교'

😊 주제 파악하기

주민들의 유대 관계를 통해 마을력을 키워 주는 '❹◯◯◯◯'의 의미와 특징

😵 확인 문제

❺현대인들은 사람 간의 관계에 바탕을 둔 옛날 공동체에서 벗어나고 싶어 한다. (○ , ×)

❻'마을학교'는 학습을 매개로 주민들 간의 관계망을 형성해 준다. (○ , ×)

❼'마을학교'는 학교가 마을의 문제를 해결할 수 있게 도와준다. (○ , ×)

답 ❶ 주민　❷ 목표　❸ 마을
❹ 마을학교　❺ ×
❻ ○　❼ ×

---

1 윗글의 내용을 정리한 것으로 가장 적절한 것은?

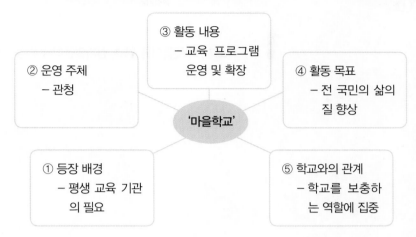

③ 활동 내용
– 교육 프로그램 운영 및 확장

② 운영 주체
– 관청

④ 활동 목표
– 전 국민의 삶의 질 향상

'마을학교'

① 등장 배경
– 평생 교육 기관의 필요

⑤ 학교와의 관계
– 학교를 보충하는 역할에 집중

2 '마을력'에 대한 설명으로 적절하지 <u>않은</u> 것은?

① 주민들이 스스로 마을의 문제를 해결하는 역량을 의미한다.

② 더 나은 삶터를 만들어 가는 주체를 마을의 주민들이라고 본다.

③ '마을학교'를 통해 형성된 주민들의 유대 관계가 마을력의 토대가 된다.

④ 마을 주민들의 경쟁력을 강화해 다른 마을과의 경쟁에서 이기게 해 준다.

⑤ 공부방의 학생들이 청소년 악단을 만든 일은 마을력이 발휘된 사례이다.

3 윗글을 읽고 '마을학교' 운영에 대해 나눈 대화로 적절하지 <u>않은</u> 것은?

① 로아: '마을학교'에서는 어른들도 우리랑 똑같은 학생이 되니까 서로 친해질 수 있어서 좋더라.

② 이현: 나도 '마을학교'에서 친구를 만들 수 있는 게 좋아. 환경 수업을 들었던 친구들과 함께 갯벌 체험을 간 적도 있어.

③ 제나: 우리 할머니는 풀숲의 곤충들을 잘 알고 계시니까 '마을학교'에 풀숲의 곤충 배우기 수업이 생기면 선생님이 되실 수도 있어.

④ 세유: 학교에서 별자리에 대해 배웠는데 실제로 별자리를 보고 싶어. 그래서 '마을학교'에 별자리 관찰 수업을 만들어 달라고 신청할 거야.

⑤ 하연: 나는 스페인어를 배우고 싶어. 하지만 이를 위해서는 교실의 형태가 필요하니 '마을학교' 수업으로 운영할 수는 없을 것 같아서 아쉬워.

어휘 공략하기

1 〈보기〉의 뜻풀이를 읽고, 십자말풀이를 완성하시오.

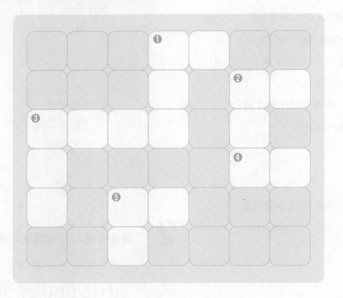

보기

가로 열쇠

❶ 둘 사이에서 양쪽의 관계를 맺어 줌.

❸ 비교해 본 결과 별다른 차이점이 없이 똑같다.

❹ 필요에 따라 적절하게 맞추어 쓰거나 실시함.

❷ 일정한 지역 안에 살고 있는 사람.

❺ 어떤 일을 해결하는 데 가장 중요한 것.

세로 열쇠

❶ 일정한 기준에 따라 값, 등급, 순서 등을 정하다.

❷ 중심이 되어 어떤 일을 이끄는. 또는 그런 것.

❸ 취미나 뜻이 같은 사람들의 모임.

❺ 둘 이상의 사람, 사물, 현상 등이 서로 관련을 맺음. 또는 그런 관련.

---

2 다음 상황과 가장 거리가 <u>먼</u> 어휘를 〈보기〉에서 골라 ○표 하시오.

보기

협동   협력   소통

유대 관계   무한 경쟁

3 다음 문장의 빈칸에 들어갈 어휘를 알맞게 선으로 연결하시오.

(1) 실패했던 경험은 성공의 [　　　]이 된다.

(2) 우리의 모든 [　　　]을 집중하여 이번 일을 해냅시다.

(3) 지혜의 [　　　]은 무언가를 배우고자 하는 마음과 의지에 있다.

㉮ 원천

㉯ 역량

㉰ 밑거름

4 다음 문장의 (　　) 안에서 표기가 올바른 어휘를 골라 ○표 하시오.

(1) (옛날 , 옜날)에는 이웃끼리 서로 돕고 살았다.

(2) 더 좋은 마을을 (만드려는 , 만들려는) 노력이 결실을 맺었다.

(3) 친구들과의 우정은 힘든 일을 이겨 내는 원동력이 (됬다 , 됐다).

배경지식 확장하기

📎 실전 1과 엮어 읽기

중세의 특이한 세금, 수염세와 창문세

　　미국의 정치가 벤저민 프랭클린은 "인생에서 확실한 것은 죽음과 세금뿐이다."라고 말했다. 세금은 죽음과 같이 피할 수 없는 것임을 의미한다. 중세의 여러 국가들은 재정이 어려워지자 다양한 아이디어를 내서 세금을 걷었는데, 대표적인 예로 수염세와 창문세가 있다. 러시아 표트르 대제는 러시아도 유럽처럼 선진화해야 한다면서 귀족들에게 긴 수염을 자르게 했다. 그런데 당시 러시아인들에게 면도는 신의 형상을 훼손하는 것으로 여겨져 귀족들의 반발이 심했다. 이러한 문제를 극복하기 위해 표트르 대제는 수염세를 도입했다. 이후 수염을 계속 기르려면 수염세를 내야 했고, 수염을 기른 채 성안에 들어오려면 통행세를 내야 했기 때문에 귀족들은 결국 긴 수염을 잘랐다.

　　비슷한 시기에 영국에서는 찰스 2세가 창문세를 도입했다. 잘사는 집일수록 벽에 창문이 많다는 것에 착안하여 만든 세금이었는데, 창문세가 시행되자 사람들은 창문을 합판 등으로 숨기거나 아예 막아 버렸다. 이로 인해 창문세는 잘 걷히지 않았으며 사람들이 햇빛이 잘 들지 않는 건물에 살게 되어 삶의 질이 악화되었다. 현재 영국의 건물 중 창문이 있어야 할 곳이 가려져 있다면 창문세의 영향을 받은 것으로 볼 수 있다.

다음 글을 읽고 물음에 답하시오.

목표 7분

• 한중일의 식사 문화에 ﹏﹏ 긋고, 그에 따른 젓가락의 특징에 ○, △, □ 표시하기   • 글쓴이의 생각이 나타난 문장에 ▨▨▨ 표시하기

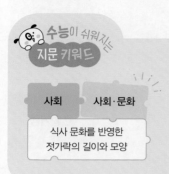

젓가락을 사용하는 인구는 전 세계의 약 30%라고 한다. 한중일 삼국을 비롯해 태국, 베트남 등의 일부 동남아시아 국가에서도 젓가락을 사용한다. 젓가락은 사용하는 나라에 따라 그 길이와 모양 등에 차이가 있다. 각 나라의 식사 문화에 따라 젓가락이 다른 모습으로 발달해 왔기 때문이다. 그러면 한중일 삼국의 식사 문화가 젓가락의 길이와 모양에 어떤 차이를 가져왔는지 살펴보자.

중국은 온 가족이 커다란 식탁에 둘러앉아 상에 놓인 음식을 각자의 접시에 덜어 먹는다. 그러다 보니 멀리 놓인 음식을 쉽게 집어 먹을 수 있도록 젓가락의 길이를 길게 했다. 또 기름에 볶는 요리가 많기 때문에 기름기가 많은 음식도 잘 집을 수 있도록 젓가락 끝을 ⁺뭉툭하게 했다.

일본에서는 크기가 작은 ⁺독상에 음식을 차려 먹는다. 게다가 한 손으로 밥그릇을 들고 젓가락을 사용하여 밥을 먹는다. 그러니 젓가락이 길 필요가 없다. 또 일본인은 가시가 있는 생선구이나 생선회, 얇고 작은 야채 절임 등을 즐겨 먹기 때문에, 이런 음식들을 집기 편하도록 젓가락 끝이 뾰족하게 생겼다.

한국은 가족이 함께 음식을 먹기는 하지만 밥상이 중국에 비해 작고 일부 어른들은 독상을 받았다. 또한 반찬을 자기 접시에 옮겨 덜어 먹기보다는 반찬 그릇에서 집어 그대로 자신의 입으로 가져가는 경우가 많으므로 중국처럼 젓가락이 길지 않다. 또 중국이나 일본처럼 기름진 음식이나 해산물을 많이 먹는 편도 아니어서 젓가락 끝이 뭉툭하거나 뾰족할 필요가 없었다. 대신 김치나 깻잎, 콩자반처럼 크기와 굵기가 다양한 음식을 ⁺두루 집기 편하도록 젓가락 끝을 납작하게 만들었다.

이처럼 한중일 삼국의 젓가락은 각 나라의 식사 문화에 따라 그 길이와 모양이 다르다. 중국은 길고 끝이 뭉툭한 젓가락을, 일본은 짧고 끝이 뾰족한 젓가락을 사용한다. 한국은 중국과 일본의 중간쯤 되는 길이에 끝이 납작한 젓가락을 사용한다. 이들 중 어떤 것이 더 특별하고 우수하다고 할 수는 없다. 나라마다 젓가락 형태가 다른 것은 젓가락이 각 나라의 식사 문화의 특징을 ⁺반영하는 것이기 때문이다. 젓가락은 단순한 식사 도구가 아니라 하나의 문화이다.

⁺뭉툭 끝이 뾰족하지 않고 굵고 짤막함.

⁺독상(홀로 獨, 소반 床) 혼자서 먹도록 차린 음식상.

⁺두루 어느 하나에 치우치지 않고 여러 가지를 빠짐없이 골고루.

⁺반영(돌아올 反, 비칠 映) 다른 사람의 의견이나 사실, 상황 등으로부터 영향을 받아 어떤 현상을 드러냄.

● 내용 이해하기

1 문단: ❶ ☐☐☐은/는 각국의 식사 문화에 따라 다르게 발달해 옴.

2 문단: ❷ ☐☐의 젓가락은 길이가 길고 끝이 뭉툭함.

3 문단: 일본의 젓가락은 길이가 짧고 끝이 뾰족함.

4 문단: 한국의 젓가락은 길이가 길지 않고 끝이 ❸ ☐☐함.

5 문단: 젓가락은 그 나라 식사 문화의 특징을 반영함.

● 주제 파악하기

한중일 삼국의 ❹ ☐☐☐☐에 따른 젓가락의 차이

● 확인 문제

❺전 세계의 반절이 넘는 인구가 젓가락을 사용하고 있다. (○ , ×)

❻한중일의 젓가락을 길이 순으로 정렬하면 '중국>한국>일본'이 된다.
(○ , ×)

❼한국과 일본은 반찬으로 먹는 음식이 비슷해서 젓가락 끝 모양이 같다.
(○ , ×)

답 ❶ 젓가락 ❷ 중국 ❸ 납작
❹ 식사 문화   ❺ ×
❻ ○   ❼ ×

1 윗글에서 알 수 있는 내용으로 적절하지 <u>않은</u> 것은?

① 끝이 뭉툭한 젓가락은 기름진 음식을 집기가 편하다.

② 한국의 젓가락 길이는 중국보다는 짧고, 일본보다는 길다.

③ 젓가락 끝이 납작할수록 멀리 있는 음식을 집기가 편하다.

④ 독상을 사용하는 식사 문화에서는 젓가락이 길지 않아도 된다.

⑤ 생선 가시를 바를 때는 끝이 뾰족한 젓가락을 사용하는 것이 좋다.

2 윗글의 글쓴이의 생각과 가장 가까운 것은?

① 오랜 전통을 지닌 문화권일수록 식사 도구가 다양하다.

② 새로운 식사 도구의 발명은 사회에 새로운 변화를 불러온다.

③ 식사 도구는 각국의 식사 문화의 특징을 반영하는 또 하나의 문화이다.

④ 식사 문화는 시대에 따라 다르지만 식사 도구는 시대를 초월하여 똑같다.

⑤ 각국의 식사 도구는 결국 가장 많은 이들이 쓰는 한 가지 형태로 통합될 것이다.

3 윗글을 읽고 나눈 대화로 적절하지 <u>않은</u> 것은?

① 성아: 한중일 삼국이 젓가락을 쓰게 된 계기는 무엇인지 더 조사해 보고 싶어.

② 민규: 태국이나 베트남의 젓가락은 어떤 모양이며, 어떤 식생활이 반영된 것인지 궁금해졌어.

③ 제야: 음식의 종류와 특성에 따라 그에 맞는 젓가락을 사용하면 젓가락질을 하기가 편리하지 않을까?

④ 우영: 한중일의 젓가락 길이와 모양이 다른 것처럼 삼국의 젓가락질 방법이나 사용 예절도 다른지 알아봐야겠어.

⑤ 윤설: 한국의 젓가락은 크기가 제각각인 음식들을 두루 잘 집을 수 있으니 중국, 일본의 젓가락보다 훨씬 우수하다고 할 수 있어.

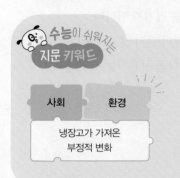

사회　　환경

냉장고가 가져온
부정적 변화

다음 글을 읽고 물음에 답하시오.

• 2~5문단의 중심 문장에 ___ 긋기 ・글쓴이의 당부가 드러난 문장에 ▒▒▒ 표시하기

　냉장고는 현대 가정의 필수품이다. 음식을 신선한 상태로 오랫동안 보관했다가 먹을 수 있게 한 냉장고는 우리에게 편리함을 가져다준 동시에 우리가 미처 생각하지 못했던 부정적인 변화도 가져왔다.

　먼저 냉장고를 사용하면 전기를 낭비하게 된다. 언제 먹을지 모를 음식을 보관하는 데 필요 이상으로 전기를 씀으로써 전기를 만드는 데 쓰이는 귀중한 자원을 낭비하게 되는 것이다.

　우리는 냉장고를 쓰면서 인정을 잃어 간다. 냉장고가 없을 때는 많은 음식을 보관할 수 없어서 식구들이 먹고 남을 정도의 음식을 만들면 미련 없이 이웃과 나누어 먹었다. 하지만 냉장고를 사용하면서 일주일이고 한 달이고 오랫동안 상하지 않게 음식을 보관할 수 있게 되자 이웃과 음식을 나누는 일은 점점 줄어들었다.

　냉장고는 당장 필요하지 않은 것들을 사게 한다. 대부분의 가정집 냉장고에는 양의 차이는 있겠지만 쇠고기, 돼지고기, 닭고기, 생선, 멸치, 포 등이 차곡차곡 쌓여 있다. 이런 식재료의 양을 전 세계적으로 따져 보면 엄청난 분량이 될 것이다. 우리는 이렇게 당장 먹지도 않는 것들 때문에 당장 죽이지 않아도 되는 수많은 생명들을 죽인다. 냉장고를 사용함으로써 애꿎은 생명을 필요 이상으로 죽여 결국은 생태계의 균형을 무너뜨리게 되는 것이다. 다시 말해 우리는 냉장고에 음식을 꽉꽉 채우기 위해 생명들을 마구 죽이는⁺만행을 습관적으로 저지르고 있는 셈이다.

　냉장고를 사용하면서 우리는 많은 음식을 버리게 되었다. 냉장고가 커질수록 먹지 않는 음식도 늘어나 냉장고에 쌓이기 때문이다. 이런 현상은 잘사는 나라뿐 아니라 가난한 나라에서도 일어나고 있다. 물고기를 잡아 시장에 내다 팔고 남은 것은 이웃과 정답게 나누어 먹던⁺소박한 사람들이, 동물들을 필요 이상으로 죽이고 저마다 자기 것을 챙겨 냉장고에 넣어 두고 혼자만 잘 먹고 잘 살려는⁺각박한 사람들로 변하고 있는 것이다.

　이렇듯 냉장고는 우리의 삶과 환경을 위협하고 있다. 커다란 냉장고에 음식을 많이 채워 넣을수록 자원은 낭비되고 삶은 각박해진다. 또 냉장고는 우리에게 당장 필요하지 않은 것을 사게 하여 생태계의 균형을 무너뜨리고, 그렇게 마련한 음식들을 다시 내다 버리게 한다. 그렇다고 냉장고를 당장 버리고 사용하지 말자는 것은 아니다. 다만 냉장고의⁺폐해를 인식하고 우리의 냉장고 사용 습관을 한번쯤 돌이켜 보자는 것이다.

⁺**만행**(오랑캐 蠻, 다닐 行) 잔인하고 야만스러운 행위.

⁺**소박**(흴 素, 순박할 朴)**하다** 꾸밈이나 욕심, 화려함 등이 없고 수수하다.

⁺**각박**(새길 刻, 얇을 薄)**하다** 인정이 없고 모질다.

⁺**폐해**(폐단 弊, 해로울 害) 어떤 일이나 행동에서 나타나는 나쁜 경향이나 현상 때문에 생기는 해로움.

😃 **내용 이해하기**

1 문단: ❶ ☐☐☐ 은/는 편리함을 가져다준 동시에 부정적인 변화도 가져옴.

2 문단: 냉장고는 ❷ ☐☐ 을/를 낭비하게 만듦.

3 문단: 냉장고를 사용하면서 이웃 간의 ❸ ☐☐ 을/를 잃음.

4 문단: 냉장고는 당장 필요하지 않은 음식을 사게 해서 ❹ ☐☐☐ 을/를 파괴시킴.

5 문단: 냉장고에 쌓아 둔 음식들이 많이 버려짐.

6 문단: 우리의 삶과 ❺ ☐☐ 을/를 위협하는 냉장고 사용 습관에 대한 성찰이 필요함.

😊 **주제 파악하기**

냉장고가 가져온 ❻ ☐☐☐ 변화와 냉장고 사용 습관 성찰의 필요성

😄 **확인 문제**

❼냉장고는 필요 이상으로 전기를 쓰게 한다. (○ , ×)

❽가정집 냉장고에는 육류나 어류를 보관하지 않는다. (○ , ×)

❾냉장고의 크기가 커질수록 버려지는 음식량이 줄어든다. (○ , ×)

답 ❶ 냉장고　❷ 전기　❸ 인정
❹ 생태계　❺ 환경　❻ 부정적
❼ ○　❽ ×　❾ ×

1 **윗글의 내용 전개 방식으로 적절하지 않은 것은?**

① 대상이 가져온 현상의 원인과 결과를 제시하고 있다.

② 대상의 변화 과정을 시간 순서에 따라 서술하고 있다.

③ 대상을 사용하기 전과 후의 상황을 대조하여 설명하고 있다.

④ 대상에 대한 글쓴이의 생각을 밝히며 글을 마무리하고 있다.

⑤ 대상의 긍정적인 측면을 밝힌 뒤 부정적인 측면을 전달하고 있다.

2 **윗글을 이해한 내용으로 가장 적절한 것은?**

① 잘사는 나라의 사람들만이 냉장고에 있는 음식을 버린다.

② 냉장고가 없을 때는 음식이 부족해 인정을 나눌 수가 없었다.

③ 냉장고는 혼자만 잘 먹고 잘 살려는 세태를 없애는 데 도움을 준다.

④ 냉장고를 바꾸지 않고 오래 쓰면 생태계를 보호하는 데 도움이 된다.

⑤ 냉장고에 고기를 쌓아 두는 일은 당장 죽이지 않아도 될 생명을 죽이는 일이다.

3 **윗글에 나타난 글쓴이의 생각에 따라 생활 속 실천 방법을 떠올린 내용으로 적절하지 않은 것은?**

① 장을 볼 때 당장 해 먹을 음식의 재료가 아니면 사지 말아야겠어.

② 냉장고에 너무 많은 음식이 쌓여 있지 않게 그때그때 정리를 해야겠어.

③ 전기를 절약하기 위해 되도록 에너지 효율 등급이 높은 냉장고를 쓰는 게 좋겠어.

④ 이웃과 음식을 나누어 먹으려면 보다 큰 냉장고를 사서 음식을 많이 보관해야겠어.

⑤ 음식 배달 주문을 하기 전에 냉장고에 있는 음식을 확인하고 그것부터 먹어야겠어.

어휘 공략하기

1 다음 어휘에 해당하는 뜻풀이를 알맞게 선으로 연결하시오.

(1) 애꿎다 ㅡ ㉮ 인정이 없고 모질다.

(2) 각박하다 ㅡ ㉯ 어떤 일과 아무런 상관이 없다.

(3) 소박하다 ㅡ ㉰ 끝이 뾰족하지 않고 굵고 짤막하다.

(4) 뭉툭하다 ㅡ ㉱ 꾸밈이나 욕심, 화려함 등이 없고 수수하다.

2 '인정'이 〈보기〉와 같은 뜻으로 사용된 문장에 ○표 하시오.

보기

우리 동네는 인정이 넘친다.

(1) 수재민을 도우려는 인정 어린 손길이 이어졌다.
(   )

(2) 가지면 가질수록 더 욕심내는 것이 사람의 인정이다. (   )

(3) 회사는 법원으로부터 신기술에 대한 특허권 인정을 받았다. (   )

3 〈보기〉의 글자를 조합하여 다음 문장의 빈칸에 들어갈 알맞은 어휘를 쓰시오.

보기

| 중 | 위 | 귀 | 해 | 협 | 폐 |

(1) 식품 첨가물이 들어 있는 음식은 우리의 건강을 [   ]한다.

(2) 과학 기술의 발전은 온난화와 같은 [   ]을/를 가져오기도 했다.

(3) 주말에 가족과 함께 보내는 시간이 내게는 무엇보다도 [   ]하다.

4 다음 문장의 (   ) 안에서 표기가 올바른 어휘를 골라 ○표 하시오.

(1) 씨름은 상대방의 균형을 (무너뜨이는 , 무너뜨리는) 기술을 사용한다.

(2) 캔을 버릴 때는 내용물을 버리고 (납작하게 , 납짝하게) 눌러서 버린다.

(3) 동생은 잘못을 (저지르고 , 저질르고) 부모님께 혼날까 봐 안절부절못했다.

5 밑줄 친 어휘와 바꾸어 쓸 수 있는 말을 찾아 카드를 모으고, 그 카드를 차례로 나열하여 세 글자 어휘를 완성하시오.

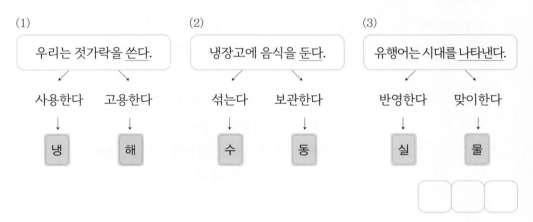

(1)
우리는 젓가락을 <u>쓴다</u>.
↓   ↓
사용한다   고용한다
↓   ↓
냉   해

(2)
냉장고에 음식을 <u>둔다</u>.
↓   ↓
섞는다   보관한다
↓   ↓
수   동

(3)
유행어는 시대를 <u>나타낸다</u>.
↓   ↓
반영한다   맞이한다
↓   ↓
실   물

배경지식 **확장하기**   🔖 **실전 1과 엮어 읽기**

포크는 언제부터 썼을까

세계 인구의 40%는 손으로 밥을 먹는다. 주로 이슬람교와 힌두교를 믿는 사람들이 이에 속하는데, 이들은 손이 가장 깨끗하다고 생각하기 때문에 손으로 식사를 한다. 유럽에서도 손을 쓰는 것은 아주 자연스러운 일이었다. 중세 귀족들은 엄숙한 식사 자리에서도 손으로 음식을 먹었고 음식이 묻은 손은 식탁보에 쓱 닦았다.

포크가 등장한 것은 10세기 무렵 동로마 제국의 비잔티움에서였다. 11세기 베네치아의 한 총독과 결혼한 비잔티움의 공주는 손으로 음식을 먹지 않았다. 시중을 들던 사람들이 음식을 잘라 공주 앞에 놓으면 공주는 두 갈래로 된 뾰족한 것으로 음식을 찍어 먹었다. 이는 성직자들에게 큰 비난을 받았다. 신의 선물인 음식을 신이 준 손으로 만지지 않는 것은 신에 대한 모독이라고 생각했기 때문이다. 하지만 포크는 조금씩 그 영역을 넓혀 갔다. 16세기 무렵 이탈리아를 대표하는 메디치 가문의 카트린은 프랑스로 시집갈 때 포크를 잔뜩 가져갔다. 그리고 카트린의 아들은 칙명을 내려 포크 사용을 허가하고 권장하기에 이른다. 그럼에도 신분에 상관없이 모두 포크를 사용하는 데는 200여 년이 더 걸렸다. 포크를 사용하게 되면서 음식을 우아하게 음미하며 먹게 되었고, 냅킨과 접시, 식탁보 등으로 식탁을 꾸미는 문화도 생겼다.

다음 글을 읽고 물음에 답하시오.

목표 8분

• 글쓴이가 비판하는 행위에 ☐ 표시하기   • 글의 주제가 드러난 문장에 ▓▓▓ 표시하기

몇 해 전 저작권에 관한 우리의 인식 수준을 확인시켜 주는 사건이 있었다. 독립 영화 「워낭 소리」가 흥행에 성공하자 그 불법 파일이 인터넷상에 올라 불법 복제가 자행되고 미국과 일본에도 흘러 들어가 수출마저 못 하게 되었던 것이다. 그런데 많은 누리꾼은 "그만큼 영화관에서 봤으면 이제 내려받아도 되는 것 아니냐.", "관객이 많이 들었으니 그냥 풀어라."라는 말로 제작자의 가슴을 아프게 했다.

우리는 수년 전 저작권 보호에 대한 누리꾼의 저항으로 국내 음악 시장이 쇠락의 길을 걷는 것을 목격했다. 음악 불법 내려받기가 큰 사회 문제가 되었을 때 누리꾼은 '살 만한 앨범이 없어서 내려받기를 하는 것이고 음악을 공유하는 것은 국민 전체의 행복을 위해 좋은 일'이라는 궤변을 늘어놓았다. 그 당시 우리의 저작권 정책은 누리꾼의 주장과 공짜를 옹호하는 대중의 압력에 밀려 큰 힘을 발휘하지 못했다. 불법 내려받기가 만연해지자, 비디오형 음악이 음악계를 지배하고 가수가 음악으로 승부를 걸기보다 드라마나 영화, 예능, 광고로 수익을 창출할 수밖에 없는 구조로 음악 시장이 변모되었다. 결국 이에 따른 가장 큰 손해는 소비자가 입고 있다. 당장 코앞의 공짜 음악에 눈이 어두워 불법 내려받기를 함으로써 음악을 창작·생산해 내는 시스템을 망가뜨렸기에 소비자가 당연히 누려야 할 '좋은 음악'의 감상 기회를 잃어버린 것이다.

영화 산업도 음악 산업이 걸었던 전철을 밟고 있다. 저작권 위원회에 따르면 2006년을 기준으로 국내 영화 불법 내려받기 시장의 규모는 6,090억 원, 영화 산업 피해 규모는 3,390억 원으로, 영화 불법 내려받기를 강력히 규제하지 않으면 영화 산업의 피해 규모는 해마다 증가할 것이다. 불법 내려받기를 한 누리꾼들은 '공짜 영화 관람 몇 편'이라는 작은 이익을 얻을 수 있지만, 이런 행동은 전체 한국 영화 산업을 위축시키고 영화 산업의 구조를 황폐화함으로써 소비자가 '좋은 우리 영화'를 볼 수 있는 기회가 줄어들고 있는 것이다.

문화 상품의 저작권 보호를 위해 기본적으로 필요한 요소는 ㉠ <u>저작권 가치에 대한 소비자의 올바른 인식</u>이다. 하지만 소비자들은 공짜 문화 상품의 맛에서 헤어 나오지 못하고 있다. 저작권에 대한 소비자의 인식에 획기적인 변화가 없는 한 문화 상품에 대한 가치는 어디서고 인정받지 못할 것이고, 문화 산업계가 꿈꾸는 장밋빛 미래도 없을 것이라고 단언한다.

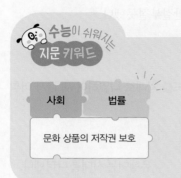
✦ **쇠락**(쇠할 衰, 떨어질 落) 힘이나 세력이 점점 줄어듦.

✦ **궤변**(속일 詭, 말씀 辯) 겉으로는 그럴 듯하나 실제로는 이치에 맞지 않는 말을 둘러대어 상대방을 속이고 자신의 주장을 합리화시키려는 말.

✦ **만연**(덩굴 蔓, 끌 延) (비유적으로) 전염병이나 나쁜 현상 등이 널리 퍼짐.

✦ **전철**(앞 前, 바큇자국 轍) 이전 사람이 저지른 잘못된 일이나 실패한 일.

✦ **규제**(법 規, 억제할 制) 규칙이나 법에 의하여 개인이나 단체의 활동을 제한함.

☺ 내용 이해하기

1 문단: ❶ □□□ 에 관한 소비자
의 인식 수준을 보여 주는 사례

2 문단: 음악 불법 내려받기로 인해 쇠
락의 길을 걷게 된 국내 ❷ □□
시장

3 문단: 영화 불법 내려받기로 인해 위
축되고 황폐화된 국내 ❸ □□ 산
업

4 문단: 저작권 가치에 대한 소비자의
인식 변화 강조

☺ 주제 파악하기

❹ □□ 상품의 저작권 보호와 소비
자 인식 개선의 필요성

☺ 확인 문제

❺ 영화 「워낭소리」의 제작자는 불법 파
일이 퍼져 피해를 입었다. (○ , ×)

❻ 불법 내려받기가 만연해지자 가수들
이 음악에 승부를 걸게 되었다.
(○ , ×)

❼ 영화 불법 내려받기를 강력히 규제
해야 이로 인한 피해 규모를 줄일 수
있다. (○ , ×)

| 답 | ❶ 저작권 ❷ 음악 ❸ 영화 ❹ 문화 ❺ ○ ❻ × ❼ ○ |

1 윗글에 대한 설명으로 가장 적절한 것은?

① 문화 상품의 저작권을 등록하는 방법과 과정을 설명하고 있다.

② 자문자답의 형식을 통해 저작권이 지닌 가치를 강조하고 있다.

③ 불법 내려받기로 인한 문화 산업계의 피해 상황을 제시하고 있다.

④ 전문가의 의견을 인용하여 저작권 보호의 필요성을 강조하고 있다.

⑤ 저작권을 지키기 위한 영화 산업계의 노력을 당대의 사회적 분위기와 연관 지어 설명하고 있다.

2 윗글을 통해 알 수 있는 내용으로 적절하지 않은 것은?

① 영화 불법 복제는 한국 영화 산업의 발전을 막는다.

② 저작권 보호 정책이 대중의 압력에 영향을 받기도 했다.

③ 음악 불법 내려받기로 인해 음악 시장의 구조가 바뀌었다.

④ 불법 내려받기로 많은 누리꾼이 엄청난 수익을 거두어들였다.

⑤ 불법 내려받기는 소비자가 좋은 음악과 영화를 감상할 기회를 잃게 한다.

3 ㉠의 내용으로 적절하지 않은 것은?

① 평소 문화 상품이 지닌 가치를 생각해 보아야 해.

② 공짜 문화 상품이라는 코앞의 이익만을 생각해서는 안 돼.

③ 문화 상품을 정당한 방법으로 소비하고 감상하는 것이 소비자 자신을 위한 길이야.

④ 창작자들에 의해 생산된 저작물이 법으로 보호받아야 문화 산업계가 발전할 수 있어.

⑤ 가수들이 예능이나 광고에 출연 못 하게 하려면 음악 불법 내려받기를 하지 않아야 해.

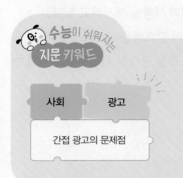

다음 글을 읽고 물음에 답하시오.

 8분

• 간접 광고의 문제점에 ~~~ 굿기 • 글쓴이가 생각하는 문제 해결 방안에 ▆▆▆ 표시하기

우리는 각종 방송 드라마나 오락 프로그램에서 출연자가 특정 회사의 상표가 드러나는 옷을 입거나 자동차를 타는 장면을 흔히 본다. 이렇게 상업적 의도를 감춘 채 프로그램 내에 배치된 기업의 상징물이나 상품 등을 소비자가 인식하도록 만드는 광고를 '간접 광고'라고 한다. 우리나라는 2010년 1월부터 간접 광고를 허용했다. 허용 초기에는 간접 광고의 정도가 미미했지만 해가 갈수록 그 정도가 심해져 프로그램의 내용 전개와 무관한 간접 광고가 시청자들의 몰입을 방해하는 수준에 이르렀다.

간접 광고는 어떤 문제를 안고 있을까? 간접 광고는 앞에서 언급한 몰입 방해 외에도, 특정 기업이나 상품 등에 대한 무의식적인 각인 효과를 시청자에게 심어 준다는 문제가 있다. 간접 광고가 은연중에 시청자들의 의식 속에 파고들면 시청자들이 비판적 판단을 하지 못하고 광고에서 다루는 대상을 무조건적으로 신뢰하게 된다.

또한 간접 광고로 인해 드라마나 오락 프로그램의 완성도가 떨어진다. 간접 광고의 대가로 광고주들은 방송 프로그램의 제작비를 지원하는데, 간접 광고가 허용된 이후 광고주들이 간접 광고를 더 길게 더 자주 넣도록 강하게 요구하고 있다. 그 결과 프로그램의 완성도가 떨어지는 경우가 빈번해지고 있다.

한편 간접 광고는 시청자의 선택권을 배앗는다는 점에서도 문제가 있다. 프로그램 앞뒤에 하는 직접 광고는 시청자가 볼 것인가 말 것인가를 선택할 수 있지만, 간접 광고는 프로그램 내에 포함되어 있어 그렇게 할 수 없다. 이는 시청자를 더욱 수동적인 존재로 만든다.

간접 광고의 문제를 해결하기 위해서는 우선 법이나 규정을 명확히 해야 한다. 방송법 시행령의 규정이 '제작상 불가피한', '자연스러운 노출'처럼 모호하면 광고주들과 방송사가 법망을 쉽게 피할 수 있어 간접 광고가 과도해지는 것을 막을 수 없다. 실제로 광고주들이나 방송사가 법이나 규정의 모호한 표현을 악용하는 사례도 매년 늘고 있다. 그러므로 법이나 규정을 명확히 하여 과도한 간접 광고를 막아야 한다. 더 나아가 법이나 규정을 위반했을 때 가하는 법적 제재도 광고주들이나 방송사가 부담을 느낄 정도로 강화해야 한다. 또한 시청자들은 지나친 간접 광고가 프로그램을 즐겁게 시청할 자신들의 권리를 침해한다는 사실을 인식하고 지나친 간접 광고에 대해 비판의 목소리를 높여야 한다. 시청자들의 목소리는 과도한 간접 광고를 막을 수 있는 또 다른 중요한 축이다.

✦**몰입**(잠길 沒, 들 入) 다른 일에 관심을 가지지 않고 한 가지 일에만 집중하여 깊이 빠짐.
✦**각인**(새길 刻, 도장 印) 어떤 모습이 머릿속에 새겨 넣듯 뚜렷하게 기억됨. 또는 그 기억.
✦**제재**(억제할 制, 자를 裁) 법이나 규정을 어겼을 때 국가가 처벌이나 금지 등을 행함. 또는 그런 일.
✦**침해**(침노할 侵, 해로울 害) 남의 땅이나 권리, 재산 등을 범하여 해를 끼침.

내용 이해하기

1 문단: 간접 광고가 시청자의 **❶**□□을/를 방해하는 수준에 이름.

2 문단: 간접 광고는 시청자에게 무의식적인 **❷**□□ 효과를 심어 줌.

3 문단: 간접 광고는 프로그램의 완성도를 떨어뜨림.

4 문단: 간접 광고는 시청자의 **❸**□□□을/를 빼앗음.

5 문단: 간접 광고의 문제점을 **❹**□□하기 위한 노력이 필요함.

주제 파악하기

❺□□□□의 문제점과 해결 방안

확인 문제

❻ 간접 광고는 프로그램 내에 포함된다. (○ , ×)

❼ 특정 기업이나 상품에 대한 무의식적인 각인 효과는 시청자가 비판적 판단을 할 수 있게 돕는다. (○ , ×)

❽ 광고주들은 법이나 규정의 모호한 표현을 악용하기도 한다. (○ , ×)

답 ❶ 몰입 **❷** 각인 **❸** 선택권
❹ 해결 **❺** 간접 광고
❻ ○ **❼** × **❽** ○

---

1 윗글을 통해 알 수 있는 내용으로 가장 적절한 것은?

① 간접 광고는 직접 광고에 비해 시청자의 광고 시청이 더 자유롭다.

② 완성도가 높은 프로그램에 삽입된 간접 광고는 광고 효과가 더 높다.

③ 간접 광고의 정도가 심해질수록 시청자의 비판적 판단 능력은 향상된다.

④ 간접 광고가 광고인 것을 시청자가 알아차리지 못해도 광고 효과는 발생한다.

⑤ 2010년 간접 광고가 허용된 이후 방송 프로그램에 노출되는 간접 광고의 시간이 짧아졌다.

---

2 윗글의 관점에서 〈보기〉를 비판한 내용으로 가장 적절한 것은?

> **┤ 보기 ├**
>
> 간접 광고는 다수의 예능 프로그램을 비롯해 드라마, 영화에서도 흔히 이용되고 있다. 기업 입장에서는 광고를 통해 상품의 인지도를 높여 홍보 효과를 얻고, 영화나 방송사 입장에서는 제작비를 확보할 수 있다는 이점이 있다. 그러므로 기업의 브랜드 가치를 높이고 다양한 프로그램을 활성화하기 위해 간접 광고 규제*완화가 필요하다.
>
> ✦완화 긴장된 상태나 매우 급한 것을 느슨하게 함.

① 과도한 간접 광고로 노출된 제품은 기업의 매출 증가에 방해가 될 것이다.

② 간접 광고에 대한 규제를 강화하면 프로그램 제작에 어려움이 있을 것이다.

③ 간접 광고에 대한 규제 완화는 프로그램의 완성도를 더 떨어뜨릴 것이다.

④ 기업과 광고주들은 방송법 시행령 규정의 표현을 명확하게 수정해 달라고 요구할 것이다.

⑤ 규제를 완화하기 이전에 시청자들이 간접 광고를 스스로 판단하는 능력을 갖추도록 해야 할 것이다.

어휘 공략하기

1 다음 어휘에 해당하는 뜻풀이를 알맞게 선으로 연결하시오.

(1) 쇠락 　　　　㉮ 힘이나 세력이 점점 줄어듦.

(2) 궤변 　　　　㉯ 나쁜 일에 쓰거나 나쁘게 이용함.

(3) 악용 　　　　㉰ 제멋대로 해 나감. 또는 건방지게 행동함.

(4) 자행 　　　　㉱ 전에 없던 것을 처음으로 생각하여 지어내거나 만들어 냄.

(5) 창출 　　　　㉲ 겉으로는 그럴 듯하나 실제로는 이치에 맞지 않는 말을 둘러대어 상대방을 속이고 자신의 주장을 합리화시키려는 말.

2 다음 뜻풀이를 읽고, 십자말풀이의 빈칸에 들어갈 알맞은 말을 쓰시오.

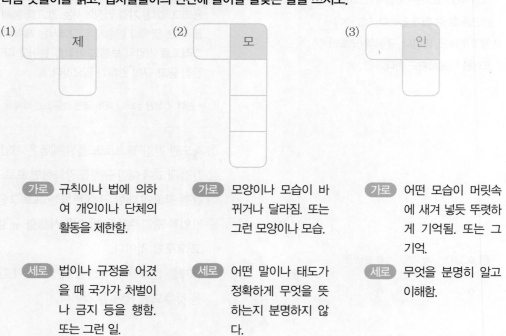

(1) 제

가로 규칙이나 법에 의하여 개인이나 단체의 활동을 제한함.

세로 법이나 규정을 어겼을 때 국가가 처벌이나 금지 등을 행함. 또는 그런 일.

(2) 모

가로 모양이나 모습이 바뀌거나 달라짐. 또는 그런 모양이나 모습.

세로 어떤 말이나 태도가 정확하게 무엇을 뜻하는지 분명하지 않다.

(3) 인

가로 어떤 모습이 머릿속에 새겨 넣듯 뚜렷하게 기억됨. 또는 그 기억.

세로 무엇을 분명히 알고 이해함.

3 다음 문장의 (　　) 안에서 표기가 올바른 어휘를 골라 ○표 하시오.

(1) 앞머리를 올리자 넓은 이마가 훤히 (드러났다 , 들어났다).

(2) 형이 군대 얘기를 (늘려놓기 , 늘어놓기) 시작하면 끝이 없다.

4 다음 밑줄 친 어휘와 뜻이 비슷한 어휘를 모두 골라 ○표 하시오.

(1) 　과도하다　 : 우리나라 교육은 학습 경쟁에 과도하게 노출되어 있다.

> 심하다　　　무던하다　　　지나치다　　　마땅하다

(2) 　위축되다　 : 상대 선수들은 경기장 분위기에 위축되어서 정상적인 경기를 펴지 못했다.

> 기죽다　　　편안하다　　　조급하다　　　움츠러들다

배경지식 확장하기

✎ 실전 1과 엮어 읽기

카피라이트의 반대말, 카피레프트

▲ 카피레프트　　　▲ 카피라이트

카피레프트(copyleft)는 지식 재산권(저작권)을 의미하는 카피라이트(copyright)와 반대되는 개념으로, 저작권의 공유를 뜻한다. 1984년 미국의 리처드 스톨먼이 소프트웨어의 상업화에 반대해 프로그램을 자유롭게 사용하자는 운동을 펼치면서 사용되기 시작했다.

카피레프트는 저작권 자체를 부정하는 것이 아니라 저작권에 의해 정보가 독점되는 현상을 막고 자유롭게 지식과 정보를 공유하는 것이 목적이다. 카피레프트의 가장 유명한 예로 인터넷 사이트에 접속할 때 쓰는 www가 있다. www는 월드 와이드 웹(World Wide Web)의 약자로, 팀 버너스 리라는 컴퓨터 학자가 만들어서 누구나 인터넷 사이트를 드나들 수 있게 무료로 공유한 것이다.

즉 지식 재산권을 보호하고 지식 재산권자의 수고와 노력을 존중하는 쪽이 카피라이트라면, 정보를 개인이 독점하는 것을 반대하고 소수보다는 다수가 편하게 창작하는 것을 추구하는 쪽이 카피레프트이다. 이것은 둘 중 무엇이 옳고 그른가의 문제가 아니며 지식 재산권을 가진 사람이 카피라이트를 할 것인지, 카피레프트를 할 것인지 하는 선택이 가장 중요한 문제이다. 따라서 우리는 지식 재산권자가 둘 중 어느 것을 선택하든 존중해 주어야 한다.

15강 실전 1

수능이 쉬워지는 지문 키워드

사회 지리

소설 「소나기」과 관련한 지리적 특성

다음 글을 읽고 물음에 답하시오. 목표 8분

• 중심 화제가 되는 질문에 □ 표시하기 • 질문에 대한 답에 ▬ 표시하기

황순원의 소설 「소나기」는 서울에서 시골로 내려온, 윤 초시네 증손녀인 소녀가 개울가에서 한 소년과 만나며 시작된다. 둘은 산에 놀러 갔다가 갑자기 소나기를 만나 흠뻑 젖고, 금세 불어난 개울물 때문에 소년이 소녀를 업고 개울을 건넌다. 이 일이 있은 지 얼마 지나지 않아 소년은 잠결에 부모님의 대화를 듣고 소녀가 병을 앓다가 죽은 것을 알게 된다. 왜 하필 소년과 소녀가 놀러 갔던 그때 소나기가 내렸을까? 개울물은 왜 그렇게 금방 불어났을까? 소나기와 우리나라 하천 지형✦의 특성을 살펴보면서 이 질문에 대한 답을 찾아보자.

소나기는 어떤 비일까? 소나기는 대류성✦ 강수이다. ㉠ 대류성 강수란 땅에 있던 물이 증✦발해 하늘로 올라가서 무거운 소나기구름을 만들고 다시 비가 되어 짧은 기간 동안 제한된 지역에 내리는 자연 현상으로, 습하고 뜨거운 곳에서 잘 나타난다. 계절적으로 무더운 여름에 자주 내리고, 뜨거운 봄날이나 가을날에도 가끔 내린다. 대류가 가장 활발하게 일어나는 시간은 오후 두 시에서 네 시 사이이다. 「소나기」에서 소나기가 내린 시간도 하루 중 땅이 가장 뜨거운 때였을 것이다.

소나기는 짧은 시간 동안 갑자기 세차게 내리다가 그치는 비인데, 「소나기」에서는 왜 소녀가 혼자 건너지 못할 정도로 개울물이 금방 불어났을까? 그 이유는 우리나라의 하천 지형과 밀접한 관련이 있다. 우리나라는 산이 많고 산과 산 사이의 간격이 별로 넓지 않다. 그래서 개울의 폭이 좁고 얕은 편이다. 따라서 짧은 시간 동안 비가 내리더라도 산을 타고 내려온 빗물이 개울로 흘러들면, 폭이 좁고 얕은 개울에 모인 물은 순식간에 불어나고 물살 또한 빨라진다.

「소나기」는 양평을 배경으로 이야기가 펼쳐진다. 양평의 '두물머리'는 남한강과 북한강이 만나는 곳이다. 남한강은 강원도 태백의 검룡소에서 발원✦하여 남쪽으로 내려가 충청도 충주를 돌아 양평으로 온다. 또 북한강은 강원도 금강산에서 발원하여 춘천을 지나 양평으로 온다. 서로 다른 곳에서 시작한 강이 서로 다른 곳을 흘러서 두물머리에서 만난다. 마치 시골에서 태어나 살아온 소년과 서울에서 태어나 자란 소녀가 만난 것처럼 말이다. 두물머리에서 만난 물은 하나의 한강이 되어 서울을 지나 서해 바다로 흘러 나간다.

지금까지 소나기와 우리나라 하천 지형의 특성, 두물머리에 대해 살펴보았다. 이처럼 두물머리가 배경인 소설 「소나기」는 습하고 뜨거운 곳에서 나타나는 소나기의 특성과 개울의 폭이 좁고 얇은 우리나라 하천 지형의 특성을 바탕으로 그려진 소녀와 소년의 가슴 아픈 사랑 이야기인 것이다.

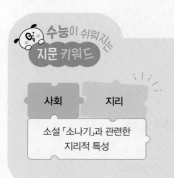

✦**지형**(땅 地, 형상 形) 땅의 생긴 모양.
✦**대류성**(대할 對, 흐를 流, 성질 性) 기체나 액체에서 물질이 이동함으로써 열이 전달되는 성질.
✦**증발**(김 오를 烝, 필 發) 어떤 물질이 액체 상태에서 기체 상태로 변함. 또는 그런 현상.
✦**발원**(필 發, 근원 源) 흐르는 물이 처음 시작됨. 또는 그런 것.

😊 내용 이해하기

1 문단: 소설 「❶⬜⬜⬜」의 줄거리를 소개하며 글의 화제를 제시함.

2 문단: 「소나기」에서 소나기가 내린 이유를 ❷⬜⬜⬜ 강수인 소나기의 특성과 관련지음.

3 문단: 「소나기」에서 ❸⬜⬜⬜ 이/가 금방 불어난 이유를 우리나라 하천 지형의 특성과 관련지음.

4 문단: 「소나기」에서 소년과 소녀의 만남을 ❹⬜⬜⬜⬜의 지형적 특성과 관련지음.

5 문단: 「소나기」에 나타난 기후와 지형의 특징을 정리함.

😊 주제 파악하기

소설 「소나기」와 관련한 소나기와 우리나라 ❺⬜⬜ 지형의 특성

😊 확인 문제

❻ 「소나기」에서 소년과 소녀가 산에 놀러 갔을 때 갑자기 소나기가 내렸다. (○ , ×)

❼ 우리나라는 산과 산 사이의 간격이 넓은 편이다. (○ , ×)

❽ 두물머리는 남한강과 북한강이 만나는 곳이다. (○ , ×)

답 ❶ 소나기 ❷ 대류성 ❸ 개울물
❹ 두물머리   ❺ 하천
❻ ○   ❼ ×   ❽ ○

1 글쓴이가 윗글을 쓴 의도로 가장 적절한 것은?

① 소설 「소나기」의 문학사적 가치와 의의를 알리기 위해서

② 딴 나라와 다른 우리나라 소나기의 특성을 소개하기 위해서

③ 남한강과 북한강의 환경 파괴 실태를 자세히 전달하기 위해서

④ 소설 작품을 예로 들어 한국 문학에 대한 관심을 유도하기 위해서

⑤ 자연 현상인 소나기의 특성과 우리나라 지형의 특성을 설명하기 위해서

2 윗글의 내용과 일치하지 <u>않는</u> 것은?

① 「소나기」에서 갑자기 소나기가 내린 것은 땅이 뜨거운 때에 대류가 일어나서이다.

② 「소나기」의 소년과 소녀가 만난 장소는 공간적 배경인 지역의 특성과 관련지을 수 있다.

③ 「소나기」에서 소녀의 죽음은 두물머리의 물이 서해 바다로 흘러 나가는 것과 관련 있다.

④ 「소나기」에서 개울물이 금방 불어난 이유는 우리나라 개울의 폭이 좁고 얕기 때문이다.

⑤ 「소나기」에서 소년이 소녀를 업고 개울을 건넜을 때 개울의 물살이 빨랐을 것으로 짐작할 수 있다.

3 ㉠에 대한 설명으로 적절하지 <u>않은</u> 것은?

① 습하고 뜨거운 곳에서 많이 발생한다.

② 짧은 기간 동안 한정된 지역에 세차게 내리는 비이다.

③ 계절적으로 봄철이나 가을철에 자주 나타나는 자연 현상이다.

④ 하루 중 대류가 가장 활발한 오후 두 시에서 네 시 사이에 잘 나타난다.

⑤ 땅에 있던 물이 증발하여 소나기구름을 만들고 다시 비가 되어 내리는 현상이다.

다음 글을 읽고 물음에 답하시오.

 9분

• 대상의 개념을 설명한 부분에 ▨ 표시하기 • 글쓴이의 주장에 〜〜 긋고, 근거로 제시한 부분에 □ 표시하기

1 '공정 무역 도시', '공정 무역 커피'라는 말을 들어 본 적이 있는가? '공정 무역'이란 가난하고 소외된 생산자의 노동에 정당한 대가를 지불하여 생산자가 경제적 자립과 발전을 하도록 돕는 무역이다. 우리가 사용하는 제품은 세계 곳곳과 연결되어 있고, 우리가 제품을 구매하는 행동은 지구 반대편에까지 영향을 미친다. 따라서 공정 무역 제품을 사용해 윤리적이고 정당한 소비를 실천하여 선한 영향력을 끼칠 수 있어야 한다.

2 공정 무역 제품을 사용해야 하는 이유는 다음과 같다. 첫째, 생산자에게 돌아갈 정당한 이익을 지켜 준다. 예를 들어 우리가 3천 원짜리 바나나 한 송이를 사면 약 45원만이 생산자인 농민에게 이익으로 돌아간다. 바나나가 생산국에서 우리 손에 오기까지 바나나 농장 주인, 수출하는 회사, 수입하는 회사, 슈퍼마켓 등이 총수익의 98.5%를 가져가기 때문이다. 그러나 공정 무역에서는 생산자 조합과 공정 무역 회사를 만들어 중간 유통 단계를 줄임으로써 실제 바나나를 재배하는 생산자의 이익을 보장해 준다.

3 둘째, 아이들을 위험에서 보호할 수 있다. 일부 다국적 기업들은 물건의 생산 비용을 낮추려고 임금이 상대적으로 낮은 어린이를 고용하기도 한다. 예를 들어 우리가 좋아하는 초콜릿은 열대 지방에서 생산되는 카카오를 주재료로 사용하여 만드는데, 그 지방의 많은 어린이들은 학교도 가지 못하고 카카오를 재배하고 수확하는 일을 한다. 하지만 공정 무역은 "안전하고 노동력 착취 없는 노동 환경이 유지되어야 한다."라는 조건을 지켜야 하기 때문에 아이들의 노동력 착취를 막을 수 있다.

4 셋째, 자연을 보호하고 생산자의 건강을 지킬 수 있다. 일반적으로 카카오나 바나나, 목화 같은 것은 재배할 때 많은 양을 쉽고 빠르게 수확하려고 농약과 화학 비료를 많이 사용한다. 생산지에서는 농약 회사에서 권장하는 장갑과 마스크를 살 경제적 여유가 없기 때문에 해마다 가난한 나라의 농민 2만 명 이상이 작물 재배용 농약에 노출되어 여러 가지 질병을 앓고 있다. 하지만 공정 무역은 농민들이 농약과 화학 비료를 적게 쓰는 친환경 농사법을 권장하여 이러한 문제를 해결하려고 노력하고 있다.

5 앞으로 초콜릿을 살 때 무엇을 보고 고르겠는가? 학교도 다니지 못하고 음식도 제대로 먹지 못한, 여러분보다 어린 동생의 노동력이 희생되어 만들어진 초콜릿이라면 그것을 정말 맛있게 먹을 수 있을까? 가난한 나라에 일시적으로 도움을 주는 데 그치지 않고 자립하도록 도와주는 방법이자 환경을 보호할 수 있는 공정 무역 제품. 이제는 우리가 관심을 기울이고 사용할 때이다.

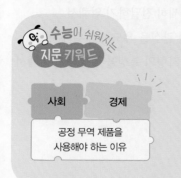

＋**공정**(공평할 公, 바를 正) 어느 한쪽으로 이익이나 손해가 치우치지 않고 올바름.

＋**유통**(흐를 流, 통할 通) 상품이 생산자에서 소비자에게 이르기까지 여러 단계에서 거래되는 활동.

＋**고용**(품 팔 雇, 쓸 用) 돈을 주고 사람에게 일을 시킴.

＋**착취**(짤 搾, 취할 取) 자원이나 재산, 노동력 등을 정당한 대가를 주지 않고 빼앗아 이용함.

1 윗글의 문단 간의 관계로 가장 적절한 것은?

① 5문단은 1~4문단의 내용을 구체화하여 설명하고 있다.

② 1~2문단은 심각한 사회 문제를, 3~5문단은 해결 방법을 제시하고 있다.

③ 1~2문단과 3~5문단은 동일 대상에 대해 서로 다른 관점을 제시하고 있다.

④ 1문단은 대상의 개념을, 2~5문단은 대상이 변화되는 과정을 설명하고 있다.

⑤ 1문단은 글쓴이의 주장을, 2~4문단은 그것을 뒷받침하는 근거를 제시하고 있다.

2 '공정 무역'에 대한 설명으로 적절하지 않은 것은?

① 생산자가 건강을 지킬 수 있게 돕는다.

② 지구의 자연을 보호하는 친환경 농사법을 권장한다.

③ 생산자가 경제적으로 자립하고 발전할 수 있게 한다.

④ 많은 농작물을 보다 쉽고 빠르게 수확할 수 있게 한다.

⑤ 노동자가 안전한 환경에서 정당한 대가를 받고 일할 수 있게 한다.

3 윗글을 바탕으로 〈보기〉의 밑줄 친 부분의 이유를 떠올린 내용으로 가장 적절한 것은?

> **보기**
>
> 전 세계 축구공의 약 70%는 파키스탄의 어린이들이 만든 것이다. 축구공을 만들려면 1,600회가 넘는 바느질이 필요해서 인건비가 저렴한 어린이들이 고용되는 것이다. 이 어린이들은 2박 3일 동안 바느질한 대가로 우리나라 돈으로 약 1,200원을 받는다. 초콜릿을 만들 때도 어린이들의 노동력이 들어간다. 서아프리카의 어린이들은 카카오 농장에서 일하면서도 정작 초콜릿을 먹을 수 없다. 그래서 <u>초콜릿에는 '어린이의 눈물'이라는 별칭이 붙어 있다.</u>

① 어린이들이 초콜릿의 생산 및 유통 과정을 잘 모르기 때문이야.

② 초콜릿은 당이 높아 어린이들의 건강에 안 좋은 음식이기 때문이야.

③ 초콜릿의 주재료인 카카오 열매를 딸 때 땀을 많이 흘리기 때문이야.

④ 초콜릿이 어린이들의 노동력을 착취하여 만들어진 것이기 때문이야.

⑤ 어린이들이 초콜릿을 많이 먹기 위해서 카카오 농장에서 일하기 때문이야.

어휘 공략하기

1 사다리를 타서 뜻풀이에 알맞은 어휘를 〈보기〉에서 골라 빈칸에 쓰시오.

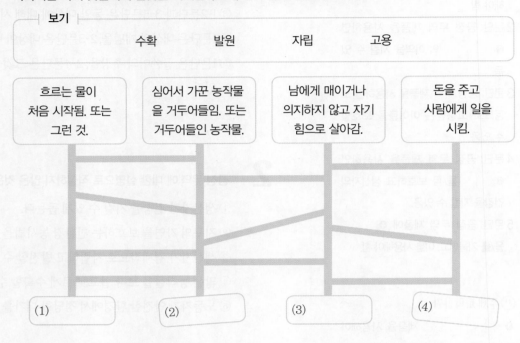

보기

수확   발원   자립   고용

| 흐르는 물이 처음 시작됨. 또는 그런 것. | 심어서 가꾼 농작물을 거두어들임. 또는 거두어들인 농작물. | 남에게 매이거나 의지하지 않고 자기 힘으로 살아감. | 돈을 주고 사람에게 일을 시킴. |

(1)   (2)   (3)   (4)

2 다음 문장의 빈칸에 들어갈 어휘는 무엇인지 제시된 초성과 뜻을 참고하여 쓰시오.

(1) 이 일은 ㄱ ㅈ 의 의미이지 강요가 아니다.   (   )
     ↳ 어떤 일을 권하고 장려함.

(2) 가뭄 피해가 전국적으로 급속히 ㅎ ㅅ 되고 있다.   (   )
     ↳ 흩어져 널리 퍼짐.

(3) 건강에 대한 관심이 늘면서 채소의 ㅅ ㅂ 이/가 늘었다.   (   )
     ↳ 돈, 물건, 시간, 노력, 힘 등을 써서 없앰.

3 다음 문장의 (   ) 안에서 표기가 올바른 어휘를 골라 ○표 하시오.

(1) 열심히 노력한 (대가 , 댓가)는 반드시 얻기 마련이다.

(2) 이 음료는 (초콜렛 , 초콜릿)이 섞여 있어 맛이 달콤하다.

4 다음 밑줄 친 어휘의 뜻으로 알맞은 것을 〈보기〉에서 골라 ○표 하시오.

> 국내의 많은 농가들이 해외 농산물 <u>수입</u>의 증가를 걱정했다.

┌─ 보기 ─

수입¹(收入) 「명사」

(1) 어떤 일을 하여 돈이나 물건 등을 거두어들임. 또는 그 돈이나 물건. ···························· (　　)

　　예 부모님 가게가 장사가 잘되어서 <u>수입</u>이 늘었다.

수입²(輸入) 「명사」

(2) 외국의 상품이나 기술 등을 국내로 사들임. ···························· (　　)

　　예 우리나라는 석유가 거의 나지 않아서 대부분 <u>수입</u>에 의존하고 있다.

(3) 사상, 문화, 풍속 등을 다른 나라로부터 배워서 들여옴. ···························· (　　)

　　예 근대화 시기에는 선진 문화의 <u>수입</u>이 활발히 이루어졌다.

배경지식 확장하기
🏷 실전 2와 엮어 읽기

공정 무역 인증 표시가 의미하는 것

▲ 공정 무역 인증 표시

　공정 무역 인증 표시는 제품 포장 전면에 사용되며, 이는 가능한 재료들은 모두 공정 무역 재료를 사용했다는 것을 의미한다. 공정 무역 인증 표시가 붙은 제품은 바나나와 커피와 같은 상품의 경우 단일 공정 무역 재료 제품이며, 아이스크림이나 초콜릿 같은 경우는 한 가지 상품에 여러 가지 공정 무역 재료들이 포함되어 있다. 또한 금이나 은이 포함되는 액세서리의 경우는 해당 상품에 들어가는 금, 은 재료가 공정 무역 인증을 받은 것이어야 한다.

　공정 무역 인증 표시를 보면 사람이 한쪽 팔을 치켜들고 환호하고 있다. 이는 공정 무역 생산자들의 희망을 의미하며, 전 세계 소비자들의 공정 무역에 대한 지지와 개발 도상국 생산자들의 삶의 의지를 담고 있다. 또한 공정 무역 인증 표시에 사용된 색깔 중 파란색은 가능성을, 연두색은 성장을 뜻한다.

　공정 무역을 널리 알리기 위해 지정된 세계 공정 무역의 날도 있다. 매년 5월 둘째 주 토요일이며, 이날은 전 세계 모든 공정 무역 관련 기관과 조직이 참여하여 공정 무역을 널리 알리고 참여를 촉구하는 캠페인을 벌인다.

진단 평가

15강까지 학습을 마쳤으면 **QR 코드**를 찍어 진단 평가를 해 보세요.

과학·기술

과학은 에너지, 지구의 생태계와 우주, 물질의 상태 변화 등 자연 현상의 법칙을 탐구하는 것을 가리킨다. 주로 생명 과학, 지구 과학, 물리학, 화학, 수학 등을 소재로 한 글이 출제된다. 기술은 어떤 기술에 적용된 과학적 원리를 밝힌 것으로, 전문적인 산업 기술부터 일상생활에 적용되는 생활 기술까지 폭넓게 다룬다. 주로 정보·통신, 건축, 전기, 기계·소재 등을 소재로 한 글이 출제된다.

지구 과학
지구와 우주에서 발생하는 현상 및 연구 결과 등

생명 과학
인체를 비롯한 생물의 기능과 구조 등

기계·소재 기술
기계의 작동 원리, 신소재 기술 등

물리학
물질 및 에너지와 관련한 현상 및 발생 원리 등

정보·통신 기술
컴퓨터의 정보 처리 방식, 전자 기기나 통신 기기의 작동 방식 등

건축 기술
건축물에 활용된 건축 기술 등

독해 방법

✦ 원리나 방법을 설명하는 글은 '다음 단계는'과 같은 표지를 확인하고, 글의 흐름을 파악하며 읽는다.
✦ 대상의 구성 요소를 설명하는 글은 각 구성 요소의 특징과 기능을 파악하며 읽는다.
✦ 어렵고 낯선 용어 하나하나에 집중하기보다는 '~하면/수록 ~한다/된다.'와 같은 원인과 조건·결과를 나타내는 표지에 주목하여 대상(개념) 간의 관계를 파악하며 읽는다.

예술

예술은 인간이 상상력과 기술을 발휘하여 아름다움을 표현하려는 활동과 그 결과 만들어진 작품을 가리킨다. 예술 영역의 글은 특정 예술 작품이나 작가를 비평하기도 하고, 예술의 역사와 관련한 이론을 다루기도 한다. 주로 '아름다움[美]이란 무엇인가'를 탐구하는 미학과 미술·사진, 음악, 공연·무용, 영화·영상 등을 소재로 한 글이 출제된다.

공연·무용
공연 예술, 무용 기법,
고전 무용과 현대 무용 등

미학
아름다움의 본질과 구조를
탐구하는 철학

음악
악기, 노래,
음악의 역사 등

예술사
예술 사조의
변화 과정 등

미술·사진
그림, 조각, 공예품,
사진 등

영화·영상
영화·영상 작품, 영화 비평,
영상물의 특징 등

독해 방법

✧ 예술 작품을 비교하는 글은 각 대상의 특징에 주목하고, '공통으로, 반면, 하지만'과 같은 비교·대조를 나타내는 표지에 주의하며 읽는다.

✧ 미학이나 예술 작품에 관한 특정 관점이 나오는 글은 그 관점과 견해가 적절한지 판단하며 읽는다.

✧ 글이나 〈보기〉에 시각 자료가 제시되는 경우 글 내용과 시각 자료와의 관련성을 따지며 읽는다.

7가지 독해 원리로 깨우자!

과학·기술
실전 훈련

다음 글을 읽고 물음에 답하시오.

 목표 8분

• 중심 화제의 개념을 정의한 부분에 ～～ 긋기 • 중심 화제를 예방하는 방법이 나온 부분에 □ 표시하기

친구 손을 잡으려다 정전기가 튀어 감짝 놀란 적이 있을 것이다. 스웨터를 벗으려다 '찌지직' 소리와 함께 머리카락이 곤두섰던 경험도 있을 것이다. 이런 일은 정전기가 발생해서 일어나는 현상이다. 정전기가 발생하는 이유는 무엇일까?

'정전기'란 ⁺전하가 정지해 있어 그 분포가 시간적으로 변화하지 않는 전기 및 그로 인해 발생하는 전기 현상이다. 즉 흐르지 않고 머물러 있는 전기라는 말이다. 정전기는 ⁺전압은 높지만 ⁺전류가 거의 없어 위험하지 않다.

정전기가 생기는 것은 마찰 때문이다. 물질의 원자 안에는 원자핵과 전자가 있는데, 그중 전자는 작고 가벼워서 마찰을 통해 다른 물체로 쉽게 이동한다. 우리 몸이 주변 물체와 접촉하면 마찰이 일어나는데, 이때 몸과 물체가 전자를 주고받으며 전기가 조금씩 저장된다. 일정한 정도 이상의 전기가 쌓였을 때 몸이 전기가 잘 통하는 물체에 닿으면 그동안 쌓였던 전기가 순식간에 이동하면서 정전기가 발생하는 것이다.

정전기는 겨울에 더 기승을 부린다. 습도가 높으면 공기 중의 수분이 전하가 흘러갈 수 있는 ⁺도체 역할을 하여 정전기가 수시로 방전된다. 그래서 습도가 높은 여름보다 건조한 겨울에 정전기가 잘 생긴다. 건성 피부인 사람에게 정전기가 많이 생기는 것도 이 때문이다.

산업 현장에서는 정전기를 없애는 것이 중요한 과제이다. 반도체 같은 소재는 정전기에 의해 쉽게 파손되기 때문이다. 그래서 반도체를 다루는 사람들은 일할 때 소매와 양말에 감전 사고를 막기 위한 선이 달린 특수한 옷을 입는다. 그렇다고 정전기가 해로운 것만은 아니다. 정전기는 생활을 편리하게 한다. 복사기는 정전기를 이용해 토너의 잉크 가루를 종이에 붙인다. 집진기도 정전기의 원리를 활용해 공기 중의 먼지를 모은다. 식품을 포장할 때 쓰는 랩이 그릇에 잘 달라붙는 것도 정전기 때문이다.

생활 속에서 다음과 같은 방법으로 정전기를 예방할 수 있다. 먼저 가습기 등으로 실내 습도를 높이고 보습 크림을 발라 피부를 촉촉하게 하는 등 적절한 습도를 유지한다. 또 플라스틱 제품을 사용할 때 주의한다. 예를 들면 플라스틱 빗으로 머리를 빗질할 때 빗을 물에 한 번 적셨다가 쓰는 것이다. 그리고 자동차 문을 열기 전에 손에 입김을 '하' 하고 부는 방식으로, 평소에 전기를 ⁺중화하는 습관을 들인다. 이와 같은 정전기 예방법을 활용하면 생활 속에서 ㉠불청객처럼 찾아오는 정전기를 다스릴 수 있을 것이다.

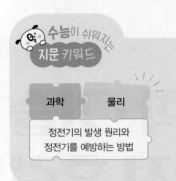

수능이 쉬워지는 지문 키워드

과학   물리

정전기의 발생 원리와 정전기를 예방하는 방법

✦전하(번개 電, 멜 荷) 물체가 띠고 있는 정전기의 양. 이것이 이동하는 현상이 전류임.

✦전압(번개 電, 누를 壓) 전기장이나 도체 내에 있는 두 점 사이의 전기 에너지의 차.

✦전류(번개 電, 흐를 流) 전기가 흐르는 현상이나 그 정도.

✦도체(이끌 導, 몸 體) 열이나 전기 등이 잘 통하는 물체.

✦중화(가운데 中, 화할 和) 같은 양의 양전하와 음전하가 하나가 되어 전체로는 전하를 가지지 아니함. 또는 그런 일.

☺ 내용 이해하기

1문단: ❶[　][　][　]이/가 발생할 때 일어나는 현상

2문단: 정전기의 개념

3문단: 정전기가 발생하는 원리

4문단: 정전기 발생 정도와 ❷[　][　]의 관계

5문단: 정전기가 해로운 경우와 이로운 경우

6문단: 정전기를 ❸[　][　]하는 방법

☺ 주제 파악하기

정전기의 ❹[　][　] 원리와 특징, 정전기를 예방하는 방법

☺ 확인 문제

❺ 전자는 마찰을 통해 다른 물체로 쉽게 이동한다. (○ , ×)

❻ 정전기는 겨울에 비해 여름에 더욱 잘 발생한다. (○ , ×)

❼ 정전기는 우리 생활에 불편함만을 주는 존재이다. (○ , ×)

답 ❶ 정전기 ❷ 습도 ❸ 예방
　　❹ 발생 ❺ ○ ❻ ×
　　❼ ×

---

1 윗글을 읽고 알 수 있는 내용으로 적절하지 <u>않은</u> 것은?

① 정전기를 경험하는 예

② 정전기와 습도의 상관관계

③ 정전기의 개념과 발생 원리

④ 정전기 발생을 예방하는 방법

⑤ 정전기 발생량을 측정하는 방법

2 글쓴이가 ⊙과 같이 표현한 이유로 가장 적절한 것은?

① 정전기는 인체에 큰 해를 입히기 때문이다.

② 정전기는 사람에 따라 다르게 느끼기 때문이다.

③ 정전기는 다른 물체를 쉽게 파손시키기 때문이다.

④ 정전기는 예상치 못한 순간에 발생하기 때문이다.

⑤ 정전기는 우리에게 해롭기도 하고 이롭기도 하기 때문이다.

3 윗글을 읽고 정전기를 예방하는 방법에 대해 바르게 말하지 <u>못한</u> 사람은?

① 동현: 집 안에 가습기나 어항을 두어서 습도를 높여야겠어.

② 성원: 머리를 빗을 때에는 빗에 물을 살짝 적셔서 사용하는 것도 좋은 방법이겠어.

③ 혜영: 겨울에 차를 타기 전에는 손에 입김을 '하' 하고 분 뒤에 손잡이를 잡아야겠어.

④ 정현: 식품을 포장할 때 쓰는 랩은 환경을 오염하므로 되도록 사용하지 않는 게 좋겠어.

⑤ 경태: 나는 피부가 건조한 편이니 피부의 촉촉함을 유지하기 위해 로션을 자주 발라야겠어.

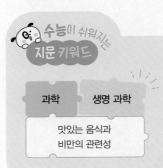

다음 글을 읽고 물음에 답하시오.

목표 7분

• 3문단의 핵심어에 ○ 표시하고, 이것의 특성에 ﹏﹏ 긋기 • 글쓴이가 생각하는 해결 방안에 ▨▨▨ 표시하기

　자동차가 움직이려면 휘발유가 필요하듯이 인간도 영양소를 통해 열량을 얻어야만 생활할 수 있다. 인간에게 열량을 공급해 주는 3대 영양소는 탄수화물, 지방, 단백질이다. 탄수화물의 일종인 당분과 지방은 생명체가 살아가는 데 꼭 필요한 열량을 내는 영양소이다.

　인류는 오랫동안 영양소를 섭취하기 어려운 환경에서 살아왔다. 수만 년 전에는 기껏해야 식물의 열매나 뿌리의 일부밖에 먹을 수가 없었고, 동물은 대개 인간보다 덩치가 크거나 빨라서 잡기가 쉽지 않았다. 그래서 수렵 생활을 하던 원시인들은 생활에 필요한 열량을 충분히 공급받지 못했다. 오랫동안 이러한 환경에서 살아온 인류는 열량이 많은 음식을 좋아하는 신체 구조로 진화했다. 기름지고 달콤한 음식을 먹을 때 몸에서 분비되는 호르몬은 뇌를 자극해 행복감을 느끼게 한다. 우울할 때 맛있는 음식을 먹으면 기분이 좋아지는 이유가 여기에 있다.

　인체가 열량을 좋아하고 저장하는 방식으로 진화하면서 지방 세포는 특별한 성질을 띠게 되었다. 일반적인 세포들은 일정 크기 이상으로 자라지 않는데 지방 세포는 원래 크기의 200배까지 커질 수 있다. 또한 우리 몸에 저장된 지방은 혈액 속의 혈당, 간에 저장된 글리코겐 다음으로 가장 나중에 소비된다.

　이러한 지방 세포의 성질은 먹을 것이 부족했던 과거에는 인간이 생존하는 데 중요한 역할을 했다. 그런데 최근 들어 달고 기름진 음식들이 넘쳐나며 문제가 되고 있다. 탄수화물 덩어리인 정제된 곡물에 설탕을 잔뜩 넣어 반죽해 기름에 튀긴 도넛, 설탕과 유지방이 듬뿍 든 아이스크림, 혀가 마비될 것처럼 단 쿠키가 현대인들의 입맛을 사로잡았다. 이런 고열량 음식을 자꾸 먹으면 열량이 몸에 쌓여 문제가 된다. 오랫동안 열량이 부족한 환경에서 살아온 우리 몸이 쓰고 남은 열량을 버리지 못하고, 지방으로 바꾸어 지방 세포에 저장하기 때문이다. 이렇게 쌓인 지방은 비만과 성인병 등을 유발하는 원인이 되었다.

　세상은 또 변화했다. 구하기 어려워 선망의 대상이었던 고열량 식품들이 지금은 비만의 주범으로 몰려 기피당하는 신세이다. 이것은 모두 세상의 빠른 변화에 우리 몸이 적응하지 못해서 벌어지는 일이다. 이 변화는 되돌릴 수 없으므로 건강하게 살려면 우리의 식습관과 생활 습관을 바꾸는 수밖에 없다.

✦**열량**(더울 熱, 헤아릴 量) 음식이나 연료 등으로 얻을 수 있는 에너지의 양. 단위는 보통 칼로리(cal)로 표시함.

✦**섭취**(당길 攝, 취할 取) 영양분 등을 몸속에 받아들임.

✦**진화**(나아갈 進, 될 化) 생물이 생명이 생긴 후부터 조금씩 발전해 가는 현상.

✦**기피**(꺼릴 忌, 피할 避) 싫어하여 피함.

내용 이해하기

1 문단: 당분과 ❶[   ]은/는 생명체가 살아가는 데 꼭 필요한 영양소임.

2 문단: 인류는 고열량 음식을 좋아하는 신체 구조로 진화함.

3 문단: 지방 세포는 특별한 ❷[   ]을/를 지님.

4 문단: ❸[   ] 음식 섭취로 쌓인 지방이 비만과 성인병을 유발함.

5 문단: 건강을 위해 ❹[   ]와/과 생활 습관을 바꾸어야 함.

주제 파악하기

고열량 음식의 문제점과 ❺[   ]을/를 위해 우리가 해야 할 일

확인 문제

❻몸을 움직였을 때 가장 처음 소비되는 것은 지방이다. (○ , ×)

❼도넛, 아이스크림, 쿠키 등은 고열량 음식에 해당한다. (○ , ×)

❽우리의 몸은 세상의 빠른 변화에 적응하지 못하고 있다. (○ , ×)

답 ❶ 지방   ❷ 성질   ❸ 고열량
❹ 식습관   ❺ 건강   ❻ ×
❼ ○   ❽ ○

1 윗글에 대한 이해로 가장 적절한 것은?

① 오늘날은 과거에 비해 고열량 음식을 구하기 어려워졌다.

② 인간은 당분과 지방에서만 살아가는 데 필요한 열량을 얻는다.

③ 우리 몸에서 쓰고 남은 열량은 혈당이나 글리코겐, 지방으로 바뀐다.

④ 기름지고 달콤한 음식을 먹으면 기분이 좋아지는 것은 호르몬 때문이다.

⑤ 인류는 영양소를 충분히 섭취하는 환경에서 살아오며 고열량 음식을 좋아하게 진화했다.

2 윗글을 바탕으로 〈보기〉를 이해한 내용으로 적절하지 <u>않은</u> 것은?

> **보기**
>
> 최근 조사에 따르면 우리나라 성인 3명 중 1명이 비만으로 나타났다. 비만은 그 자체가 만성 질환이면서 당뇨병, 고혈압, 심장 질환 등 다양한 질환들을 유발하기 때문에 주의해야 한다. 특히 고도 비만은 생명까지 위협할 수 있어 더 위험하다. 몸에서 소비되지 않은 열량이 원래 크기보다 커진 변성 지방 세포로 변해서 일반적인 식이 요법이나 운동으로 살을 빼기 어렵기 때문이다.
>
> 소아 청소년의 비만 문제도 심각한 상황이다. 어린 시절의 비만은 각종 성인병의 위험을 높일 뿐 아니라 성장 저하, 면역력 결핍, 성조숙증 등을 일으킬 수 있다.

과체중 및 비만 비율(%)
● 과체중 ● 비만 ● 과체중 이상

	2015	2016	2017	2018	2019
과체중 이상	21.8	22.9	23.9	25.0	25.8
비만	11.9	12.9	13.6	14.4	15.1
과체중	9.9	10.0	10.3	10.6	10.7

*출처: 교육부(2019년도 학생 건강 검사 표본 통계)

① 〈보기〉에서 말한 고도 비만은 비만보다 몸에 쌓인 열량이 더 많은 상태를 가리키는 걸 거야.

② 이 글에서 지방 세포가 200배까지 커질 수 있다고 했는데, 〈보기〉에서 말한 '변성 지방 세포'가 이것을 가리키는 걸 거야.

③ 이 글에서 고열량 식품이 지금은 비만의 주범으로 몰려 기피당한다고 했으니 〈보기〉에서 언급한 비만 문제는 걱정할 필요가 없겠어.

④ 이 글과 〈보기〉를 통해 우리 몸에 쌓인 지방이 비만을 유발하는 원인이 되고, 비만은 또 다른 여러 질환을 일으킨다는 것을 알 수 있어.

⑤ 〈보기〉의 그래프를 보면 학생들의 과체중 및 비만 비율이 매년 증가하고 있어. 학생들이 달고 기름진 음식을 좋아하는 것도 그 원인 중 하나일 거야.

16강 어휘 공략하기

1 다음 어휘에 해당하는 뜻풀이를 알맞게 선으로 연결하시오.

(1) 감전 ● ● ㉮ 요구나 필요에 따라 물건이나 돈 등을 제공함.

(2) 공급 ● ● ㉯ 전기가 통하고 있는 물체가 몸에 닿아 충격을 받음.

(3) 수렵 ● ● ㉰ 어떤 것이 원인이 되어 다른 사건이나 현상을 일어나게 함.

(4) 유발 ● ● ㉱ 사람이 산이나 들에 나가 총이나 활 등으로 짐승을 잡는 일.

2 다음 빈칸에 들어갈 알맞은 어휘를 〈보기〉에서 골라 쓰시오.

| 보기 |

발생　　　　기승　　　　방전

(1) 휴대 전화 배터리가 완전히 ☐☐☐ 되어서 꺼졌다.

(2) 기상청은 올여름에 무더위가 ☐☐☐ 을 부릴 것으로 내다보았다.

(3) 선생님은 교실에서 도난 사건이 ☐☐☐ 하는 것을 예방하기 위해 문단속을 강조하셨다.

3 다음 문장의 (　) 안에서 표기가 올바른 어휘를 골라 ○표 하시오.

(1)

머리를 감고 난 뒤에는 (비질 , 빗질)을 잘해야 한다.

(2)

음식물을 (섭치 , 섭취)할 때에는 천천히 꼭꼭 씹어 먹어야 한다.

4 다음 밑줄 친 부분과 바꾸어 쓸 수 있는 어휘를 〈보기〉에서 골라 빈칸에 쓰시오.

┌─ 보기 ┐

기피   선망   파손

(1) 많은 미술 작품들이 전쟁 중에 깨어져 못 쓰게 되었다.

→ (   )되었다.

(2) 연예인은 많은 청소년들이 부러워하며 그렇게 되기를 바라는 대상이다.

→ (   )하는

(3) 사람들은 몸을 많이 쓰는 힘들고 어려운 일을 싫어하여 피하는 경향이 있다.

→ (   )하는

배경지식 확장하기 ────────────────────── 🏷 실전 1과 엮어 읽기

정전기를 방지하려면 어떤 소재의 옷을 입어야 할까

정전기는 전자를 쉽게 주고받을 수 있는 마찰에 의해 잘 생긴다. 두 물체를 마찰할 때 전자를 쉽게 잃는 물체가 있고, 전자를 쉽게 얻는 물체가 있다. 예를 들면 털가죽 종류는 전자를 쉽게 잃고, 플라스틱 종류는 전자를 쉽게 얻는다. 전자를 쉽게 잃는 물체부터 쉽게 얻는 물체까지 순서대로 나열한 것을 '대전열'이라고 하는데, 그 순서는 다음과 같다.

털가죽 – 유리 – 명주 – 나무 – 고무 – 플라스틱 –⁺에보나이트

우리 몸은 전자를 잘 잃는 편이므로 전자를 쉽게 얻는 나일론, 아크릴, 폴리에스테르 같은 합성 섬유로 된 옷을 자주 입는 사람에게는 정전기가 자주 일어날 수밖에 없다. 정전기가 잘 발생하는 사람에게 명주, 면과 같은 천연 섬유 소재로 된 옷을 입으라고 말하는 것은 다 이런 이유 때문이다.

그렇다면 옷을 입을 때 정전기를 줄이려면 어떻게 해야 할까? 합성 섬유 소재의 옷은 섬유 유연제를 넣어 헹군다. 섬유 유연제는 양전기를 띠어 음전기를 띤 합성 섬유에 붙어 전기를 중화하기 때문이다. 물론 합성 섬유 소재의 옷보다는 천연 섬유 소재의 옷을 입는 것이 좋다. 최소한 몸에 직접 닿는 부분이라도 천연 섬유 소재의 옷을 입으면 정전기로부터 피부를 보호할 수 있다.

✦에보나이트 신축성이 적고 단단한 고무. 생고무에 30~50%의 황을 더하거나 많은 양의 충전제를 배합하여 만들며, 주로 전기 절연체에 씀.

다음 글을 읽고 물음에 답하시오.

 8분

• 글쓴이의 의견을 뒷받침하는 실험과 그 결과가 나온 부분에 [ ] 표시하기   • 중심 화제에 대한 글쓴이의 의견에 ▨▨▨ 표시하기

　시험을 앞두고 밤을 새워 공부하는 것은 얼마나 효과적일까? 수면 시간과 뇌 작용 사이의 관계를 고려하면 밤새워 공부하는 것이 효과적이지 않음을 알 수 있다. 전전두엽은 뇌의 전두엽 맨 앞에 있는 기관이다. 이 부분은 정보를 기억하거나 일을 계획하고 실행에 옮기는 데 중요한 기능을 담당한다. 그런데 전전두엽은 수면이 부족하면 제 기능을 발휘하지 못한다. 밤새워 공부하느라 수면을 충분히 취하지 못한 상태에서 시험을 보면 전전두엽의 활동이 둔해져 뇌가 기억하고 ⁺추리하는 기능을 제대로 발휘하지 못하는 것이다.

　이는 여러 실험을 통해서도 증명되었다. 미국의 스틱골드 박사는 실험에 참가한 사람들에게 여러 가지 방향의 사선을 보여 주고 이를 기억하게 했다. 이후 ⁺피험자를 두 집단으로 나누어 한 집단은 잠을 충분히 자게 했고, 나머지 집단은 잠을 자지 못하게 했다. 그 후 첫날 보여 준 사선의 방향을 기억하는지 검사했다. 그 결과 잠을 충분히 잔 집단의 기억력이 뛰어난 것으로 나타났다. 독일의 본 박사는 피험자를 세 집단으로 나누었다. 밤에 잠을 한숨도 자지 않은 집단, 낮에 여덟 시간 동안 잠을 자지 않은 집단, 밤에 여덟 시간 동안 잠을 잔 집단으로 나눈 것이다. 이 세 집단을 대상으로 숫자에 숨은 규칙을 찾는 실험을 진행했다. 실험 결과, (　　　　　　⊙　　　　　　) 나머지 두 집단도 잠을 충분히 자게 한 후 실험을 하니 문제를 잘 풀 수 있었다. 이처럼 수면은 뇌의 기억 활동과 밀접한 연관을 맺고 있다.

　수면이 기억 유지에 영향을 주는 이유를 알려면 수면 구조를 이해해야 한다. 우리가 잠들면 뇌파는 일정한 상태를 유지하지 않고 서로 다른 ⁺파형이 주기적으로 반복된다. 이렇게 반복되는 수면 주기는 '비렘(N-REM)수면'이라 불리는 깊은 수면과 '렘(REM)수면'이라 불리는 얕은 수면으로 나뉜다. 깊은 수면, 즉 비렘수면 상태에서 뇌는 깊은 부위인 해마를 활성화시켜 신경 세포를 움직인다. 이를 통해 우리가 ⁺각성 상태에서 학습했던 정보를 보호하는 것이다.

　잠은 최소한으로 줄여야 하는 대상이 아니다. 잠든 시간에도 뇌는 낮에 활동하며 얻은 정보를 분류하고 정리하고 기억한다. 벼락치기로 밤새워 공부하는 습관이 비효율적인 이유가 여기에 있다. 깨어 있는 낮 시간에 더 치열하게 살고 밤에는 충분히 수면을 취하는 것이 공부에도 효율적이다.

✦ **추리**(옮길 推, 다스릴 理) 알고 있는 것을 바탕으로 알지 못하는 것을 미루어 생각함.
✦ **피험자**(입을 被, 시험 驗, 사람 者) 시험이나 실험 등의 대상이 되는 사람.
✦ **파형**(물결 波, 모양 形) 물결처럼 기복이 있는 음파나 전파 따위의 모양.
✦ **각성**(깨달을 覺, 깰 醒) 깨어서 정신을 차림.

내용 이해하기

1문단: ❶☐☐을/를 충분히 취하지
못하면 뇌가 기억하고 추리하는 기능
을 제대로 발휘하지 못함.

2문단: 수면과 뇌의 기억 활동이 밀접
한 연관을 맺는다는 사실이 여러 실
험을 통해 증명됨.

3문단: 깊은 수면 상태에서 뇌의 해마
가 ❷☐☐ 세포를 움직여 학습 정
보를 보호함.

4문단: ❸☐☐ 효율을 높이려면 밤
에 수면을 충분히 취해야 함.

주제 파악하기

공부를 효율적으로 하려면 뇌의 ❹☐
☐ 활동이 활발할 수 있도록 수면을
충분히 취해야 함.

확인 문제

❺뇌의 기억하고 추리하는 기능은 수
면 시간과는 상관없다. (○ , ×)

❻수면 주기는 깊은 수면과 얕은 수면
으로 나눌 수 있다. (○ , ×)

❼수면 상태에서도 뇌의 신경 세포는
활동을 한다. (○ , ×)

☐ ❶ 수면   ❷ 신경   ❸ 공부
    ❹ 기억   ❺ ×   ❻ ○
    ❼ ○

1 **윗글의 내용과 일치하지 <u>않는</u> 것은?**

① 깊은 수면 상태에서 뇌의 신경 세포가 움직인다.

② 뇌의 기억 활동은 수면 시간과 밀접한 관련이 있다.

③ 잠자는 동안 각성 상태에서 학습한 정보가 보호된다.

④ 전전두엽은 수면을 충분히 취해야 제 기능을 발휘한다.

⑤ 인간의 뇌는 잠들면 파형이 일정한 상태를 계속 유지한다.

2 **윗글의 내용에 근거할 때, ㉠에 들어갈 내용으로 가장 적절한 것은?**

① 낮에 잠을 자지 않은 집단이 나머지 두 집단에 비해 빠르게 숨은 규칙을 찾
아냈다.

② 밤에 잠을 자지 않은 집단이 나머지 두 집단에 비해 빠르게 숨은 규칙을
찾아냈다.

③ 밤에 잠을 잔 집단이 나머지 두 집단에 비해 빠르고 정확하게 숨은 규칙
을 찾아냈다.

④ 밤에 잠을 잔 집단과 낮에 잠을 자지 않은 집단이 비슷한 속도로 숨은 규
칙을 찾아냈다.

⑤ 낮에 잠을 자지 않은 집단, 밤에 잠을 잔 집단, 밤에 잠을 자지 않은 집단
의 순서로 숨은 규칙을 찾아냈다.

3 **〈보기〉는 수면 주기를 나타낸 것이다. ⓐ와 ⓑ에 대한 설명으로 적절하지 <u>않은</u>
것은?**

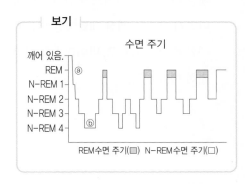

① ⓐ 시기에는 얕은 잠을 잔다.

② ⓑ 시기에는 깊은 잠을 잔다.

③ ⓐ 시기에는 뇌의 해마가
활성화된다.

④ ⓑ 시기에는 각성 상태에서
학습한 정보를 보호한다.

⑤ ⓐ와 ⓑ 시기는 주기적으로
반복된다.

 8분

다음 글을 읽고 물음에 답하시오.

• 1문단에 제시된 바이러스의 특징에 〜〜〜 긋기 • 백신이 작용하는 원리에 [ ] 표시하기

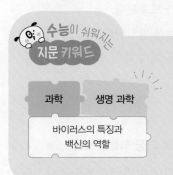

수능이 쉬워지는 지문 키워드

과학　생명 과학

바이러스의 특징과 백신의 역할

인류 역사는 전염병과 싸워 승리한 역사라고 볼 수도 있다. 중세 시대에는 흑사병이 유행하여 유럽 인구의 3분의 1이 사망했고, 20세기 초에 발생한 스페인 독감은 수천만 명의 목숨을 앗아갔다. 최근 들어 발생한 코로나 바이러스 감염증-19도 호흡기에 의해 사람 간에 전파되는 전염병으로, 이들은 모두 인간의 몸에 침투한 바이러스가 일으킨 질병이다. 바이러스는 환경에 따라 모양이나 성질이 달라지는데, 이를 변이라고 한다. 변이가 잦은 바이러스는 완전히 퇴치하기 어려워서 인류는 오랜 세월 전염병과 싸워 온 것이다.

지금까지 알려진 바이러스의 종류는 약 5천 종이지만 각 종마다 수만 가지 변종이 있다. 바이러스는 20~300나노미터(1나노미터 = 10억 분의 1미터)의 매우 작은 구조체로, 몸의 중심부는 유전 물질인 DNA나 RNA 핵산 분자로 구성되고 그 주변을 단백질이 에워싼다. 바이러스는 생물의 세포 속에서만 살 수 있는데, 스스로 영양분을 만들지 못해서 세포 내부의 물질을 영양분으로 이용해야 자신을 여러 개로 복제할 수 있기 때문이다.

바이러스가 인간의 몸에 들어오면 독감, 소아마비, 광견병 등 다양한 질병을 일으킨다. 기저 질환이 있는 환자에게는 합병증을 일으켜 생명을 위협할 수도 있다. 바이러스는 크기가 매우 작기 때문에 종류에 따라 물, 공기, 동물의 배설물, 신체 접촉 등을 통해서도 쉽게 확산된다. 많은 인구가 밀집된 도시에서 바이러스가 발생하면 빠르게 그 지역 전체로 퍼져서 사람들을 감염시킨다.

바이러스로부터 인간의 생명이 위협받는 상황을 막기 위해서는 백신이 필요하다. 바이러스의 일부를 이용해 만든 백신을 사람 몸에 투여하면 몸에 들어간 백신 그 자체가 병원체인 항원이 되어 바이러스에 대해 면역 작용을 하는 항체를 만든다. 이렇게 만들어진 항체는 똑같은 바이러스가 우리 몸에 침투했을 때 이전의 기억을 바탕으로 바이러스와 싸워 이겨 낸다. 이러한 과정을 통해서 우리 몸에는 바이러스에 대한 면역력이 생긴다.

백신이 바이러스를 방어하는 최선의 대책이지만 이것이 모든 바이러스를 방어해 주는 것은 아니다. 바이러스가 변이할 때마다 그에 맞는 백신을 개발하는 것이 어렵기 때문이다. 따라서 우리는 백신 개발에만 의존할 게 아니라 평소 바이러스에 감염되지 않도록 청결한 생활 습관을 기르고, 바이러스의 감염 경로를 파악하여 더 이상 확산되지 않도록 방역을 철저히 해야 한다.

✦**침투**(적실 浸, 통할 透) 세균이나 병균 등이 몸속에 들어옴.

✦**퇴치**(물러날 退, 다스릴 治) 물리쳐서 없애 버림.

✦**핵산**(씨 核, 실 酸) 유전이나 단백질 합성을 지배하는 중요한 물질로, 생물의 증식을 비롯한 생명 활동 유지에 중요한 작용을 함.

✦**투여**(던질 投, 더불 與) 약 등을 어떤 사람에게 먹이거나 주사함.

◑ 바른답·알찬풀이 34쪽

😀 내용 이해하기

1 문단: 인류는 오랫동안 ❶ ☐☐ ☐☐이/가 일으킨 전염병과 싸워 옴.

2 문단: 바이러스는 생물의 세포 속에서만 살며 수만 가지 변종이 있음.

3 문단: 바이러스는 인간의 몸에 들어와 다양한 ❷ ☐☐을/를 일으킴.

4 문단: ❸ ☐☐을/를 통해 바이러스에 대한 면역력이 생김.

5 문단: 바이러스에 감염되지 않도록 청결한 생활 습관을 기르고 ❹ ☐☐을/를 철저히 해야 함.

😊 주제 파악하기

바이러스의 특징과 바이러스에 ❺ ☐☐되지 않도록 우리가 해야 할 일

😊 확인 문제

❻ 흑사병과 스페인 독감은 많은 사람들의 목숨을 앗아간 전염병이다.
(○ , ×)

❼ 바이러스를 방어하는 백신은 바이러스의 일부를 이용해 만든다.
(○ , ×)

❽ 청결한 생활 습관을 기르면 바이러스에 절대 감염되지 않는다. (○ , ×)

답 ❶ 바이러스   ❷ 질병
❸ 백신   ❹ 방역   ❺ 감염
❻ ○   ❼ ○   ❽ ×

1 '바이러스'에 대한 설명으로 적절하지 <u>않은</u> 것은?

① 생물의 세포에 붙어서 생존한다.

② 환경에 따라 모양과 성질을 바꾼다.

③ 생존에 필요한 모든 영양분을 스스로 생산한다.

④ 몸체가 유전 물질인 핵산 분자와 단백질로 구성된다.

⑤ 인간의 몸에 들어와 독감 등의 다양한 질병을 일으킨다.

2 윗글의 내용 전개 방식으로 적절한 것끼리 바르게 묶은 것은?

⑦ 문제 상황에 대한 해결 방안을 제시하고 있다.
⑭ 대상이 작용하는 원리를 단계적으로 설명하고 있다.
⑭ 대상이 일으킨 문제 상황을 구체적인 예를 들어 밝히고 있다.
⑭ 대상의 구조적 특징을 비유적 표현을 사용하여 서술하고 있다.

① ⑦, ⑭   ② ⑭, ⑭   ③ ⑦, ⑭, ⑭   ④ ⑦, ⑭, ⑭   ⑤ ⑭, ⑭, ⑭

3 〈보기〉는 변이 바이러스와 관련된 신문 기사의 일부이다. 윗글의 내용과 관련하여 보인 반응으로 적절하지 <u>않은</u> 것은?

> **보기**
>
> 국내에서도 코로나 바이러스 감염증-19(이하 '코로나19') 변이 바이러스에 감염된 확진자가 발생했다. 일명 '켄타우로스 변이'로 알려진 이 바이러스는 지금까지 출현한 코로나19 바이러스 가운데 전파력이 가장 강한 것으로 알려졌다. 지금까지 발견된 확진자는 모두 세 명이지만 이들 사이에 역학적 관련성이 확인되지 않았다. 감염 경로를 확인할 수 없는 만큼 이미 지역 사회에서 전파가 이루어졌을 가능성도 배제할 수 없다. 세 명 확진자 모두 백신 3차 접종을 마친 상태였다. 이는 바이러스가 백신 회피력이 매우 높다는 사실을 보여 준다.

① 시연: 바이러스는 변이를 거듭하며 계속 살아남는군.

② 리아: 백신으로 형성된 면역력이 영원히 지속되는 것은 아니군.

③ 규하: 바이러스가 꼭 신체 접촉을 통해서 확산되는 것은 아니군.

④ 나윤: 백신을 통해 만들어진 항체가 모든 바이러스를 막지는 못하는군.

⑤ 준오: 백신을 맞아도 감염을 피할 수 없으니 개인 방역도 무의미하겠군.

어휘 공략하기

1 다음 뜻풀이를 읽고, 십자말풀이의 빈칸에 들어갈 알맞은 말을 쓰시오.

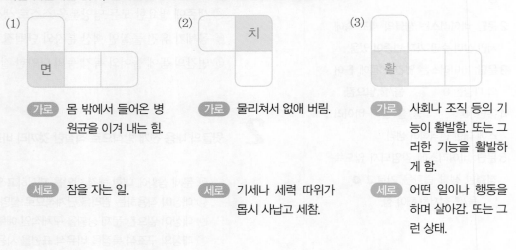

(1)

가로 몸 밖에서 들어온 병원균을 이겨 내는 힘.

세로 잠을 자는 일.

(2)

가로 물리쳐서 없애 버림.

세로 기세나 세력 따위가 몹시 사납고 세참.

(3)

가로 사회나 조직 등의 기능이 활발함. 또는 그러한 기능을 활발하게 함.

세로 어떤 일이나 행동을 하며 살아감. 또는 그런 상태.

2 '얻다'가 〈보기〉와 같은 뜻으로 사용된 문장에 ○표 하시오.

보기

아버지는 젊은 날에 세계를 여행하며 삶의 지혜를 얻었다고 말씀하셨다.

(1) 나는 언니가 안 입는 옷을 여러 벌 얻었다.
( )

(2) 우리는 독서를 통해 즐거움과 교훈을 얻을 수 있다. ( )

(3) 그는 사업을 시작하는 데 큰돈이 필요해서 은행에서 빚을 얻었다. ( )

3 다음 뜻풀이를 참고하여 〈보기〉의 글자 카드를 골라 빈칸에 들어갈 알맞은 말을 쓰시오.

보기

명 과 주 생 효 기

(1) ☐☐ + -적 : 어떠한 것을 하여 좋은 결과가 얻어지는 것.

(2) ☐☐ + -적 : 일정한 간격을 두고 같은 현상이나 특징이 다시 나타나는 것.

4 사다리를 타서 뜻풀이에 알맞은 어휘를 〈보기〉에서 골라 빈칸에 쓰시오.

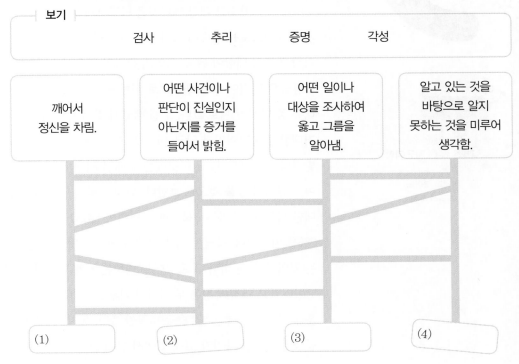

보기

검사　　　　추리　　　　증명　　　　각성

깨어서 정신을 차림.

어떤 사건이나 판단이 진실인지 아닌지를 증거를 들어서 밝힘.

어떤 일이나 대상을 조사하여 옳고 그름을 알아냄.

알고 있는 것을 바탕으로 알지 못하는 것을 미루어 생각함.

(1)　　　　(2)　　　　(3)　　　　(4)

배경지식 확장하기　　　　　　　　🔖 실전 1과 엮어 읽기

우리에게 꼭 필요한 잠

　잠을 자는 동안에 우리의 몸과 뇌는 쉬는 것일까? 그렇지 않다. 우리가 잠을 자는 동안 뇌는 깨어 있을 때 입력된 정보들을 정리해서 지울 것은 지우고, 오랫동안 보관할 것은 장기 기억에 넣는다. 그리고 심장 박동을 늦추고 근육을 이완하며 호흡의 수를 줄여 우리가 잠을 최대한 잘 잘 수 있도록 한다. 우리는 잠을 통해 몸에 에너지를 충전하고 휴식을 취하는 것이다. 그러므로 잠은 우리에게 꼭 필요한 재충전과 정리의 시간이라고 할 수 있다.

　그런데 만약 잠을 못 잔다면 어떻게 될까? 잠을 자지 못하는 것은 괴로운 일이다. 의식적으로는 자지 않으려고 해도 몸은 어떻게 해서든 자려고 하기 때문이다. 밤에 잠을 자지 못하는 증상인 불면증은 평소 잠자는 시간이나 습관이 불규칙한 사람에게 생기며, 스트레스를 받으면 증상이 악화된다. 일정한 시간 동안 충분한 잠을 잠을 자는 것은 건강한 생활을 위해 꼭 필요하다. 따라서 깊은 잠을 충분히 잘 수 있도록 수면의 질을 관리하는 노력이 필요하다.

다음 글을 읽고 물음에 답하시오.

 목표 8분

· 중심 화제 두 가지에 ○, □ 표시하기   · 각 중심 화제의 지역적 특징에 [ ] 표시하기

지구에서 따뜻한 태양 에너지를 넉넉하게 받지 못하는 땅이 바로 남극과 북극이다. 이 두 지역은 겉으로는 비슷해 보이지만 서로 전혀 다른 특징을 갖고 있다. 미지의 탐사 대상에서 과학 연구의 대상이 된 두 지역의 특징과 중요성을 알아보자.

남극은 면적이 1,360만km²로 한반도의 60배에 이르는 거대한 대륙이며, 지구상의 7대 대륙 중 다섯 번째로 크다. 오랜 세월에 걸쳐 쌓인 눈이 단단하게 굳어져 생긴 2km 두께의 거대한 얼음덩어리가 남극 대륙 표면의 98% 가량을 덮고 있다. 남극에서 오래된 운석이 발견되는 것으로 보아, 이곳에는 오래전 지구 겉면의 모습을 확인할 수 있는 천연 자료들이 보관되어 있을 것으로 보인다. 반면에 북극은 아시아와 아메리카 대륙으로 둘러싸인 거대한 북극해를 말한다. 북극해는 면적이 1,400만km²로 지중해의 6배이며, 전 세계 바다의 3%를 차지한다. 북극은 이 북극해 주변의 바닷물이 얼어서 된 거대한 얼음덩어리가 떠 있는 것이다. 물론 바다 위로 보이는 빙하는 전체 얼음덩어리의 10% 정도에 불과하다.

이러한 지역적 특징은 두 지역의 기후 조건에도 영향을 미친다. 그렇다면 남극과 북극 가운데 어디가 더 추울까? 남극이 훨씬 춥다. 육지는 바다에 비해 쉽게 데워지고 쉽게 식는다. 남극은 이러한 육지가 밑에 있어서 한겨울에 해당하는 8월 말 무렵이면 높은 곳에서는 기온이 영하 70℃ 가까이 내려간다. 이러한 기후 조건 때문에 남극에는 연구를 목적으로 거주하는 사람들 외에 원주민이 없다.

북극은 주변에 있는 바다와 해류의 영향을 받는다. 겨울에는 최저 기온이 영하 30~40℃까지 내려가지만, 여름에는 영상 10℃까지 올라가 비교적 따뜻하다. 얼음덩어리보다 상대적으로 온도가 높은 바다에서 상승하는 따뜻한 공기 때문에 북극에는 우리가 에스키모라고 알고 있는 원주민인 이누이트족이 살고 있다.

남극과 북극은 온난화를 비롯한 지구 환경 변화를 예측하는 데 매우 중요하다. 남극은 지구상에서 가장 깨끗한 지역으로 산업 지역에서 가장 멀리 떨어져 있고 사람도 살지 않는다. 따라서 외부의 작은 오염에도 민감하게 반응한다. 북극 또한 지구의 기상, 기후, 해류 순환 등 환경에 커다란 역할을 한다는 사실이 연구 결과로 밝혀지면서 주목받고 있다. 따라서 일반 사람들은 남극과 북극에 관해 많은 관심을 가지고, 정부나 민간 기업은 지속적으로 극지 연구를 하여 지구 환경 변화에 대처해야 할 것이다.

✦미지(아닐 未, 알 知) 아직 알지 못함.

✦탐사(찾을 探, 조사할 査) 알려지지 않은 사물이나 사실을 빠짐없이 조사함.

✦운석(떨어질 隕, 돌 石) 우주에서 지구의 대기권 안으로 들어와 다 타지 않고 땅에 떨어진 물질.

✦해류(바다 海, 흐를 流) 일정한 방향과 빠르기로 이동하는 바닷물의 흐름.

내용 이해하기

1 문단: 겉으로는 비슷해 보이지만 서로 다른 특징을 지닌 남극과 북극

2 문단: 남극과 북극의 ❶ ☐☐적 특징

3 문단: 지역적 특징에 따른 ❷ ☐☐의 기후 조건

4 문단: 지역적 특징에 따른 ❸ ☐☐의 기후 조건

5 문단: 남극과 북극의 중요성과 지속적인 극지 ❹ ☐☐의 필요성

주제 파악하기

남극과 북극의 지역적, ❺ ☐☐적 특징과 극지 연구의 중요성

확인 문제

❻ 육지는 바다보다 쉽게 데워지고 쉽게 식는다. (○ , ×)

❼ 북극은 인간이 전혀 살 수 없는 환경이다. (○ , ×)

❽ 남극은 외부의 적은 자극에도 민감하게 반응한다. (○ , ×)

답 ❶ 지역 ❷ 남극 ❸ 북극 ❹ 연구 ❺ 기후 ❻ ○ ❼ × ❽ ○

1 글쓴이가 윗글을 쓰기 전에 계획했을 내용으로 가장 적절한 것은?

① 남극과 북극의 형성 과정을 순차적으로 서술한다.

② 남극과 북극의 비교를 통해 기후 변화의 원리를 제시한다.

③ 남극과 북극의 특성을 설명한 뒤 대상의 중요성을 강조한다.

④ 남극과 북극의 공통점과 차이점을 바탕으로 환경 문제를 부각한다.

⑤ 남극과 북극의 기후 조건을 제시한 뒤 이에 따른 지역적 특성을 비교한다.

2 윗글의 내용과 일치하는 것은?

① 남극의 면적은 전 세계 바다의 3%를 차지한다.

② 남극은 데워지고 식는 속도가 느려서 북극보다 더 춥다.

③ 남극과 북극을 연구함으로써 지구의 환경 변화를 예측할 수 있다.

④ 북극에는 원주민은 없고 연구를 목적으로 거주하는 사람들만 있다.

⑤ 북극은 바다에서 상승하는 따뜻한 공기로 겨울에 영상의 기온을 유지한다.

3 윗글을 읽은 학생이 〈보기〉에 대해 보인 반응으로 적절하지 않은 것은?

> 보기
>
> 급속한 기후 변화로 남극과 북극의 온난화가 그간의 예측보다 빠르게 진행되고 있다. 남극 대륙과 이어져 바다에 떠 있는 거대한 얼음덩어리가 온난화로 녹아내리면서 해수면을 상승시키고, 이상 기후의 원인이 되고 있다. 북극을 연구한 핀란드의 연구진은 1979~2021년 북극권 온도가 지구 평균보다 4배 더 빠르게 상승했다는 연구 결과를 발표하기도 했다.

① 북극 지역은 지구의 다른 지역보다 온난화가 빠르게 진행되고 있군.

② 급속한 온난화로 극지방의 거대한 얼음덩어리의 크기가 빠르게 줄어들고 있겠군.

③ 남극과 북극의 온난화에 대한 연구를 계속해서 미래의 기후 변화에 빠르게 대처해야겠군.

④ 극지방의 온난화로 인한 해수면의 상승은 남극과 북극의 지역적 차이를 알 수 있는 부분이겠군.

⑤ 남극과 북극에서 일어나고 있는 변화에 관심을 갖고 온난화를 막을 수 있는 방법을 찾아야겠군.

다음 글을 읽고 물음에 답하시오.

목표 9분

• 중심 화제에 ○ 표시하고, 그 효과에 〰〰 긋기 • '반면, 그러나'와 같은 말에 △ 표시하고, 앞뒤 문장의 의미 살펴보기

1 생명체에게 안식처는 중요하다. 따라서 모든 생명체는 제각기 독특한 방식으로 집 짓기를 한다. 이 중 정육각기둥의 독특한 벌집 구조는 건축물은 물론 우리 일상생활에서 유용하게 쓰이고 있다. 그 이유는 무엇일까?

2 자연은 효율적인 시스템으로 설계되어 있다. 벌집의 정육각형은 최소한의 재료로 최대한의 공간을 확보하는 가장 경제적인 구조이다. 수학적으로 둘레의 길이가 일정할 때 넓이가 최대가 되는 도형은 원이다. 하지만 원을 여러 개 이어 붙이면 사이사이에 못 쓰는 공간이 생기기 때문에 공간을 효과적으로 활용할 수 없다. 반면, 정육각형 모양의 구조물은 평면에 서로 붙여 놓았을 때 변이 맞닿아 있어 빈틈이 없다. 그래서 정육각형 구조는 벌집 무게의 무려 30배나 되는 양의 꿀을 저장할 수 있을 정도로 공간 활용도가 높다.

3 벌집의 정육각형은 가장 균형 있게 힘을 배분하는 안정적인 구조이기도 하다. 정삼각형도 안정적이긴 하지만 들어가는 재료에 비해 확보되는 공간이 좁다. 또 정사각형은 양옆에서 조금만 건드려도 잘 흔들리기 때문에 외부의 힘에 쉽게 무너질 수 있다. 그러나 정육각형은 외부의 힘이 쉽게 분산되는 구조여서 아무리 세찬 바람이 불어도 끄떡없을 정도로 튼튼하고 안정적이다.

4 이러한 벌집 구조는 가벼우면서도 튼튼해야 하는 고속 열차의 충격 흡수 장치와 경주용 자동차 등을 만드는 데 활용된다. 고속 열차의 충격 흡수 장치는 벌집 구조의 알루미늄 합금 소재로 만들어진다. 이 장치는 열차가 벽에 정면으로 충돌했을 때 받게 되는 충격을 80%까지 흡수한다. 경주용 자동차의 운전석은 벌집 구조의 알루미늄판을 샌드위치처럼 끼워 만든다. 이 특수 물질은 두께는 얇으면서 철판보다 훨씬 더 견고하고 충격에 강해서 운전자의 안전을 지켜 준다. 건축가들은 튼튼한 구조물을 만들 때 그 내부를 정육각형 구조로 만드는 경우가 많다. 현대 건축의 주재료인 콘크리트는 그 자체의 무게가 무거워서 벽 구조가 높은 건물을 짓는 데 한계가 있다. 하지만 벌집 구조를 활용하면 콘크리트 양은 줄이고 하중은 잘 버티게 하여 높은 건물을 더욱 튼튼하게 지을 수 있다.

5 이렇듯 벌집의 정육각형 구조는 과학적으로도 효율적이고 안정적인 구조로 볼 수 있다. 우리는 자연의 배어난 솜씨에 그저 감탄할 뿐이다.

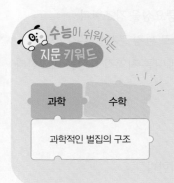

+ **안식처**(편안할 安, 숨쉴 息, 곳 處) 편히 쉴 수 있는 곳.
+ **시스템**(system) 어떤 체제 안에서 여러 부분들이 짜임새 있게 관련을 맺고 있는 조직.
+ **설계**(베풀 設, 꾀할 計) 건축, 토목, 기계 등에 관한 계획을 세우거나 그 계획을 그림 등으로 나타내는 것.
+ **합금**(합할 合, 쇠 金) 하나의 금속에 성질이 다른 금속이나 비금속을 녹여 만든 새로운 성질의 금속.

◑ 바른답·알찬풀이 36쪽

내용 이해하기

1 문단: 벌집은 ❶ ☐☐☐☐☐
의 독특한 구조를 지님.

2 문단: 벌집의 정육각형 구조는 ❷ ☐
☐ 활용도가 높음.

3 문단: 벌집의 정육각형 구조는 튼튼
하고 ❸ ☐☐적임.

4 문단: 벌집의 정육각형 구조는 일상
생활에서 유용하게 쓰임.

5 문단: 벌집의 정육각형 구조는 ❹ ☐
☐적으로도 효율적이고 안정적임.

주제 파악하기

❺ ☐☐의 정육각형 구조에 담긴 과
학적 특성

확인 문제

❻벌집의 정육각형 구조는 최소한의
재료로 최대한의 공간을 확보할 수
있다. (○ , ×)

❼정육각형과 달리 정삼각형은 구조적
으로 안정적이지 않다. (○ , ×)

❽벌집 구조는 충격을 흡수하는 장치를
만드는 데 적합하지 않다. (○ , ×)

탭 ❶ 정육각기둥　❷ 공간
❸ 안정　❹ 과학　❺ 벌집
❻ ○　❼ ×　❽ ×

1 윗글의 내용으로 적절하지 <u>않은</u> 것은?

① 정사각형 구조는 정육각형 구조와 달리 외부의 힘에 약하다.

② 벌집의 정육각형 구조는 벌들의 독특한 집짓기 방식의 결과이다.

③ 벌집 구조는 운전자의 안전을 지키는 물질을 만드는 데 활용된다.

④ 건축에서는 높은 건물을 튼튼하게 짓기 위해 벌집 구조를 활용한다.

⑤ 수학적으로 벌집은 원형 구조를 띨 때 더 많은 공간을 활용할 수 있다.

2 윗글의 짜임으로 가장 적절한 것은?

3 윗글을 읽고 평가한 내용으로 적절하지 <u>않은</u> 것은?

① 실제 활용 사례를 제시하니 벌집 구조의 우수성을 잘 알겠어.

② 벌집 구조를 보여 줄 수 있는 그림 자료를 추가하는 것도 좋겠어.

③ 벌집 구조의 효율성과 안정성을 과학적으로 설명해서 신뢰감이 들어.

④ 벌집 구조를 다른 구조와 대조해 설명해서 그 특징을 파악하기가 쉬웠어.

⑤ 벌집 구조의 공간 활용이 어느 정도로 효율적인지 구체적으로 제시하면
보다 설득력이 있을거야.

18강 어휘 공략하기

1 다음 어휘에 해당하는 뜻풀이를 알맞게 선으로 연결하시오.

(1) 탐사 · · ㉮ 아직 알지 못함.

(2) 예측 · · ㉯ 앞으로의 일을 미리 추측함.

(3) 미지 · · ㉰ 갈라져 흩어짐. 또는 그렇게 되게 함.

(4) 분산 · · ㉱ 알려지지 않은 사물이나 사실을 빠짐없이 조사함.

2 다음 뜻풀이를 읽고, 십자말풀이의 빈칸에 들어갈 알맞은 말을 쓰시오.

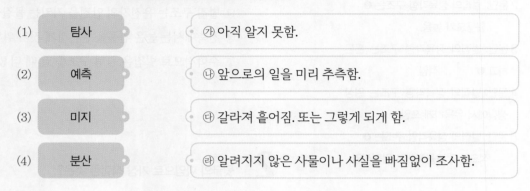

(1)
대	

가로 바다로 둘러싸인 크고 넓은 땅.

세로 어떤 어려운 일이나 상황을 이겨 내기에 알맞게 행동함.

(2)
안		

가로 편히 쉴 수 있는 곳.

세로 변하거나 흔들리지 않고 일정한 상태를 유지함.

(3)
상	

가로 위로 올라감.

세로 섭씨 0℃ 이상의 온도.

3 〈보기〉의 밑줄 친 어휘 가운데 맞춤법이 잘못된 것을 찾아 바르게 고쳐 쓰시오.

> **보기**
>
> 벌들은 꽃가루와 꿀을 교환한 뒤 벌집으로 돌아온다. 이들이 빠른 시간에 많은 양의 꿀을 모을 수 있는 것은 철저한 분업 덕분이다. 벌들은 효율적인 시스템으로 설게된 벌집에 그것의 무게보다 30배나 되는 양의 꿀을 저장한다.

(   ) ➡ (   )

4 다음 밑줄 친 어휘와 뜻이 비슷한 어휘를 골라 ○표 하시오.

(1) 어른들은 곧 닥칠 홍수에 대비하여 <u>견고하게</u> 둑을 쌓았다.

| 두텁다 | 튼튼하다 | 섬세하다 |

(2) 나는 소음에 <u>민감해서</u> 시끄러운 곳에 오래 머무르기가 힘들다.

| 둔하다 | 빠지다 | 예민하다 |

(3) 이 채소는 향이 <u>독특해서</u> 좋아하는 사람과 못 먹는 사람이 나뉜다.

| 평범하다 | 유별나다 | 빼어나다 |

배경지식 확장하기   🔖 실전 **2**와 엮어 읽기

폭염에도 끄떡없는 흰개미집과 이스트게이트 센터의 비밀

아프리카 사막에 사는 흰개미들은 한여름에도 집 내부를 30℃로 유지한다. 흰개미들은 흙을 높게 쌓아 올려 원뿔형으로 집을 짓는데, 그 크기가 1~2m부터 높게는 6m 이상 된다. 이들은 곰팡이균의 일종인 버섯을 이용해 집 내부의 온도를 조절한다. 버섯으로 인해 발생한 열로 흰개미집 내부 공기가 데워지면, 따뜻한 공기가 위로 올라가 원뿔형의 집 위쪽에 있는 구멍들을 통해 밖으로 빠져나간다. 이때 집 외부와 땅속에서 들어온 찬 공기가 내부를 순환하면서 열을 식혀 준다. 흰개미들은 밤이 되면 차가운 공기를 밖으로 내보내거나, 내부 공기가 너무 차가우면 데워진 공기가 나가지 못하도록 집 위의 공기구멍들을 막으며 내부 온도를 조절한다.

이러한 흰개미집 원리에 착안한 건물이 있다. 건축가 믹 피어스가 지은 아프리카 짐바브웨의 이스트게이트 센터가 그것이다. 믹 피어스는 흰개미집의 원뿔형 위쪽에 있는 공기구멍들을 보고, 뜨거운 공기를 밖으로 내보낼 수 있는 통풍구 역할의 굴뚝 60여 개를 건물 옥상에 만들었다. 또 두 동으로 구성되어 있는 건물 사이의 공간에는 흰개미집이 내부에 찬 공기를 유입하는 것처럼 저용량 선풍기를 설치했다. 그리고 양쪽 두 건물의 일 층을 모두 트이게 하여 선풍기로부터 찬 공기가 건물 안으로 유입될 수 있도록 했다. 이렇게 흰개미집 원리로 지어진 이스트게이트 센터는 무더운 아프리카에서 에어컨을 가동할 필요가 없을 정도로 시원한 실내 온도를 유지하고 있다.

다음 글을 읽고 물음에 답하시오.

 8분

• 중심 화제가 되는 질문에 □ 표시하기 • 예로 든 문의 종류에 ○ 표시하고, 각 문이 열리는 방향을 결정하는 요인에 〜〜 긋기

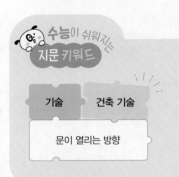

문은 외부와 내부를 차단하기도 하고, 공간과 공간을 기능적으로나 상징적으로 연결하기도 한다. 문은 막는 동시에 통과시키는 등의 ⁺양면성을 띤다. 문은 여닫는 방법에 따라 옆으로 밀어 여는 미닫이문과 안팎으로 여닫는 여닫이문이 있는데, 여닫이문은 다시 실내를 기준으로 하여 문이 안쪽으로 열리는 안여닫이와 바깥쪽으로 열리는 밖여닫이, 그리고 안팎으로 모두 열리는 양 여닫이로 나뉜다. 이러한 문들은 건물의 쓰임새에 따라 어떤 건물에는 안여닫이가, 어떤 건물에는 밖여닫이가 사용된다. 문이 열리는 방향이 왜 이렇게 다른 것일까? 기능의 측면에서 살펴보면 이것의 요인은 크게 공간의 활용, 비상시의 대피, 행동 과학이라고 볼 수 있다.

위에서 말한 세 가지 측면을 중심으로 우리가 사는 주택부터 살펴보자. 아파트를 제외한 주택의 현관문은 주로 공간 활용을 ⁺염두에 두고 방향을 결정한다. 한국은 신을 벗고 실내로 들어가기 때문에 신을 벗어 둘 공간이 필요하다. 그 공간의 크기는 대략 1m² 내외이고 현관문의 폭도 1m 내외라, 만약 현관문이 안으로 열린다면 문을 열 때마다 현관에 벗어 둔 신들이 이리저리 쓸려 다닐 것이다.

그에 비해 아파트의 현관문은 비상시에 ⁺대피하는 것을 더 중요하게 여긴다. 아파트는 여러 ⁺세대가 밀집해서 사는 공동 주택이기 때문에 사고가 나면 많은 사람들이 동시에 대피해야 한다. 그래서 문을 여닫는 방향은 사람들이 대피하기 쉽도록 반드시 피난 방향으로 열리게 법으로 규정하고 있다. 피난 방향은 안전한 장소로 가는 방향으로 보통 계단, 대피 공간, 옥상 등으로 가는 방향을 가리킨다. 즉 아파트의 현관문은 사람들이 들어오는 것보다 나가는 데에 더 큰 관심이 있다.

은행 문이 열리는 방향은 어떨까? 은행은 다른 어느 곳보다도 안전과 ⁺신용을 중시하는 곳이다. 물론 은행도 화재 등의 재난이 일어날 수 있어 문을 설계할 때 대피에 대한 관심을 완전히 배제할 수는 없다. 그러나 대부분 은행은 1층, 그것도 큰길에 바로 접해 있다. 그만큼 외부로 대피하기 쉬우므로 도난으로부터의 안전을 우선시하여 문을 안으로 열리게 한다. 도둑이나 강도가 범죄를 저지르고 도망가는 시간을 1초라도 지연하자는 행동 과학 측면의 의도가 숨어 있는 것이다.

⁺양면성(두 兩, 낯 面, 성질 性) 한 가지 사물에 속하여 있으며 서로 맞서는 두 가지의 성질.
⁺염두(생각 念, 머리 頭) 마음의 속.
⁺대피(기다릴 待, 피할 避) 위험을 피해 잠깐 안전한 곳으로 감.
⁺세대(인간 世, 띠 帶) 한 집에서 같이 사는 사람들의 집단을 세는 단위.
⁺신용(믿을 信, 쓸 用) 약속을 지킬 수 있다는 믿음. 또는 그 믿음의 정도.

내용 이해하기

1 문단: ❶ [　] 은/는 건물의 쓰임새에 따라 열리는 방향이 다름.

2 문단: 주택의 현관문은 ❷ [　] 의 활용 측면에서 여닫는 방향이 결정됨.

3 문단: 아파트의 현관문은 비상시의 ❸ [　] 측면에서 여닫는 방향이 결정됨.

4 문단: 은행 문은 ❹ [　][　][　] 측면에서 여닫는 방향이 결정됨.

주제 파악하기

건물에서 문이 열리는 ❺ [　][　] 을/를 결정하는 요인

확인 문제

❻ 문은 안과 밖을 차단하기도 하고 연결하기도 하는 양면성이 있다.
(○ , ×)

❼ 주택의 현관문은 비상시 대피가 쉬운 쪽으로 열리도록 법으로 정해져 있다. (○ , ×)

❽ 문이 열리는 방향에 따라 건물에서의 문의 중요성이 달라진다.
(○ , ×)

답 ❶ 문　❷ 공간　❸ 대피
❹ 행동 과학　❺ 방향
❻ ○　❼ ×　❽ ×

1

윗글의 내용과 일치하지 <u>않는</u> 것은?

① 건물의 쓰임새에 따라 문이 열리는 방향이 다르다.

② 은행은 무엇보다 안전과 신용을 우선시하여 문을 설계한다.

③ 인간의 행동 방식도 문이 열리는 방향의 결정에 영향을 미친다.

④ 문은 안과 밖을 차단하기도 하고 연결하기도 하는 양면성을 띤다.

⑤ 아파트의 현관문은 사람들이 들어오는 것과 나가는 것을 모두 중요하게 여긴다.

2

윗글의 전개 방식으로 적절한 것끼리 바르게 묶은 것은?

㉮ 일정한 기준에 따라 대상을 분류하고 있다.
㉯ 글에서 말하려는 내용을 물음의 형식으로 제시하고 있다.
㉰ 일상의 사례를 통해 중심 화제를 알기 쉽게 설명하고 있다.
㉱ 각 대상의 장점과 단점을 분석하여 대상의 특징을 드러내고 있다.

① ㉮, ㉯　　　② ㉯, ㉰　　　③ ㉰, ㉱
④ ㉮, ㉯, ㉰　　　⑤ ㉮, ㉯, ㉱

3

윗글을 이해한 내용으로 적절하지 <u>않은</u> 것은?

① 일반적으로 주택의 현관문과 은행 문은 문이 열리는 방향이 같겠군.

② 영화관의 문은 아파트 현관문처럼 비상시 대피를 고려하여 설계되겠군.

③ 은행 문이 밖으로 열린다면 도둑이 범죄를 저지른 후 바르게 달아나서 피해가 크겠군.

④ 집 안에서 신을 신고 다니는 외국 주택의 현관문은 문이 열리는 방향이 한국과 다를 수 있겠군.

⑤ 대부분의 은행은 큰길에 접한 1층에 위치하여 화재가 일어나더라도 외부로 대피하기가 쉽겠군.

다음 글을 읽고 물음에 답하시오.

 8분

• 중심 화제에 ○ 표시하고, 개념을 정의한 부분에 〜〜 긋기 • 중심 화제의 원리를 설명하는 부분에 [ ] 표시하기

인터넷을 이용해 영화를 보거나 노래를 들을 때, '스트리밍(streaming)'이라는 말을 접해 본 적이 있을 것이다. 스트리밍이란 공급자가 자료를 주고 수신자가 이를 받아 재생하는 과정이, '물 흐르듯' 이어지는 과정을 말한다. 즉, 인터넷에서 용량이 아주 큰 파일을 전송 및 재생할 때 끊김 없이 물 흐르듯 진행될 수 있도록 하는 기술이 바로 스트리밍이다.

아무리 용량이 큰 파일이라도 같은 크기로 조각조각 나눠서 준비해 두면 이것을 이용하는 사람들이 가장 먼저 필요한 조각을 가져가고, 그다음 필요한 조각이 이용자에게 도달하면 자료는 물이 흐르듯이 흘러갈 것이다. 스트리밍 기술은 이런 생각에서 출발한다. 예를 들어 노래 한 곡의 파일 전체가 열 조각이라고 하자. 1번 조각을 다 듣고 나면 준비된 2번 조각이 나오고, 이어서 3번 조각이 나오는 것이다. 이 과정이 쭉 이어지면 끊김 없이 전체 노래를 들을 수 있다.

인터넷을 이용해 노래를 듣는 방법은 두 가지가 있다. 하나는 1부터 10까지 모두 ㉠다운로드를 해 두고, 당장 듣거나 며칠 뒤에 듣거나 3부터 듣거나 하는 것이다. 다른 하나는 실시간으로 우선 1번 조각 하나만 받아서 들으면서 듣는 동안에 2번, 3번 조각을 준비해 끊김 없이 듣고 파일은 저장하지 않는 것이다. 각각의 방법은 그 나름대로 장단점이 있다. 그런데 노래 파일을 소장할 목적이 아니라면 아마도 뒤의 경우가 더 효율적일 것이다.

그런데 스트리밍을 실행하는 동안 다음 조각 파일이 도달하지 않을 수 있다. 이때 등장하는 것이 '버퍼'와 '버퍼링'이다. '버퍼'란 전송받은 파일을 임시로 저장하는 공간이다. 1번 조각 파일을 전송받아 재생하는 중에 2번 조각 파일이 버퍼에 도달한다면 파일 재생이 물 흐르듯 이루어질 것이다. 그러나 3번 조각 파일이 미처 버퍼에 쌓이지 않았다면 재생이 끊어지고, 이때 몇 초간 '버퍼링'이란 글자를 보게 된다. 버퍼링이란 재생을 위해 준비하는 과정이다. 버퍼링이 끝나면 다시 재생이 시작된다. 그때부터는 끊김 없이 물 흐르듯 진행되어야 한다. 그렇지만 인터넷에서는 가끔 노래나 영상이 잠깐 멈추거나 끊기는 경우가 있다. 초고속 통신망이 많이 발전했다고는 하나 아직도 전송량에는 한계가 있기 때문이다. 그러나 인터넷 전송 기술이 계속 발전하고 있기 때문에 머지않아 진정한 스트리밍이 실현될 것이다.

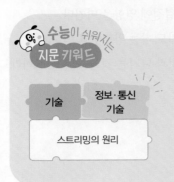

✦ **용량**(모양 容, 헤아릴 量) 컴퓨터에서, 저장할 수 있는 정보의 양.
✦ **파일**(file) 컴퓨터의 기억 장치에 일정한 단위로 저장된 정보의 묶음.
✦ **도달**(다다를 到, 통할 達) 목적한 곳이나 일정한 수준에 다다름.
✦ **소장**(바 所, 감출 藏) 자기의 것으로 지니어 간직함. 또는 그 물건.
✦ **임시**(임할 臨, 때 時) 미리 기간을 정하지 않은 잠시 동안.

◑ 바른답·알찬풀이 38쪽

😃 내용 이해하기

1 문단: ❶ [ ][ ][ ][ ]의 개념

2 문단: 스트리밍의 ❷ [ ][ ]

3 문단: ❸ [ ][ ][ ][ ]와/과 스트리밍의 차이

4 문단: 버퍼, ❹ [ ][ ][ ]의 개념과 스트리밍의 전망

😊 주제 파악하기

스트리밍의 원리와 스트리밍 도중에 멈추거나 끊기는 ❺ [ ][ ]이/가 일어나는 이유

😄 확인 문제

❻ 스트리밍은 파일을 조각낸 뒤, 그중 용량이 큰 조각부터 도달하게 하는 원리이다. (○ , ×)

❼ 스트리밍을 실행할 때 전송받은 파일을 임시로 저장하는 공간은 '버퍼'이다. (○ , ×)

❽ 버퍼링이 있다는 것은 스트리밍이 순조롭다는 뜻이다. (○ , ×)

답 ❶ 스트리밍　❷ 원리
❸ 다운로드　❹ 버퍼링
❺ 현상　❻ ×　❼ ○
❽ ×

1 윗글의 내용으로 가장 적절한 것은?

① 한 번 버퍼링이 되면 파일을 다시 재생할 수 없다.

② 스트리밍을 실행하는 동안에는 버퍼링이 일어나지 않는다.

③ 스트리밍은 용량이 매우 큰 파일은 실시간으로 전송하지 못한다.

④ 인터넷에서 재생이 잠시 멈추거나 끊기는 일은 초고속 통신망에서는 일어나지 않는다.

⑤ 버퍼링이 생기는 것은 임시 저장 공간인 버퍼에 다음 파일이 도달하지 않았기 때문이다.

2 윗글을 읽고 〈보기〉를 이해한 내용으로 적절하지 <u>않은</u> 것은?

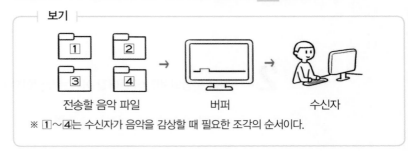

보기

전송할 음악 파일 → 버퍼 → 수신자

※ 1~4는 수신자가 음악을 감상할 때 필요한 조각의 순서이다.

① 수신자는 1을 제일 먼저 감상하게 된다.

② 버퍼에는 1-2-3-4의 순서대로 도달한다.

③ 전송할 전체 파일의 조각 1~4의 크기는 같다.

④ 2가 도달하지 않았어도 3이 도달했다면 스트리밍은 계속된다.

⑤ 감상이 끝난 다음 수신자의 컴퓨터에 1~4는 저장되지 않는다.

3 윗글을 통해 알 수 있는 ㉠의 특징으로 적절하지 <u>않은</u> 것은?

① 노래 재생 중에 버퍼링이 발생하지 않을 것이다.

② 개인 컴퓨터의 '버퍼'에 저장 공간이 많이 필요할 것이다.

③ 한번 내려받은 노래는 인터넷 연결 없이도 들을 수 있을 것이다.

④ 스트리밍보다 노래를 처음 듣기까지의 시간이 더 오래 걸릴 것이다.

⑤ 해당 노래가 더 이상 스트리밍이 되지 않을 때에도 들을 수 있을 것이다.

어휘 공략하기

1 '접하다'가 〈보기〉와 같은 뜻으로 사용된 문장에 ○표 하시오.

┌ 보기 ┐

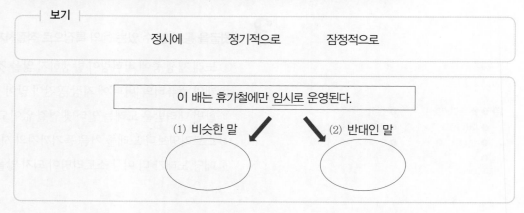

건물이 길가에 접해 있다.

(1) 바다에 <u>접한</u> 이 마을은 아주 평온하다.　　　(　　　)

(2) 다음 주에 사촌 형이 결혼한다는 소식을 <u>접했다</u>.

　　　　　　　　　　　　　　　　　　　　　　　　(　　　)

(3) 민속 박물관에서는 전통 한국 문화를 <u>접할</u> 수 있다.

　　　　　　　　　　　　　　　　　　　　　　　　(　　　)

2 다음 문장의 빈칸에 들어갈 어휘는 무엇인지 제시된 초성과 뜻을 참고하여 쓰시오.

(1) 이 가수의 포토 카드는 종류별로 ㅅ ㅈ 할 가치가 있다.　　　(　　　)

　　┗→ 자기의 것으로 지니어 간직함. 또는 그 물건.

(2) 판사는 주관적인 감정을 ㅂ ㅈ 하고 객관적으로 판결을 내려야 한다.　(　　　)

　　┗→ 받아들이거나 포함하지 않고 제외시켜 빼놓음.

3 다음 밑줄 친 말과 뜻이 비슷한 말과 반대인 말을 〈보기〉에서 골라 빈칸에 쓰시오.

┌ 보기 ┐

정시에　　　　정기적으로　　　　잠정적으로

이 배는 휴가철에만 <u>임시로</u> 운영된다.

(1) 비슷한 말　　　　　　(2) 반대인 말

4 다음 문장의 빈칸에 들어갈 알맞은 어휘를 골라 V표 하시오.

(1) 의사는 언제든 건강을 (   )해야 한다고 말했다.

☐ 우선시　☐ 등한시

(2) 공사장에서는 특히 안전을 (   )에 두고 일해야 한다.

☐ 몰두　☐ 염두

(3) 여러분께서는 즉시 안전한 곳으로 (   )하시기 바랍니다.

☐ 대피　☐ 회피

5 다음 문장의 (   ) 안에서 표기가 올바른 어휘를 골라 ○표 하시오.

(1) 새로 생긴 카페 건물의 (안밖 , 안팎)을 구경했다.
(2) 축제 날에는 문자 메시지의 (전송양 , 전송량)이 크게 증가한다.

배경지식 **확장하기**　　　　　　　　　🔖 실전 1과 엮어 읽기

회전문 옆에 여닫이문이 있는 이유

　회전문은 보통 3~4개의 칸막이로 되어 있고, 들어오는 사람과 나가는 사람이 동시에 움직일 수 있다. 현재 대부분의 고층 건물에는 회전문이 설치되어 있는데, 이는 회전문이 건물의 냉난방 비용 절감에 큰 기여를 하기 때문이다. 회전문은 사람이 이동하는 동안 항상 두 개 이상의 칸막이에 의해 외부와 차단되어 있다. 그만큼 빌딩 안의 공기는 밖으로 나가지 못하고, 밖의 공기도 안으로 들어오지 못한다. 이처럼 회전문은 공기의 흐름을 막아 주어서 여닫이문에 비해 고층 건물의 냉난방 비용을 절약하는 데 중요한 역할을 한다.

　그런데 회전문 옆에는 꼭 여닫이문이 설치되어 있다. 그러면 회전문이 절약한 냉난방 비용을 여닫이문이 다 써 버리는 것은 아닐까? 회전문으로는 한번에 많은 사람들이 이동하지 못하기 때문에 사람들이 많이 몰릴 때는 통행이 더뎌진다. 특히 화재와 같이 급히 대피해야 하는 상황에서 회전문만 있다면 사람들이 제때 피하지 못해 큰 문제가 생길 수 있다. 그래서 회전문 옆에는 반드시 여닫이문을 설치하여 재난 상황에 대비하는 것이다.

다음 글을 읽고 물음에 답하시오.

 목표 9분

• 중심 화제에 ○ 표시하기   • 각 기기의 작동 원리에 ▬▬▬ 표시하고, 각각의 장단점에 ◡◡◡ 긋기

우리가 마시는 공기 중에는 건강에 해로운 세균이나 미세 먼지, 악취를 풍기는 냄새, 각종 오염 물질 등이 섞여 있다. 최근 미세 먼지의 정도가 심해짐에 따라 공기 청정기의 수요도 갈수록 늘고 있다. 공기 청정기는 미세 먼지를 비롯하여 냄새나 공기 중의 오염 물질을 제거하는 기계이며, 대표적인 작동 방식으로는 필터식과 전기식이 있다.

필터식 공기 청정기는 필터를 이용하여 오염 물질을 여과하는 원리이다. 여과는 입자의 크기 차이를 이용하여 액체나 기체로부터 고체 입자를 물리적으로 분리하는 과정을 가리킨다. 미세한 입자를 여과할수록 필터의 능력이 뛰어나다고 할 수 있다. 요즘 많이 쓰이는 헤파 필터는 미세 먼지를 비롯한 진드기, 바이러스, 곰팡이 등과 같은 오염물을 제거하는 능력이 뛰어나다. 필터식 공기 청정기의 작동 방식은 다음과 같다. 날개 달린 팬을 이용해 흡입한 공기를 세척이 가능한 프리 필터에 먼저 통과시켜 머리카락이나 굵은 먼지를 걸러낸다. 그다음 헤파 필터의 섬유 성분에 있는 정전기의 힘을 이용하여 미세 입자를 붙잡아 공기를 정화한 뒤 배출한다. 필터식 공기 청정기는 필터가 더러워지면 공기가 재오염될 수 있어서 필터를 자주 세척해야 하고, 주기적으로 필터를 교환해야 해서 추가 비용이 발생한다.

전기식 공기 청정기는 공기 중에 전기를 통하게 하여 만들어진 전자로 오염 물질을 제거하는 원리이다. 이는 중성의 원자가 전자를 얻어서 음(-)전하를 띠거나 반대로 잃어서 양(+)전하를 띠는 현상인 이온화를 이용한 것이다. 기계 내부에는 두 전자가 일정한 간격을 두고 있는데, 여기에 전기를 공급하면 두 전극 사이에서 전자가 만들어진다. 이렇게 만들어진 전자가 공기 중의 입자에 붙으면 입자들이 음전하를 띠고, 전하를 띤 먼지 입자가 반대 전하를 띤 집진판에 들러붙어 제거된다. 전기식 공기 청정기는 필터식 공기 청정기에 비해 소비 전력이 낮고 조용하다는 장점이 있다. 반면 공기가 정화되기까지 다소 시간이 걸리고 이온화 과정에서 오존을 발생시킨다는 단점이 있다. 실내의 오존 농도가 높으면 두통, 호흡 곤란, 알레르기성 질환 등을 일으킬 수 있으므로 주의해야 한다.

이 밖의 공기 청정 방식에는 필터식과 전기식을 결합한 방식, 살균력이 있는 자외선을 공기에 쪼여 미생물이나 바이러스를 제거하는 방식 등이 있으며 최근에는 새로운 기술이 속속 등장하고 있다. 먼지 외에 각종 냄새를 없애는 데에는 활성탄 필터를 사용하기도 한다.

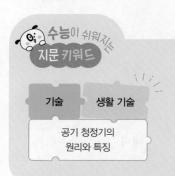

✦**수요**(구할 需, 중요할 要) 어떤 소비의 대상이 되는 상품에 대한 요구.

✦**입자**(알 粒, 아들 子) 물질을 이루는 아주 작은 크기의 물체.

✦**흡입**(숨 들이실 吸, 들 入) 기체나 액체 등을 빨아들임.

✦**오존**(ozone) 특유한 냄새가 나며 표백제, 살균제 등으로 쓰는 푸른 빛의 기체.

◐ 바른답·알찬풀이 39쪽

내용 이해하기

1 문단: 공기 청정기의 기능과 대표적
인 작동 방식

2 문단: ❶ ☐☐☐ 공기 청정기의
작동 원리와 특징

3 문단: ❷ ☐☐☐ 공기 청정기의
작동 원리와 특징

4 문단: 이 밖의 공기 청정 방식과 ❸ ☐
☐ 제거 방식

주제 파악하기

❹ ☐☐☐☐☐의 대표적인 작
동 방식과 각각의 특징

확인 문제

❺ 공기 청정기는 공기 중의 오염 물질
외에 냄새도 제거한다. (○ , ×)

❻ 필터식 공기 청정기에 들어가는 필
터는 세척할 수 없다. (○ , ×)

❼ 전기식 공기 청정기는 우리 몸에 해
로운 오존을 발생시킨다. (○ , ×)

답 ❶ 필터식 ❷ 전기식 ❸ 냄새
❹ 공기 청정기 ❺ ○
❻ × ❼ ○

---

1 윗글을 읽고 답할 수 있는 질문으로 적절하지 <u>않은</u> 것은?

① '여과'와 '이온화'의 의미는 무엇인가?

② 성능이 좋은 필터의 조건은 무엇인가?

③ 미세 먼지가 발생하는 원인은 무엇인가?

④ 필터식 공기 청정기의 작동 방식은 무엇인가?

⑤ 전기식 공기 청정기가 필터식 공기 청정기보다 나은 점은 무엇인가?

2 윗글에 쓰인 설명 방식으로 적절한 것끼리 바르게 묶은 것은?

> ㉮ 대상에 대한 기존의 관점을 반박하고 있다.
> ㉯ 대상의 개념을 정의하고 원리를 설명하고 있다.
> ㉰ 대상을 분류하고 각각의 특징을 설명하고 있다.
> ㉱ 대상의 발달 과정을 중심으로 내용을 전개하고 있다.

① ㉮, ㉯   ② ㉯, ㉰   ③ ㉰, ㉱   ④ ㉮, ㉯, ㉰   ⑤ ㉯, ㉰, ㉱

3 윗글을 바탕으로 〈보기〉를 이해한 내용으로 가장 적절한 것은?

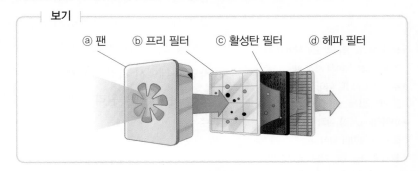

ⓐ 팬   ⓑ 프리 필터   ⓒ 활성탄 필터   ⓓ 헤파 필터

① ⓐ는 공기 중의 머리카락이나 굵은 먼지를 제거한다.

② ⓑ에서 공기 중의 냄새를 없애는 기능을 한다.

③ ⓒ에서는 음전하를 띤 먼지 입자가 양전하를 띤 집진판에 들러붙는다.

④ ⓓ는 미세 먼지를 제외한 진드기 등의 오염 물질은 제거하지 못한다.

⑤ 〈보기〉는 입자의 크기 차이를 이용하여 공기를 정화하는 장치이다.

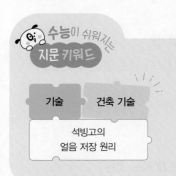

다음 글을 읽고 물음에 답하시오.

 8분

• 석빙고 기술의 원리 두 가지에 □ 표시하기 • 기술의 단계가 나온 문장에 ～～ 긋기

여름이 되면 냉장고에 있는 얼음에 자꾸 손이 가기 마련이다. 놀랍게도 옛사람들 역시 더운 여름에 얼음을 사용했다고 한다. 겨울에 얼음을 채취했다가 여름에 꺼내 쓴 것이다. 냉장고도 없던 시절에 얼음을 어떻게 오랫동안 보관할 수 있었을까? 그 비밀은 석빙고에 있다. 석빙고는 겨울에 보관해 두었던 얼음을 봄·여름·가을까지 녹지 않게 효과적으로 보관하는 냉동 창고이다. 석빙고의 얼음 저장 과정은 냉각과 저온 유지의 두 단계로 나뉜다.

첫 번째 단계는 겨울에 석빙고의 내부를 냉각하는 것이다. 석빙고 출입문 옆에는 세로로 튀어나온 ㉠'날개벽'이 있다. 겨울에 부는 찬 바람은 날개벽에 부딪히면서 소용돌이로 변한다. 이 소용돌이는 추진력이 있어서 빠르고 힘차게 석빙고 내부 깊은 곳까지 밀고 들어가고, 석빙고 내부는 이렇게 냉각된다.

두 번째 단계는 2월 말 무렵에 얼음을 저장하고 나서 7-8개월 동안 석빙고 내부를 저온 상태로 유지하는 것이다. 이는 천장의 독특한 구조 덕분에 가능하다. 석빙고의 천장은 1-2m 간격을 두고 나란히 배치된 4-5개의 아치형 구조물로 이루어져 있다. 각각의 아치 사이에는 자연히 움푹 들어간 공간인 ㉡'에어 포켓'이 생긴다. 얼음을 저장하고 나서 시간이 지나면 내부 공기는 점점 더워진다. 하지만 더운 공기가 위로 올라간 순간 그 공기는 에어 포켓에 갇혀 아래로 내려오지 못하고 에어 포켓 위쪽에 설치된 굴뚝 모양의 환기구를 통해 밖으로 빠져나간다. 이렇게 해서 석빙고 내부는 한여름에도 저온 상태를 유지할 수 있었다.

또한 지붕에는 잔디를 심어 태양열을 차단하고, 내부 바닥 한가운데에 배수로를 경사지게 파서 얼음에서 녹은 물이 밖으로 흘러 나갈 수 있는 구조를 ⓐ갖추었다. 빗물이 석빙고 안에 들어오지 못하도록 석빙고 외부에 방수층을 만들고 얼음과 벽, 얼음과 천장, 얼음과 얼음 사이에는 짚과 왕겨 등의 단열재를 채워 넣어 외부 열기를 차단했다.

석빙고는 자연 그대로의 순환 원리에 맞춰 계절의 변화와 돌, 흙, 바람, 지형 등을 활용해 자연 상태에서 가장 효과적으로 얼음을 오랫동안 저장할 수 있는 구조로 되어 있다. 우리 조상들은 자연의 원리를 알고 그것을 잘 활용하여 석빙고라는 놀라운 과학적 구조물을 만든 것이다.

✦냉각(찰 冷, 물리칠 却) 식어서 차게 됨. 또는 식혀서 차게 함.

✦추진력(옮길 推, 나아갈 進, 힘 力) 물체를 앞으로 밀어 내보내는 힘.

✦아치형(arch形) 활과 같은 곡선으로 된 모양이나 형식.

✦환기구(바꿀 換, 기운 氣, 입 口) 탁한 공기를 맑은 공기로 바꾸거나 온도 조절을 하기 위하여 만든 구멍.

✦단열재(끊을 斷, 더울 熱, 재목 材) 열이 밖으로 빠져나가거나 안으로 들어오는 것을 막는 데 쓰이는 건축용 재료.

😃 내용 이해하기

1 문단: 석빙고에 ❶ ☐☐ 을/를 저
장하는 과정은 두 단계로 나뉨.

2 문단: 첫 번째 단계 – 겨울의 찬 바
람을 이용해 내부를 ❷ ☐☐ 함.

3 문단: 두 번째 단계 – 아치형 구조물
을 이용해 내부를 ❸ ☐☐ 상태로
유지함.

4 문단: 석빙고는 내부의 열을 낮추기
위한 장치들로 이루어짐.

5 문단: 석빙고는 ❹ ☐☐ 의 순환 원
리를 이용한 과학적 구조물임.

😊 주제 파악하기

자연의 순환에 맞게 효과적으로 얼음을
저장한 ❺ ☐☐☐ 의 구조적 원리

😊 확인 문제

❻ 조상들은 석빙고에서 물을 얼려 얼
음을 만들었다. (○ , ×)

❼ 석빙고 내부에는 빗물이 들어오는
것을 막기 위한 방수층이 있다.
(○ , ×)

❽ 석빙고는 자연의 원리를 이용해 얼
음을 오래 저장할 수 있는 구조로 되
어 있다. (○ , ×)

답 ❶ 얼음 ❷ 냉각 ❸ 저온
❹ 자연 ❺ 석빙고 ❻ ×
❼ × ❽ ○

1 '석빙고'에 대한 설명으로 적절하지 <u>않은</u> 것은?

① 내부의 벽이나 천장에 특징적인 구조물이 있다.

② 태양열을 차단하기 위해 지붕 위에 잔디를 심었다.

③ 얼음과 얼음 사이에 단열재를 넣어 외부 열기를 막았다.

④ 겨울에 채취한 얼음을 그다음 해 가을까지 보관해 주었다.

⑤ 얼음에서 녹은 물을 바닥 가운데로 모이게 해 이것을 다시 얼렸다.

2 ㉠과 ㉡에 대한 이해로 가장 적절한 것은?

① ㉠은 저온 유지를 위해, ㉡은 냉각을 위해 필요하다.

② ㉠은 바람의 힘을, ㉡은 물의 힘을 이용해 온도를 낮춘다.

③ ㉠은 계절의 변화를, ㉡은 온도 차이를 활용한 원리이다.

④ ㉠은 찬 공기를 안으로, ㉡은 더운 공기를 밖으로 보내기 위함이다.

⑤ ㉠과 ㉡은 외부의 공기가 들어오지 못하도록 차단하기 위한 구조물이다.

3 〈보기〉를 참고할 때, 다음 밑줄 친 부분이 ⓐ와 같은 의미로 사용된 것은?

> **보기**
>
> **갖추다** 「동사」
> 1. 있어야 할 것을 만들거나 가지다.
> 2. 지켜야 할 자세나 태도를 취하다.
> 3. 필요한 절차나 형식을 만족시키다.

① 어른들께는 예의를 <u>갖추어</u> 행동해야 한다.

② 보고서는 올바른 형식을 <u>갖추어</u> 써야 한다.

③ 면접을 보기 위해 격식을 <u>갖추어</u> 옷을 입었다.

④ 우리 공장은 신제품 생산을 위해 최신식 설비를 <u>갖추었다.</u>

⑤ 소방관은 언제라도 출동하기 위한 만반의 태세를 <u>갖추었다.</u>

어휘 공략하기

1 다음 장면을 설명하는 문장을 만들 때, 빈칸에 들어가기 <u>어색한</u> 어휘에 ∨표 하시오.

(1)

옷에 묻은 얼룩을 ⬚.
- ☐ 말렸다
- ☐ 지웠다
- ☐ 제거했다

(2)

농장에서 버섯을 ⬚ 체험을 했다.
- ☐ 캐는
- ☐ 새기는
- ☐ 채취하는

2 다음 밑줄 친 어휘와 공통으로 바꾸어 쓸 수 있는 말을 〈보기〉에서 골라 빈칸에 쓰시오.

> 보기
>
> 씻다   맑게 하다   흘러가다   내보내다   깨끗하게 하다

(1) 실내의 공기를 <u>정화하다</u>. / 공기 청정기의 필터를 <u>세척하다</u>.

➡ (   )

(2) 더운 공기를 환기구로 <u>밀어내다</u>. / 정화된 공기를 밖으로 <u>배출하다</u>.

➡ (   )

3 다음 문장의 (   ) 안에서 표기가 올바른 어휘를 골라 ○표 하시오.

(1) 선생님 말씀에 우리 모두 (주의 , 주위)를 기울이자.

(2) 옛날 사람들은 (어떡해 , 어떻게) 얼음을 보관했는지 알아보자.

4 〈보기〉의 밑줄 친 어휘에 해당하는 내용으로 알맞은 것의 기호를 쓰시오.

┌─ 보기 ┐

석빙고는 내부의 열을 낮추기 위한 장치들로 이루어져 있다.

	(1) 뜻풀이	(2) 비슷한 말	(3) 예문
이루다	㉮ 어떤 상태나 결과를 생기게 하다. ㉯ 뜻대로 되어 바라는 결과를 얻다. ㉰ 여럿이 모여 어떤 성질이나 모양을 띤 것이 되게 하다.	㉮ 낮다 ㉯ 구성하다 ㉰ 달성하다	㉮ 꿈을 이루려면 끊임없이 열심히 노력해야 한다. ㉯ 작은 꽃잎들이 하나의 아름다운 꽃송이를 이룬다. ㉰ 고향에 내려가는 차들로 고속도로가 만원을 이룬다.

(1) (   ) (2) (   ) (3) (   )

배경지식 확장하기

🏷 실전 1과 엮어 읽기

최초의 공기 청정기와 헤파 필터의 탄생

최초의 공기 청정기는 빅토리아 여왕이 왕위에 있던 19세기 제1차 산업 혁명 때 등장했다. 당시 영국은 집집마다 석탄 벽난로가 있었는데, 걸핏하면 화재가 났고 불이 주변 집들로까지 번지는 일이 많았다. 소화기와 같은 진화 장비가 잘 갖추어지지 않았기 때문에 사람들은 화재를 진압하기 위해 맨몸으로 불길에 뛰어들었다. 그 과정에서 연기 속에서도 호흡할 수 있는 소방용 가스 마스크가 개발되었다. 이 마스크에 적용된, 연기를 걸러 내는 기술이 최초의 공기 청정기라고 볼 수 있다.

제1차 세계 대전 이후 미국에서는 원자 폭탄을 개발했다. 우라늄 공장에서 원자 폭탄을 제작할 때 배출되는 방사성 물질로부터 노동자들을 보호하기 위해 공기 정화 기술에 관한 연구가 시작되었고, 그 결과 오늘날 필터식 공기 청정기에 널리 쓰이는 헤파 필터가 탄생했다. 헤파 필터는 여러 겹으로 겹친 주름 잡힌 종이 모양 필터로 0.3㎛, 즉 머리카락 한 가닥 두께(60㎛)의 200분의 1만 한 미세 먼지까지 99% 제거할 수 있다. 개발 초기에는 헤파 필터가 병원, 공장 등 대규모 시설용 공기 정화 시스템에 사용되었지만, 지금은 소형화되어 가정용 공기 청정기에도 사용되고 있다.

7가지 독해 원리로 깨우자!

독서·예술
실전 훈련

다음 글을 읽고 물음에 답하시오.

목표 7분

• 이덕무가 말한 책 읽기의 유익함에 ～～ 긋기 • 글쓴이가 생각하는 책 읽기의 유익함에 [ ] 표시하기

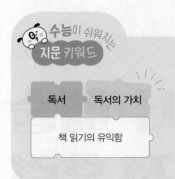

우리는 왜 책을 읽을까? 그 이유는 무척 다양하다. 책을 읽으면 궁금증을 해결할 수 있고 다른 사람의 생각을 알 수도 있다. 교양을 쌓거나 기분 전환을 위해서 책을 읽기도 한다. 부모님이나 선생님이 시키니까 마지못해 책을 읽는 사람이 있는 반면, 더 똑똑한 사람이 되기 위해 스스로 책을 읽는 사람도 있다. 물론 재미로 책을 읽는 사람도 있다.

책 읽기가 온갖 병을 고치는 데 쓰는 만병통치약이라고 여긴 사람도 있었다. 조선 후기의 학자인 이덕무가 바로 그 주인공이다. 그는 간서치, 즉 '책만 보는 바보'라고 불릴 정도로 책 읽기를 평생의 업(業)으로 삼은 사람이었다. 그가 말하는 책 읽기의 유익함은 다음과 같다.

약간 배가 고플 때 책을 읽으면 그 소리가 ⁺낭랑해져 글에 담긴 이치를 맛보느라 배고픈 줄 모르게 되는 것이 첫 번째 유익함이다. 조금 추울 때 책을 읽으면 그 기운이 몸속에 스며들어 온몸이 활짝 펴져 추위를 잊게 되는 것이 두 번째 유익함이다. 근심과 ⁺번뇌가 있을 때 책을 읽으면 마음속 온갖 상념이 일시에 사라지는 것이 세 번째 유익함이다. 기침할 때 책을 읽으면 기운이 ⁺통창해져 막히는 바가 없게 되어 기침이 멎게 되는 것이 네 번째 유익함이다.

이덕무가 말하는 책 읽기의 유익함은 언뜻 보면 이해하기 어려운 부분이 있다. 하지만 이덕무의 사정을 알면 책에 대한 그의 남다른 ⁺애착을 어느 정도 이해할 수 있다. 그는 학식이 매우 뛰어났으나 서자 출신이어서 벼슬길에 나갈 수가 없었다. 능력이 있어도 이를 발휘할 수 없는 답답한 상황에서 책은 그에게 따뜻한 위로가 되어 주었고 책을 읽고 함께 이야기 나눈 벗들은 커다란 힘이 되었던 것이다.

이덕무와 같은 상황에 처한 것은 아니더라도, 평소에 좋아하는 책을 한두 권쯤 정해 두는 것은 여러모로 유익하다. 슬프거나 화가 나는 일이 있을 때 책을 읽으면 마음이 고요해지고 책에서 위로를 얻을 수 있다. 재미있는 책을 읽으면 책에 빠져들어 걱정이나 근심을 잊을 수 있고, 글을 읽던 중에 근심거리를 해결할 수 있는 좋은 생각이 떠오르기도 한다. 힘이 들 때 꼭 책을 읽지 않더라도 예전에 읽었던 책이 도움이 되기도 한다. 책 내용이 내 몸 어딘가에 저장 혹은 기억되어 있다가 어느 순간 문득 떠오르면서 삶을 잘 살아갈 수 있는 지혜와 용기와 힘을 주는 것이다. 이렇게 보니 정말 책을 읽는 것은 만병통치약이 아닐 수 없다. 오늘부터라도 이덕무처럼 책 읽기에 빠져 보는 것은 어떨까?

⁺낭랑(밝을 朗, 밝을 朗)하다 소리가 매우 맑고 또렷하다.

⁺번뇌(번거로울 煩, 괴로워할 惱) 마음이 시달려서 괴로워함. 또는 그런 괴로움.

⁺통창(통할 通, 시원할 敞)하다 시원스럽게 넓고 환하다.

⁺애착(사랑 愛, 붙을 着) 몹시 사랑하여 떨어질 수 없음. 또는 그런 마음.

◐ 내용 이해하기

1 문단: 책을 읽는 다양한 ❶ ☐☐

2 문단: 책 읽기를 만병통치약으로 여긴 ❷ ☐☐☐

3 문단: 이덕무가 말한 책 읽기의 네 가지 ❸ ☐☐☐

4 문단: 이덕무가 책 읽기에 몰두할 수밖에 없었던 사정

5 문단: 책 읽기를 권하는 글쓴이의 당부

☺ 주제 파악하기

❹ ☐ 읽기의 가치와 중요성

☺ 확인 문제

❺ 단지 재미를 얻기 위해 책을 읽는 사람은 없다. (○ , ✕)

❻ 이덕무는 '책만 읽는 바보'라는 뜻의 간서치라고 불렸다. (○ , ✕)

❼ 마음이 힘들 때 책을 읽으면 마음이 차분해진다. (○ , ✕)

❽ 과거에 읽은 책은 우리에게 실질적인 도움을 주지 못한다. (○ , ✕)

답 ❶ 이유 ❷ 이덕무 ❸ 유익함
 ❹ 책   ❺ ✕   ❻ ○
 ❼ ○   ❽ ✕

1 윗글의 전개 방식에 대한 설명으로 적절하지 <u>않은</u> 것은?

① 과거의 사례를 통해 대상이 갖는 의미를 도출하고 있다.

② 반어적인 표현을 통해 대상의 중요성을 강조하고 있다.

③ 다양한 상황을 열거하여 대상을 알기 쉽게 설명하고 있다.

④ 질문 형식으로 글을 시작하여 독자의 호기심을 유도하고 있다.

⑤ 글쓴이가 말하고자 하는 바를 강조하며 글을 마무리하고 있다.

2 글쓴이가 생각하는 책 읽기의 유익함으로 적절하지 <u>않은</u> 것은?

① 슬픈 마음을 위로받을 수 있다.

② 걱정이나 근심을 해결할 수 있다.

③ 힘든 마음이 고요해지며 힘을 얻을 수 있다.

④ 다른 사람의 삶을 간접적으로 살아볼 수 있다.

⑤ 삶을 살아가는 데 필요한 지혜와 용기를 얻을 수 있다.

3 '이덕무'에 대한 평가로 가장 적절한 것은?

① 사회적 편견과 맞서 싸워 큰 성공을 거둔 사람이로군.

② 실패를 거듭해도 좌절하지 않고 끝내 목표를 이룬 사람이로군.

③ 장애를 이겨 내고 성공해 장애에 대한 편견을 없앤 사람이로군.

④ 사회적 차별로 인한 어려움을 책 읽기를 통해 극복한 사람이로군.

⑤ 사회적 불평등에 적극적으로 저항해 차별 없는 사회를 만든 사람이로군.

다음 글을 읽고 물음에 답하시오.

목표 8분

• 독서를 비유한 표현에 □ 표시하기 　• 4, 5문단에서 대조의 상황(대상)에 △ 표시하고 내용 비교하기

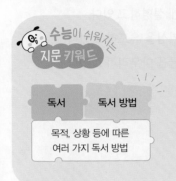

배우려고 책을 읽는 사람은 모름지기 번거로움을 참고 내용을 세밀하게 이해해 나가야 한다. 책을 읽을 때 절대로 성급한 마음을 지녀서는 안 된다. 만약 "꼭 책을 읽어야 해? 지름길이 따로 있는데."라고 한다면 이는 스스로를 깊은 구렁텅이로 밀어 넣는 것과 같다. 배우는 사람이 깨달음을 얻는 과정은 여러 겹으로 포장된 사물을 보는 것과 같아 곧바로 안을 들여다볼 수가 없다. 한 겹을 벗겨 내어 또 한 겹을 보고, 또 한 겹을 벗겨 내어 또 한 겹을 보며 읽어 가야 한다. ㉠겉을 다 벗겨 내면 비로소 살이 보이고 살을 발라내고 나면 뼈가 보이며, 뼈가 다 드러나면 그제야 골수가 보이는 것이다. 노력하지 않고 횡재를 얻으려는 허황된 마음을 품는다면 결코 얻을 수가 없는 일이다.

독서란 비유하자면 집을 관찰하는 것과 같다. 만약 밖에서 집의 겉모양을 보고는 문득 "집을 보았다."라고 한다면 그 집을 정확하게 알 수 없게 된다. 모름지기 안으로 들어가 하나하나 보고서 이 집은 몇 칸 집이며 몇 개의 창살이 있다고 해야 한다. 한 번 보고 또 거듭 보아서 집의 내부 구조를 통째로 기억할 수 있어야 집을 제대로 본 것이다.

사람들은 "독서는 마땅히 조용히 책 속의 뜻을 생각하며 감상해야 한다."라고 말하는데 이것은 곧 스스로를 나태하게 만드는 말이다. 만약 책을 읽었는데 의미를 깨닫지 못했다면 비록 급히 서둘러도 안 되겠지만 놓아 버리지 않는 것이 그래도 낫다. 만약 하루 종일 서성이면서 조용하다고 한다면 공부하는 것이라 간주할 수 없다. 약 달이는 것으로 비유하자면 모름지기 센 불로 달인 다음에 약한 불로 은근히 달여야 전혀 문제가 되지 않는 것이다.

누군가 이렇게 말했다. 배움에는 늙음과 젊음이 같지 않다. 젊을 때는 힘이 남으니 모름지기 읽지 않는 책이 없어야 하고, 그 뜻을 궁구하지 않으면 안 된다. 나이가 들면 모름지기 중요한 것을 선택하여 힘을 써야 한다. 한 권의 책을 읽다가 문득 나중에 공부하기에 어렵겠다 싶거든 다시 읽어 깨달아 이해해야 한다. 깊이 생각하고 의미를 찾아내 지극한 곳까지 살펴보는 것이 좋다.

정신이 우수한 사람은 널리 익혀도 얻는 것이 많다. 정신이 부족한 사람은 다만 말뜻이 간단하고 쉬운 것으로 함양해야 한다. 중년이 지난 사람은 책을 많이 읽으려 들면 안 된다. 단지 조금씩 조금씩 감상하고 사색해야 의미가 절로 드러난다.

✦골수(뼈 骨, 골수 髓) 뼈의 중심부에 가득 차 있는 연한 물질. (비유적으로) 말이나 글에서 가장 중요한 점.

✦횡재(가로 橫, 재물 財) 아무런 노력을 들이지 않고 뜻밖에 재물을 얻음. 또는 그 재물.

✦궁구(다할 窮, 연구할 究) 속속들이 파고들어 깊이 연구함.

✦함양(젖을 涵, 기를 養) 지식이나 능력, 성품 등을 기르고 닦음.

✦사색(생각 思, 찾을 索) 어떤 것에 대하여 깊이 생각하고 그 근본 뜻을 찾음.

● 바른답·알찬풀이 42쪽

😊 내용 이해하기

1 문단: ❶ ☐☐이/가 목적이라면 책을 천천히, 세밀하게 읽어야 함.

2 문단: ❷ ☐을/를 제대로 감상하려면 여러 번, 꼼꼼히 읽어야 함.

3 문단: 마음이 풀어지지 않게 강약을 조절하며 책을 읽어야 함.

4 문단: 젊어서는 많은 책을 읽고 늙어서는 한 권의 책을 ❸ ☐☐ 읽어야 함.

5 문단: 자신이 소화할 수 있을 만큼의 책을 사색하며 읽어야 함.

😊 주제 파악하기

독서 목적과 상황, 자신의 능력에 따른 올바른 독서 ❹ ☐☐와/과 태도

😊 확인 문제

❺ 깨달음을 얻으려면 성급한 마음을 지녀서는 안 된다. (○ , ×)

❻ 집과 책 모두 겉만 보고는 제대로 보았다 할 수 없다. (○ , ×)

❼ 나이가 어린 사람과 많은 사람의 독서 방법은 크게 다르지 않다.

(○ , ×)

답 ❶ 배움   ❷ 책   ❸ 깊이
❹ 방법   ❺ ○   ❻ ○
❼ ×

---

1 독서에 대한 글쓴이의 생각으로 적절하지 <u>않은</u> 것은?

① 자신의 능력에 따라 독서량을 조절해야 한다.

② 글쓴이의 주장이 옳은지 판단하며 읽어야 한다.

③ 책을 대충 훑어보지 말고 세밀하게 읽어야 한다.

④ 내용을 제대로 이해하려면 여러 번 반복해서 읽어야 한다.

⑤ 글의 의미를 깨닫지 못했더라도 포기하지 않고 읽어야 한다.

2 윗글의 글쓴이가 〈보기〉의 '유진'에게 조언할 내용으로 가장 적절한 것은?

> **보기**
>
> **유진:** 유명한 교수님이 방송에 출연해서 학교 다닐 때 1년에 책을 100권 넘게 읽으셨다고 말씀하시는 걸 봤어. 난 1년에 겨우 2권 읽을까 말까 한데 말이야. 그래서 난 오늘부터 책을 많이 읽기로 결심했어. 선생님께서 추천해 주신 책 100권을 1년 동안 다 읽고 말겠어.

① 이해하기 쉬운 책부터 어려운 책으로 순서를 정해 읽으면 좋습니다.

② 한 권을 읽어도 글에 대한 자신의 생각을 기록하며 읽는 것이 중요합니다.

③ 성급하게 독서량을 채우려 하기보다 글에 담긴 의미를 탐구하며 읽어야 합니다.

④ 추천 도서만 읽기보다는 자신이 관심 있는 분야의 책을 읽는 것이 더 좋습니다.

⑤ 많은 책을 읽었다 해도 책에서 배운 것을 실생활에 적용하지 않는다면 아무 소용이 없습니다.

3 ㉠과 같은 표현 방법이 사용된 것은?

① 나는 한 마리 어린 짐승

② 새악시 볼에 떠오는 부끄럼같이

③ 맛있으면 바나나, 바나나는 길어, 길면 기차, 기차는 빨라.

④ 라면이 뜨거워서 면발을 집어 후우 불었더니 면발이 까르르 웃었다.

⑤ 별 하나에 시와 / 별 하나에 어머니, 어머니 / 어머님, 나는 별 하나에 아름다운 말 한마디씩 불러 봅니다.

어휘 공략하기

1 다음 어휘에 해당하는 뜻풀이를 알맞게 선으로 연결하시오.

(1) 이치

(2) 횡재

(3) 사색

(4) 발휘

㉮ 재능이나 실력 등을 잘 나타냄.

㉯ 어떤 것에 대하여 깊이 생각하고 그 근본 뜻을 찾음.

㉰ 아무런 노력을 들이지 않고 뜻밖에 재물을 얻음. 또는 그 재물.

㉱ 정당하고 도리에 맞는 원리. 또는 근본이 되는 목적이나 중요한 뜻.

2 다음 문장의 ( ) 안에서 표기가 올바른 어휘를 골라 ○표 하시오.

(1) 오징어 한 마리를 (통채로 , 통째로) 구웠다.

(2) 간장을 (달이는 , 다리는) 냄새가 집 안에 진동했다.

3 다음 뜻풀이를 읽고, 십자말풀이의 빈칸에 들어갈 알맞은 말을 쓰시오.

(1)

가로 일의 형편이나 이유.

세로 좋지 않은 일이 있을까 봐 두렵고 불안함.

(2)

가로 무엇이 알고 싶어 몹시 답답하고 안타까운 마음.

세로 속속들이 파고들어 깊게 연구함.

(3)

가로 지식이나 능력, 성품 등을 기르고 닦음.

세로 사회적 경험이나 학식을 바탕으로 사회생활, 문화 등 여러 분야에 걸쳐 쌓은 지식이나 품위.

4 다음 밑줄 친 어휘와 뜻이 비슷한 어휘를 모두 골라 ○표 하시오.

(1) **멎다** : 아기에게 우유를 먹이자 곧 울음소리가 <u>멎었다</u>.

> 내리다　　　멈추다　　　그치다　　　지나치다

(2) **나태하다** : <u>나태한</u> 사람은 맡은 일을 제때에 해내지 못하는 법이다.

> 느리다　　　성공하다　　　게으르다　　　부지런하다

(3) **유익하다** : 이 음식에는 영양소가 골고루 들어 있어 건강에 <u>유익하다</u>.

> 좋다　　　해롭다　　　이롭다　　　중요하다

배경지식 확장하기　　　　　🏷 실전 2와 엮어 읽기

효과적인 읽기를 위한 SQ3R 독서법

　일반적으로 널리 쓰는 책 읽기 방법 가운데 SQ3R 독서법이 있다. 이 방법은 학습을 위한 독서법 중에서 효율성이 높은 편이다. 이 독서법은 제2차 세계 대전이 한창이던 시기인 1941년에 미국 오하이오 주립 대학의 프랜시스 로빈슨 교수가 훈련병을 효과적으로 교육하기 위해 만든 것으로 알려져 있다.

　5단계의 SQ3R 독서법을 자세히 살펴보자. 첫 번째는 훑어보기(Survey) 단계다. 글을 읽기 전에 제목과 차례, 글에 쓰인 문장과 어휘 등을 훑어보며 글의 내용을 미리 짐작해 보는 것이다. 두 번째는 질문하기(Question) 단계다. 첫 번째 단계에서 글의 내용을 짐작해 보았으니 글을 읽으면서 해결할 궁금증을 질문 형식으로 만들어 보는 것이다. 세 번째는 정독하기(Read) 단계다. 앞선 단계에서 했던 질문에 대한 답을 찾아가며 집중해서 책을 읽는 것이다. 네 번째는 되새기기(Recite) 단계다. 정독하기 단계에서 찾은 답을 정리하고 핵심 내용을 요약하는 것이다. 다섯 번째는 다시 보기(Review) 단계다. 앞에서 정리한 핵심 내용에 대해 자신의 생각을 비판적으로 적용해 보고 책에 대한 자신의 생각을 적어 보는 것이다.

　책을 읽을 때 이 5단계를 반드시 지킬 수는 없지만 이러한 독서법이 있음을 알고 평소 책을 읽을 때 꾸준히 적용한다면 좋은 독서 습관을 기를 수 있을 것이다.

다음 글을 읽고 물음에 답하시오.

• 중심 화제 두 가지에 각각 ○, □ 표시하기   • 두 중심 화제의 특징을 비교한 부분에 ▨ 표시하기

목표 8분

| 그림 1 | 김정희, 「세한도」(1844)

| 그림 2 | 구스타브 쿠르베,
「오르낭의 큰 떡갈나무」(1864)

〈그림 1〉과 〈그림 2〉는 우리가 흔히 '동양화'라고 하는 그림과 '서양화'라고 하는 그림이다. 이들은 서로 비슷한 시기에 그려진 것이고 둘 다 나무를 그렸지만, 얼핏 보기에도 매우 다르다. 이런 차이는 무엇 때문에 생긴 것일까?

첫째, 동양과 서양은 그림을 보는 시각이 다르다. 동양에서는 그림을 인격*수양의 방법으로 생각하여 그리는 이의 정신과 인격을 어떻게 표현하느냐를 중요하게 여겼다. 그래서 사물을 보는 대로 그린다거나 대상의 색을 그대로 칠하는 것을 그림을 그리는 기초에 불과하다고 생각했다. 그에 비해 서양에서는 주로 그림의 기록적인 측면이나 표현 방법을 중요하게 여겼다. 서양 미술에서 원근법이나 빛에 따른 대상의 변화와 형태를 파악하는 방법 등이 발달한 것도 이러한 까닭이다.

둘째, 동양의 그림과 서양의 그림은 그리는 재료가 다르다. 동양에서는 주로 한지나 화선지 또는 비단에 먹으로 그림을 그렸다. 한지, 화선지 같은 종이나 비단같이 결이 고운 천은 먹의 진하고 연함이나 자세한 붓놀림을 잘 담아낼 수 있다. 그에 비해 서양에서는 주로 캔버스라고 불리는 천과 유화 물감을 사용했는데 이 재료로 그림을 그리면 손쉽게 덧칠하거나 고쳐 그릴 수가 있다. 심지어 완성된 그림 위에 완전히 새로운 그림을 덧그릴 수도 있다.

셋째, 이런 차이 때문에 동양과 서양에서 그림을 그리는 방법은 매우 다르게 발전했다. 먹으로 그릴 때에는 한 번의 붓질로 완성해야 하므로 순간적인 표현력이 중시되었고, 넓게 칠하는 작업보다 선으로 가늘게 그리는 작업이 *수월하여 선으로 표현하는 방법이 발달했다. 반면에 유화 물감으로 그리면 계속 덧칠하여 그림을 고칠 수 있어서 꼼꼼한 과정이 중시되었다. 대강의 형태를 스케치하고 그 위에 차근차근 색을 칠해 가는 것이다. 그래서 선보다는 명암이나 색, *질감 등이 강조되어 입체적인 표현을 할 수 있었다.

이 밖에도 동양은 화면의 *여백을 충분히 살려 그리지만 서양은 화면에 꽉 차게 그림을 그린다는 차이가 있다. 현대에 들어 동서양 간의 교류가 활발해지면서 동양과 서양의 그림의 차이는 많이 무너졌다. 자신이 생각한 바를 자신만의 방법으로 그리는 것을 중요하게 생각하는 *풍조도 이에 한몫하고 있다.

✦**수양**(닦을 修, 기를 養) 몸과 마음을 단련하여 품성이나 지식, 도덕심 등을 기르는 일.
✦**수월하다** 어떤 일이 복잡하거나 힘들지 않아서 하기가 쉽다.
✦**질감**(바탕 質, 느낄 感) 물감, 캔버스, 그림을 그리는 도구 등이 만들어 내는 화면 대상의 느낌.
✦**여백**(남을 餘, 흰 白) 종이 등에 글씨를 쓰거나 그림을 그리고 남은 빈 자리.
✦**풍조**(바람 風, 조수 潮) 시대에 따라 달라지는 세상의 상태나 형편.

내용 이해하기

1 문단: 동양화와 ❶ ☐☐☐은/는 차이가 있음.

2 문단: 동서양은 그림을 보는 시각이 다름.

3 문단: 동서양은 그림 그리는 ❷ ☐☐이/가 다름.

4 문단: 동서양은 재료 차이로 인해 그림 그리는 ❸ ☐☐이/가 다르게 발전함.

5 문단: 동서양은 ❹ ☐☐을/를 처리하는 방법이 다르고, 현대에는 동서양 그림의 차이가 줄어듦.

주제 파악하기

동양화와 서양화는 그림을 보는 ❺ ☐☐ 및 재료나 방법 등의 차이로 다르게 발전함.

확인 문제

❻동양에서는 그림을 인격 수양의 방법으로 생각했다. (○ , ×)

❼서양에서는 비단 같은 고운 천에 유화 물감으로 그림을 그렸다.

(○ , ×)

❽동양화와 서양화 모두 손쉽게 덧칠하거나 고쳐 그릴 수 있다. (○ , ×)

답 ❶ 서양화 ❷ 재료 ❸ 방법
❹ 여백 ❺ 시각 ❻ ○
❼ × ❽ ×

---

1 윗글의 내용과 일치하는 것은?

① 서양화는 선으로 표현하는 방법이 발달했다.

② 동양화는 그리는 과정에서 지속적인 수정이 가능하다.

③ 서양화는 대상을 사실적으로 묘사하는 것을 중시한다.

④ 동양화는 명암, 색, 질감 등이 강조되는 기법이 발달했다.

⑤ 동양화는 꼼꼼한 과정을 중시하는 반면 서양화는 순간적인 표현력을 중시한다.

2 글쓴이가 윗글을 쓴 의도로 가장 적절한 것은?

① 동양화의 여백의 아름다움을 널리 알리기 위해서

② 동양화와 서양화에 관해 독자의 이해를 돕기 위해서

③ 동양화와 서양화의 재료 변화 과정을 설명하기 위해서

④ 서양화의 입체적 표현 기법의 우수성을 강조하기 위해서

⑤ 동양화와 서양화 각각의 그림을 감상하는 방법을 알려 주기 위해서

3 윗글을 바탕으로 ㉮, ㉯를 비교한 내용으로 적절하지 <u>않은</u> 것은?

① ㉮, ㉯는 그린 시기와 소재가 비슷하다.

② ㉮는 먹을, ㉯는 유화 물감을 이용하여 그렸다.

③ ㉮는 여백을 넓게 써서 풍경과 분위기를 전하고 있다.

④ ㉯는 대상이 화면을 거의 덮듯이 배경을 가득 채우고 있다.

⑤ ㉮, ㉯는 동서양의 그림 그리는 방식과 관련 없이 화가가 생각한 것을 자신만의 방법으로 그린 결과물이다.

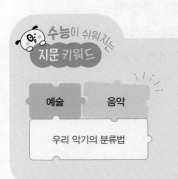

다음 글을 읽고 물음에 답하시오.

 목표 9분

• 중심 화제에 ○ 표시하고, 이것을 정의한 부분에 ~~~ 긋기 • 2~5문단에 나온 우리 악기의 재료에 □ 표시하기

1 흔히 악기를 분류할 때 관악기, 현악기, 타악기 등과 같이 연주 형태에 따라 구분하는데, 우리 악기는 독특한 방법으로 분류한다. 금부(金: 쇠붙이), 석부(石: 돌), 사부(絲: 실), 죽부(竹: 대나무), 포부(匏: 박), 토부(土: 흙), 혁부(革: 가죽), 목부(木: 나무)와 같이 악기를 만드는 재료에 따라 분류하는 것이다. 우리 조상들은 자연에서 쉽게 얻을 수 있는 이런 재료를 최소한으로 +가공하여 악기로 만들었다. 우리 악기의 분류법이자 이 여덟 재료를 가리켜 팔음(八音)이라고 한다.

2 먼저 쇠붙이로 만든 악기에는 징, 꽹과리, 편종 등이 있다. 이 악기들은 사방을 깨우는 듯한 소리를 내어 특별한 신호를 보내거나 놀이판의 흥을 높인다. 돌로 만든 악기는 추위나 더위에 강하여 음의 변화가 거의 없기 때문에 다른 악기의 음을 맞추거나 +고르게 하는 기준이 된다. 궁중에서 제사를 지낼 때 쓰는 편경은 나무틀에 'ㄱ' 자 모양의 돌 열여섯 개를 상하로 매달고 각퇴라는 채로 쳐서 소리를 낸다.

3 실은 가야금, 거문고, 아쟁, 해금 등의 줄로 쓰인다. 특히 명주실은 잘 끊어지지 않고 탄력이 있어 우리 악기에 가장 많이 쓰인다. 가야금은 오동나무로 만든 울림통에 명주실로 된 열두 줄을 꼬아 얹어 만든 것으로 손가락으로 뜯거나 튕겨서 소리 낸다. 아쟁은 개나리 나뭇가지로 만든 활대에 송진을 묻혀 명주실로 된 줄을 문질러서 소리를 낸다.

4 대나무로 만든 악기에는 대금, 단소, 피리 등이 있다. 대금은 입김을 넣은 강도에 따라 세 가지 음색이 난다. 바가지의 재료이기도 한 박으로 만든 악기에는 생황이 있다. 생황은 박으로 만든 울림통에 서로 길이가 다른 대나무 관 여러 개를 꽂은 것으로 우리 악기 중에 유일하게 +화음을 낸다. 흙을 빚고 구워서 만든 악기로는 각각 입으로 불거나 대나무 채로 두드려 소리 내는 훈과 부가 있다.

5 가죽으로 만든 악기 중 북은 대개 양쪽 모두에 소가죽을 씌우는 데 비해 장구는 양쪽에 다른 가죽을 쓴다. 장구의 오른편은 얇은 말가죽을 씌워 높고 날카로운 소리를 내고, 왼편은 소가죽이나 오른편보다 두꺼운 말가죽을 씌워 낮고 부드러운 소리를 낸다. 나무로 만든 악기는 딱딱한 소리가 나서 +합주할 때 연주의 시작과 끝을 알리는 역할을 한다. 박달나무 조각으로 만든 박이 그 예이다.

6 옛사람들이 우리 악기를 연주 형태가 아닌 재료로 분류한 까닭은 악기의 소리를 재료가 결정한다고 보았기 때문이 아닐까? 분명한 것은 자연에서 얻은 여덟 가지 재료가 내는 독특한 소리가 서로 어우러져 아름다운 소리를 낸다는 것이다.

+**가공**(더할 加, 장인 工) 기술이나 힘 등을 이용해 원료나 재료를 새로운 제품으로 만듦.

+**고르다** 날씨, 음정 등의 상태 변화가 크지 않고 정상적이다.

+**화음**(화목할 和, 소리 音) 높이가 서로 다른 둘 이상의 음이 함께 어울리는 소리.

+**합주**(합할 合, 아뢸 奏) 두 가지 이상의 악기로 동시에 연주함. 또는 그런 연주.

1 윗글의 문단 간의 관계를 설명한 내용으로 가장 적절한 것은?

① 1문단에 나온 대상의 기능을, 2~6문단에서 단계별로 제시하고 있다.

② 1문단에 글쓴이의 주장을, 2~6문단에 그에 대한 근거를 제시하고 있다.

③ 1문단에 나온 문제에 대해 6문단에서 해결 방법을 요약 제시하고 있다.

④ 1문단에 제시된 대상을 2~5문단에서 여러 가지 예를 들어 구체적으로 설명하고 있다.

⑤ 1문단에 제시된 대상에 대한 관점을 6문단에서 상반된 관점과 대조하여 설명하고 있다.

2 윗글과 〈보기〉를 읽고 비판적으로 질문하는 활동을 할 때 가장 적절한 것은?

> **보기**
>
> 가야금은 소리가 맑고 우아하며 부드러운 것이 특징인데 그 이유를 가야금을 만드는 주재료에서 찾을 수 있다. 가야금을 이루는 재료는 오동나무, 명주실과 같은 자연에서 얻은 재료이다. 이처럼 식물성 재질이 많이 사용된 악기로 연주하면 금속성 재질의 악기로 연주하는 것보다 음악이 유순하게 느껴진다.
>
> ✦유순하다 성격이나 태도 등이 부드럽고 순하다.

① 가야금에서 더욱 맑고 우아한 소리가 나게 하는 방법은 무엇일까?

② 금속성 재료로 만든 악기에서도 부드러운 소리가 나는 예가 있을까?

③ 자연에서 얻은 재료로 악기를 만들었을 때 발생하는 문제점은 없을까?

④ 금속성 재료로 만든 악기가 식물성 재질의 악기보다 나은 점은 무엇일까?

⑤ 금속성 재질의 악기보다 식물성 재질의 악기에서 나는 소리가 더 부드럽게 느껴진다는 것을 증명할 수 있는 구체적인 자료가 있을까?

어휘 공략하기

1

〈보기〉의 뜻풀이를 읽고, 십자말풀이의 빈칸에 들어갈 알맞은 말을 쓰시오.

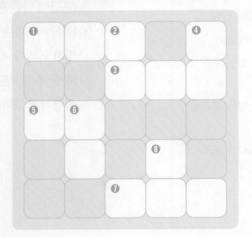

보기

가로 열쇠

❶ 한국, 일본, 중국 등 동양에서 비단이나 화선지에 붓과 먹 등을 사용하여 전통 방식으로 그린 그림.

❸ 현이 12줄인 우리나라 고유의 현악기.

❺ 목소리나 악기로 박자와 가락이 있게 소리 내어 생각이나 감정을 표현하는 예술.

❼ 글을 쓰거나 그림을 그릴 때 쓰는 한지.

세로 열쇠

❷ 그림 그리는 것을 직업으로 하는 사람.

❹ 울림통에 세로로 대를 세우고 두 줄로 울림통과 대를 연결한 모양으로, 활대로 두 줄을 문질러서 소리를 내는 우리나라 고유의 현악기.

❻ 음악을 연주하는 데 쓰는 기구를 통틀어 이르는 말.

❽ 1392년 이성계가 고려를 무너뜨리고 세운 나라.

2

다음 문장의 빈칸에 들어갈 알맞은 어휘를 〈보기〉에서 골라 쓰시오.

보기

| 교류 | 가공 | 풍조 |

(1) 이 만두는 냉동 [ ] 식품이라 장기간 보관할 수 있다.

(2) 과소비를 하는 [ ] 때문에 명품 가방의 판매가 늘고 있다.

(3) 이웃한 두 나라는 문화와 기술 등의 [ ]을/를 활발히 하고 있다.

3 다음 문장의 ( ) 안에서 표기가 올바른 어휘를 골라 ○표 하시오.

(1) 수아는 귀에 이어폰을 (꼳고 , 꽂고) 음악을 듣고 있었다.

(2) 물고기가 얼마나 힘이 세던지 그만 낚싯줄이 (끈어져 , 끊어져) 버렸다.

(3) 우리 집 마당에는 할아버지께서 손수 (매달아 , 메달아) 주신 나무 그네가 있다.

4 다음 문장의 밑줄 친 어휘와 뜻이 반대인 어휘에 ∨표 하시오.

(1) 이 도서관은 도서 정리가 잘되어 있어서 자료 찾기가 <u>수월하다</u>.

| ㉮ 손쉽다 ☐ | ㉯ 까다롭다 ☐ | ㉰ 어지럽다 ☐ |

(2) 피아노 건반 세 개를 동시에 울리면 하나만 울렸을 때보다 더 <u>입체적</u>으로 들린다.

| ㉮ 종합적 ☐ | ㉯ 평면적 ☐ | ㉰ 다각적 ☐ |

배경지식 확장하기

🏷 실전 2와 엮어 읽기

조선의 궁중 제사 음악에 사용된 팔음

▲ 편경

조선의 궁중 음악은 조상을 찬양하고 임금과 신하가 화합하며 백성을 교화하기 위한 음악으로, 당대 통치 이념에서 중시되었다. 종묘 제례악은 대표적인 궁중 음악으로, 조선의 역대 여러 왕과 왕후의 신주(죽은 사람의 이름을 적은 나뭇조각)를 모신 곳인 종묘에서 제사를 지낼 때 연주되었다. 세조 때에는 팔음을 갖춘 40여 종에 이르는 대규모의 악기 편성이 이루어졌는데 편경, 편종, 대금, 피리, 태평소, 해금 등이 사용되었다.

종묘 제례악에는 조선 시대의 다양한 사상이 담겨 있다. 조상의 제사를 모신다는 점에서 유교 사상을 바탕으로 하고, 악기 편성에서도 음양오행 사상 등을 배경으로 한다. 우주의 모든 것이 음과 양으로 나타나 서로 대립적이면서도 상호 보완을 한다는 것이 음양설이고, 금(金), 수(水), 목(木), 화(火), 토(土)의 다섯 가지 재료가 음양의 원리에 따라 우주 만물의 근원이 된다는 것이 오행설이다. 재료에 따른 악기 분류법인 팔음 역시 이 음양오행 사상의 영향을 받은 것이다. 팔음의 악기 중 금부, 석부, 토부는 서쪽을, 포부, 죽부, 목부는 동쪽을, 사부는 남쪽을, 혁부는 북쪽을 의미한다. 세조 때 종묘 제례악에서 팔음을 갖추어 대규모로 악기를 편성한 것은 음양오행의 균형을 맞추기 위한 것으로 볼 수 있다.

다음 글을 읽고 물음에 답하시오.

목표 8분

• 팝 아트 작가에 □ 표시하고, 작품의 특징에 ∿ 긋기 • 팝 아트의 소재에 ○ 표시하기

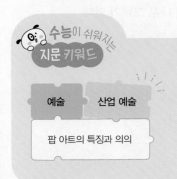

팝 아트는 누구에게나 친숙한 소재를 작품에 녹인 미술 장르이다. 1960년대 미국에서 팝 아트가 유행하기 전까지는 추상 표현주의라는 미술 사조가 유행했다. 뜻을 이해하기 어려운 추상 표현주의 작품에 고개를 갸웃거리던 대중은 자신에게 친숙한 소재를 활용한 팝 아트 작품을 보고 열광했다.

상품의 포장지로 작품을 만든 앤디 워홀은 팝 아트의 교황으로 불린다. 워홀은 작품의 소재를 슈퍼마켓이나 대중 잡지에서 찾아 판화로 찍은 다음 반복해서 나열했다. 워홀이 나열했던 이미지 가운데에는 당시 가장 유명한 여배우였던 매릴린 먼로의 사진도 있다. 어디서나 쉽게 볼 수 있는 이미지가 작품으로 탈바꿈한 것을 보고 당시 사람들은 신선한 충격을 받았다. 늘 보던 것이지만 반복하거나 확대하니 새롭게 보인 것이다. 그동안 사람들은 미술이 심오한 활동이라고 생각했다. 하지만 팝 아트 작가들의 생각은 달랐다. 특히 워홀은 미술을 오락적인 '상품'과 다름없다고 말하며, 미술이 미술관에서 나와 일상생활 속으로 뛰어들어야 한다고 주장했다.

팝 아트의 중요한 소재 가운데 하나는 만화이다. 리히텐슈타인은 만화의 한 장면을 광고 게시판 크기로 크게 확대하여 표현했다. 대중에게 너무나 익숙한 만화지만, 크게 확대해서 보면 오히려 완전히 새롭게 보인다는 것을 활용한 것이다. 만화뿐이 아니다. 수저나 운동화가 백 배 정도로 커진 모습을 상상해 보면 더는 익숙한 물건처럼 보이지 않을 것이다. 올덴버그는 우리가 즐겨 먹는 햄버거나 아이스크림을 건물 크기 정도의 거대한 조각 작품으로 만들어서 관객들이 주변의 일상용품을 새롭게 볼 수 있도록 했다.

팝 아트 작가들이 작품에 활용한 콜라, 햄버거, 만화, 매릴린 먼로 등과 같은 친숙한 이미지들은 대량 소비 시대의 산물이다. '대량 소비'는 공장에서 한꺼번에 대량으로 만들어진 제품을 사용한다는 뜻이다. 이런 제품은 구하기 쉽고 편리한 대신 모두 똑같아서 개성이 사라진다는 단점도 있다. 팝 아트 작가들의 작품은 이러한 현대의 소비문화를 찬미하는 동시에 비판한 것이다.

팝 아트 작가들이 대중에게 인기를 끈 것은 익숙한 소재를 활용하여 색다른 재미를 주고, 대중이 쉽게 미술을 즐길 수 있는 기회를 주었기 때문이다. 팝 아트 작가들에게 미술은 소수의 사람이 즐기는 신성한 예술 활동이 아니었다. 이들은 미술을 오락으로 취급하고 마치 상품처럼 제공하여 오히려 미술의 새로운 장을 열었다.

✦ **친숙**(친할 親, 익을 熟) 친하여 익숙하고 허물이 없음.

✦ **사조**(생각할 思, 조수 潮) 어떤 시대의 전체에 걸쳐 나타난 사상의 흐름.

✦ **심오**(깊을 深, 깊숙할 奧)**하다** 사상이나 이론 등이 깊이가 있으며 이해할 수 없을 만큼 놀랍고 신기하다.

✦ **찬미**(기릴 讚, 아름다울 美) 아름답고 훌륭한 것 등을 높여 말하며 칭찬함.

😊 내용 이해하기

1 문단: **❶** ☐☐☐☐의 의미와 팝 아트가 인기를 얻은 이유

2 문단: **❷** ☐☐☐☐이/가 사용한 팝 아트 소재와 작품의 특징

3 문단: 리히텐슈타인, 올덴버그가 사용한 팝 아트 소재와 작품의 특징

4 문단: 주요 **❸** ☐☐에서 알 수 있는 팝 아트 작가들의 의도

5 문단: 미술을 대중적인 예술로 이끈 팝 아트의 의의

😊 주제 파악하기

팝 아트의 대표 **❹** ☐☐들을 통해 살펴본 팝 아트의 특징과 의의

😊 확인 문제

❺ 앤디 워홀은 미술이 미술관에서 나와 일상생활 속에 있어야 한다고 생각했다. (○ , ×)

❻ 햄버거 또는 아이스크림을 거대한 조각 작품으로 만든 작가는 올덴버그이다. (○ , ×)

❼ 팝 아트 작가들은 미술을 소수의 사람이 즐기는 신성한 예술 활동으로 여겼다. (○ , ×)

> **답 ❶** 팝 아트 **❷** 앤디 워홀
> **❸** 소재 **❹** 작가 **❺** ○
> **❻** ○ **❼** ×

1
'팝 아트'에 대한 설명으로 적절하지 않은 것은?

① 대중에게 친숙한 소재를 작품에 활용한 미술 장르이다.

② 심오한 미술 작품을 어려워한 사람들에게 높은 인기를 얻었다.

③ 미술을 상품처럼 제공하여 대중이 쉽게 미술을 즐길 수 있게 했다.

④ 현대의 소비문화를 칭찬하는 동시에 비판하는 주제 의식을 담았다.

⑤ 작가인 앤디 워홀은 상품 포장지와 만화 장면을 작품의 소재로 활용했다.

2
윗글을 바탕으로 추론한 내용으로 가장 적절한 것은?

① 팝 아트 작가들은 추상 표현주의 정신을 이으려 했겠군.

② 1960년대 미국 전반에서는 '대량 소비'를 거부하는 분위기가 있었군.

③ 팝 아트는 발생한 당시에만 성행하고 오늘날에는 사라진 미술 사조로군.

④ 여배우의 사진도 판화로 찍어 반복하여 나열하면 신성한 예술 작품이 될 수 있겠군.

⑤ 팝 아트 작가들은 대량 생산되는 상품도 예술의 소재로 활용하면 새롭게 느껴질 것이라 생각했겠군.

3
〈보기〉의 관점에서 팝 아트를 비판한 내용으로 가장 적절한 것은?

> ┤ 보기 ├
>
> 예술 작품의 가치는 정신적인 창조의 과정을 거친 작가의 개성을 통해 드러난다. 그러므로 작가가 작품의 제작 과정이나 아이디어 선택 과정에서 특별한 고민 없이 기존의 소재를 활용하여 이미지화한 작품이 예술 작품에 포함될 수 있는 것인지 의문스럽다.

① 일상용품을 회화나 조각품으로 만들 때에야 예술 작품이 된다.

② 팝 아트에 추상 표현주의를 결합해야 예술적 가치가 높아진다.

③ 배우의 이미지를 어떻게 나열하는가에 따라 예술적 가치가 달라진다.

④ 비교적 낮은 수준의 문화인 만화를 활용한 팝 아트 작품은 예술적 가치가 떨어진다.

⑤ 대중에게 익숙한 대상을 확대만 해서 표현한 팝 아트 작품은 작가의 개성과 고민을 담고 있지 못해 예술적 가치가 떨어진다.

다음 글을 읽고 물음에 답하시오.

목표 9분

· 중심 화제에 ○ 표시하기 · 5문단에서 '원인 – 결과'의 관계를 보여 주는 부분에 ~~ 긋기

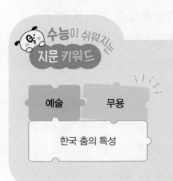

한국 춤이 가진 특성을 단적으로 이르는 말로 "손 하나만 들어도 춤이 된다."가 있다. 이는 겉으로는 동작이 거의 없는 듯하면서도 그 속에 잠겨 흐르는 미묘한 움직임이 있어 수많은 움직임을 하나의 움직임으로 집중하여 완결시킨 경지이다. 이를 흔히 †정중동'이라고 한다.

한국 춤에는 '장단을 먹어 주는' 대목이 많이 나온다. '장단을 먹어 주는' 대목은 맺힌 것을 풀어 주는 †이완일 경우도 있고 풀린 것을 맺어 주는 긴장일 경우도 있다. 긴장과 이완을 적절히 배합하여 맺고 풀고 어르고 당기는 데에 한국 춤의 묘미가 있다.

이렇게 맺고 푸는 연결점의 고리 역할을 더 철저히 하면서도 더 자유분방한 경우가 있는데, ㉠'엇박을 타는' 대목이 그러하다. '엇박을 타는' 대목은 정해진 순서대로 진행되는 구조에 작은 변화를 준다. 이렇게 해서 †일상성은 새로운 상황을 맞이하고 새로운 활기를 얻는다. 그러나 그것은 어디까지나 이치에 맞고 우호적이어서 저항감보다는 오히려 친근감을 더해 준다. 이러한 자연스러운 파격으로 만들어지는 흥은 한국적 †해학이 되어 한국 예술 전반에 두루 나타난다.

일상성의 파격은 한국적 선에서도 찾아볼 수 있다. 한국의 지붕 선은 직선도 곡선도 아닌, 기묘하게 휘어진 선이다. 기와지붕의 처마 선처럼 하늘의 빛을 어깻죽지에 받아 날렵하게 밑으로 흘리되 이를 그 끄트머리에서 다시 모아 고이게 했다가 조금씩 아래로 떨어뜨리는 한국적 선은 버선발의 선이나 소맷자락의 선을 최대한으로 살리는 한국 춤의 선과 다르지 않다. 이는 멋과 흥을 어깨에 받아 선을 그리면서 이를 온몸에 펼치며 오금과 †돋움새로 발을 내디디는 한국 춤의 모양새와 일치한다.

한국인은 판에 박은 듯한 글씨나 그림을 높이 평가하지 않고, 도자기를 굽더라도 서로 모양이 다른 것이 나올 때라야 묘미를 느낀다. 똑같은 것을 두 번 되풀이하는 것을 재미없어 하는 것이다. 한국 춤을 흔히 멋과 흥의 춤이라고 하는데, 이러한 일상적 파격의 요소들이 어우러져 때로는 음악과 춤이 전혀 다르게 제각기 제멋대로 공연되기도 하고, 때로는 휘모리장단으로 마구 몰아대는 음악 반주에도 아랑곳없이 아주 느리고 태평스러운 춤을 추기도 한다. 이러한 음악과 춤의 극단적인 대비로 오히려 역동성이 드러나고, 더 나아가 춤과 음악이 자유로운 불일치를 이루는 데에서 최고의 조화로운 경지를 이루어 내는 것이다. 결국 한국인은 일상성의 파격을 바탕으로 이미 삶을 예술화하면서 살고 있다고 할 수 있겠다.

✦정중동(고요할 靜, 가운데 中, 움직일 動) 조용한 가운데 어떠한 움직임이 있음.
✦이완(늦출 弛, 느릴 緩) 바짝 긴장되어 있던 정신이나 분위기가 풀림.
✦일상성(날 日, 항상 常, 성질 性) 날마다 반복되는 성질.
✦해학(고를 諧, 희롱할 謔) 우습고 재미있으면서도 품위가 있는 말이나 행동.
✦돋움새 한국 전통 무용에서, 제자리에서 몸을 위로 돋운 다음 굽힘이 연결되게 하는 준비 동작.

😊 **내용 이해하기**

1 문단: 한국 춤은 '정중동'의 특성이
   있음.

2 문단: 한국 춤에는 '❶ ☐☐'을/를
   먹어 주는 대목'이 많이 나옴.

3 문단: 한국 춤에는 '❷ ☐☐'을/를
   타는 대목'이 있음.

4 문단: 한국 춤에는 한국적 ❸ ☐이/
   가 드러남.

5 문단: 한국 춤을 보면 한국인의 삶을
   알 수 있음.

😊 **주제 파악하기**

일상성의 ❹ ☐☐을/를 바탕으로 멋
과 흥을 드러내는 한국 춤

😊 **확인 문제**

❺ "손 하나만 들어도 춤이 된다."라는
   말에 담긴 한국 춤의 특성을 가리켜
   '정중동'이라고 한다. (○, ×)

❻ 한국인은 도자기를 구울 때 같은 모
   양이 나와야 높게 평가한다.
                              (○, ×)

❼ 한국 춤은 흔히 멋과 흥의 춤이라고
   한다. (○, ×)

┌─────────────────────┐
│ **답** ❶ 장단   ❷ 엇박   ❸ 선   │
│   ❹ 파격   ❺ ○   ❻ ×   │
│   ❼ ○   │
└─────────────────────┘

1 윗글의 내용과 일치하는 것은?

① 한국 춤은 오늘날 겨우 명맥을 이어 오고 있다.

② 한국 춤은 다른 나라의 전통 춤에 비해 배우기 어렵다.

③ 한국인은 똑같은 것을 반복하는 것에 재미를 느끼지 않는다.

④ 한국 춤의 묘미는 맺힌 것을 풀어 주는 이완의 상황에서만 나타난다.

⑤ '장단을 먹어 주는' 대목은 수많은 움직임을 하나의 움직임으로 집중하여
   완결시킨 경지를 가리킨다.

2 한국 춤 공연을 본 학생들이 윗글을 읽고 나눈 대화로 적절하지 <u>않은</u> 것은?

① 민서: 한국 춤은 정적인 것 같으면서도 동적인 것 같아. 그게 바로 '정중
   동'이구나.

② 준영: 춤에서 뭔지 모를 역동성을 느꼈는데 춤과 음악의 자유로운 불일
   치에서 비롯된 것이겠지.

③ 도윤: 빠른 반주가 나와도 느리고 태평스럽게 춤을 추는데 하나도 어색
   하지 않고 조화로운 느낌이었어.

④ 수빈: 엇박으로 자연스럽게 파격을 이루는데 흥이 저절로 나더라. 그런
   파격으로 인한 흥이야말로 한국인의 멋이지.

⑤ 다은: 버선발의 선을 최대한으로 살리는 한국 춤의 선과 한국 지붕의 선
   이 대비를 이루는 것에서도 그런 일상성의 파격을 볼 수 있어.

3 ㉠에 대한 설명으로 적절하지 <u>않은</u> 것은?

① 긴장과 이완을 잇는 역할을 한다.

② 정해진 구조에서 벗어나게 한다.

③ 새로운 상황에서 새로운 활기를 얻게 한다.

④ 여기에서 비롯된 흥은 한국 예술 전반에 두루 나타난다.

⑤ 일상성에 파격을 주어 보는 이들이 저항감을 느끼게 한다.

어휘 공략하기

1 다음 어휘에 해당하는 뜻풀이를 알맞게 선으로 연결하시오.

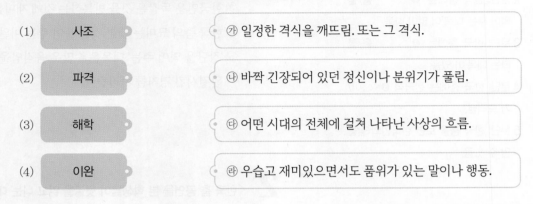

(1) 사조 ○ ─ ○ ㉮ 일정한 격식을 깨뜨림. 또는 그 격식.

(2) 파격 ○ ─ ○ ㉯ 바짝 긴장되어 있던 정신이나 분위기가 풀림.

(3) 해학 ○ ─ ○ ㉰ 어떤 시대의 전체에 걸쳐 나타난 사상의 흐름.

(4) 이완 ○ ─ ○ ㉱ 우습고 재미있으면서도 품위가 있는 말이나 행동.

2 다음 뜻풀이를 읽고, 십자말풀이의 빈칸에 들어갈 알맞은 말을 쓰시오.

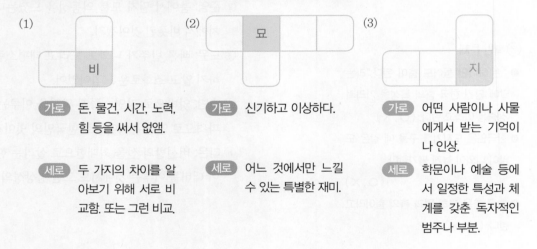

(1)
비

가로 돈, 물건, 시간, 노력, 힘 등을 써서 없앰.

세로 두 가지의 차이를 알아보기 위해 서로 비교함. 또는 그런 비교.

(2)
묘

가로 신기하고 이상하다.

세로 어느 것에서만 느낄 수 있는 특별한 재미.

(3)
지

가로 어떤 사람이나 사물에게서 받는 기억이나 인상.

세로 학문이나 예술 등에서 일정한 특성과 체계를 갖춘 독자적인 범주나 부분.

3 다음 문장의 빈칸에 들어갈 알맞은 어휘를 〈보기〉에서 골라 쓰시오.

┌─ 보기 ─────────────────────────────

　　　　　　　열광　　　　　탈바꿈　　　　　찬미

─────────────────────────────────

(1) 그는 벌써 어린아이에서 성숙한 청년으로 [　　　] 하고 있었다.

(2) 과거 예술가들은 인간이 아닌 신을 [　　　] 하는 작품을 창작했다.

(3) 올림픽이 열리는 잠실 종합 운동장은 사람들의 [　　　] (으)로 뒤덮였다.

4 다음 밑줄 친 부분과 바꾸어 쓸 수 있는 어휘를 〈보기〉에서 골라 빈칸에 쓰시오.

보기

친숙   저항   태평

(1) 식민지 국민들은 지배 세력에 대해 밑줄_굽히지 않고 맞섰다.

→ (   )했다.

(2) 원영이는 학교 갈 시간이 다 되었지만 아무 걱정 없이 편안하게 있었다.

→ (   )하게

(3) 같은 초등학교를 졸업한 온유와 나는 매우 친하여 익숙하고 허물이 없는 사이다.

→ (   )한

배경지식 확장하기

🔖 **실전 1**과 엮어 읽기

하이퍼리얼리즘과 팝 아트

현실에 존재하는 것을 실재라고 믿을 수 있도록 재현하는 미술 경향을 하이퍼리얼리즘이라고 한다. 대상의 현실성과 표현의 사실성을 모두 추구한 하이퍼리얼리즘은 같은 리얼리즘 경향에 속하는 팝 아트와 비교하면 그 특성이 잘 드러난다.

하이퍼리얼리즘과 팝 아트는 1960년대 미국에서 발달하여 현재까지 유행하고 있고, 당시 자본주의 사회의 일상적 모습을 대상으로 삼은 점이 공통적이다. 하지만 팝 아트는 대상을 함축적으로 변형한 반면에, 하이퍼리얼리즘은 대상을 정확하게 재현하려고 한다. 그래서 팝 아트는 주로 대상의 현실성을 추구하지만, 하이퍼리얼리즘은 대상의 현실성뿐만 아니라 표현의 사실성도 추구한다. 팝 아트는 대상의 정확한 재현보다는 대중과 쉽게 소통할 수 있는 인쇄 매체를 주로 활용하지만, 하이퍼리얼리즘은 새로운 재료나 기계적인 방식을 적극 사용하여 대상을 정확히 재현하는 방법을 추구한다.

자본주의 일상을 사실적으로 표현한 하이퍼리얼리즘의 대표적인 작가에는 핸슨이 있다. 그의 작품 「쇼핑 카트를 밀고 가는 여자」(1969)는 물질적 풍요함 속에 매몰되어 살아가는 당시 현대인을 비판적 시각에서 표현한 작품으로 해석할 수 있다. 이 작품의 대상은 상품이 가득한 쇼핑 카트와 여자이다. 여자는 욕망의 주체로서 물질에 대한 탐욕을, 상품이 가득한 쇼핑 카트는 욕망의 객체로서 물질을 상징한다. 그리고 여자가 상품이 넘칠 듯이 가득한 쇼핑 카트를 밀고 있는 구도는 물질적 풍요 속에서의 과잉 소비 성향을 보여 준다.

다음 글을 읽고 물음에 답하시오.

 목표 9분

• 중심 화제의 특징을 설명한 부분에 ▨▨▨ 표시하기   • 글쓴이가 사람들의 잘못된 생각을 지적한 부분에 [ ] 표시하기

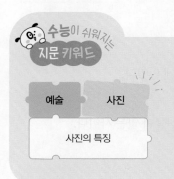

사진은 시간을 정지시킨 기록물이자 정지된 시간 이전의 사연을 보여 준다. 정지된 시간은 카메라 셔터가 찰칵거리는 찰나에 지나지 않는다. 하지만 사진에 포착된 시간은 과거의 모든 인과 관계를 담고 있다. 예컨대, 우리는 갈비뼈가 앙상하게 드러난 아프리카 어린이의 사진을 볼 때 그 아이가 굶주린 시간에 대해 생각한다. 전쟁터에서 쓰러져 있는 병사의 사진을 보면서는 그 이전에 벌어진 참혹한 전쟁의 상황과 병사가 겪은 고통을 떠올리지 않을 수 없다. ㉠이렇게 사진은 과거를 향해 열린 창문이어서 우리는 그 창문을 통해 정지된 시간 이전의 사연을 들여다볼 수 있다.

한편 사진은 세계의 이미지를 담은 기록물이다. 모든 초상화가 그렇듯이 사진에 찍힌 그 시간은 사진이 사라질 때까지 하나의 기호 형태로 저장된다. 인간이 사용하는 모든 기호들처럼 사진도 심리적인 특성들을 갖는다. 다만 사진의 기호는 인간이 쓰는 언어와는 아주 다르다. 그것은 주어도 서술어도 없이, 단지 하나의 장면과 어떤 이미지들로 구성된 언어이다. 이처럼 사진은 서술적이라기보다는 단편적이지만, 이미지를 통해 전달되는 그 의미는 단편적인 것 이상이다.

예를 들어, 사진작가 워커 에반스가 1936년에 찍은 사진 「어린아이의 무덤」을 보자. 이 사진이 미국 대공황 시절 각박하고 어려운 삶의 현실을 기록한 것이라는 사실을 모르더라도, 이 사진은 한 장의 사진 이상의 것을 생각하게 한다. 흙으로 만든 무덤과 무덤 한가운데 놓인 낡은 그릇은 죽은 아이와 그 부모의 삶이 결코 풍족하거나 편안하지 않았음을 짐작하게 한다. 사진은 하나의 상징인 것이다. 오래 살아남는 사진일수록 이러한 상징성이 강하게 들어 있어서 우리를 깊은 사색에 빠지게 하고 사진의 배후를 상상하게 만든다.

사진은 우리가 세계와 관계를 맺는 하나의 통로가 된다. 사람들은 흔히 사진이 세계를 있는 대로 담아낸 것이고 사진을 찍는 사람은 사건에 개입하지 않는다고 착각한다. 하지만 대부분의 사진에는 찍는 사람이나 찍히는 사람의 의도가 개입되어 있다. 그 의도는 나중에 사진을 보는 사람들이 사진을 통해 어떤 이미지를 느끼고 어떤 생각을 하고 어떤 평가를 해 주기를 바라는 마음과 관계가 깊다. 사진을 찍는 일 자체가 자신을 포함한 세계에 대해 의미를 부여하는 과정이 되는 것이다. 또한 사진을 보는 이 역시 사진을 대상의 대체물로 삼거나 사진을 통해 꿈꾸고 평가하면서 대상과 간접적으로 만나 세계와 관계를 맺는 것이다.

+ 사연(일 事, 인연 緣) 일어난 일의 앞뒤 사정과 까닭.
+ 찰나(절 刹, 어찌 那) 어떤 일이나 현상이 일어나는 바로 그때.
+ 서술적(차례 敍, 지을 述, 과녁 的) 사건이나 생각 따위를 차례대로 말하거나 적는 것을 특징으로 하는 것.
+ 단편적(끊을 斷, 조각 片, 과녁 的) 전반에 걸치지 않고 한 부분에 국한된 것.
+ 배후(등 背, 뒤 後) 어떤 일이나 사건의 겉으로 드러나지 않은 부분.

☺ 내용 이해하기

1 문단: ❶ ☐☐은/는 시간을 정지시킨 기록물이자 과거의 사연을 보여 줌.

2 문단: 사진은 세계의 ❷ ☐☐☐을/를 담은 기록물임.

3 문단: 사진은 ❸ ☐☐☐을/를 가짐.

4 문단: 사진은 우리가 세계와 관계를 맺는 통로가 됨.

☺ 주제 파악하기

세계와의 ❹ ☐☐을/를 맺어 주는 사진의 특징

☺ 확인 문제

❺ 사진을 통해 사진이 찍힌 당시의 상황을 짐작할 수 있다. (○ , ×)

❻ 사진의 기호와 인간의 언어는 비슷한 점이 많다. (○ , ×)

❼ 사진에는 사진을 찍는 사람의 의도는 담기지만 찍히는 사람의 의도는 담기지 않는다. (○ , ×)

답 ❶ 사진   ❷ 이미지   ❸ 상징성
❹ 관계   ❺ ○   ❻ ×
❼ ×

1 윗글에 대한 설명으로 적절하지 <u>않은</u> 것은?

① 전문가의 말을 인용하여 설득력을 높이고 있다.

② 비유적인 표현을 사용하여 내용을 강조하고 있다.

③ 예시를 들어 대상의 특성을 구체적으로 밝히고 있다.

④ 다른 대상과의 비교를 통해 대상의 특징을 드러내고 있다.

⑤ 대상에 대한 잘못된 생각을 지적하고 올바른 인식을 이끌어 내고 있다.

2 윗글을 바탕으로 기사문을 쓰려고 한다. 표제와 부제로 가장 적절한 것은?

① **사진의 진실성**
  – 사진을 어디까지 믿어야 할까

② **사진으로 세상 읽기**
  – 사진에 숨어 있는 세계의 다양한 의미 찾기

③ **사진에 관한 모든 것**
  – 사진 역사에 남을 중요 작품과 작가를 중심으로

④ **현대 사진의 역사와 특징**
  – 현대 사진 기술은 어디까지 발전했나

⑤ **사진사인가 사진작가인가**
  – 사진의 예술성을 어디까지 인정할 것인가

3 ㉠에 담긴 의미로 가장 적절한 것은?

① 사진은 과거의 일을 무제한 복사할 수 있는 도구이다.

② 사진은 과거의 사연을 있는 그대로 기록하는 도구이다.

③ 사진은 과거에 있었던 일의 원인과 책임을 밝히는 도구이다.

④ 사진은 사진을 찍기 전 과거의 인과 관계를 생각하게 하는 매개체이다.

⑤ 사진은 셔터를 누르는 순간의 정지된 시간을 생각하게 하는 매개체이다.

다음 글을 읽고 물음에 답하시오.

목표 9분

• 핵심 질문에 ▨▨▨ 표시하고, 중심 화제에 ◯, ▢ 표시하기 • 핵심 질문에 대한 각 중심 화제의 관점에 ﹏ 긋기

'인간이란 무엇인가?', '사랑이란 무엇인가?', '삶의 의미는 무엇인가?'와 같은 근원적 질문에는 명쾌하게 답을 내리기 어렵다. '예술이란 무엇인가?'에 대한 것도 마찬가지이다. 이 질문에 대해서는 오래전부터 '표현론'과 '모방론'이 양립해 왔다.

우선 표현론은 예술이란 이 세상에 존재하지 않는 가장 이상적인 것을 창조해 내는 것이라는 입장이다. 예술가는 그 이상적인 것을 직접 창조하기 때문에 신적인 존재이다. 따라서 예술가가 하는 창작은 없는 것을 존재하게 하는 신적 창작이다. 이를 잘 보여 주는 사례가 피그말리온 신화이다. 그리스 신화에 나오는 조각가 피그말리온은 자신이 만든 조각상을 사랑하게 된다. 그 마음을 안 아프로디테가 조각상에 생명을 불어넣어 주고, 피그말리온은 인간이 된 자신의 창조물과 실제 사랑을 이룬다. 이 신화는 표현론의 관점을 잘 드러낸다. 그래서 표현론은 피그말리온형으로 불린다.

한편 모방론은 예술이란 새로운 현실을 창작하는 것이 아니라 눈으로 볼 수 있는 현실을 최대한 똑같이 베끼는 것이라는 입장이다. 표현론의 창작이 신적인 데 반해 모방론의 창작은 인간적이다. 고대 그리스의 화가 제욱시스가 포도 넝쿨을 그렸더니, 참새들이 포도송이인 줄 알고 따 먹으려 달려들었다는 이야기가 전해진다. 이 전설은 예술을 현실의 모방으로 보는 모방론의 관점을 잘 드러낸다.

피그말리온형은 우리가 흔히 마법의 시대라고 부르던 시대의 이야기다. 조각상이 실제 인간으로 변할 수 있었던 것처럼 가상과 현실이 분리되기 전에는 가상과 현실은 언제든 자리바꿈할 수 있었다. 이 시대 그리스 예술가들은 신상을 창작함으로써 신을 존재하게 만들었다. 이렇게 예술이란 새로운 삶의 방식을 만들어 내는 것이며, 여기에 예술의 본질과 진리가 있다는 믿음이 피그말리온형의 예술론이다.

반면 제욱시스 시대는 인간의 상상력이 합리적 사유, 즉 이성에 억눌려 가상과 현실이 분리된 시대이다. 가상이 현실에서 분리될수록 두 세계를 연결하고픈 인간의 욕망은 강해졌고 화가들은 더욱더 눈속임에 집착했다. 르네상스 시대의 화가들은 원근법, 색채론, 비례론 등의 과학적 지식을 동원해 자신이 표현하고자 하는 대상을 완벽하게 재현하여 그 대상을 정복하려 한 것이다. 당대의 건축가이자 철학자였던 레온 바티스타 알베르티가 '원근법이란 눈에서 그물처럼 뻗어 나간 시선의 그물로 사물을 체포하는 것'이라고 말한 이유가 바로 여기에 있다.

+**양립**(두 兩, 설 立) 두 가지가 동시에 따로 이루어짐.
+**가상**(거짓 假, 생각 象) 주관적으로는 실제 있는 것처럼 보이나 객관적으로는 존재하지 않는 거짓 현상.
+**신상**(신령 神, 모양 像) 숭배와 경외의 대상이 되는 신의 초상. 또는 조각상.
+**사유**(생각 思, 생각할 惟) 대상을 두루 생각하는 일.
+**재현**(다시 再, 나타날 現) 다시 나타남. 또는 다시 나타냄.

😊 내용 이해하기

1 문단: '예술이란 무엇인가?'에 대해 표현론과 모방론이 양립해 옴.

2 문단: ❶ [　　　]은/는 예술을 세상에 없는 것을 창조하는 것으로 봄.

3 문단: ❷ [　　　]은/는 예술을 현실의 모방으로 봄.

4 문단: 가상과 ❸ [　　]이/가 분리되기 이전 시대에 피그말리온형의 예술론(표현론)이 있었음.

5 문단: 가상과 현실이 분리된 시대에 제욱시스형의 예술론(모방론)이 등장함.

😊 주제 파악하기

❹ [　　]에 대한 표현론과 모방론의 서로 다른 관점

😊 확인 문제

❺ 피그말리온 신화는 예술에 대한 표현론의 관점을 드러낸다. (○ , ×)

❻ 표현론은 예술이 현실에 존재하는 대상을 정복해야 한다고 보는 관점이다. (○ , ×)

❼ 피그말리온형의 관점에서는 작품을 창작할 때 색채론, 비례론 등을 사용하는 것이 필요하다. (○ , ×)

❽ 제욱시스 시대에는 가상과 현실을 연결하고 싶은 인간의 욕망이 강해졌다. (○ , ×)

답 ❶ 표현론　❷ 모방론　❸ 현실
　　❹ 예술　❺ ○　❻ ×
　　❼ ×　❽ ○

---

1 윗글의 내용으로 가장 적절한 것은?

① '예술이란 무엇인가?'에 대한 답은 오늘날 하나의 결론에 이르렀다.

② 모방론의 관점에서는 예술이 새로운 삶의 방식을 만들어 내야 가치 있는 것이다.

③ 피그말리온이 자신의 창조물과 실제 사랑을 이루는 것에서 예술이 인간적 창작임을 알 수 있다.

④ 제욱시스가 그린 포도 넝쿨 그림은 실제 사물과 매우 비슷해서 진짜라고 착각을 일으킬 정도였다.

⑤ 그리스 예술가들이 신상을 창작한 것은 가상과 현실을 자리바꿈하기 위해 대상을 완벽하게 재현하려고 한 것이다.

2 윗글을 바탕으로 〈보기〉의 작품을 이해한 내용으로 적절하지 <u>않은</u> 것은?

┌ 보기 ┐

이 그림은 네덜란드의 화가 마인데르트 호메바가 그린 「미델하르니스의 가로수길」(1689)이다. 고요한 시골 마을을 그린 이 그림은 가로수길 끝에 보이는 한 지점을 향해 길 양옆의 나무들이 일정한 높이로 낮아지고 있다. 그 결과 가로수길이 점점 좁아져 저 멀리 이어지는 것처럼 보이는 착각이 들기도 한다. 이처럼 대상이나 공간을 눈으로 보는 것처럼 멀고 가까움을 느낄 수 있게 하는 표현 방법을 원근법이라고 한다.

① 과학적인 지식을 최대한 발휘한 결과물이로군.

② 가상과 현실이 분리된 시대에 그린 그림이로군.

③ 인간의 상상력이 이성에 의해 억눌린 채 창작된 결과물이로군.

④ 화가는 눈으로 볼 수 있는 현실을 최대한 똑같이 베끼려 했겠군.

⑤ 용의 그림에 눈동자를 찍으면 용이 날아오른다는 것과 비슷한 믿음을 가지고 창작했겠군.

어휘 공략하기

1 사다리를 타서 뜻풀이에 알맞은 어휘를 〈보기〉에서 골라 빈칸에 쓰시오.

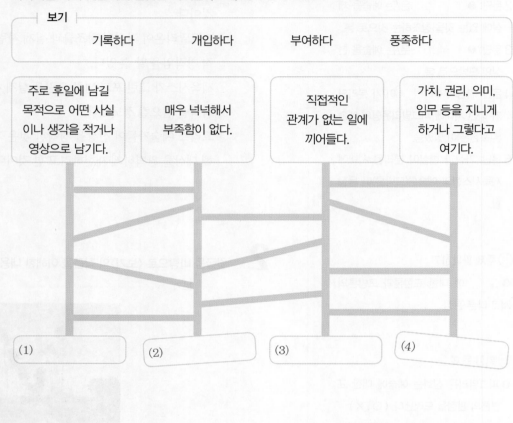

보기

| 기록하다 | 개입하다 | 부여하다 | 풍족하다 |

주로 후일에 남길 목적으로 어떤 사실이나 생각을 적거나 영상으로 남기다.

매우 넉넉해서 부족함이 없다.

직접적인 관계가 없는 일에 끼어들다.

가치, 권리, 의미, 임무 등을 지니게 하거나 그렇다고 여기다.

(1)

(2)

(3)

(4)

2 〈보기〉의 글자를 조합하여 다음 문장의 빈칸에 들어갈 알맞은 어휘를 쓰시오.

보기

기 서 호 주 술 어

(1) 인간이 사용하는 말과 글은 [   ]의 대표적인 사례이다.

(2) 과거에 일어났던 사건을 누가 어떤 관점에서 [   ]하느냐에 따라 사건의 의미가 달라진다.

(3) "철수가 운동을 열심히 한다."라는 문장에서 '철수가'는 문장의 주체가 되는 문장 성분으로 [   ](이)다.

3 다음 문장의 ( ) 안에서 표기가 올바른 어휘를 골라 ○표 하시오.

(1) 아침밥을 막 먹으려는 (찰라 , 찰나)에 지민이가 현관문을 두드렸다.

(2) 노란색 음식, (예컨대 , 예컨데) 귤, 호박 등은 비타민이 풍부하다고 알려져 있다.

4 다음 밑줄 친 부분과 바꾸어 쓸 수 있는 어휘를 골라 ○표 하시오.

(1) 사회 선생님은 항상 핵심 내용을 <u>명쾌하게</u> 전달해 주신다.

분명하다	덧붙이다	간추리다

(2) 이웃에 누가 사는지도 모르는 도시의 삶이 <u>각박하게</u> 느껴진다.

엄숙하다	메마르다	답답하다

(3) 어떤 소설가는 한 편의 장편 소설을 <u>창작하기</u> 위해 십 년이 걸렸다고 한다.

지어내다	감상하다	번역하다

배경지식 확장하기

🏷 실전 1과 엮어 읽기

케빈 카터가 찍은 독수리와 소녀의 사진

남아프리카공화국 요하네스버그에서 태어난 케빈 카터(1960-1994)는 사진 기자로 활동했다. 그는 1993년에 찍은 한 장의 사진으로 논란의 주인공이 되었다.

카터는 아프리카 사람들이 극심한 굶주림을 겪고 있는 상황을 취재하기 위해 수단으로 갔다. 어느 날 그는 식량 급식소 앞에서 힘없이 웅크려 있는 소녀를 보았다. 그 옆에는 독수리 한 마리가 먹잇감이 죽기를 기다리며 소녀를 바라보고 있었다. 카터는 직업 정신을 발휘해 이 장면을 재빨리 카메라로 찍었고, 곧바로 독수리를 쫓아내고 아이를 구했다. 그가 찍은 사진은 「수단의 굶주린 소녀」라는 제목으로 <뉴욕 타임즈>에 보도되었다. 카터는 아프리카의 기아 문제를 세계에 알리는 데 크게 기여한 공로를 인정받아 이듬해인 1994년, 사진 기자에게 주는 가장 권위 높은 상인 퓰리처상도 받았다.

문제는 그다음이었다. 카터는 죽어 가는 소녀를 먼저 구하지 않고 이를 취재 수단으로 삼아 사진을 찍었다는 이유로 거센 비난을 받았다. 결국 카터는 30대 중반의 젊은 나이에 삶을 스스로 마감했다. 이 사건은 사진의 기능과 역할, 사진을 찍는 사람의 의도와 윤리 등에 대해 생각하게 하는 기회가 되었다.

진단 평가

24강까지 학습을 마쳤으면 QR 코드를 찍어 진단 평가를 해 보세요.

제재 출처

강명	제재명	글쓴이	출처	쪽수
01강	인류의 오랜 적, 모기	김정훈	『맛있고 간편한 과학 도시락』((주) 은행나무, 2015)	12
02강	똥은 어떻게 만들어질까	과학향기 편집부	『과학의 숲에서 만나는 KISTI의 과학향기』(한국과학기술정보연구원, 2006)	22
03강	이타적 디자인을 아시나요	공규택	『교과서에 나오지 않는 발칙한 생각들』(우리학교, 2014)	26
	방관자 효과, 이대로 괜찮은가	모상현	네이버 지식 백과	28
05강	휴대 전화가 우리 삶에 미치는 영향	가 김찬호 나 박민영	가 『휴대폰이 말하다』(지식의 날개, 2008) 나 『인문학 세상을 읽다』(인물과사상사, 2009)	38
06강	'빨리빨리' 문화에서 벗어나자	박홍규	빨리빨리의 나라 (경향신문, 2007.6.14.)	46
08강	우리는 언제부터 고추를 먹기 시작했나	전국지리 교사모임	『지리 세상을 날다』(서해문집, 2009)	58
	닭을 길러도 사대부답게	정약용	『유배지에서 보낸 편지』(창비, 2019)	60
09강	글맛을 살려 주는 속담의 힘	조남호	『속담 활용 글쓰기』(랜덤하우스코리아, 2008)	64
	리셋 증후군을 넘어서	이정현	『심리학 열일곱 살을 부탁해』(걷는나무, 2010)	66
10강	아름다움의 종류	강영계	『청소년을 위한 철학 에세이』(해냄출판사, 2013)	70
11강	논리적으로 생각하는 방법	위기철	『고맙다, 논리야』(사계절, 2017)	76
12강	'마을학교'에서 자라나는 마을의 힘	이희수	『마을을 말하다』(서울시 마을 공동체 종합 지원 센터, 2015)	86
13강	젓가락으로 읽는 한중일의 식사 문화	김경은	『한중일 밥상 문화』(이가서, 2013)	90
	우리 삶을 위협하는 냉장고	박정훈	『책으로 만든 환경의 역습』(김영사, 2004)	92
15강	「소나기」에서 왜 개울물이 불어났을까	조지욱	『문학 속의 지리 이야기』(사계절, 2015)	102
16강	정전기가 일어나는 이유	김정훈	『맛있고 간편한 과학 도시락』(은행나무, 2017)	112
	우리 몸은 고열량 음식을 좋아해	이은희	『하리하라의 과학24시』(비룡소, 2012)	114
18강	남극과 북극, 어떤 점에서 다른가	고현덕 외	『살아 있는 과학 교과서 1』(휴머니스트, 2011)	124
19강	문이 열리는 방향을 결정하는 것	이재인	『건축 속 재미있는 과학 이야기』(시공사, 2007)	130
20강	자연의 냉장고, 석빙고	이광표	『손 안의 박물관』(효형출판, 2006)	138
21강	독서는 만병통치약	권용선	『읽는다는 것』(너머학교, 2010)	144
	옛 선인이 가르쳐 주는 올바른 독서 방법	정민	『오직 독서뿐』(김영사, 2013)	146
22강	동양의 그림과 서양의 그림	전성수	『중학교 국어 1-2 교과서』(지학사, 2018)	150
23강	팝 아트의 매력	전성수	『창의력이 빵! 터지는 즐거운 미술 감상』(토토북, 2014)	156

이미지 출처

강명	사진 및 그림	출처	쪽수	강명	사진 및 그림	출처	쪽수
02강	QR 코드, 바코드	픽사베이	20	15강	공정 무역 인증 표시	국제공정무역기구	107
10강	오이디푸스	게티이미지	75	18강	흰개미집	픽사베이	129
14강	카피레프트, 카피라이트	픽사베이	101	22강	편경	국립국악원	155

바른답 알찬풀이

01 강 원리 적용 1 놀이가 지닌 속성

본문 14~15쪽

독해 꿀팁

1 자주 반복되는 단어 두 가지에 ○ 표시를 해 봐.

2 각 문단의 중심 문장을 찾아 ▨ 표시를 해 봐.

3 6문단에서 글의 내용을 요약한 부분을 찾아 〰️을 그어 봐.

인간은 다양한 (놀이)를 하며 살아간다. 놀이에 대해 연구한 로제 카이와는 사회 제도적 측면에서 바라보았을 때, 인간이 하는 다양한 놀이에는 네 가지의 (속성)이 있다고 주장하였다.
사물이 본래부터 가지고 있는 특징이나 성질.
➡ 사회 제도적 측면에서 놀이는 네 가지 속성을 지님.

첫 번째 속성은 '경쟁'이다. 아이들은 달리기로 경쟁하
놀이의 속성 ① - 경쟁   경쟁의 속성이 나타나는 놀이의 예
여 먼저 목표 지점에 닿는 놀이를 한다. 경쟁의 이 속성은 시험이나 스포츠 등에서 순위를 정하는 것으로 바뀌어 사회 제도의 기본 원칙으로 활용되고 있다.
경쟁의 속성: 순위를 정하는 것으로 바뀜. → 사회 제도의 기본 원칙으로 활용됨.
➡ 놀이가 지닌 경쟁의 속성은 사회 제도의 기본 원칙으로 쓰임.

다음 속성은 '운'이다. 아이들은 제비를 뽑아 술래를 정하기도 하고, 어른들은 운을 시
놀이의 속성 ② - 운   운의 속성이 나타나는 놀이의 예
험하는 방식으로 내기를 하기도 한다. 「축구 경기가 경쟁을 통해 승부를 결정하는 것이라면, 조 추첨을 통한 부전승은 실력과는 상관없이 운에 영향을 받는 것이라 할 수 있다.
「 」: 예시와 대조를 통해 운의 속성을 설명함.
➡ 놀이가 지닌 운의 속성은 실력과는 상관없이 상황을 결정함.

그다음은 '흉내'의 속성이다. 「어린아이들은 주로 부모의 행동을 흉내 내고, 소년기의
놀이의 속성 ③ - 흉내   「 」: 흉내의 속성이 나타나는 놀이의 예
아이들은 선생님이나 친구의 행동을 흉내 낸다.」 많은 철학자들이 다른 것을 흉내 내는 모방을 예술의 기본이 되는 원리로 파악하였다.
다른 것을 본뜨거나 남의 행동을 흉내 냄.
➡ 놀이가 지닌 흉내의 속성은 예술의 기본 원리가 됨.

마지막은 '균형의 파괴' 혹은 '일탈'의 속성이다. 「어린아이들은 어른들이 자신의 몸을
놀이의 속성 ④ - 일탈   「 」: 일탈의 속성이 나타나는 놀이의 예
공중에 던져 신체적 균형이 무너지는 상황 속에서 재미를 느끼고, 소년기의 아이들은 롤러코스터를 타면서 현기증을 체험하며 즐거워한다.」 이러한 속성은 개인이 사회 제도의 압박으로부터 벗어나 균형의 파괴 혹은 일탈을 통해 자유로움을 추구하는 모습과 관련지어 생각할 수 있다.
➡ 놀이가 지닌 일탈의 속성은 사회 제도의 압박으로부터 벗어나게 함.

요약하자면, 놀이가 지닌 네 가지 속성은 인간이 형성한 문화의 근간이 된다고 볼 수
놀이의 네 가지 속성이 인간의 문화를 형성하는 바탕이 되었다고 보는 글쓴이의 시각이 드러남.
있다. 「사람들은 때로는 다른 사람과 경쟁하고 때로는 운에 따라서 상황이 결정되는 사회
「 」: 앞 문장을 부연 설명함.
제도를 만들었고, 모방을 통해 예술의 기본 원리를 마련하였으며, 사회 제도에서 벗어나는 일탈의 속성을 자신들이 살아가는 사회에 끌어들이기도 했다는 것이다.」 놀이의 관점으로 인간의 문화를 이해할 때 특정 속성만을 옳다고 여기거나 특정 속성을 제외해서는
놀이의 관점으로 인간의 문화를 이해할 때 주의할 점
안 된다. 경쟁, 운, 흉내, 일탈의 네 가지 놀이의 속성이 상호 작용하여 사회의 각 부분을
놀이가 지닌 네 가지 속성의 역할
이루면서 각종 예술과 사회 문화가 성숙할 수 있었음을 기억할 필요가 있다.
➡ 네 가지 놀이의 속성은 인간이 이룬 예술과 사회 문화를 성숙하게 함.

꿀강의

인간의 사회 제도, 문화 등이 성숙할 수 있었던 이유를 놀이의 속성과 관련지어 설명하는 글이다.

사회 제도적 측면에서 본 놀이가 지닌 속성	• 경쟁의 속성 • 운의 속성 • 흉내의 속성 • 일탈의 속성
놀이가 지닌 속성이 미친 영향	• 인간이 형성한 문화의 근간이 됨. • 네 가지 속성 간의 상호 작용은 예술, 사회 문화를 성숙하게 함.

1 글의 중심 내용 파악하기

이 글은 놀이가 사회 제도적 측면에서 네 가지 속성을 지니고 있음을 설명하고 있다. 이 글에서 자주 반복되는 '놀이', '속성'이라는 단어를 통해 중심 화제가 '놀이가 지닌 속성'임을 알 수 있다.

2 글의 중심 내용 파악하기

3문단에서 놀이가 지닌 운의 속성은 실력과는 상관없이 상황을 결정한다고 설명하고 있다. 따라서 운의 속성을 실력을 쌓아 좋은 결과를 얻는 모습과 관련지어 이해하는 것은 적절하지 않다.

근거 있는 오답 풀이

① 1문단에서 놀이는 사회 제도적 측면에서 네 가지 속성을 지닌다고 한 뒤, 6문단에서 사람들은 때로는 경쟁하고 때로는 운에 따라 상황이 결정되는 사회 제도를 만들었다고 설명하고 있다.

3 글의 중심 내용 파악하기

글쓴이는 1문단에서 놀이가 사회 제도적 측면에서 네 가지 속성을 지니고 있다고 말한 뒤, 2~5문단에서 이 속성에 대해 구체적으로 설명하고 있다. 그리고 6문단에서 놀이의 네 가지 속성이 상호 작용하여 사회의 각 부분을 이루면서 예술과 사회 문화가 성숙할 수 있었다고 강조하고 있다.

근거 있는 오답 풀이

① 사회 제도의 기본 원칙으로 활용되는 것은 경쟁의 속성이다.

② 이 글에 제시되어 있지 않은 내용이다.

③ 사회 제도에서 벗어나는 경험과 관련이 있는 것은 일탈의 속성이다.

⑤ 6문단에서 놀이의 관점으로 인간의 문화를 이해할 때 특정 속성만을 옳다고 여기거나 특정 속성을 제외해서는 안 된다고 하였다.

독해 꿀팁

1 자주 반복되는 단어에 ○ 표시를 하고, 이것을 정의한 문장에 ━━ 표시를 해 봐.

2 2~3문단에서 중심 화제의 특성을 찾아 〰〰 을 그어 봐.

3 '이를 통해', '그렇게 함으로써', '그럼에도 불구하고'와 같은 연결어에 △ 표시를 하고, 이어지는 내용이 의미하는 바를 파악해 봐.

현대 음악가 ㉠존 케이지는 1952년 어느 날, 미국의 한 대학에서 강의를 하였다. 그가 강의를 한 곳은 사다리 꼭대기였고, 강의의 내용은 춤과 긴 침묵이었다. 그의 이러한 행위는 형식과 내용 면에서 일반적인 강의와 거리가 먼 것이어서 큰 반향을 불러일으켰다. 또 어떤 작가는
_{어떤 사건이나 현상이 세상에 영향을 미치어 생겨나는 반응.}
거대한 얼음 덩어리 20개를 길거리에서 녹게 두어, 사물이 시시때때로 변화하는 과정을 보여 주었고, 또 다른 작가는 빌딩만큼 커다란 립스틱이나 전기 플러그 등을 예술 작품으로 전시하였다. 이처럼 친숙한 것을 낯선 것으로, 낯선 것을 친숙한 것으로 보여 주어 인간의 상상력을 자극하는 예술 행위의 본질은 무엇일까? ➡ 친숙한 것을 낯선 것으로, 낯선 것을 친숙한 것으로 보여 주는 예술 행위의 예
_{전에 보거나 듣거나 경험한 적이 없어 익숙하지 않음.}

중심 화제
해프닝(happening)이란 장르는 '지금 여기에서 일어나고 있는 것'을 보여 준다. 이것
_{해프닝의 정의}
은 말보다는 시각적이고 청각적인 소재들을 중요한 표현의 도구로 삼아 즉흥적으로
_{해프닝의 특성 ①}
이루어진다. 공연은 폐쇄된 극장이 아니라 길거리나 시장 등과 같은 일상적인 공간에
_{해프닝의 특성 ②}
서 이루어지고, 대화는 생략되거나 아예 없는 경우가 많다. 이를 통해 해프닝은 우리
_{해프닝의 특성 ③}
삶의 희망이나 고통 등을 논리적인 말로는 더 이상 전달할 수 없다는 것을 표현한다.
_{해프닝이 표현하려는 내용} ➡ 해프닝의 정의와 특성
또한 해프닝은 기존 예술에서의 관객의 역할을 변화시켰다.「공연하는 사람들은 관객
_{해프닝의 특성 ④}
에게 고함을 지르면서 관객들을 자극하기도 하고, 공연은 정해진 어느 한곳이 아니라 이
「 」: 관객들을 공연에 참여시키려는 의도를 담고 있음.
곳저곳에서 혹은 동시다발적으로 이루어지기도 한다.」이것은 관객들을 공연에 참여하게
하려는 의도라고 할 수 있다. 그렇게 함으로써 해프닝은 삶과 예술이 분리되지 않게 하
고자 한다. 나아가 작품이 예술 시장에서 사람들에게 거래되는 것을 거부하고, 박물관에
_{해프닝의 공연 목적}
전시·보존되는 것에도 저항한다.
_{해프닝의 특성 ⑤} ➡ 해프닝의 특성과 공연 목적

이와 같은 예술적 현상은 단순한 운동이 아니라 예술가들의 정신적 모험의 실천이라
_{해프닝}
고 할 수 있다. 사회 제도를 그대로 받아들이는 것을 거부하고, 고정된 예술의 개념을 변
_{갑자기 빠르게 바꾸어 아주 달라지게 함.}
혁하려고 했던 해프닝은 우연적 사건, 개인의 깨달음 등을 강조해서 뭐가 뭔지 알 수 없
_{해프닝이 비판을 들은 이유}
는 것이라는 비판을 듣기도 했다. 그럼에도 불구하고 해프닝은 안락한 감정에 빠져 있는
현대인들을 휘저어 놓으면서 삶과 예술의 관계를 새롭게 찾는 계기를 제공하였다는 점
에서 의미 있는 장르라고 할 수 있다.
_{해프닝의 의의} ➡ 해프닝이 비판을 들은 이유와 해프닝의 의의

꿀 강의

해프닝이라는 예술 장르의 특성과 가치에 대해 설명하는 글이다.

해프닝의 정의	'지금 여기에서 일어나고 있는 것'을 보여 주는 예술 장르
해프닝의 특성	• 말보다는 시청각적 소재를 표현 도구로 삼음. • 공연은 일상적 공간에서 즉흥적으로 이루어짐. • 관객의 참여를 유도함. • 작품이 전시·보존되는 것에 저항함.
해프닝의 가치	삶과 예술의 관계를 새롭게 찾는 계기를 제공함.

정답

1 ④ 2 ⑤ 3 ④

1 글의 중심 내용 파악하기

2문단에 따르면 해프닝은 시각적이고 청각적인 소재들을 중요한 표현의 도구로 삼아 즉흥적으로 이루어지는 예술 장르이다. 따라서 해프닝이 계획적으로 이루어진다는 것은 적절하지 않다.

근거 있는 오답 풀이

①, ③ 3문단에서 확인할 수 있다.

②, ⑤ 2문단에서 확인할 수 있다.

2 글의 중심 내용 파악하기

존 케이지는 사다리 꼭대기에서 춤과 긴 침묵을 내용으로 강의를 했고, 이는 형식과 내용 면에서 일반적인 강의와 거리가 멀어 사람들로부터 큰 반향을 불러일으켰다.

근거 있는 오답 풀이

② 대학교에서 강의를 할 때 사다리에 올라가 강의를 한 것이지, 길거리에서 강의를 한 것은 아니다.

3 글의 중심 내용 파악하기

4문단에서 글쓴이는 고정된 예술의 개념을 바꾸려 한 해프닝이 뭐가 뭔지 알 수 없는 것이라는 비판을 받기도 했지만, 안락한 감정에 빠진 현대인들을 휘저어 놓으며 삶과 예술의 관계를 새롭게 찾는 계기를 제공하였다고 했다. 이런 점에서 해프닝이 의미 있는 장르라고 할 수 있다고 자신의 생각을 드러내고 있다.

근거 있는 오답 풀이

① 해프닝이 뭐가 뭔지 알 수 없는 행위라고 한 것은 해프닝을 비판하는 사람들이다.

② 해프닝은 관객에게 고함을 질러 관객을 자극함으로써 관객이 공연에 참여하도록 유도하므로 관객과 작품을 분리하는 것이 아니다.

③ 해프닝은 안락한 감정에 빠져 있는 현대인들을 휘저어 놓으며 자극하기도 한다.

⑤ 해프닝은 작품이 예술 시장에서 사람들에게 거래되는 것을 거부한다.

독해 꿀팁

1 설명 대상 두 가지를 찾아 각각 ○, □ 표시를 해 봐.

2 두 대상의 특징을 비교한 부분에 〰〰을 긋고, 글의 주제를 생각해 봐.

3 주제와 각 문단의 관계를 생각하며 글 전체를 크게 세 덩어리로 나누어 봐.

문단의 구분 ①: 1문단

[우리는 원하는 정보를 신속하게 얻을 수 있는 편리한
일 처리나 행동 등이 매우 빠름.
세상에 살고 있다. 책이나 광고, 알림판 따위에 있는「네모 모양의 표식을 통해서도 여러 가지 정보를 빠르게 확인
「」: QR 코드의 역할과 모양
할 수 있는데, 검은 선과 점을 배열한 이 네모 모양의 기호를 QR 코드라고 한다.」 QR은 'Quick Response(빠른 응
QR의 뜻
답)'의 줄임 말이다.] ➡ QR 코드의 역할 및 모양과 이름의 뜻
문단의 구분 ②: 2~4문단
[QR 코드가 있기 전에는 바코드를 이용하여 상품에 대한 정보를 기록했다. 바코드는 막대 모양의 검고 흰 줄무늬 기호로, 상품의 가격이나 도
바코드의 모양과 역할
서 정보 등을 표시하는 데 사용된다. QR 코드는 이러한 바코드보다 저장할 수 있는 정보
량이 훨씬 많다는 장점이 있다. 바코드가 한 방향으로만 정보를 저장하여 최대 20자의
QR 코드와 바코드의 특징 비교 ①
숫자를 저장할 수 있는 반면, QR 코드는 가로, 세로 두 방향으로 정보를 저장하기 때문에
최대 7,089자의 숫자와 4,296자의 문자를 저장할 수 있다.
➡ QR 코드와 바코드의 비교 ① – QR 코드가 저장할 수 있는 정보량이 더 많음.
QR 코드는 숫자에 대한 정보만 담는 바코드와 달리, 소리와 그림 심지어 영상까지 담
QR 코드와 바코드의 특징 비교 ②
을 수 있다.「지하철역에서 흔히 볼 수 있는 영화 전단지에 있는 작은 QR 코드에 스마트
「」: QR 코드에 다양한 형태의 정보를 담아 전달하는 예
폰을 대어 보라. 그 즉시 영화사 홈페이지에 접속되어 전단지에서 보는 것보다 훨씬 더
다양한 정보를 얻을 수 있다. 신문 광고에 있는 QR 코드를 찍으면 3차원의 동영상 광고
가 나오기도 하고, 책에 있는 QR 코드를 찍으면 등장인물이 튀어나와 책의 정보와 줄거
리를 알려 주기도 한다. 박물관이나 미술관에서는 자료나 작품을 더 알아볼 수 있도록
QR 코드에 설명을 담아 제공하기도 한다.」
➡ QR 코드와 바코드의 비교 ② – QR 코드는 다양한 형태의 정보를 담을 수 있음.
QR 코드의 또 다른 장점으로 오류 복원 능력을 들 수 있다. QR 코드는 코드의 일부가
원래의 상태나 모습으로 돌아가게 함.
더러워지거나 최대 30%까지 훼손되어도 데이터를 복원할 수 있다. QR 코드의 세 귀퉁
무너뜨리거나 깨뜨려 상하게 함.
이에 위치를 지정하는 문양이 있기 때문이다. 따라서 QR 코드는 오염이나 훼손에 취약
QR 코드의 오류 복원 능력이 뛰어난 이유   *QR 코드와 바코드의 특징 비교 ③*
한 바코드에 비해 지속성과 보관성이 뛰어나다고 할 수 있다.]
문단의 구분 ③: 5문단   ➡ QR 코드와 바코드의 비교 ③ – QR 코드는 오류 복원 능력이 있음.
[이와 같이 QR 코드는 저장할 수 있는 정보의 양이 많을 뿐만 아니라, 복잡하고 다양한
「」: QR 코드의 장점을 요약하여 제시함.
형태의 정보를 담을 수 있다. 게다가 오류 복원 능력까지 있어 우리를 더욱 편리하고 놀
라운 세상으로 이끄는 정보 전달자로서의 역할을 톡톡히 하고 있다.]
➡ QR 코드의 장점 요약

꿀강의

QR 코드와 바코드의 특징을 비교하고, QR 코드의 장점에 대해 설명하는 글이다.

QR 코드의 모양과 역할
검은 선과 점을 배열한 네모 모양의 기호로, 여러 가지 정보를 빠르게 확인할 수 있게 해 줌.

+

QR 코드와 바코드의 특징 비교
• QR 코드는 바코드보다 많은 양의 정보를 저장할 수 있음. • QR 코드는 바코드보다 다양한 형태의 정보를 담을 수 있음. • QR 코드는 오류 복원 능력이 있어 바코드보다 지속성과 보관성이 뛰어남.

정답

1 (1) 비교하여 (2) 요약하여   **2** ②   **3** ②

1 글의 구조 파악하기

2~4문단에서는 QR 코드의 특징을 바코드의 특징에 견주어 설명하고 있고, 5문단에서는 2~4문단에 제시된 QR 코드의 장점을 요약적으로 제시하고 있다.

근거 있는 오답 풀이

'반박'은 어떤 의견이나 주장 등에 반대하여 말하는 것을 뜻한다.

2 글의 구조 파악하기

1문단에서 QR 코드에 대해 소개한 뒤, 2~4문단에서 QR 코드와 바코드의 특징을 비교한 내용을 대등하게 제시하고 있다. 그리고 5문단에서 앞에서 이야기한 내용을 요약하고 있으므로 이 글의 구조도는 ②가 가장 적절하다.

3 글의 중심 내용 파악하기

QR 코드는 막대 표시를 활용한 표식이 아니라 검은 선과 점을 배열한 네모 모양의 표식이다. QR 코드는 가로, 세로 두 방향으로 정보를 저장하기 때문에 막대 모양인 바코드보다 많은 양의 정보를 저장할 수 있다.

근거 있는 오답 풀이

① 1문단에서 책이나 광고, 알림판 등에 있는 네모 모양의 표식을 통해 여러 가지 정보를 빠르게 확인할 수 있는데 이 기호가 QR 코드라고 하였다.

③ 3문단에서 박물관이나 미술관에서 자료나 작품을 더 알아볼 수 있도록 QR 코드에 설명을 담아 제공한다고 하였다.

④ 3문단에서 QR 코드는 숫자에 대한 정보만 담는 바코드와 달리, 소리와 그림, 영상까지 담을 수 있다고 하였다.

⑤ 4문단에서 QR 코드는 오류 복원 능력이 있어 코드의 일부가 더러워져도 데이터를 복원할 수 있다고 하였다.

독해 꿀팁

1 핵심어를 찾아 ○ 표시를 해 봐.
2 각 문단의 중심 문장을 찾아 표시를 해 봐.
3 문단 간의 연결 관계를 생각하며 글 전체를 크게 네 덩어리로 나누어 봐.

문단의 구분 ①: 1문단

["황금색 똥을 누면 건강하다."라는 말이 있듯이 인간은 자신의 건강 상태를 똥을 통해 확인할 수 있다. 똥은 음식물이 인간의 소화 기관을 거쳐 나 ─핵심어 오는 것이기 때문에, 똥의 상태에 따라 소화 기관 ─똥을 통해 건강 상태를 확인할 수 있는 이유 의 건강 상태를 짐작할 수 있는 것이다.]
➡ 똥을 통해 건강 상태를 확인할 수 있음.

문단의 구분 ②: 2~3문단

[우선 똥이 어떻게 만들어지는지부터 알아보자. 우리가 먹은 음식물이 소화 과정을 ─앞으로 전개될 내용에 대한 소개 거쳐 똥이 되어 몸 밖으로 나오기까지는 최소한 1박 2일이 걸린다. 입 → 식도 → 위 → 십이지장 → 작은창자 → 큰창자를 지나는 동안, 음식물은 각 소화 기관에 영양소를 ─똥이 만들어지기 위해 거쳐야 하는 소화 기관 공급하고, 남은 찌꺼기가 똥이 된다. ─음식물이 똥이 되는 과정
➡ 음식물이 소화 과정을 거쳐 똥이 됨.

똥이 만들어지는 과정을 자세히 살펴보자. 입을 통해 들어온 음식물은 치아와 침에 의해 잘게 부스러진다. 이 음식물은 식도를 지나 위에 도달한다. 위에서는 음식물을 다시 잘게 부수어 십이지장으로 보낸다. 십이지장은 소화액을 이용해 음식물을 다시 분해하고 작은창자로 밀어 보낸다. 우리가 먹은 음식물의 영양소 대부분은 작은창자에서 흡수된다. 작은창자에서는 남은 찌꺼기를 큰창자로 보낸다. 영양소를 다 빼앗긴 음식물 찌꺼기가 큰창자에 도달한 순간부터 본격적으로 똥의 생산이 시작된다. 똥의 생산에는 장내 세균이 중요한 역할을 한다. 이 세균들이 찌꺼기를 발효시키는데 이 과정에서 발생하는 가스가 바로 방귀다. 큰창자에서 발효된 음식물 찌꺼기 ┌ : 똥이 만들어지는 과정을 음식물이 지나는 소화 기관의 순서에 따라 설명함. 가 항문에 이르러 배출되며 똥이 되는 것이다.]
[A] ─목적한 곳이나 일정한 수준에 다다름.
➡ 똥은 음식물이 식도, 위 등을 지나 항문으로 배출된 것임.

문단의 구분 ③: 4~5문단

[그렇다면 어떤 똥이 건강한 똥일까? 건강한 똥은 냄새가 별로 나지 않거나, 나더라도 ─건강한 똥의 조건 ① 지독하지 않다. 똥 냄새가 지독한 이유는 음식물 찌꺼기가 큰창자에서 머무르면서 함께 있는 세균에 의해서 발효가 많이 되기 때문이다. 이때 우리가 먹은 음식물의 영양분이 잘 흡수되어 거의 남아 있지 않으면 발효가 되지 않아 냄새가 나더라도 약하게 난다. ─건강한 똥이 냄새가 약하게 나는 이유
➡ 건강한 똥의 조건 ① - 냄새가 별로 나지 않음.

똥의 색으로도 건강 상태를 파악할 수 있다. 건강한 똥은 대부분 황갈색에 가깝지만 ─건강한 똥의 조건 ② 건강하지 않은 똥은 붉거나 검다. 똥이 붉은색을 띠면 위나 작은창자 등에 심한 출혈이 ─피가 혈관 밖으로 나옴. 있거나 큰창자나 항문 부근에 출혈이 있을 가능성을 의심해 봐야 한다.]
➡ 건강한 똥의 조건 ② - 황갈색에 가까움.

문단의 구분 ④: 6문단

[지금까지 똥이 만들어지는 과정과 똥을 통해 건강을 파악하는 방법에 대해 알아보았 ─앞에서 설명한 내용을 정리함. 다. 똥으로 우리 몸과 관련된 모든 것을 알 수는 없지만 똥을 잘 살핀다면 자신의 건강 상태를 점검하는 데 도움을 받을 수 있다.] ─글쓴이가 전달하고자 하는 내용
➡ 똥을 살펴보면 건강 상태를 점검할 수 있음.

꿀강의

똥이 만들어지는 과정과 똥을 통해 건강 상태를 파악하는 방법을 설명하는 글이다.

똥이 만들어지는 과정	'입 → 식도 → 위 → 십이지장 → 작은창자 → 큰창자'를 지나며 영양소를 빼앗긴 음식물의 찌꺼기가 똥이 됨.
건강한 똥의 조건	• 냄새가 별로 나지 않거나 나더라도 지독하지 않음. • 대부분 황갈색을 띰.

정답

1 ④ 2 ① 3 ③

1 글의 중심 내용 파악하기

3문단에 따르면 입을 통해 들어온 음식물은 치아와 침에 의해 잘게 부스러지고, 식도를 거쳐 위에 도달한다. 위에서는 다시 음식물을 잘게 부수어 십이지장으로 보낸다.

근거 있는 오답 풀이

① 똥의 냄새와 색으로 건강 상태를 알 수 있다.
② 큰창자에서 장내 세균이 음식물 찌꺼기를 발효시켜 똥을 본격적으로 만들기 시작한다.
③ 음식물은 입 → 식도 → 위 → 십이지장 → 작은창자 → 큰창자를 지나는 동안 각 소화 기관에 영양소를 공급한다. 특히 작은창자에서 영양소 대부분이 흡수되고 영양소를 다 빼앗긴 음식물의 찌꺼기가 큰창자로 보내지므로, 음식물은 소화 기관을 거치며 영양소를 빼앗긴다는 것을 알 수 있다.
⑤ 똥이 붉은색을 띠면 위, 작은창자, 큰창자, 항문 부근에 출혈이 있을 가능성이 있다.

2 글의 구조 파악하기

1문단에서는 똥을 핵심어로 제시하며 똥을 통해 건강 상태를 확인할 수 있음을 언급하고 있다. 2~3문단에서는 똥이 만들어지는 과정을, 4~5문단에서는 건강한 똥의 조건을 설명하고 있으므로 각각을 하나의 덩어리로 봐야 한다. 6문단에서는 똥을 통해 건강 상태를 점검하는 데 도움을 받을 수 있다고 하며 1문단의 내용을 다시 강조하고 있으므로 이 글의 구조도는 ①이 적절하다.

3 글의 중심 내용 파악하기

[A]는 음식물이 소화 기관을 거쳐 똥으로 배출되기까지의 과정을 음식물이 입으로 들어온 이후부터 소화 기관을 지나는 순서대로 설명하고 있다.

근거 있는 오답 풀이

① 건강한 똥의 조건에 대해 설명하고 있는 것은 4~5문단이다.

독해 꿀팁

1 1, 3문단에서 '정의'의 전개 방식이 사용된 부분에 표시를 해 봐.

2 2~3문단에 제시된 이타적 디자인의 예에 □ 표시를 해 봐.

3 글의 주제가 드러난 문장에 ～～을 그어 봐.

빅터 파파넥은 세계적인 디자이너들의 존경을 받는 인물이다. 그는 사회적 약자를 돕는 데 디자인이 중요한 역할을 할 수 있다고 생각했다. 그래서 세계를 다니며 가난한 사람, 어린이 등을 위한 디자인에 힘썼다. 이처럼 사회적 약자들에게 쓸모 있는 물건을 만드는 일, 또는 그렇게 만든 물건을 '이타적 디자인'이라고 한다.
사회적 약자 / 정의 - '이타적 디자인'의 뜻
➡ 빅터 파파넥의 생각을 담고 있는 이타적 디자인

이타적 디자인의 대표적인 사례로 손꼽히는 것은 빅터 파파넥이 화산 지역의 주민들을 위해 만든 '깡통 라디오'이다. 발리섬 원주민들은 재
'예시'의 전개 방식을 나타내는 표지가 사용됨 / 예시 - 이타적 디자인의 예 ①
난 경보를 들려주는 간단한 장비조차 살 수 없을 만큼 가난해서 화산 폭발로 인한 피해를 많이 입었다. 게다가 원주민들이 사는 곳에는 전기가 들어오지 않아 일반 라디오는 사용할 수 없었다. 이를 본 파파넥은 관광객들이 버리고 간 깡통을 이용해 깡통 라디오를 제작했다. 단돈 9센트로 만들 수 있는 이 라디오는 몸체에 붙은 손잡이를 돌려 전류를
'깡통 라디오'라는 이름이 붙은 까닭 / 깡통 라디오의 장점
발생시키면 전기가 없는 곳에서도 사용할 수 있다. 이 깡통 라디오 덕분에 발리섬의 수많은 원주민은 목숨을 구할 수 있었다.
➡ 이타적 디자인의 예 ① – 깡통 라디오

후대의 많은 이들이 이타적 디자인의 정신을 이어받아 다양한 제품을 만들었다. '라이
예시 - 이타적 디자인의 예 ③
프 스트로(Life Straw)'와 '큐(Q) 드럼'을 그 예로 들 수 있다. 미켈 베스타고 프란슨이 만든
예시 - 이타적 디자인의 예 ② / '예시'의 전개 방식을 나타내는 표지가 사용됨
'라이프 스트로'는 생명을 구하는 빨대라는 뜻으로, 오염된 물을 마시고 죽어 가는 아프
정의 - '라이프 스트로'의 뜻
리카 사람들을 위한 구호 장비이다. 이 빨대는 값이 싸고, 한 사람이 일 년 동안 마실 수
라이프 스트로의 장점
있을 만큼 충분한 양을 정수할 수 있다. ⊙ 피에트 헨드릭스가 만든 큐 드럼은 알파벳 'Q'
자를 닮은 물통으로, 원통 가운데로 구멍이 뚫린 부분에 끈이 연결된 형태이다. 큐 드럼
정의 - '큐 드럼'의 뜻
을 사용하면 많은 양의 물을 적은 힘으로 옮길 수 있다. 큐 드럼을 사용하기 전 아프리카
큐 드럼의 장점
사람들은 식수를 구하기 위해 수십 킬로미터를 힘들게 왕복해야 했다. 그러나 큐 드럼에
먹는 물 또는 먹을 수 있는 물
는 최대 75리터의 물이 들어가기 때문에 한 가정이 하루 동안 사용할 수 있는 충분한 양을 담아 옮길 수 있다. 특히 큐 드럼은 물통을 장난감 가지고 놀 듯 줄로 묶어 끌 수 있어, 어린아이들도 쉽게 물통을 운반할 수 있다. ➡ 이타적 디자인의 예 ② – 라이프 스트로, 큐 드럼

빅터 파파넥의 '이타적 디자인'이 처음 세상에 알려졌을 때는 헛된 생각에 불과하다고 비난을 받기도 했다. 그러나 오늘날 파파넥의 생각은 지속 가능한 디자인의 밑거름으로
이타적 디자인에 대한 당대의 평가
평가받고 있으며, 수많은 후배 디자이너가 그의 뜻을 이어 가고 있다.
이타적 디자인이 지닌 가치
➡ 이타적 디자인에 대한 과거와 현재의 평가

꿀 강의

이타적 디자인으로 만들어진 제품들을 예로 들어 이타적 디자인이 지닌 가치를 설명하는 글이다.

```
        사회적 약자에게 쓸모 있는 물건을 만드는 이타적 디자인
        ┌──────────────┬──────────────┬──────────────┐
     깡통 라디오        라이프 스트로          큐 드럼
                            ↓
            이타적 디자인은 지속 가능한 디자인의 밑거름이 됨.
```

정답

1 (1) 정의 (2) 예시   2 ②   3 ⑤

1 글의 전개 방식 파악하기

(1) 정의는 어떤 말이나 사물의 뜻을 밝히는 방법으로 '～은/는 ～(이)다./～(이)라고 한다.' 등의 표지로 나타난다.

(2) 예시는 구체적인 예를 들어 보이는 방법으로 '(대표적인) 사례로, 예를 들어, 예컨대'와 같은 말이 표지이다.

근거 있는 오답 풀이

• '분류'는 대상을 일정한 기준에 따라 나누는 방법으로 '～ 중에는 ～이/가 있다.', '～에 따라 나눌 수 있다.' 등의 표지로 나타난다.

• '인과'는 어떤 결과를 가져온 원인이나 어떤 원인으로 인해 일어난 현상을 밝히는 방법으로 '그러므로, 그래서, 왜냐하면, 따라서' 등의 말이 표지이다.

2 글의 중심 내용 파악하기

발리섬 원주민들의 생명을 구하는 데 기여한 이타적 디자인 제품은 빅터 파파넥이 만든 '깡통 라디오'이다.

근거 있는 오답 풀이

① 4문단에 따르면 이타적 디자인이 처음 나왔을 때는 헛된 생각에 불과하다고 비난을 받기도 했지만, 오늘날에는 지속 가능한 디자인의 밑거름으로 평가받는다고 하였다.

⑤ 2문단에 따르면 깡통 라디오는 몸체에 붙은 손잡이를 돌려 전류를 발생시키면 전기가 없는 곳에서도 사용할 수 있다.

3 글의 중심 내용 파악하기

식수를 구하기 위해 수십 킬로미터를 왕복해야 했던 아프리카 사람들은 큐 드럼을 사용함으로써 하루 동안 쓸 충분한 양의 물을 쉽게 옮길 수 있게 되었다고 했다. 따라서 큐 드럼을 만든 피에트 헨드릭스가 식수가 있는 곳까지 여러 번 왔다 갔다 하며 운반할 수 있게 만들어야겠다고 생각했다는 것은 적절하지 않다.

독해 꿀팁

1 1문단에서 '정의'의 전개 방식이 사용된 부분에 ▬▬ 표시를 해 봐.

2 1문단에서 '과정'의 전개 방식을 나타내는 표현에 △ 표시를 하고, 해당 부분에 [ ] 표시를 해 봐.

3 글쓴이가 글을 쓴 의도가 드러난 문장에 ～～을 그어 봐.

'구경꾼 효과'라고도 불리는 '방관자 효과'는 주위에 사람이 많을수록 도움을 필요로 하는 사람을 돕지 않게 되는 현상을 의미한다. *(정의 - 방관자 효과의 뜻)* 심리학자들의 이론에 따르면 일반적으로 사람들이 남을 도울 때는 일정한 단계를 거친다. [먼저 위기에 처한 사람을 발견했을 때 '이 상황이 정말 긴급한 상황인가?'를 판단한다. *[ ]: 과정 - 남을 도울 때 거치는 단계 / 단계 ①* 그러고 나서 위급한 상황이라고 판단을 내리면 도움을 제공해야 한다는 책임감을 가지게 된다. *단계 ②* 그런 다음 어떤 도움을 줄지 생각한 뒤에 남을 돕게 된다.] *단계 ③*

➡ '방관자 효과'는 주위에 사람이 많을수록 위기에 처한 사람을 돕지 않게 되는 현상임.

그러나 위기 상황을 자주 겪는 사람은 많지 않기 때문에 어떤 상황이 위기 상황인지 빠르게 알아차리기 힘들다. 위기 상황인지 아닌지를 판단해야 할 때, 사람들은 다른 사람을 관찰하기 시작한다. *(위기 상황인지를 판단하기 위한 방법)* 자신은 모르고 있는 사건의 단서를 다른 사람은 알고 있을 수도 있다고 여기기 때문이다. *(문제를 해결하는 데 도움이 되는 사실)* 만약 다른 사람이 특별한 반응을 보이지 않는다면 사람들은 이것이 위기 상황이 아니라고 생각한다. *(방관자 효과가 발생하는 이유 ①)* 「다른 사람이 자신보다 먼저 일어난 사건에 대해 더 많은 것을 알고 있을 것이라 생각하지만, 실제로는 아무것도 모르고 있기 때문에 아무도 행동하지 않는 상황인데도 말이다. *「 」: 앞의 이유에 대한 부연 설명* 또한 심리적으로 남들과 다르게 행동하는 것에서 어색함과 불안감을 느끼기 때문이기도 하다.」

➡ 다른 사람의 반응을 관찰하는 과정에서 '방관자 효과'가 일어남.

한편 위급한 상황인 것을 알아차렸다 하더라도 도움을 제공해야 한다는 책임감을 느껴야 한다. 책임감을 느껴야 하는 단계에서 도움을 제공할 수 있는 사람이 나 혼자뿐이라면 100%의 책임감을 가지게 될 것이다. 하지만 2명이 존재한다면 각각 가져야 할 책임감은 50%로, 4명이라면 각각 가져야 할 책임감은 25%로 줄어든다. *(사람이 많아질수록 책임감이 줄어듦.)* 그러다 보면 '내가 돕지 않더라도 다른 누군가가 도울지 몰라.'라고 생각하게 되는 것이다. *(방관자 효과가 발생하는 이유 ②)* 이렇게 사람들은 자신 주변의 다른 누군가가 도움이 필요한 이에게 도움을 제공할 것이라 생각하지만 실제로는 아무도 나서지 않는 상황이 발생하게 된다. *(모두가 방관자가 되는 상황)*

➡ 사람이 많으면 책임감을 적게 느껴서 '방관자 효과'가 일어남.

평범한 사람이더라도 상황에 따라서는 비정한 방관자가 될 수 있다. '방관자 효과'가 확산되면 큰 사회적 문제가 생길 수 있는 만큼, 지금 내가 돕지 않으면 결국 아무도 나서지 않을 것이라는 생각을 가지고 주변을 둘러보는 태도가 필요하다. *(방관자 효과가 확산되지 않도록 해야 함.)*

➡ '방관자 효과'가 확산되지 않도록 주변을 둘러보는 태도가 필요함.

꿀 강의

'방관자 효과'의 뜻과 이러한 현상이 발생하는 이유를 밝히고, 우리가 지녀야 할 태도에 대해 설명하는 글이다.

'방관자 효과'가 발생하는 이유
• 다른 사람이 특별한 반응을 보이지 않으면 위기 상황이 아니라고 판단함.
• 사람이 많을수록 책임감이 줄어들어 다른 사람이 나 대신 도움을 줄 것이라고 생각함.

⬇

'방관자 효과'가 확산되면 큰 사회적 문제가 생길 수 있으므로, 다른 사람을 도우려는 마음을 가지고 주변을 둘러보는 태도가 필요함.

---

1 글의 중심 내용 파악하기

이 글에서는 '방관자 효과'가 무엇인지 설명하고, 이 현상이 발생하는 이유를 사람들이 지닌 심리(자신이 아닌 주변의 다른 사람이 도움을 필요로 하는 사람을 도울 것이라고 여김.)를 바탕으로 설명하고 있다.

근거 있는 오답 풀이

⑤ 4문단에서 '방관자 효과'가 확산되면 큰 사회적 문제가 생길 수 있다고 하였을 뿐, '방관자 효과'의 확산으로 인한 사회 변화는 제시되어 있지 않다.

2 글의 전개 방식 파악하기

1문단의 "구경꾼 효과'라고도 불리는 '방관자 효과'는 주위에 사람들이 많을수록 도움을 필요로 하는 사람을 돕지 않게 되는 현상을 의미한다.'라는 부분에서 '방관자 효과'에 대해 정의를 내리고 있다. 또한 1문단에서 사람들이 다른 사람을 도울 때 거치는 과정(긴급한 상황인지 판단함. → 책임감을 가지게 됨. → 어떤 도움을 줄지 생각함. → 다른 이를 도움.)을 단계적으로 설명하고 있다.

3 글의 중심 내용 파악하기

4문단에 따르면 평범한 사람도 상황에 따라 비정한 방관자가 될 수 있다. 그러므로 평소에 주변 사람들에게 이기적이라고 평가받는 사람만이 비정한 방관자가 된다고 생각하는 것은 적절하지 않다.

근거 있는 오답 풀이

⑤ 3문단에 따르면 주변에 사람이 많을수록 책임감이 줄어들어 주변의 다른 이가 도움이 필요한 이에게 도움을 제공할 것이라 생각하게 된다.

힙합 음악과 샘플링

본문 32~33쪽

독해 꿀팁

1 핵심어에 ○ 표시를 하고, 1문단에서 이어질 내용을 예측할 수 있는 부분에 ~~~을 그어 봐.

2 4문단의 '그런데'에 △ 표시를 하고 앞뒤 내용을 살펴 중심 내용을 파악해 봐.

3 5문단에서 글쓴이의 의도가 드러난 부분을 찾아 ▨ 표시를 해 봐.

오늘날 '힙합'이 솔직한 이야기와 자유로운 감정 표현을 무기로 10~20대 젊은 세대에게 큰 인기를 얻고 있다. (비유적으로) 어떤 일을 하거나 이루는 데 중요한 수단이나 도구. 여러 방송 프로그램에 힙합 가수들이 출연해 다양한 끼와 랩 실력으로 주목을 받고 있고, 힙합 가수를 꿈꾸는 청소년들도 늘어나고 있다. 이렇게 힙합이 대중화된 상황에서 힙합 가수들에게는 어떠한 창작 태도가 필요할까? 힙합 음악의 중요한 창작 수단으로 인식되어 온 '샘플링'을 중심으로 이를 알아보고자 한다.
→ 앞으로 이어질 내용 소개
→ 힙합 음악의 중요한 창작 수단인 '샘플링'

핵심어→ 1960년대 미국에서 힙합이 '거리 음악'으로 막 시작되고 성장해 가던 시기의 샘플링은 단순히 원곡의 일부나 혹은 전체를 빌려 쓰는 것이었다. 당시에는 완전히 새로운 음악 창작 방법이었으며, 저작권에 대한 인식이 확고하지 샘플링에 대한 과거의 인식. 않았던 때라 샘플링에 큰 제약도 없었다. 샘플링에 대한 이런 인식은 1990년대 초반까지 창작물에 대해 그것을 만든 사람이나 그 권리를 이어받은 사람이 가지는 권리. 이어지며 확대되었다. 조건을 붙여 내용을 제한함. 또는 그 조건.
→ 힙합이 시작되고 성장해 가던 시기의 샘플링에 대한 인식

하지만 힙합 음악이 대중적으로 관심을 끌면서 샘플링에 대한 인식도 점차 발전적으로 변화하였다. 특히 1992년 미국에서 샘플링과 관련하여 제기된 저작권 소송이 변화의 소송을 일으킴. 중요한 계기가 되었다. 이후 힙합 음악에서 샘플링은 원곡에 대한 충분한 이해와 원작자 샘플링과 관련한 저작권 소송이 계기가 되어 샘플링에 대한 인식이 변화함. 에 대한 존경심을 바탕으로 그의 허락을 받아 자신만의 방식으로 재해석하는 예술 기법으로 인식되고 있다. 샘플링에 대한 오늘날의 개선된 인식
→ 1992년 이후 변화한 샘플링에 대한 인식

「이런 변화 속에서 우리나라에서도 1990년대에 힙합 음악이 본격적으로 발표되기 시 「 」: 우리나라 힙합 음악이 성장하는 상황에서 샘플링을 베끼기 수준으로 인식하면 발전에 방해가 됨. 작했고, 지금까지 많은 양적, 질적 성장을 이루어 내고 있다. 그런데 우리나라의 일부 힙합 가수들은 여전히 샘플링을 쉽고 간단한 '복사하고 붙여 넣기' 방법 정도로 이해하고 샘플링에 대한 잘못된 인식. 있다. 이러한 베끼기 수준의 샘플링은 표절 문제를 피하기 어렵다. 원곡에 새로운 의미 '복사하고 붙여 넣기' 방법으로 재창조하려는 태도. 를 부여하거나 원곡의 가치를 더 높이려는 태도를 보이지 않는다면, 힙합 음악의 대중화 원곡에 대한 이해와 존경을 바탕으로 원곡을 재창조하려는 태도. 열풍을 가져왔던 ⊙샘플링이 오히려 힙합 발전의 발목을 잡을 수도 있다.」 매우 거세게 일어나는 기운이나 현상. → 샘플링을 베끼기 수준으로 생각하는 일부 힙합 가수들의 문제점

현재 우리나라에서 힙합 음악은 '거리 음악'의 단계를 뛰어넘은 지 오래다. 각종 음원 차트를 보면, 이제 힙합은 대중음악의 중요한 갈래 중 하나로 인정받고 있다. 이런 상황에서 <mark>힙합 가수들은 샘플링이 원곡에 대한 진지한 이해와 존경을 바탕으로 한 재창조라 글쓴이가 당부하는 내용 는 점을 더욱 분명하게 인식해야 할 것이다. 그리고 샘플링을 넘어서는 새로운 창작 방법을 찾기 위한 노력도 해야 할 것이다.</mark>
→ 샘플링에 대한 올바른 인식과 새로운 창작 방법을 찾기 위한 노력에 대한 당부

꿀 강의

힙합 음악의 창작 수단인 '샘플링'에 대한 인식의 변화를 소개하고, 샘플링에 대한 올바른 인식을 가져야 한다고 주장하는 글이다.

힙합 가수들에게 필요한 창작 태도
• 샘플링이 원곡에 대한 진지한 이해와 원작자에 대한 존경을 바탕으로 그의 허락을 받아 원곡을 재창조하는 것이라는 인식을 가져야 함.
• 샘플링을 넘어서는 새로운 창작 방법을 찾아야 함.

정답

1 (1) 원곡 (2) 저작권 (3) 허락 2 ② 3 ②

1 글의 중심 내용 파악하기

1960년대 힙합 음악이 막 시작되었을 때 샘플링은 원곡의 일부나 혹은 전체를 빌려 쓰는 것으로 인식되었다. 그러다가 1992년에 샘플링에 대한 저작권 소송이 제기된 이후 샘플링에 대한 인식은 원곡에 대한 충분한 이해와 원작자에 대한 존경을 바탕으로 재해석하는 것으로 변화되었다.

2 숨어 있는 내용 찾기

⊙은 샘플링을 베끼기 수준으로만 생각한다면 표절 문제를 피하기 어렵고, 이것이 우리나라 힙합 음악이 발전하는 데 방해가 된다는 의미이다.

3 숨어 있는 내용 찾기

글쓴이는 우리나라에서 힙합 음악이 대중음악의 중요한 갈래가 되었으므로 이에 걸맞게 우리나라 힙합 가수들도 샘플링이 원곡에 대한 진지한 이해와 존경을 바탕으로 한 재창조라는 점을 인식해야 한다고 주장하고 있다.

근거 있는 오답 풀이

① 글쓴이는 '복사하고 붙여 넣기' 방법으로 하는 베끼기 수준의 샘플링을 잘못된 인식으로 보고 있다.

③ 글쓴이는 우리나라 힙합 음악이 '거리 음악'의 단계를 넘어섰으므로 그에 걸맞게 샘플링에 대한 인식을 바꾸어 한다고 주장하고 있다.

④ 글쓴이는 샘플링을 넘어서는 새로운 창작 방법을 찾기 위해 노력할 것을 당부하고 있다.

⑤ 글쓴이는 베끼기 수준의 샘플링은 표절 문제를 피하기 어렵다고 보며 원작자에 대한 존경심 강조하고 있으므로 저작권을 존중하고 있다고 할 수 있다. 따라서 저작권 규제를 완화해야 한다는 것은 글쓴이가 말하려는 내용과 거리가 멀다.

독해 꿀팁

1 핵심어에 ○ 표시를 하고, 그것의 개념과 특징이 제시된 부분에 ～을 그어 봐.

2 ㉠～㉤ 뒤에 어떤 내용이 이어지는지 앞뒤 문맥을 살펴 봐.

3 생략된 내용이나 숨겨진 내용이 무엇일지 추론하며 글을 읽어 봐.

2010년, 한국, 벨기에, 체코, 프랑스 등 11개국이 공동으로 신청한 '매사냥'이 유네스코 인류 무형 유산에 등재되었다. 그렇지만 매사냥에 대해 아는 현대인은 그리 많지 않다. ㉠현재까지도 명맥을 이어 가고 있는 우리의 전통 문화유산인 매사냥에 대해 알아보자.
_{핵심어} _{이름이나 어떤 내용을 장부에 적어 올림.}
_{매사냥에 대해 알아볼 것을 예고함.}
➡ 유네스코 인류 무형 유산에 등재된 매사냥

매사냥은 매를 이용해 꿩, 토끼 같은 야생 동물을 잡는 사냥법이다. 일반적으로 사냥을 할 때 동물은 주인의 사냥을 돕는 보조적인 역할만 하지만, 매사냥에서 매는 주인을 대신해 짐승을 잡는 사냥꾼 역할을 한다. 매사냥의 주인공은 사람이 아니라 매인 것이다. ㉡그런데 아무 매나 매사냥의 주인공이 될 수 없다. 사람이 많은 정성과 시간을 들여 길들인 것이어야 한다. 매가 사냥을 할 만큼 훈련이 되면 본격적인 매사냥이 시작되는데, 매사냥을 할 때 우선 매사냥꾼은 사방이 잘 보이는 산의 높은 곳으로 매를 들고 올라간다. 준비하고 있던 몰이꾼들이 꿩을 몰면, 매사냥꾼은 꿩을 향해 매를 보내며 "매 나간다."라고 소리친다. 그러면 몰이꾼들은 매에 달아 놓은 방울의 소리를 따라 신속히 가서 매를 찾는다.
➡ 매사냥의 개념과 특징 및 매사냥을 하는 방법

㉢그렇다면 매사냥은 언제, 어디에서 시작되었을까? 기록에 따르면 매사냥은 4,000여 년 전 고대 중앙아시아와 서아시아에서 시작되어 세계로 퍼져 나갔다. 메소포타미아 유적지에서는 매사냥꾼을 새긴 유물이 발견되었고, 마르코 폴로의 『동방견문록』에는 쿠빌라이 황제가 사냥터로 떠날 때 다양한 매 500마리를 동원한 기록이 남아 있다.
➡ 매사냥의 역사 ① – 매사냥의 시작

㉣우리나라는 어떠했을까? 우리나라의 경우 고구려 고분 벽화에 남아 있는 매사냥 그림을 통해 이미 삼국 시대부터 매사냥이 이루어졌음을 알 수 있다. 『삼국사기』에는 신라 진평왕이 매사냥에 푹 빠져 신하들이 걱정했다는 기록도 있다. 고려 충렬왕은 매사냥을 담당하는 응방이라는 관청을 두었고, 이를 위해 몽골에서 기술자를 데려오기도 했다.
➡ 매사냥의 역사 ② – 우리나라의 매사냥 역사

㉤지금까지 매사냥의 방법과 역사에 대해 살펴보았다. 매사냥은 많은 정성과 시간을 들여 매를 길들인 후 행해지는 사냥법이다. 과거의 매사냥은 식량을 얻는 한 가지 방법이었으나, 오늘날에는 자연과의 융화를 추구하는 야외 활동이 되었다. 매사냥은 오랫동안 이어져 내려온 우리의 소중한 전통 문화유산이지만, 지금은 소수의 사람들만이 매사냥을 전승해 가고 있다.
➡ 오랫동안 이어져 내려온 우리의 전통 문화유산인 매사냥

---

1 글의 전개 방식 파악하기

2문단의 '매사냥은 ~ 사냥법이다.'에서 매사냥의 뜻을 풀이하고 있고, '일반적으로 사냥을 ~ 매인 것이다.'에서 일반적인 사냥과 다른 매사냥의 특징을 드러내고 있다.

근거 있는 오답 풀이

② 유추는 다른 대상과 비슷하거나 같은 점을 근거로 대상의 특성을 미루어 추측하는 방식이다. 이 글에서는 유추를 사용하고 있지 않다.

③ 5문단에서 오늘날 매사냥은 자연과의 융화를 추구하는 야외 활동이 되었다고 했을 뿐, 매사냥이 오늘날의 여가 생활에 미친 영향을 분석하고 있지는 않다.

2 숨어 있는 내용 찾기

3문단에서 매사냥의 기원과 다른 나라의 매사냥 역사를 설명한 뒤 4문단의 첫 문장에서 '우리나라는 어떠했을까?'라고 한 것에서 ㉣은 '우리나라의 매사냥 역사는 어떠했을까?'라는 의미임을 짐작할 수 있다. 또한 ㉣ 뒤에 이어지는 내용에서도 우리나라의 매사냥 역사와 관련된 내용이 나오고 있다.

3 숨어 있는 내용 찾기

5문단에 따르면 과거의 매사냥은 식량을 얻는 한 가지 방법이었으나 오늘날에는 자연과의 융화를 추구하는 야외 활동이 되었다고 했다. 이는 오늘날 매사냥을 하는 목적이 과거와 달라졌다는 의미일 뿐, 이를 통해 과거에 비해 매사냥이 가치를 인정받지 못한다고 추론하는 것은 적절하지 않다.

근거 있는 오답 풀이

① 3문단에서 확인할 수 있다.

③, ④ 2문단에서 확인할 수 있다.

⑤ 4문단에서 확인할 수 있다.

꿀 강의

우리의 소중한 전통 문화유산인 매사냥의 방법과 역사를 설명하는 글이다.

매사냥의 방법	• 사람에게 길들여진 매가 주인을 대신해 야생 동물을 잡음. • 산의 높은 곳에서 몰이꾼들이 사냥감을 몰면 매사냥꾼이 사냥감 쪽으로 매를 보내고, 몰이꾼들이 매의 방울 소리를 따라 매를 찾음.
매사냥의 역사	• 4,000여 년 전 고대 중앙아시아와 서아시아에서 시작되어 세계에 퍼짐. • 우리나라는 삼국 시대부터 매사냥이 이루어짐.

독해 꿀팁

1 가, 나의 공통된 핵심어에 ○ 표시를 해 봐.

2 '반해', '그리고', '그러나' 등의 연결어에 △ 표시를 하고, 뒤에 어떤 내용이 이어지는지 살펴봐.

3 가, 나에서 글쓴이의 관점이 드러난 부분을 찾아 각각 ▬▬ 표시를 해 봐.

가 핵심어 ─ 휴대 전화는 공간과 시간의 제약을 넘어 나와 타인을 연결하는 새로운 소통의 길을 활짝 열어 주었다. (가의 글쓴이의 관점이 드러난 부분 ①) 「멀리 이사 간 친구가 생각나면 바로 휴대 전화로 안부를 물을 수 있고, 집에 있지 않아도 가족들과 수시로 대화를 나눌 수 있다. (아무 때나 자주)」(「 」: 휴대 전화를 이용한 소통의 예) 가족, 친구, 연인, 동료 등과 인간관계를 유지하고 개인 간의 소통을 증진시키는 데 휴대 전화가 유용하게 쓰이는 것이다. (쓸모가 있음.) 휴대 전화가 개인 간의 소통에 유용한 도구가 된 데에는 문자 메시지의 공이 크다. 음성 통화는 아무리 말을 짧게 해도 몇십 초가 훌쩍 지나가 버리는 데 반해, (음성 통화와 다른 문자 메시지의 장점이 이어짐.) 문자 메시지는 군더더기 없이 핵심만 전달하기 때문에 빠르고 쉽게 소통할 수 있다. 그리고 감사함, 미안함, 축하 (문자 메시지의 장점이 이어짐.) 등 표현하기 쑥스러운 내용도 문자 메시지를 이용하면 좀 더 쉽게 전달할 수 있다.
➡ 휴대 전화는 사람들 간의 소통을 원활하게 해 줌.

휴대 전화는 직접 만나 소통하는 것이 아니기 때문에 인간관계가 더 소원해지는 것이 (지내는 사이가 두텁지 아니하고 거리가 있어서 서먹서먹함.) 아니냐는 우려가 있다. (근심하거나 걱정함. 또는 그 근심이나 걱정.) 하지만 인간의 만남은 직접 얼굴을 대하는 데에서만 깊어지는 것이 아니다. 휴대 전화가 멀고 낯선 세계를 글과 소리로 연결해 준다는 점에서 소통의 폭과 깊이를 더하는 기능을 한다고 볼 수 있다. (가의 글쓴이의 관점이 드러난 부분 ②)
➡ 휴대 전화는 소통의 폭과 깊이를 더해 줌.

나 휴대 전화는 혼자만의 시간을 갖기에 편리한 도구라서 언제 어디서나 휴대 전화만 있으면 '혼자서도 심심하지 않게' 지낼 수 있어 자기 단절 현상을 빚어낸다. (핵심어)(타인과의 유대나 연관 관계가 끊어지는 현상) 인간은 사회적 동물이기 때문에 공동체 생활을 통해 성장해 나가야 한다. 그러나 '나 홀로 전화기'와 함 (같은 이념 또는 목적을 가지고 있는 집단.) 께하는 시간이 많다 보니, (휴대 전화 때문에 공동체 문화의 정신을 배우기 어려운 점을 듦.) 타인의 즐거움에 같이 기뻐해 주고 슬픔에 같이 공감해 주는 공동체 문화의 정신을 배울 기회가 줄어들었다. 휴대 전화와 함께하는 시간이 길어질수록 인간관계가 점점 단절되는 것이다. (휴대 전화 사용으로 인한 결과)(나의 글쓴이의 관점이 드러난 부분 ①)
➡ 휴대 전화는 인간관계를 단절시킬 수 있음.

휴대 전화는 사람 간의 친밀감을 약화시킬 소지가 크다. (나의 글쓴이의 관점이 드러난 부분 ②) 언제 어디서나 원하는 사람과 통화하고 문자를 주고받을 수 있지만, 그런 기능을 통해 만남을 대신하는 경우가 늘어나기 때문이다. 직접 만나서 대화를 하더라도 휴대 전화에 신경을 쓰느라 정작 눈앞의 관계를 소홀히 하기 십상이다. 친구와 만나도, 가족과 오랜만에 한자리에 앉는 순간에도 각자의 휴대 전화의 세계에 빠진다. (휴대 전화에 몰입해 주변 사람들과 소통이 부족해짐.) 휴대 전화로 인해 세상과의 소통은 용이해졌지만, 사람 간의 소통은 오히려 단절되어 가는 것은 아닌지 씁쓸함마저 든다.
➡ 휴대 전화는 사람 간의 친밀감을 약화시킬 수 있음.

꿀강의

'휴대 전화'라는 동일한 대상의 기능에 대해 서로 다른 관점에서 주장하는 글이다.

가	휴대 전화는 개인 간의 소통을 원활하게 하고 소통의 폭과 깊이를 더해 줌. → 긍정적인 입장
나	휴대 전화는 사람들 간의 소통을 단절시킬 수 있음. → 부정적인 입장

정답

1 휴대 전화 **2** (1) 원활 (2) 연결 (3) 단절 (4) 약화 **3** ②

1 글의 중심 내용 파악하기

가와 나 모두 휴대 전화가 사람들 간의 소통에 미치는 영향에 대해 다루고 있다. 따라서 가, 나에서 공통으로 다루고 있는 대상은 휴대 전화이다.

2 관점 비교하기

가에서는 휴대 전화의 긍정적 기능을 제시하며 휴대 전화는 소통을 원활하게 하는 도구라고 주장하고 있다. 즉 휴대 전화가 사람과 사람을 연결해 준다는 점에서 소통의 폭과 깊이를 더하는 기능을 한다고 보고 있다.

나에서는 휴대 전화의 부정적 기능을 제시하며 휴대 전화는 사람들 간의 소통을 단절시키는 도구라고 주장하고 있다. 사람들과 함께 있는 자리에서도 각자 휴대 전화의 세계에 빠지는 등 주변 사람들과 소통이 부족해진다는 점에서 휴대 전화가 사람 간의 친밀감을 약화시킨다고 보고 있다.

3 관점 비교하기

가는 휴대 전화가 소통에 유용하다는 점을 들어 휴대 전화를 '긍정적'으로 바라보고 있다. 나는 휴대 전화가 사람들 간의 소통을 단절시킨다는 점을 들어 휴대 전화를 '부정적'으로 바라보고 있다.

근거 있는 오답 풀이

③, ④ '객관적'은 '개인의 생각이나 감정에 치우치지 않고 사실이나 사물을 있는 그대로 보거나 생각하는 것'을 뜻하며, '주관적'은 '자기의 생각이나 관점을 기준으로 하는 것'을 뜻한다. 가, 나 모두 글쓴이의 주장을 담고 있는 주관적인 성격의 글이다.

⑤ '현실적'은 '현재 실제로 있거나 이루어질 수 있는 것'을 뜻하며, '이상적'은 '어떤 것에 대하여 생각할 수 있는 것 중에서 가장 나은 것'을 뜻한다.

로봇세를 도입해야 하는가

본문 40~41쪽

1 ① **2** ④ **3** ④

독해 꿀팁

1 중심 화제를 찾아 ○ 표시를 하고, 대상의 개념을 설명한 부분에 ～～을 그어 봐.

2 '주장', '입장'과 같은 말이 사용된 문장에 ▬▬ 표시를 하고, 찬반 양측의 주장을 살펴봐.

3 찬반 양측이 근거로 내세우는 내용에 [ ] 표시를 해 봐.

인공 지능 기술의 발전으로 로봇이 사람을 대신해 일하는 영역이 늘어나고, 그 규모도 커지면서 '로봇세를 도입해야 하는가?'라는 화제가 도마 위에 올랐다.
_{로봇 산업이 발전하고 있는 현실} _{중심 화제}
➡ **로봇세 도입 문제가 화제가 된 상황**

로봇세는 로봇을 소유한 기업이나 로봇에게 부과하는 세금이다._{로봇세의 개념}「4차 산업 혁명이 본격적으로 시작되면 현존하는 일자리의 80% 이상이 사라질 것으로 예측된다. 사람이 할 일을 로봇이 대신하게 되기 때문이다. 사람들이 일자리를 잃으면 그만큼 정부의 세금 수입은 크게 줄어들 수 있다.」_{로봇세를 도입하자는 의견이 나온 배경} 이러한 고민에서 로봇세를 도입하자는 의견이 생겨났다.
➡ **로봇세를 도입하자는 의견이 나온 배경**

[A]<u>로봇세 도입에 찬성하는 사람들은 로봇세를 도입하여 복지 재원을 마련해야 한다고 주장한다.</u>_{로봇세 도입에 찬성하는 사람들의 주장} 로봇 때문에 일자리를 잃은 사람들은 새로운 일자리를 찾기 위해 재교육을 받아야 한다. [로봇세를 활용하면 그러한 사람들에게 진로 상담이나 적성 검사, 기술 교육 등을 통해 재교육을 제공할 수 있다.]_{[ ]: 로봇세 도입에 찬성하는 사람이 내세우는 근거 ①} 그리고 미래 사회에는 소수의 사람이 로봇으로 소득을 독점할 수 있는데, [로봇을 소유하고 이용하는 사람이나 로봇에게 세금을 부과하면 소득의 독점을 막을 수 있다.]_{[ ]: 로봇세 도입에 찬성하는 사람들이 내세우는 근거 ②} 이렇듯 이 입장은 <u>로봇세를 활용하여 소득을 재분배함으로써 국민의 복지를 향상시켜야 한다는 입장이다.</u> ➡ **로봇세 도입에 찬성하는 사람들의 주장**

[B]<u>로봇세 도입에 반대하는 사람들은 로봇세 도입이 로봇 산업의 발전과 국가의 미래 경쟁력에 부정적인 영향을 끼칠 수 있다고 주장한다.</u>_{로봇세 도입에 반대하는 사람들의 주장} 로봇 개발자는 개발 비용에 세금까지 더해져 부담을 느낄 수 있다. [로봇 개발자의 부담은 로봇을 개발하는 과정에서 혁신적인 생각을 발전시키거나 과감한 투자를 하는 데에 걸림돌이 될 수 있다.]_{[ ]: 로봇세 도입에 반대하는 사람들이 내세우는 근거 ①} 또한 로봇세를 부과하는 근거가 명확하지 않기 때문에 세계의 모든 국가가 동시에 로봇세를 도입하기 어렵다. [서둘러 로봇세를 도입한 국가는 세계 시장에서 가격 및 생산성의 경쟁력에서 뒤처질 수 있다.]_{[ ]: 로봇세 도입에 반대하는 사람들이 내세우는 근거 ②} 이렇듯 이 입장은 <u>국가의 미래 경쟁력을 기르려면 로봇 산업 발전에 투자하는 것이 우선이라는 입장이다.</u> ➡ **로봇세 도입에 반대하는 사람들의 주장**

로봇세를 도입할 경우에도 <u>로봇을 이용한 생산 활동에 세금 혜택을 줄 것인지, 아니면 로봇으로 인해 일자리가 줄어드는 부분에 대해 세금의 불이익을 줄 것인지 등의 고려해야 할 여러 문제들이 있다.</u>_{로봇세 도입 시 고려해야 할 여러 문제들의 예} 따라서 로봇 산업을 발전시키면서 인간과 로봇이 함께 살아가는 방안을 찾아 세금을 매겨야 할 것이다. ➡ **로봇세를 매길 때 고려해야 할 문제들**

꿀 강의

로봇세 도입 문제가 화제가 된 상황을 밝히고, 로봇세 도입에 대한 찬성 측과 반대 측의 주장과 근거를 설명하는 글이다.

로봇세 도입에 찬성하는 입장	로봇세 도입에 반대하는 입장
로봇세를 도입하여 복지 재원을 마련해야 함. → 로봇세를 활용하여 소득을 재분배함으로써 국민의 복지를 향상시켜야 함.	로봇세 도입이 로봇 산업의 발전과 국가의 미래 경쟁력에 부정적인 영향을 끼칠 수 있음. → 로봇 산업 발전에 투자하는 것이 우선임.

1 글의 중심 내용 파악하기

4문단에서 로봇세를 부과하는 근거가 명확하지 않아 세계의 모든 국가가 동시에 로봇세를 도입하기 어렵기 때문에 서둘러 로봇세를 도입한 국가가 경쟁력에서 뒤처질 수 있다고 했다. 따라서 세계 각국이 먼저 로봇세를 도입하려 한다는 것은 적절하지 않다.

근거 있는 오답 풀이

③ 5문단에서 로봇세를 도입한다 해도 로봇을 이용한 생산 활동에 세금 혜택을 줄 것인지, 로봇으로 인해 일자리가 줄어드는 부분에 세금의 불이익을 줄 것인지 등의 고려해야 할 여러 문제들이 있다고 했다.

④ 2문단에서 4차 산업 혁명이 본격적으로 시작되면 현존하는 일자리의 80% 이상이 사라질 것으로 예측된다고 했다.

⑤ 2문단에서 4차 산업 혁명 시기에 사람들이 일자리를 잃으면 그만큼 정부의 세금 수입이 줄어들 수 있다는 고민에서 로봇세 도입 의견이 나왔다고 했다.

2 관점 비교하기

4문단에 따르면 [B]는 로봇세 도입에 반대하는 입장으로, 로봇세는 로봇 산업 발전과 국가의 미래 경쟁력에 부정적 영향을 줄 수 있다고 주장한다. 그러나 로봇의 가격이나 생산성 향상이 국가 재정에 도움이 될 것이라는 내용을 주장의 근거로 삼고 있지는 않다.

근거 있는 오답 풀이

①, ③, ⑤ [A]는 로봇세에서 얻은 소득을 재분배하여 일자리를 위한 재교육 등의 국민 복지에 써야 한다는 입장이다. 또한 로봇세를 도입해야 소수의 사람이 로봇으로 소득을 독점하는 것을 막을 수 있다고 생각한다.

3 관점 비교하기

4문단 마지막 문장의 '국가의 미래 경쟁력을 기르려면 로봇 산업 발전에 투자하는 것이 우선이라는 입장이다.'에서 확인할 수 있다.

06강 동물원을 유지해야 한다

본문 44~45쪽

독해 꿀팁

1 핵심어에 ○ 표시를 하고, 글쓴이의 주장에 ⎯⎯ 표시를 해 봐.

2 주장을 뒷받침하는 근거에 ～～을 그어 봐.

3 근거에 대한 자료에 [ ] 표시를 해 봐. 그리고 이 자료가 글의 신뢰도를 높이는지 생각해 봐.

동물원은 자연 상태에서 보기 힘든 다양한 종의 동물을 가까이에서 볼 수 있는 곳이라 사람들에게 인기가 많다. 우리나라에는 2018년 기준 동물원이 84곳, 수족관이 23곳 있다. 라쿤 카페와 같은 유사 동물원도 늘어나고 있는 가운데 동물원의 열악한 환경과 동물 학대 문제로 ㉠동물원을 폐지해야 한다는 목소리가 커지고 있다. 그렇지만 동물원을 폐지하는 것보다 동물원을 유지하는 것이 장점이 더 많다.
➡ 동물원을 폐지하는 것보다 유지하는 것이 장점이 더 많음.

첫째, 동물원은 멸종 위기 동물이나 희귀 동물을 보호해 준다. 인간의 무분별한 개발과 환경 오염 등으로 서식지를 잃고 멸종 위기에 놓인 동물들이 늘어 가고 있다. 동물원은 이런 동물들을 데려와 보살핌으로써 멸종되지 않게 보호하는 역할을 한다.
➡ 근거 ① – 동물원은 멸종 위기 동물이나 희귀 동물을 보호해 줌.

둘째, 동물원은 생태 지식을 늘려 주고 생명 존중 정신을 갖게 하는 등 교육적인 가치가 있다. 세계 동물원 수족관 협회가 세계 30개 동물원의 방문객 6천 명을 대상으로 '생물 다양성 교육 효과'를 조사했다. 그 결과 방문객의 63%가 동물원을 방문함으로써 동물에 대한 지식을 얻었다고 답했고, 특히 생물 다양성 유지의 필요성을 깨달았다고 했다. 이렇게 동물을 직접 보고 관찰하는 과정에서 생태 지식을 습득하고 생명의 소중함을 몸소 느낄 수 있다.
➡ 근거 ② – 동물원은 교육적인 가치가 있음.

셋째, 동물원을 폐지한 직후에 생기는 여러 가지 문제점이 있다. 현재 동물원에 사는 동물들은 야생성을 거의 잃은 상태여서 야생으로 돌아간다 해도 적응에 실패할 확률이 높다. 또한 인간의 개발로 서식지를 잃은 동물들은 동물원이 폐지되면 갈 곳이 없어 죽임을 당할 수 있다.
➡ 근거 ③ – 동물원을 폐지한 직후 여러 가지 문제점이 생김.

100여 년 전, 우리나라에 동물원이 처음 생겼을 때는 철책과 쇠그물을 써서 동물들을 좁은 우리 안에 가두어 수용했다. 그만큼 동물의 복지나 권리는 고려되지 않았다. 하지만 시간이 지날수록 동물들이 머무는 곳을 야생 환경에 가깝게 재현하고, 동물이 안락한 삶을 살아가도록 돕는 등 동물원이 좋게 변화하고 있다. 2016년에는 동물의 권리를 법적으로 보장하기 위해 이른바 '동물원법'이 제정되기도 했다. 동물원을 폐지하는 것만이 동물을 위한 방법이 아니다. 먼저 인간과 동물이 모두 행복하게 공존할 수 있는 방법을 고민하고, 현재 우리가 할 수 있는 일을 찾아야 할 것이다.
➡ 인간과 동물이 공존할 수 있는 방법을 찾아야 함.

꿀 강의

'동물원 폐지'라는 문제에 대해 동물원을 유지해야 한다는 입장에서 쓴 주장하는 글이다.

동물원 폐지를 주장하는 입장
동물원의 환경이 열악하고, 동물 학대 문제가 있음.

⇵

동물원 유지를 주장하는 입장(글쓴이의 입장)
동물원은 멸종 위기 동물이나 희귀 동물을 보호해 주고, 교육적인 가치가 있음. 또한 동물원 폐지 직후에 생기는 여러 가지 문제점이 있음.

1 글의 중심 내용 파악하기

글쓴이는 1문단에서 동물원을 폐지하는 것보다 동물원을 유지하는 것이 장점이 더 많다면서 '동물원을 폐지해야 하는가'에 대한 자신의 입장을 드러내고 있다.

2 비판하기

(1) 2문단의 동물원은 멸종 위기 동물이나 희귀 동물을 보호해 준다는 근거에 대해 실제 사례를 들면 이해에 도움을 줄 수 있다.

(2) 3문단에서는 객관적인 조사 결과를 인용해 동물원이 교육적 가치가 있다는 내용에 설득력을 높이고 있다.

(3) 4문단의 동물원이 폐지되면 서식지를 잃은 동물들이 죽임을 당할 수 있다는 내용을 뒷받침하는 자료를 제시하면 근거의 타당성을 높일 수 있다.

3 비판하기

㉠의 입장은 동물원의 열악한 환경과 동물 학대 문제를 근거로 한다. 그런데 ①은 동물의 서식지가 많이 파괴되었다는 내용으로, 이는 인간의 개발로 서식지를 잃은 동물들이 동물원을 폐지하면 갈 곳이 없어 죽임을 당할 수 있으므로 동물원을 유지해야 한다는 입장과 관련된다. 따라서 글쓴이의 입장을 반박하는 내용으로는 적절하지 않다.

근거 있는 오답 풀이

②, ③ 동물원이 좋게 변화한다 하더라도 동물을 일정한 공간 안에 머무르게 하여 수용하는 곳임은 달라지지 않으므로 이와 같이 반박할 수 있다.

④ 글쓴이가 동물원의 교육적 가치 중에 생명 존중 정신을 갖게 한다고 했는데, 동물이 인간을 위한 오락 수단이 되는 것 자체가 이러한 정신에 어긋난 것이라고 반박할 수 있다.

⑤ 동물원을 야생 환경에 가깝게 재현한다 해도, 동물이 진짜 자연에서 사는 것은 아니므로 열악한 환경에 대한 근본적인 해결 방안이 될 수 없다고 반박할 수 있다.

06강
원리 적용 2

'빨리빨리' 문화에서 벗어나자

독해 꿀팁

1 핵심어에 ○ 표시를 하고, 1문단에서 글쓴이의 관점이 드러난 부분에 [ ] 표시를 해 봐.

2 글쓴이의 의견을 뒷받침하는 자료에 ~~~을 그어 봐.

3 4문단에서 글쓴이의 의견이 드러난 부분에 ▬▬ 표시를 하고, 이에 공감하는지 비판적으로 생각해 봐.

우리는 '빨리빨리'를 입에 달고 산다. '빨리빨리'가 우 리나라의 급속한 성장을 이끌었다고 볼 수도 있지만, 시 간을 들여야 경험할 수 있는 소중한 것을 상실하게도 했 다. 가령 참된 의미의 사랑, 우정, 교육, 예술, 학문 같은 것을 우리는 모두 상실하고 있는 것은 아닐까?
➡ '빨리빨리' 문화에 대한 비판적 의문 제기

[심리학자 로버트 레빈의 『시간은 어떻게 인간을 지배 하는가』에는 세계 31개국의 시간 문화에 대한 기록이 담 겨 있다.] 그는 보행자의 걷는 속도, 우체국의 일 처리 시 간, 공공장소에 있는 시계의 정확함 등을 종합하여 각국 의 생활 속도 순위를 매겼는데 스위스, 독일 등은 상위권을, 멕시코, 인도네시아 등은 하 위권을 기록했다. 한국은 18위였다. 순위를 보면 대체로 생활 속도가 빠른 국가의 순위 가 산업 발전에 따른 국민 소득 순위와 비슷하다. 「이 조사는 조급한 마음이 산업 발전을 가속화한다기보다 체계적인 틀 안에서 정확함을 추구하는 마음이 실제로 '바른' 결과를 낳는다는 것을 보여 준다.」 ➡ '빨리빨리' 문화가 산업 발전 속도와 일치하지 않음을 보여 주는 사례

현대 자본주의 사회에서 경쟁은 '빨리빨리'를 전제한다. 가장 빠른 자가 경쟁에서 이기 는 경우가 많기 때문이다. 그래서 많은 사람이 속도, 그것도 가속도를 삶의 바탕으로 삼 고 있다. 문제는 '빨리빨리'가 불러오는 속도의 지나침과 한계 없음이다. 「자본주의 사회 에서 요구하는 생활 리듬에 맞추어 고속으로 살아가면서 우리는 중요한 것을 잃어버린 다. 인간으로서의 연대감과 같은 도덕적인 가치가 그것이다. 사람들은 '빨리빨리' 하여 앞으로 얼마나 더 발전해야 하는지 그 한계를 모른 채 치열한 경쟁을 한다. 그런데 경쟁 에서 이긴 소수의 사람이 부유해질수록 다수의 사람은 더욱더 가난해지고 있다.」
➡ '빨리빨리' 문화로 인한 부작용

'빨리빨리'에 반대되는 행동으로 '느리게'를 중시하자는 것이 아니다. 지금부터라도 우 리는 '빨리빨리'가 아니라 '적정 속도'를 생각하며 살아야 한다. 이는 막연한 타협이나 적 당한 중간을 뜻하지 않는다. 그 기준은 현대의 사회와 문화가 지닌 속도의 지나침을 비 판적으로 인식하고, 그 한계를 깊이 자각하는 태도를 통해 스스로 세울 수 있다. 이를 위 해서는 무엇보다 '천천히' 생각할 시간이 필요하다. 적정 속도로 사는 삶에 대해 천천 히 생각하다 보면 오히려 '빠른' 결과를 낳을 수 있는 정확함과 신속함을 갖추는 지혜를 얻을 수 있을 것이다. ➡ '적정 속도'를 생각하며 사는 일의 필요성

꿀 강의

'빠름'만을 좇을 것이 아니라 '적정 속도'를 통해 정확함과 신속함을 갖추는 지혜를 얻자고 주장 하는 글이다.

'빨리빨리' 문화의 부작용		글쓴이의 주장
• 속도의 지나침 때문에 시간을 들여야 경험할 수 있는 소중한 것을 잃어버림. • 발전의 한계를 모른 채 치열한 경쟁을 하여 빈부 격차가 심해짐.	➡	'적정 속도'를 생각하며 살아야 함.

정답

1 ⑤ 2 ② 3 ④

1 글의 전개 방식 파악하기

1문단에서 글의 중심 화제인 '빨리빨리' 문화에 대 해 비판적인 관점을 드러내고, 2문단에서 이러한 관점을 뒷받침하는 자료를 제시한 뒤, 3문단에서 '빨리빨리' 문화의 문제점을 구체적으로 설명하고 있다. 그리고 4문단에서 '빨리빨리'가 아닌 '적정 속도'를 생각하며 살아야 한다는 의견을 제시하고 있다.

근거 있는 오답 풀이

③ 전문가의 저서에 나온 조사 결과를 뒷받침 자 료로 인용하고 있을 뿐, 이 글에 전문가의 견해 는 드러나지 않는다.

2 숨어 있는 내용 찾기

4문단에서 글쓴이는 '적정 속도'를 생각하며 살아 야 한다고 말하며, '적정 속도'는 막연한 타협이나 적당한 중간을 뜻하는 것이 아니라고 했다.

근거 있는 오답 풀이

①, ③ 3문단에서 확인할 수 있다.
④ 2문단에서 확인할 수 있다.
⑤ 1, 3문단에서 확인할 수 있다.

3 비판하기

〈보기〉는 전통 농경 사회에서 살아가기 위해 우리 조상이 빠른 속도로 행동했음을 제시하고 있다. 이 글의 글쓴이는 무조건 빠르게 행동하기보다는 적정 속도를 지켜 정확함과 신속함을 갖추는 지혜를 얻 으면 더 나은 결과를 낳을 수 있다고 보고 있으므로 〈보기〉에 대해 ④처럼 비판하는 것이 적절하다.

근거 있는 오답 풀이

① 4문단에서 '빨리빨리'에 반대되는 행동으로 '느 리게'를 중시하자는 것은 아니라고 했다.
② 이 글의 관점이 나타나 있지 않다.
③ 이 글에서는 '빨리빨리' 문화로 인해 발전의 한 계를 모른다고 했을 뿐, 한계를 정해야 한다고 하지는 않았다.
⑤ 글쓴이는 '적정 속도'는 막연한 타협이 아니라 고 했다.

과학과 종교에 관한 올바른 태도

본문 50~51쪽

독해 꿀팁

1. 두 가지 설명 대상에 각각 ○, □ 표시를 하고, 둘의 차이점을 비교해 봐.
2. 반대를 나타내는 접속어에 △ 표시를 하고, 앞뒤 문맥을 살펴봐.
3. 두 설명 대상에 대한 글쓴이의 의견이 드러난 부분에 ▬ 표시를 해 봐.

과학은 인간이 눈이나 기계로 자연 현상을 살펴보고 어떤 사실을 알아낼 수 있는 물질적 자연 현상에 관한 것이며,「시행착오를 거치면서 아래에서부터 위로 올라가 우주의 원리를 이해하기 위한 ㉠귀납적 과정의 학문이다. 그리고 과학적 설명은 객관적으로 사실임을 증명할 수 있고, 그 내용이 타당할 때에만 설득력을 가진다.」
➡ 과학의 대상과 특징

한편, 종교는 과학과는 달리 물질이 아니라 인간의 마음과 영혼에 관한 것이다.「인간의 마음과 영혼은 객관적으로 사실임을 증명할 수 있는 대상이 아니다. 종교는 초자연적인 신에 대한 직관적 믿음을 바탕으로, 위에서부터 아래로 우주의 원리를 이해하려는 연역적 정신 과정을 특징으로 한다.」
➡ 종교의 대상과 특징

우리가 상처를 입었다고 상상해 보자. 상처 입은 사람에 대해 과학과 종교는 각기 다른 대응 방식을 보인다. 과학은 상처를 입었을 때 아플 것이라는 객관적 사실을 알려 주고, 상처를 어떻게 하면 낫게 할 수 있는지에 대한 지식을 제공한다. 이에 비해 종교는 상처 입은 나 자신이 직접 느끼는 아픔에 더 집중한다. 내가 아픔을 얼마나 심각하게 느끼는가는 과학이 요구하는 객관적 타당성과는 관련이 없는 문제이다. 그리고 아픔을 느끼는 내가 종교적 가르침과 깨달음을 어떻게 받아들이고 얼마나 믿는지는 과학적으로 측정하거나 설명할 수 없는 것이다.
➡ 과학과 종교의 서로 다른 대응 방식

「우리가 살고 있는 우주에는 수천억 개의 은하계가 있고, 각 은하계는 다시 수천억 개의 별들로 이루어져 있다. 그러나 우주를 이해하려고 하는 우리 뇌와 신경 세포는 고작 100억여 개에 지나지 않는다.」이러한 인간이 지금까지 알아내어 만든 지식 체계인 과학으로 종교를 평가하는 것은 과학의 범주를 벗어나는 것이다. 또한 객관적 사실을 초월해서 모든 것을 직관적 믿음으로 받아들이는 종교가 객관적 타당성을 중시하는 과학에 관여하려는 것도 종교가 가지는 숭고한 정신의 세계를 물질적 차원으로 끌어내리는 것이다.
➡ 과학과 종교가 서로 평가하거나 관여해서는 안 되는 이유

과학과 종교는 물질과 정신으로 이루어진 인류 문명의 두 궤도라 할 수 있다. 어느 한쪽이 자기 궤도를 벗어나서 엉뚱하게 반대 방향으로 달리지 않는다면 과학과 종교가 충돌할 일은 없다. 결론적으로 말해서 과학과 종교는 근본적으로 서로 다른 차원의 문제이며, 일방적인 입장에서 상대를 공격하는 것은 아무런 의미가 없는 어리석은 일이다.
➡ 과학과 종교가 서로를 바라보는 바람직한 관점

꿀강의

과학과 종교의 차이점을 비교하고, 과학과 종교를 바라보는 올바른 태도에 대해 설명하는 글이다.

인류 문명의 두 궤도	
과학	**종교**
• 물질 • 객관적 사실 • 귀납적 과정의 학문	• 정신 • 직관적 믿음 • 연역적 정신 과정

정답

1 ④　**2** (3) ○

1 적용하기

5문단에서 글쓴이는 '과학과 종교는 근본적으로 서로 다른 차원의 문제'이며 각자 자기 궤도를 지키면 충돌할 일이 없다고 했다. 따라서 서로 다른 시각으로 대상을 바라보는 망원경과 현미경의 관계가, 글쓴이가 생각하는 과학과 종교의 관계와 가장 비슷하다.

근거 있는 오답 풀이

㉮ 동전의 앞면과 뒷면은 하나의 동전에 묶여 있으므로 떼려야 뗄 수 없는 관계이다. 그러나 과학과 종교는 물질과 정신이라는 각기 다른 것으로 이루어진 개별적인 존재이다.

㉰ 이 글에 따르면 과학과 종교는 누가 높고 누가 낮은지 우위를 가릴 수 없는 동등한 위치에 있다. 따라서 과학이 앞서고 종교가 뒤따르며 인류 문명을 이루어 왔다는 것은 적절하지 않다.

2 적용하기

〈자료〉에서 '귀납적 과정'이란 구체적인 사실에서 일반적인 결론을 이끌어 내는 것이라고 했다. (3)에서는 남극 대륙의 빙하가 빠르게 녹고 있다는 구체적인 사실을 제시하고, 빙하가 빠른 속도로 사라져 가고 있다는 일반적인 결론을 제시했으므로 귀납적 과정의 예로 적절하다.

근거 있는 오답 풀이

(1), (2) 앞 문장에서 일반적인 사실을 제시하고, 뒤 문장에서 이를 근거로 개별적인 사실을 이끌어 내고 있다. 이와 같은 방법을 '연역적 과정'이라고 한다. 연역적 과정은 일반적인 사실이나 원리로부터 개별적인 사실이나 특수한 원리를 결론으로 이끌어 냄으로써 논리를 전개해 나가는 것을 의미한다.

독해 꿀팁

1 핵심어 두 가지를 찾아 ○ 표시를 해 봐.

2 1문단과 2문단을 연결하는 접속어에 △ 표시를 하고, 두 문단이 어떻게 이어지는 지 살펴봐.

3 과학자들의 실험과 연구에 ﹏﹏을 긋고, 어떤 사실을 보여 주는지 생각해 봐.

인간의 뇌를 연구하던 과학자들은 대뇌 겉질이 영역마다 담당하는 기능이 다르다는 사실을 발견했다. 뇌 중에서도 대뇌의 가장 바깥에 있는 대뇌 겉질에 전기 자극을 주는 실험을 통해 전두엽에는 판단, 성격, 운동 조절 등의 기능이 있으며, 측두엽, 후두엽, 두정엽은 귀, 눈, 피부 등의 감각 기관으로부터 수용하는 정보를 처리하는 기능이 있음을 밝혀냈다. 이와 유사한 과학적 발견이 이어지면서, 인간의 뇌는 영역별로 나누어 맡는 기능이 고정되어 있다는 인식이 자리를 잡았다.

➡ 인간의 뇌는 영역별로 맡는 기능이 고정되어 있다는 인식이 자리 잡음.

그러나 최근의 연구 성과에 따르면, 대뇌 겉질이 나누어 맡는 기능이 완전히 고정되어 있는 것은 아니다. 어떤 경험을 하느냐에 따라 각 영역이 맡는 기능이 달라지기도 한다. 과학자들은 빛을 완전히 차단한 공간에 실험 참여자들을 머물게 하고 손으로 정보를 찾게 했는데, 이틀이 지나자 시각 정보 처리를 맡았던 뇌 영역이 손에서 오는 촉각 정보를 처리한다는 사실을 발견했다. 빛이 차단된 환경에서 이루어지는 정보 처리의 경험으로 인해 실험 참여자들의 뇌 영역이 맡은 기능이 변화된 것이다.

➡ 경험에 따라 대뇌 겉질의 각 영역이 담당하는 기능이 달라지기도 함.

경험은 대뇌 겉질의 기능만이 아니라 뇌 조직의 변화를 일으키기도 한다. 예를 들어 보자. 인간의 뇌에는 기억을 저장하고 떠올리는 과정에서 중요한 역할을 하는 '해마'라는 기관이 있다. ㉠공간 구조의 기억과 회상에 관여하는 해마로 인해 우리는 눈을 감고 머릿속에 집으로 가는 길을 떠올릴 수 있다. 그런데 바로 이 해마의 크기가 경험에 따라 달라지기도 한다.

➡ 경험은 뇌 조직의 변화를 일으키기도 함.

과학자들은 택시 기사와 버스 기사의 뇌를 비교한 연구를 통해 이를 발견했다. 「대도시의 교통 체증을 피해 시시때때로 새로운 길을 탐색해야 하는 택시 기사의 해마는, 정해진 노선대로 운전해야 하는 버스 기사의 해마보다 그 크기가 더 컸다.」해마의 크기는 택시 운전 경력과 비례했다. 대도시라는 환경에서 새로운 길을 탐색하는 택시 기사의 경험이 뇌의 차이로 나타난 것이다.

➡ 경험에 따라 해마의 크기가 달라짐.

이와 같은 연구 결과가 쌓이면서 최근에는 경험에 대응하여 인간의 뇌가 변화한다는 사실에 많은 이들이 주목하고 있다. 과거에는 사람이 일정한 연령에 도달하면 뇌는 변화하지 않는다고 믿기도 했다. 그러나 우리의 뇌는 어떠한 경험을 하는가에 따라 끊임없이 변화한다.

➡ 뇌는 어떠한 경험을 하는가에 따라 끊임없이 변화함.

꿀 강의

인간이 하는 경험이 뇌의 각 영역의 기능을 변화시키고, 뇌 조직의 변화를 일으킨다는 사실을 실험과 연구 결과를 근거로 들어 설명하는 글이다.

빛 차단 실험	택시 기사와 버스 기사의 뇌 비교 연구	
빛을 차단하자 시각 정보 처리를 담당하던 뇌 영역에서 촉각 정보를 처리함.	새로운 길을 탐색해야 하는 택시 기사의 해마 크기가 버스 기사의 해마 크기보다 더 큼.	뇌는 경험에 따라 변화함.

정답

1 ⑤ 2 ⑤ 3 ②

1 숨어 있는 내용 찾기

2문단을 보면 빛 차단 실험을 통해 시각 정보 처리를 담당하던 뇌 영역에서 촉각 정보를 처리하며 뇌 영역이 맡은 기능이 변화했음을 확인할 수 있다. 즉 뇌의 영역별 기능이 고정되어 있지 않음을 알 수 있다. 이를 통해 감각 기관에서 오는 정보를 처리하는 뇌 영역을 제외한 나머지 뇌 영역은 맡은 기능이 고정되어 있다고 짐작하는 것은 적절하지 않다.

근거 있는 오답 풀이

① 인간의 뇌는 경험에 따라 끊임없이 변화하므로 자신이 어떤 경험을 하느냐에 따라 뇌를 바꿀 수 있다.

② 2문단에 제시된 빛 차단 실험에서 알 수 있는 사실이다.

③ 새로운 길을 탐색하는 택시 기사의 경험은 해마의 크기 차이를 가져오므로 새로운 길을 탐색하는 것은 해마의 활성화와 관련이 있다.

2 글의 전개 방식 파악하기

㉠에서 '공간 구조의 기억과 회상에 관여하는 해마로 인해'는 원인에, '우리는 눈을 감고 머릿속에 집으로 가는 길을 떠올릴 수 있다.'는 결과에 해당한다. 즉 ㉠에는 인과의 설명 방법이 사용되었다. 이와 같이 원인과 결과로 연결된 문장은 ⑤이다. ⑤의 '소금에 절인~활동이 억제되어'는 원인에, '오래 저장할 수 있다.'는 결과에 해당한다.

근거 있는 오답 풀이

① 분석, ② 분류, ③ 정의, ④ 대조의 설명 방법이 사용되었다.

3 적용하기

이 글의 관점은 인간의 뇌는 경험에 따라 변화한다는 것이다. 이러한 관점에서 〈보기〉의 민호가 바둑 대회의 결승까지 올라간 이유를 생각해 보면 민호가 바둑과 관련한 경험을 많이 쌓았기 때문임을 알 수 있다. 행운은 경험과는 관련이 없다.

08강 실전 1 | 우리는 언제부터 고추를 먹기 시작했나

본문 58~59쪽

• 중심 화제에 ○ 표시하기
• 중심 화제의 이동 경로에 → 표시하기

우리 음식 문화에서 고추는 가장 기본적인 식재료
이다. 특히 고추를 넣은 붉은색 김치는 우리나라를 상
징하는 음식 중 하나이다. 그래서 우리 조상들이 아
주 오래전부터 고추를 먹은 것으로 잘못 알고 있는 사
람이 많다. 그러나 우리나라에서 고추를 먹기 시작한 것은 16세기에 들어서이다. 지금
은 고추가 우리 식탁에서 빼놓을 수 없는 식재료이지만, 우리나라에 고추가 들어온 지는
400여 년밖에 되지 않은 것이다. ➡ 우리나라에서는 고추를 16세기부터 먹기 시작함.

그렇다면 고추의 고향은 어디일까? 바로 중남미이다. 고추는 기원전 8천~7천 년부터
중남미에서 재배해 왔다. 중남미 고대 국가의 유물 중에는 고추가 그려진 그릇들도 있
다. 1492년 콜럼버스의 신대륙 발견을 계기로 고추가 에스파냐와 포르투갈 사람들의 배
에 실려 유럽으로 전해졌다. 그것이 인도양을 거쳐 인도와 동남아시아로 왔고, 뒤이어
우리나라에까지 들어온 것이다. 이렇듯 고추의 재배 지역은 나뭇가지처럼 사방으로 뻗
어 나갔다. ➡ 고추는 중남미에서 재배가 시작되어 세계로 퍼져 나감.

우리나라에 고추가 들어오기 전까지 김치는 소금물에 절이기만 해서 발효시킨 것으
로 지금의 백김치나 동치미와 같이 대체로 흰색이었다. 그러니 김치의 색이 붉어진 것은
김치의 역사에서 보면 얼마 되지 않은 일이다. 고추가 들어온 다음 비로소「김치는 붉은
색으로 바뀌었고, 고추 특유의 붉은 색깔과 매운맛이 더욱 식욕을 돋우었다. 또한 영양
면에서는 비타민 시(C) 등이 더 풍부해졌으며, 고추 속의 캡사이신 성분이 채소가 쉬어
문드러지는 것을 막아 ㉠음식을 더욱 오랫동안 보관할 수 있게 되었다.」이처럼 김치에
고추가 이용되면서 우리 김치는 더욱 발전하게 되었다.
➡ 우리나라에 고추가 들어온 후 김치가 변화하고 발전함.

고추가 전해진 이래로 우리나라 사람들은 고추를 활용해 새로운 음식을 만들어 먹어
왔다.「예를 들어 고추를 이용해 고춧가루와 고추장을 만들고, 고추와 멸치를 섞어 조리
해 고추 멸치 볶음을 만들었으며, 고추에 밀가루를 묻혀서 쪄 먹기도 한다. 또한 고춧잎
을 데쳐서 먹기도 하고, 고추를 그대로 고추장이나 된장에 찍어 먹는 경우도 많다.」
➡ 우리나라 사람들은 고추를 활용해 새로운 음식을 만듦.

이처럼 고추는 우리의 식탁에서 쉽게 찾아볼 수 있는 너무도 친숙한 채소이다. 우리나
라의 1인당 하루 고추 소비량이 세계 최고 수준일 정도로, 이제 고추는 우리와 떼려야 뗄
수 없는 식재료이다. 중남미에서 태어나 전 세계로 퍼진 고추가 한국에서 고추 축제까지
열릴 정도로 그 날개를 활짝 편 것이다. ➡ 고추는 우리와 떼려야 뗄 수 없는 식재료가 됨.

꿀 강의

고추가 우리나라에 전파되면서 우리나라 음식 문화에 어떤 영향을 주었는지 설명하는 글이다.

고추	중남미에서 퍼지기 시작해 16세기에 우리나라에 들어옴.

↓

우리나라 음식 문화에 큰 영향을 줌.	• 김치가 더욱 발전함. 　– 김치의 색이 바뀌고, 붉은 색깔과 매운맛이 식욕을 돋움. 　– 비타민 시(C) 등이 더욱 풍부해짐. 　– 캡사이신 성분으로 인해 김치를 오랫동안 보관할 수 있게 됨. • 고추를 활용해 새로운 음식을 만듦.

---

1 ⑤　**2** ②　**3** ⑤

1 글의 중심 내용 파악하기

이 글을 통해 고추가 다양한 음식에 활용되고 고
추 축제도 하는 등 고추가 우리나라에서 많은 사
랑을 받고 있음을 알 수 있다. 그렇지만 우리나라
사람들이 고추를 특히 좋아하는 이유는 찾아볼 수
없다.

근거 있는 오답 풀이

① 고추가 들어온 후 김치는 흰색에서 붉은색으로
바뀌고, 비타민 시(C)가 풍부해졌다. 또한 김치
속 캡사이신 성분으로 인해 김치를 오래 보관
할 수 있게 되었다.

② 고추는 중남미에서 재배가 시작되어 유럽, 인도
와 동남아시아를 거쳐 우리나라에 들어왔다.

③ 고추를 재배하여 먹기 시작한 곳은 중남미 지
역이다.

④ 고춧가루, 고추장, 고추 멸치 볶음 등은 고추를
활용한 우리 음식들이다.

2 숨어 있는 내용 찾기

중남미에서 재배하기 시작한 고추는 유럽을 거쳐
인도, 동남아시아와 우리나라까지 전파되었다. 따
라서 인도나 동남아시아에서도 고추를 먹을 것임
을 추론할 수 있다.

근거 있는 오답 풀이

① 유럽에도 일찍이 고추가 전파되었으므로 그들
에게 고추가 낯선 식재료일 것이라는 추론은
적절하지 않다.

⑤ 중남미의 고추가 세계로 퍼져 나간 것을 보면
적절하지 못한 추론임을 알 수 있다.

3 글의 중심 내용 파악하기

고추 속의 캡사이신 성분이 채소가 쉬어 문드러지
는 것을 막아 주기 때문에, 채소로 담근 김치를 전
보다 오래 보관할 수 있게 되었다.

근거 있는 오답 풀이

① 고추가 없었을 때도 채소를 소금에 절이고 발
효시켜 김치를 만들었다. 그렇기 때문에 이것이
㉠에서 말한 음식을 더욱 오래 보관할 수 있는
이유로 보기는 어렵다.

- 글쓴이가 생각하는 문제 상황에 □ 표시하고, 해당하는 가르침을 찾기
- 선비답게 닭을 기르는 방법에 ～～ 긋기

네 형이 멀리서 와서 기쁘기는 하다만 며칠간 함께 이야기를 주고받아 보니 <u>옛날에 가르쳐 준 책의 내용을 제대로 대답 못 하고 우물우물하니 슬픈 일이로구나. 왜 이렇게 되었겠느냐?</u> 어린 날에 집안이 어려움에 처해 정신을 놓아 버렸기 때문일 것이다. 정신을 차리고 지난날 배운 것을 때때로 점검하고 복습했더라면 어찌 오늘 이 지경에 이르렀겠느냐? 한스럽고 한스럽다. 네 형이 이러니 너인들 오죽하겠느냐? 문학이나 역사를 꽤 좋아했던 네 형이 이렇게 된 것을 보면 전혀 손도 못 댄 너야 알 만하겠구나.

→ 책 내용을 제대로 대답 못 하는 큰아들을 보고 작은아들을 걱정함.

내가 집에 함께 있으면서 너희들을 가르쳤는데도 말을 듣지 않았다면 이런 일은 다른 집안에서도 간혹 있을 수 있다. 하지만 지금 나는 멀리 귀양살이를 와서 풍토병이 심한 남쪽 변방에서 겨우 목숨을 부지한 채 외롭고 불쌍하게 지내면서 밤낮으로 너희들에게 희망을 걸고 마음속에 담긴 뜨거운 마음을 쏟아 편지를 보내고 있는데, 너희들은 이것을 한번 얼핏 읽어 보고 옷장 속에 넣어 두고는 다시는 마음에 두지 않아서야 되겠느냐?

→ 자식들에게 자신의 가르침을 진지하게 받아들일 것을 권함.

<u>네가 닭을 기른다고 들었는데</u> 참으로 좋은 일이긴 하다만 닭을 기르는 데에도 품위 있는 것과 비천한 것, 깨끗한 것과 더러운 것의 차이가 있다. 농사 책을 잘 읽고 좋은 방법을 골라 시험해 보아라. 색깔을 나누어 닭을 길러도 보고, 닭이 앉는 홰를 다르게도 만들어 보면서 다른 집 닭보다 더 살찌고 알을 잘 낳을 수 있도록 길러야 한다. 또 때로는 닭의 정경을 시로 지어 보면서 짐승들의 실태를 파악해 보아야 하느니, 이것이야말로 ㉠책을 읽는 사람만이 할 수 있는 닭 기르는 법이다.

→ 닭을 기를 때는 농사 책을 읽고 좋은 방법을 골라 시험하고, 시를 지으며 짐승의 실태를 파악해야 함.

만약 '이익만 보고 바른 도리는 보지 못하며 가축을 기를 줄만 알지 그 취미는 모르고, 애쓰고 억지 쓰면서 이웃의 채소 가꾸는 사람들과 아침저녁으로 다투기나 한다면' 이것은 서너 집 사는 산골의 못난 사람들이나 하는 일이다. 너는 어떤 식으로 하고 있는지 모르겠구나. 이미 닭을 기르고 있으니 아무쪼록 앞으로 많은 책 중에서 닭 기르는 법에 관한 이론을 뽑아낸 뒤 차례로 정리하여 『계경(鷄經)』 같은 책을 하나 만든다면 『다경(茶經)』이나 『연경(煙經)』처럼 좋은 책이 될 것이다. 세상일에 종사하면서도 선비의 깨끗한 취미를 갖고 지내려면 언제나 이런 식으로 하면 된다.

→ 닭을 기르는 법에 관한 이론을 뽑아 책을 만들 것을 추천함.

꿀강의

자식들에게 배움을 게을리하지 않으며 닭을 기르는 일도 선비답게 해 나가기를 충고하는 글이다.

```
                    책 내용을 제대로 대답 못 하는 큰아들의 모습
                    한스러움을 느끼며 직접 가르치지 못한
                            작은아들을 걱정함.

편지를 쓰는 이:          +                        편지를 받는 이:
   아버지    →                                        작은아들

                    작은아들이 닭을 기른다는 소식
                    선비답게 닭을 기르는 방법에 대해 조언함.
```

정답

1 ③ **2** ② **3** ④

1 글의 중심 내용 파악하기

글쓴이는 큰아들이 문학과 역사를 좋아했으나 배움을 게을리해 자신이 옛날에 가르쳐 준 책의 내용을 제대로 대답하지 못한 것을 한스러워한 것이지, 큰아들에게 실용적 지식이 부족하여 안타까워한 것은 아니다.

2 숨어 있는 내용 찾기

1, 2문단에서 글쓴이가 거듭 던진 질문은 진리에 대한 답을 요구하는 것이 아니라, 자식들을 꾸짖거나 현재 자신이 처한 상황을 한탄하는 의미를 담고 있다.

근거 있는 오답 풀이

① 글쓴이는 실용서인 『다경』, 『연경』과 같은 책을 '좋은 책'이라고 평가하고 있다.

③ 글쓴이는 작은아들이 닭을 기른다는 소식에 선비답게 닭을 기르는 법을 가르치고 있다.

④ 글쓴이는 닭 기르기에도 품위 있는 것과 비천한 것, 깨끗한 것과 더러운 것이 있다고 설명함으로써 작은아들이 긍정적인 쪽으로 닭을 기를 것을 설득하고 있다.

3 글의 중심 내용 파악하기

4문단에서 글쓴이는 이익만 보고 바른 도리는 보지 못하는 것을 못난 사람들이나 하는 일이라고 했다.

근거 있는 오답 풀이

② 시를 짓기 위해 닭을 관찰함으로써 닭을 더 잘 알 수 있다.

⑤ 농사 책을 읽고 좋은 방법을 찾는다면 닭이 다른 집의 닭보다 더 잘 자랄 수 있다.

어휘 공략하기
본문 62~63쪽

1 취미

2 (1) ㉯ (2) ㉰

3 (1) 얼핏 (2) 간혹 (3) 전혀

4 (1) 섞이지 (2) 돋우는 (3) 묻혀서

5 (1) ㉰ (2) ㉯ (3) ㉮

09강 실전1 글맛을 살려 주는 속담의 힘

본문 64~65쪽

• 중심 질문에 □ 표시하기
• 중심 질문에 대한 답이 나와 있
  는 문장에 〜〜 긋기

속담은 ㉠'언중의 시'라고 정의할 수 있듯이 많은 사
<small>많은 사람을 거치며 다듬어졌다는 의미</small>
람을 거치면서 잘 다듬어졌다. 그리고 속담은 많은 사
<small>속담의 특징 ①</small>
람의 반복적인 경험을 압축적으로 표현한 결과물이다.
<small>속담의 특징 ②</small>
따라서 오랜 세월을 거치면서 생활에서 얻은 유익한
<small>속담의 특징 ③</small>
경험과 지혜가 담겨 있다. 그러므로 속담은 표현이 간결하고 정제되어 있으며 조상들의
삶의 지혜가 담겨 있고 교훈성이 강하다는 특징이 있다. 그렇다면 이러한 특징을 지닌
<small>속담의 특징 ④</small>
속담은 글쓰기에서 어떻게 활용될 수 있을까?
<small>중심 질문</small> ➡ 속담은 간결하고 압축적인 표현으로 지혜와 교훈을 전달함.
속담을 글에서 적절히 활용하면 딱딱한 느낌이 줄어들고 표현이 풍부하다는 인상을
<small>중심 질문에 대한 답 ①</small>
줄 수 있다.

"옛말에도 있듯이, 무는 개를 돌아보고, 우는 아이 젖 준다고, 사람 스스로가 자기 일을
<small>비슷한 의미의 속담을 반복해 상황을 강조함.</small>
경영해야지 ㉡ 어디 감나무 밑에서 입 벌리고 누워 있는다고 감이 떨어지는가?"
<small>아무런 노력도 안 하면서 좋은 결과가 이루어지기만 바람을 비유적으로 이르는 속담을 활용함.</small>
– 최명희, 『혼불』

무슨 일에 있어서나 자기가 요구할 것은 요구하고 적극적으로 나서야 원하는 바를 얻
<small>어떤 것을 구하고 싶으면 자기가 요구해야 한다는 말.</small>
을 수 있다는 평범하고 밋밋한 내용을 "무는 개를 돌아본다"와 "우는 아이 젖 준다" "감
<small>너무 순하기만 하면 도리어 무시당하거나 관심을 끌지 못함을 비유적으로 이르는 말.</small>
나무 밑에 누워 감 떨어지기를 기다린다"라는 속담을 써서 풍부하게 표현하였다.
  ➡ 글을 쓸 때 속담을 활용하면 글의 표현이 풍부해짐.
또한 속담에는 많은 사람의 경험이 압축적으로 녹아들어 있다. 그런 만큼 길게 설명해
야 할 상황에서 그것에 걸맞은 속담을 활용하면 전달하고자 하는 바는 다 전달하면서도
간결하게 표현할 수 있다.
<small>중심 질문에 대한 답 ②</small>

형식은 혼자 있지 못하는 성미이다. 책을 보다가 바깥으로 뛰어나가면 서슴없이 어린
애들과 어울려 논다. (중략) 한데 나는 그럴 수가 없다. 어린애들이 모여 놀고 있으면 가만
가만 그 곁을 지나간다. 혹시 나의 존재를 의식하면 그들이 어색하게 느낄까 봐서이다. 중
년들이 모여 있는 곳도 피한다. 노인들의 경우는 더욱 그렇다. 요컨대, 개밥에 도토리처럼
될까 봐 겁이 나는 것이다.
– 이병주, 『행복어 사전』
<small>속담을 사용하여 외톨이가 되는 것을 두려워하는 마음을 간결하게 드러냄.</small>
다른 사람과 어울리지 못하고 외톨이가 되는 것을 두려워하는 마음을 "개밥에 도토
<small>따돌림을 받아서 사람들 사이에 끼지 못하는 사람을 뜻하는 말.</small>
리"라는 속담을 써서 간결하게 드러내었다. 그 자체로 많은 내용을 전달할 수 있는 속담
의 힘을 잘 보여 주는 예이다. ➡ 글을 쓸 때 속담을 활용하면 상황을 간결하게 표현할 수 있음.

이처럼 글을 쓸 때 속담을 활용하면 글의 표현이 풍부해지고, 상황을 간결하게 표현할
수 있다. 속담은 수많은 사람이 오랜 세월의 경험을 통해 얻은 지혜를 간결한 방식으로
<small>속담 사용의 효과</small>
표현한 것으로, 우리 민족의 언어생활과 문화가 녹아 있다. 우리도 자신의 생각이나 느
<small>속담에는 우리의 전통적인 생활 모습과 사고방식이 담겨 있기 때문임.</small>
낌을 잘 드러낼 수 있는 속담을 적절히 활용하여 글을 써 보자.
  ➡ 속담을 활용해 글을 써 보자고 제안함.

꿀강의

속담의 특징과 글쓰기를 할 때 속담을 활용하면 어떤 효과가 있는지 설명하는 글이다.

속담의 특징	
• 많은 사람을 거치며 잘 다듬어짐.	• 많은 사람의 반복적 경험이 압축되어 있음.
• 유익한 경험과 지혜가 담겨 있음.	• 교훈성이 강함.

---

1 ③ **2** ① **3** ④

1 글의 중심 내용 파악하기

'시'는 전달하고자 하는 바를 짧고 간결하게 정제
하여 표현한다. 속담 역시 많은 사람을 거치면서
간결하고 압축적으로 다듬어졌기 때문에 속담을
'언중의 시'라고 한 것이다.

근거 있는 오답 풀이

② '운율'은 규칙적인 반복을 통해 느껴지는 말의
리듬감이다. 글자 수나 문장 구조의 반복 등으
로 운율이 형성될 수 있는데, 이는 시 작품 등
에서 확인할 수 있다.

④ 속담은 사람들이 배우기 편하기 쉬운 말로 표
현된 것이 아니라, 반대로 많은 사람이 오랜 세
월 사용하며 간결한 표현으로 된 결과물이다.

2 숨어 있는 내용 찾기

㉡은 아무런 노력도 안 하면서 좋은 결과가 이루
어지기만 바람을 비유적으로 이르는 속담인 "감나
무 밑에 누워 감 떨어지기를 기다린다"를 활용한
문장이므로 ①과 같이 바꾸어 쓸 수 있다.

3 적용하기

신문의 표제는 짧고 간결한 표현으로 기사의 전체
내용을 대표할 수 있어야 한다. 따라서 표제에 속
담을 사용하면 정보를 간결하고 압축적으로 전달
하는 효과를 얻을 수 있다.

근거 있는 오답 풀이

① 속담의 특징이기는 하나 신문 표제에서 요구되
는 특징은 아니다.

② 표제는 아름답고 풍성한 표현이 아닌 간결한
표현을 필요로 한다.

③ 속담은 전달하고자 하는 바를 직접적으로 표현
하는 것이 아닌 간접적으로 비유한 표현이다.
그렇기 때문에 객관적·사실적 묘사에는 적합하
지 않다.

⑤ 속담은 우리 조상들이 예부터 만들어 사용해
온 것으로 새말과는 거리가 멀다.

- 글쓴이가 생각하는 문제 상황에 □ 표시하기
- 글쓴이의 생각이 드러난 부분에 ～～ 긋기

요즘 우리는 시련이나 고통이 찾아오면 지레 겁부터 먹는다. 시련이나 고통을 극복하고 어떻게든 도전할 생각을 하는 게 아니라 좌절하고 다시 못 일어나지 않을까부터 염려한다. 그런 두려움은 결국 <u>도전을 무조건 회피하는 현상</u>으로 나타난다.
<small>글쓴이가 생각하는 문제 상황 ①</small>
➡ 도전을 무조건 회피하는 현상이 나타남.

"저는 중학생인데 이사를 가고 싶어요. 제가 사는 곳은 분위기도 저와 맞지 않는 것 같고, 학교도 집과 너무 멀리 떨어져 있어요. 게임을 하다가 생각대로 잘되지 않을 때는 그 게임을 삭제하고 새롭게 시작하면 되거든요. 지금 문제도 새로운 곳으로 이사를 가서 새롭게 출발하면 해결될 것 같아요."
<small>「 」: 사례를 통해 리셋 증후군이 무엇인지 알기 쉽게 설명함.</small>

이는 <u>리셋(reset) 증후군</u>을 보이는 중학생의 이야기이다. 리셋 증후군이란 컴퓨터의 리셋 버튼만 누르면 처음부터 다시 시작할 수 있는 것처럼 현실 세계에서도 리셋이 가능할 것이라고 착각하는 현상을 일컫는 말이다.
<small>글쓴이가 생각하는 문제 상황 ②　리셋 증후군의 개념</small>
힘들고 고통스러운 상황에서 벗어나 다시 새롭게 시작하고 싶은 마음은 이해가 된다. 하지만 어떤 환경이든 고통스러운 과정은 있게 마련인데 그때마다 다시 새롭게 시작할 수는 없는 노릇 아닌가.
<small>글쓴이의 생각 ① - 시련이 올 때마다 새로 시작할 수는 없음.</small>
➡ 현실 세계에서도 리셋이 가능할 것이라고 착각하는 현상인 리셋 증후군을 보임.
청소년기에 적절한 좌절을 경험하지 않으면 어떠한 문제가 생길 수 있을까? 당시에는 고통스러운 상황을 겪지 않아 좋을지 모르나, 어른이 되었을 때 오히려 더 큰 위기에 봉착할 수 있다. 2, 30대가 되어 그 나이에 겪어야 할 고통에다가 사춘기의 고통까지 함께 겪게 될 수도 있기 때문이다.
<small>글쓴이의 생각 ② - 청소년기에 적절한 좌절을 경험해야 함.　청소년기에 경험해야 할 좌절</small>
➡ 청소년기에 적절한 좌절을 경험하지 않으면 어른이 되어서 더 큰 위기를 경험할 수 있음.

『그래도 계속 가라』라는 책에서 '늙은 매'라고 불리는 할아버지는 손자에게 다음과 같이 말한다.
<small>「 」: 사례를 통해 글쓴이의 주장을 비유적으로 표현함.</small>

[A] "폭풍이 얼마나 많이 불어닥치건 간에 폭풍에 맞서 대항하다 보면, 그것에 저항하기 위해서는 굳이 폭풍만큼 강할 필요가 없다는 사실을 터득하게 된다. 그냥 서 있을 정도로만 강하면 된다. 겁에 질린 채 떨면서 서 있든지, 주먹을 휘두르면서 서 있든지 간에 우리가 서 있는 한은 그만큼 강하다는 뜻이 아니겠느냐."
<small>시련　시련에 맞서다 보면　아주 잘하거나 강하지 않아도 괜찮음.</small>

어떤 사람들은 잘하지 못할 바에는 처음부터 도전하지 않는 게 낫다고 말한다. 중간에 그만두면 괜히 시간만 낭비하는 셈이라면서 말이다. 그러나 그것은 도전이 두려워 포기해 버리는 자의 변명에 불과하다. '늙은 매'의 말처럼 폭풍이 불어닥칠 때는 그냥 서 있을 정도로만 강해도 된다. 포기하고 싶은 마음이 들 때는 더도 말고 덜도 말고 딱 한 발자국만 앞으로 나아가 보라. 시련을 이겨 내고 더 단단해진 나를 상상하면서 말이다.
<small>'어떤 사람들'이 처음부터 도전하지 않는 것이 낫다고 말하는 이유　글쓴이는 '어떤 사람들'의 생각을 비판함.　글쓴이의 생각 ③ - 시련에 맞서 보려는 태도를 가져야 함.</small>
➡ 시련을 이겨 내려는 마음가짐이 필요함.

꿀강의

시련을 회피하기보다는 맞서 이겨 내려는 마음가짐을 가져야 한다고 주장하는 글이다.

문제 상황	글쓴이의 생각
• 두려움 때문에 도전을 무조건 회피하려 함. • 현실 세계에서도 리셋이 가능할 것이라고 착각함.	→ 고통스러워서 포기하고 싶어지더라도 시련을 이겨 내고 도전하려는 마음가짐을 가져야 함.

정답

1 ⑤　**2** ①　**3** ②

1 글의 중심 내용 파악하기

리셋 증후군은 리셋 버튼을 눌러 컴퓨터를 새로 시작하는 것처럼, 시련이 닥치면 그것을 회피하고 현실을 새롭게 다시 시작할 수 있다고 생각하는 현상이다.

근거 있는 오답 풀이

① 컴퓨터 속 가상 세계와 현실 세계를 구분하지 못하는 것은 맞지만, 가상 세계를 현실이라 믿고 받아들이는 것은 아니다.
② 시련을 회피하려는 태도로, 좌절을 극복하고 현실에 적응하는 것과는 거리가 멀다.
④ 문제를 해결하려는 것이 아니라, 문제를 회피하는 태도를 보이는 것이다.

2 숨어 있는 내용 찾기

'늙은 매'는 글쓴이의 생각을 대변해 주는 인물이다. 그는 폭풍에 저항하기 위해서는 '서 있을 정도로만 강하면 된다.'라고 하며 얼마나 강한가보다는 폭풍(시련)에 맞서 보려는 태도가 중요하다고 조언한다.

근거 있는 오답 풀이

②, ③ 글쓴이가 비판하고 있는 태도이다.
④ 폭풍 앞에서 겁에 질린 채 떨면서 서 있어도 된다는 부분에서 시련에 맞서기 위해서는 아주 강하지 않아도 된다는 것을 전달하고 있다.
⑤ 글쓴이는 [A]를 통해 어려움을 회피하지 말고 어려움을 이겨 내려는 태도를 가져야 한다고 말하고 있다.

3 비판하기

②는 글쓴이의 주장과 같은 의견이므로 이 글에 대한 비판적 생각이라고 할 수 없다.

어휘 공략하기

본문 68~69쪽

1 (1) ㉡　(2) ㉣
2 (1) 지레　(2) 가만가만　(3) 밋밋하게
3 (1) 정제　(2) 대항　(3) 봉착
4 (1) 낫다　(2) 불과하다
5 ㉮

10강 실전 1 아름다움의 종류

본문 70~71쪽

• 2~4문단의 중심 문장에 표시하기

• 2~4문단에서 제시한 예에 ~~~ 긋기

학문·종교·예술은 우리의 정신적 삶을 구성하는 세 가지 세계이다. 일상적 삶이 반복적인 것과 달리 정신적 삶은 일회적이고, 인간이 개성과 인격을 가질 수 있게 한다. 우리는 매일 반복되는 일상적 삶을 살아가면서도 변하지 않는 앎을 추구하며 학문의 세계를 만든다. 그리고 우리는 절대자를 믿고 따르며 종교의 세계를 만든다. 또 우리는 세계를 조화롭게 재창조하여 아름다운 것을 만들고 느낌으로써 예술의 세계를 만든다. '아름다움'이란 대상에 대한 조화로운 느낌이다. 그러나 조화로운 느낌은 대상의 성격에
아름다움의 의미   대상의 성격에 따라 아름다움의 종류가 구분됨.
따라서 여러 가지로 나뉜다. ➡ 아름다움은 대상에 대한 조화로운 느낌에서 만들어짐.

일상생활에서 벗어난 크고 위대한 것을 추구하는 데서 오는 아름다움을 '숭고미'라고
                        숭고미의 의미
한다. 추사 김정희의 붓글씨와 베토벤의 합창 교향곡은 인간의 경지를 초월한 듯한 느낌
숭고미의 예
을 가져다준다. 이런 경우 우리는 숭고한 아름다움을 맛본다.
➡ 숭고미는 크고 위대한 것을 추구하는 데서 오는 아름다움임.

다음으로 소망하는 것이 현실에 부딪혀 실현되지 못하는 과정에서 발생하는 아름다
                        비장미의 의미
움인 '비장미'가 있다. 고대 그리스의 비극이나 셰익스피어의 비극은 비장미를 느끼게 해
                        비장미의 예
준다. 오이디푸스왕이 자신의 과오를 처절하게 뉘우치며 장님이 되는 장면과, 로미오와
오이디푸스왕은 자신이 아버지를 살해한 사실을 알고 스스로 눈을 찔러 장님이 됨.
줄리엣의 사랑이 끝내 이루어지지 못하는 장면에서 우리는 비장한 아름다움을 느낀다.
➡ 비장미는 소망이 좌절되는 과정에서 발생하는 아름다움임.

아름다움에는 추함에서 찾을 수 있는 아름다움인 '추미'가 있다. 보통은 아름다움에 반
                        추미의 의미   '추함'에 대한 일반적인 생각
대되는 것을 추함으로 생각한다. 그러나 추함이 아름다움으로 발전하고 더 나아가서 추
함이 아름다움을 구성하는 요소가 될 때 우리는 추미를 느낀다. 노트르담의 꼽추를 예로
                        추미를 느끼는 때   추미의 예
들어 보자. 우리는 소설의 처음에서 꼽추의 흉측한 모습의 추함만을 보지만「마지막에 이
                                              등이 심하게 굽고 다리가 뒤틀리나 외모가 흉한 것이 특징임.
르러서는 꼽추에게 ㉠풍기는 비장함과 함께 추미를 느낀다.」이처럼 조화로운 느낌은 대
「 」: 꼽추가 목숨을 잃을 처지에 놓인 사랑하는 여자를 지키기 위해 온갖 노력을 함.
상의 성질과 그 성질이 우리에게 어떻게 느껴지느냐에 따라서 가지각색의 아름다움으
로 나타난다. ➡ 추미는 추함에서 찾을 수 있는 아름다움임.

인간은 원래 아름다움을 창조한다. 피아니스트의 예를 들어 보자. 어떤 피아니스트가 베토벤의 피아노 소나타를 연주한다. 그는 제한된 연주 시간 안에 악기로 음악을 연주함
주로 3악장 또는 4악장으로 구성됨, 기악의 독주나 합주를 위한 서양식 곡.
으로써 아름다움을 창조한다. 그러면 화가는 어떤가? 어떤 화가가 벽을 채울 만큼 커다란 도화지 위에 산과 바다를 그렸다고 하자. 이 화가는 정해진 공간에 그림을 그려 넣음으로써 아름다움을 창조한다. 이렇게 볼 때 예술이란 인간이 아름다움을 창조하는 세계
                                              예술에 대한 글쓴이의 생각
라고 하지 않을 수 없다. ➡ 예술은 아름다움을 창조하는 세계임.

꿀 강의

인간의 정신적 삶을 구성하는 학문, 종교, 예술 가운데 아름다움을 창조하고 구성하는 예술의 의미에 대해 설명하는 글이다.

대상의 성격에 따른 아름다움의 종류		아름다움을 창조하는 인간의 본질
• 숭고미: 크고 위대한 것을 추구하는 데서 옴. • 비장미: 소망이 좌절되는 과정에서 발생함. • 추미: 추함에서 찾을 수 있음.	➡	예술은 인간이 아름다움을 창조하는 세계임.

---

1 글의 중심 내용 파악하기

1문단에서 인간은 학문, 종교, 예술의 세계에서 정신적 삶을 추구한다고 했다. 이때 변하지 않는 앎은 학문에 관련한 것이고, 아름다움은 예술에 관련한 것이다. 그런데 이 글에서는 학문과 예술의 높고 낮음을 비교하거나, 인간이 학문보다 예술을 추구한다는 내용은 나오지 않았다.

근거 있는 오답 풀이

① 아름다움이란 대상에 대한 조화로운 느낌이며, 이 느낌은 대상의 성격에 따라 여러 가지로 나뉜다.

④ 학문, 종교, 예술은 우리의 정신적 삶을 구성하는 세계로서 일회적인 것이 특징이고, 인간이 개성과 인격을 가질 수 있게 한다.

⑤ 아름다움에 반대되는 것을 추함이라고 생각하지만 추함이 아름다움으로 발전하고 추함이 아름다움을 구성하는 요소가 되면 우리는 추미를 느낀다.

2 글의 전개 방식 파악하기

1문단에서 아름다움의 의미를 밝히고 2~4문단에서 아름다움의 종류로 숭고미, 비장미, 추미를 제시한 후 5문단에서 글쓴이가 생각하는 예술의 의미를 설명하고 있다.

3 숨어 있는 내용 찾기

㉠은 '어떤 분위기가 나다. 또는 분위기를 내다.'라는 의미로 쓰였다. ④의 '풍기다' 역시 식당의 인테리어가 이국적인 분위기를 낸다는 의미로 쓰였으므로 ㉠과 문맥적 의미가 비슷하다.

근거 있는 오답 풀이

① '검불, 먼지 등의 작은 부스러기가 날리다. 또는 그런 것을 날리다.'의 의미로 쓰였다.

② '짐승이 사방으로 흩어지다. 또는 그런 것을 흩어지게 하다.'의 의미로 쓰였다.

③, ⑤ '냄새가 나다. 또는 냄새를 퍼뜨리다.'의 의미로 쓰였다.

- 설화에 나타나는 호랑이의 모습에 ▬▬ 표시하기
- 설화 속 호랑이의 모습을 통해 알 수 있는 민중 의식에 〜〜 긋기

호랑이는 건국 신화인 단군 신화에서부터 등장한다. 호랑이는 여러 역사 기록물에서 산신으로 나타나는데, '산손님', '산신령', '산군', '산돌이', '산 지킴이' 등으로 불리기도 했다. 이처럼 신성시된 호랑이는 설화 속에서 여러 가지 모습으로 나타난다. 우리는 설화 속

<u>산을 지키고 다스리는 신.</u>

에서 사납고 무서운 호랑이, 신이한 호랑이, 정과 의리를 지닌 호랑이 등을 만날 수 있다.

<u>설화에 등장하는 호랑이의 여러 모습</u>

➡ 호랑이는 우리 설화 속에서 여러 가지 모습으로 나타남.

옛날에는 호랑이가 가축을 해치고 사람을 다치게 하는 일이 많았다. 그래서 설화 중에는 가축이나 사람이 호랑이한테 해를 당하는 이야기가 많다. 사냥을 하던 아버지가 호랑

<u>사나운 모습의 호랑이가 설화에 등장하는 이유</u>
<u>설화 속 호랑이의 모습 ① - 사납고 무서움.</u>

이에게 해를 당하자 아들이 그 호랑이와 싸워 이겼다는 이야기, 밤중에 변소에 간 신랑이 호랑이한테 물려 가는 것을 본 신부가 있는 힘을 다해 호랑이의 꼬리를 붙잡고 매달려 신랑을 구했다는 이야기가 대표적이다. 이러한 이야기들은 호랑이의 사납고 무서운

「」: 호랑이가 사납고 무서운 존재로 등장하는 설화의 예

성질을 바탕으로 한 것으로, 사납고 무서운 호랑이가 벌을 받는 이야기에는 악을 물리치고 선이 이기기를 바라는 민중 의식이 들어 있다. 이런 사나운 호랑이는 탐관오리를 뜻

<u>우리 민족의 민중 의식 ① - 악을 물리치고 선이 이기기를 바람.</u>

하기도 한다. ➡ 설화 속 사납고 무서운 호랑이의 모습에는 선이 이기기를 바라는 민중 의식이 담겨 있음.

설화 속에서 호랑이는 신이한 존재로 나타나기도 한다. 「효녀와 산신령」에서 산신령은

<u>설화 속 호랑이의 모습 ② - 신이함.</u> □: 호랑이가 신이한 존재로 등장하는 설화의 예

호랑이의 모습으로 나타나 겨울철에 병든 어머니께 드릴 잉어를 찾는 소녀에게 잉어를 잡아 준다. 또 「장화홍련전」에서 계모의 아들은 장화를 물에 빠지게 하고 돌아오는 길에 호랑이한테 물려 죽는데, 이때의 호랑이는 신이한 존재로서 징벌자 역할을 한다. 이러한

<u>옳지 않은 일을 하거나 죄를 지은 데 대하여 벌을 주는 존재.</u>

이야기에는 호랑이를 신성한 존재로 보고, 신앙의 대상으로 삼으려는 사람들의 심성이 반영되어 있다.

<u>우리 민족의 민중 의식 ② - 호랑이를 신성한 존재로 보고 신앙의 대상으로 삼음.</u>

➡ 설화 속 신이한 호랑이의 모습에는 호랑이를 신앙의 대상으로 삼으려는 민중 의식이 담겨 있음.

한편 설화 속에서 호랑이는 따뜻한 정과 의리를 지니고 있는 것으로 나타나기도 하는데, 설화 중에는 인간의 효성에 감동한 호랑이 이야기가 많다. 여름철에 어머니께 드릴

<u>설화 속 호랑이의 모습 ③ - 정과 의리가 있음.</u>

홍시를 구하려는 효자를 등에 태워 홍시가 있는 곳으로 데려다준 호랑이 이야기, 고개를

「」: 호랑이가 정과 의리를 지닌 존재로 등장하는 설화의 예

넘어 성묘 다니는 효자를 날마다 태워 준 호랑이 이야기 등이 그 예다. 이러한 이야기에서 우리 민족이 효를 인간이 지켜야 할 큰 도리로 생각했음을 알 수 있다.

<u>우리 민족의 민중 의식 ③ - 효를 인간이 지켜야 할 큰 도리로 여김.</u>

➡ 설화 속 정과 의리를 지닌 호랑이의 모습에는 효를 큰 도리로 생각하는 민중 의식이 담겨 있음.

이처럼 우리 선조들은 설화 속에서 호랑이를 다양한 모습으로 형상화했다. 호랑이를 사납고 무섭게 표현하기도 했고, 신성한 존재로 여겨 신격화하기도 했으며, 때로는 인간의 정과 의리, 효성에 감동하는 인간적인 존재로 그리기도 했다. 이렇게 설화에 나타난

<u>어떤 대상을 신의 지위로 올려놓음.</u>

호랑이의 여러 가지 모습은 호랑이에 투영된 민중 의식이 문학적으로 형상화된 것이다.

➡ 설화 속 호랑이는 민중 의식이 문학적으로 형상화된 것임.

꿀강의

설화 속에 등장하는 호랑이의 여러 모습을 바탕으로 우리 민족의 삶의 모습과 민중 의식을 설명하는 글이다.

사납고 무서운 존재		신이한 존재		정과 의리를 지닌 존재
악을 물리치고 선이 이기기를 바람.	+	호랑이를 신앙의 대상으로 삼으려 함.	+	효를 인간이 지켜야 할 큰 도리로 생각함.

정답

1 ④ 2 ③ 3 ③

1 글의 중심 내용 파악하기

설화 속에서 호랑이는 신이한 존재로 나타나기도 하는데, 이때 호랑이는 선한 인간에게는 상을 주지만 악한 인간에게는 벌을 준다. 「효녀와 산신령」에서는 호랑이가 어머니를 위하는 소녀에게 선을 베풀고, 「장화홍련전」에서는 호랑이가 나쁜 짓을 한 계모의 아들에게 벌을 준 것에서 확인할 수 있다.

근거 있는 오답 풀이

② 설화 속에서 호랑이가 다양한 모습으로 형상화된 것은 선조들의 삶의 모습과 민중 의식이 투영된 결과이다.

2 글의 전개 방식 파악하기

이 글은 설화 속 호랑이의 모습을 사납고 무서운 호랑이, 신이한 호랑이, 정과 의리를 지닌 호랑이로 분류했다. 그리고 각 유형에 해당하는 이야기를 예로 들어 그 이야기에 담긴 우리 민족의 삶의 모습과 민중 의식을 제시하고 있다.

3 적용하기

3문단에서 말한 '징벌자'의 역할을 하는 호랑이는 신이한 존재로서 악한 인간의 잘못을 꾸짖고 벌한다. 〈보기〉의 호랑이는 선한 사람을 해친 악한 존재로서 벌을 받는 대상이다.

근거 있는 오답 풀이

④ 2문단에서 설화 속의 사납고 무서운 호랑이는 탐관오리를 뜻하기도 한다고 했다.

⑤ 2문단에서 호랑이가 벌을 받는 이야기에는 악을 물리치고 선이 이기기를 바라는 민중 의식이 들어 있다고 했다.

어휘 공략하기

본문 74~75쪽

1 (1) 가 종교 세 교향곡 (2) 가 과정 세 과오
(3) 가 소나타 세 소망

2 (1) 신성 (2) 조화 (3) 구성 (4) 창조

3 (1) 여러 가지 (2) 가져다주었다
(3) 맛보았다

4 (1) 신기하다, 희한하다
(2) 반영하다, 나타내다
(3) 묘사하다, 표현하다

- 중심 화제의 두 가지 유형에 표시하기
- 글쓴이가 생각하는 문제 해결 방법에 〜〜 긋기

옳은 판단을 내리는 것은 매우 중요한 일이지만, 우리가 언제나 옳은 판단만을 내리는 것은 아니다. 때때로 틀린 판단을 내리고 나서 "아차!" 싶을 때도 있고, 틀린 판단인지 아닌지조차 구분하지 못하는 때도 있다. 이렇게 모르고 하는 틀린 판단을 논리에서는 '오류'라고 한다. 오류는 거짓말과는 조금 다르다. 둘 다 '거짓 판단'이라는 점은 같다. 그러나 「거짓말은 남을 속이려고 일부러 하는 거짓 판단이라 속임수에 가깝고, 오류는 그것이 옳다고 믿고 하는 거짓 판단이라 실수에 가깝다.」 오류는 거짓 판단의 성격에 따라 몇 가지 유형으로 나눌 수 있다.
논리에서 '오류'의 정의 / *중심 화제* / *거짓과 거짓말의 공통점* / 「 」: 오류와 거짓말의 차이점 / *거짓 판단을 내리게 되는 과정 또는 이유*
➡ 논리에서의 오류는 모르고 하는 틀린 판단임.

우리가 흔히 범하는 오류로는 '흑백 사고의 오류'가 있다. 우리는 가끔 "어때, 네 말이 틀렸지? 그것 봐! 그러니까 내 말이 옳다고 했잖아!"와 같이 말할 때가 있다. 그런데 "네 말이 옳지 않으니 내 말이 옳다."라는 것은 틀린 판단이다. 두 사람의 말이 모두 틀렸을 수도 있기 때문이다. 이렇게 두 가지로 딱 갈라서 판단하여 생기는 오류를 '흑백 사고의 오류'라고 한다.
유형 ① / *흑백 사고의 오류를 보여 주는 예* / *흑백 사고가 논리적인 오류인 이유* / *흑백 사고의 정의*
➡ 흑백 사고의 오류는 두 가지로 딱 갈라서 판단하여 생기는 오류임.

또 어떤 오류가 있을까? 어떤 사람이 아주 못된 의사를 만나 터무니없이 비싼 치료비를 물게 되었다. 그는 화가 나서 이렇게 말했다. "의사들은 다 사기꾼들이야!" 이것은 '성급한 일반화의 오류'에 해당한다. 못된 의사 몇몇만 보고 '모든 의사는 다 사기꾼'이라고 말할 수 없기 때문이다. 이렇게 어떤 특별한 경우에만 맞는 판단을 때와 장소를 가릴 것 없이 골고루 맞는 판단이라고 여기는 오류를 '성급한 일반화의 오류'라고 한다.
유형 ② / *성급한 일반화에 해당하는 잘못된 결론* / *대상의 일부 모습이 언제나 대상의 전체 모습을 보여 주는 것은 아니기 때문* / *성급한 일반화의 오류의 정의*
➡ 성급한 일반화의 오류는 특별한 경우에만 맞는 판단을 골고루 맞는 판단이라고 여기는 오류임.

이러한 오류를 막기 위해서는 어떻게 해야 할까? 주관적인 판단은 우리가 오류를 저지르기 쉽게 만든다. 특히 우리는 슬프거나 기쁘거나 화가 나는 감정에 빠져 있을 때, 주관적인 판단을 하기 쉽다. 이를테면 「친한 친구가 자신의 부탁을 거절해 기분이 상하여 그 친구가 자신을 미워한다고 판단하는 것이다.」 이러한 오류를 피하려면 어떤 판단을 할 때 그것이 자기만의 생각일 뿐인지, 아니면 실제로도 그런지 곰곰이 따져 봐야 한다.
논리적 오류를 일으키는 원인 / 「 」: 주관적 판단·흑백 사고의 오류 / *논리적 오류를 막는 방법 ①*
➡ 주관적인 생각과 실제를 구분해야 오류를 막을 수 있음.

또한 우리는 어느 한 부분만을 보고 전체를 판단하는 것을 조심해야 한다. 예를 들어 책을 한두 장쯤 읽어 본 후 "이 책은 참 재미없구나!"라고 판단하는 경우가 있다. 이는 책의 한 부분만 보고 어설프게 판단하는 오류이다. '한 가지를 보고 열 가지를 아는' 경우가 도움이 될 때도 있지만, 오류를 막기 위해서는 항상 앞뒤 이치를 잘 따져 보고, 신중하게 판단해야 한다.
성급한 일반화의 오류 / *논리적 오류를 막는 방법 ②*
➡ 앞뒤 이치를 따져 보고 신중하게 판단해야 오류를 막을 수 있음.

꿀강의

논리에서 말하는 오류의 개념과 유형을 살피고, 논리적 오류를 막는 방법을 설명하는 글이다.

논리적 오류의 유형 ①	오류를 막는 방법 ①
흑백 사고의 오류	주관적인 생각과 실제 구분하기

논리적 오류의 유형 ②	오류를 막는 방법 ②
성급한 일반화의 오류	앞뒤 이치를 따져 보고 신중하게 판단하기

정답

| 1 ⑤ | 2 ④ | 3 ⑤ |

1 글의 중심 내용 파악하기

모르고 하는 틀린 판단을 논리에서는 '오류'라고 한다. 거짓말처럼 남을 속이려고 일부러 하는 거짓 판단이 아니라 그것이 옳다고 믿고 하는 거짓 판단이 오류이므로, ⑤의 내용은 적절하지 않다.

근거 있는 오답 풀이

① 흑백 사고의 오류는 흑백 사고로 인한 틀린 판단의 결과이다.
② 논리적 오류는 거짓 판단의 성격에 따라 몇 가지 유형으로 나눌 수 있다.
③ 사람들은 언제나 옳은 판단을 내리는 것이 아니라서 자신도 모르게 틀린 판단을 내리거나 틀린 판단인지 아닌지도 구분하지 못하는 때가 있다.
④ 슬프거나 화가 나는 상황에서 자신의 감정에 휩싸여 이성적인 판단을 하기 어려울 때 주관적 판단을 하여 논리적 오류를 저지르기 쉽다.

2 글의 중심 내용 파악하기

성급한 일반화의 오류는 어떤 특별한 경우에만 맞는 판단을, 때와 장소를 가릴 것 없이 골고루 맞는 판단이라고 여기는 오류로 어느 한 부분만을 보고 전체를 판단할 때 발생한다. 이는 대상의 앞뒤 이치를 잘 따져 보고, 신중하게 판단함으로써 막을 수 있다.

근거 있는 오답 풀이

①, ② 흑백 사고의 오류에 대한 설명이다.

3 적용하기

〈보기〉의 어머니는 날씨가 맑으면 우산을 파는 큰아들을 걱정했고, 비가 오면 부채를 파는 작은아들을 걱정했다. 이는 '이것이 아니면 저것이다.'라는 식으로 판단한 흑백 사고의 오류를 범한 것이다.

11강 실전 2

자랑스러운 기록 유산, 승정원일기

본문 78~79쪽

- 중심 화제의 가치가 나온 부분에 ▬ 표시하기
- 중심 화제의 가치를 뒷받침하는 정보에 ～～ 긋기

우리나라에는 유네스코가 인정한 세계 기록 유산들이 있는데, 그중의 하나가 '승정원일기'이다. 승정원일기는 조선 시대 기관인 승정원에서 매일 취급한 문서
조선 시대에, 왕명의 출납을 맡아보던 관아.
와 사건을 기록한 책이다. 즉 승정원일기는 승정원의 업무 일지로, 조선 시대 초기부터 작성되기 시작하였으나 전쟁으로 인해 사라지고 현재는 1623년부터 1910년까지의 기록만 남아 있다. 다시
임진왜란 때 불타 없어짐.
말해 남아 있는 승정원일기는 인조 때인 1623년부터 고종 때인 1910년까지 약 288년간
앞으로 다루고자 하는 내용 제시
의 기록이다. 승정원일기의 가치는 다음과 같은 두 측면에서 살펴볼 수 있다.
➡ 승정원일기는 유네스코가 인정한 세계 기록 유산임.
먼저 승정원일기는 조선 시대에 국가의 정책이 어떻게 운영되었는지 이해하는 데 큰
승정원일기의 가치 ①
도움을 준다. 승정원은 왕명의 출납, 왕의 음식과 건강 관리, 경호 등을 담당하던 기관으
승정원이 하는 일
로, 왕의 국정 운영을 보조하였다. 승정원의 관리인 주서는 왕을 그림자처럼 따라다니며 왕의 언행 하나하나를 속기로 적었을 뿐만 아니라 왕과 신하가 주고받은 이야기까지 낱
조선 시대 국가 정책 운영 이해에 도움이 되는 이유 ①
낱이 기록했다. 이에 따라 승정원일기에는 국가 정책과 관련된 보고 내용과 왕의 지시
조선 시대 국가 정책 운영 이해에 도움이 되는 이유 ②
사항 등이 자세하게 기록되어 있다. 이러한 승정원일기를 통해 우리는 조선 시대에 정책이 결정되고 진행되는 과정 등을 매우 구체적이고 상세하게 파악할 수 있다.
➡ 승정원일기는 조선 시대 국가 정책 운영 이해에 도움을 줌.
승정원일기의 또 다른 가치는 기상 변화를 연구하는 데 귀중한 자료가 된다는 점이다.
승정원일기의 가치 ②
승정원일기는 항상 날짜와 날씨로 시작한다. 여기에는 눈, 비, 안개, 맑음, 흐림 등을 기록
기상 변화 연구에 도움이 되는 이유 ①
하고 하루 중에 날씨 변화가 있었을 때는 날씨가 어떻게 변화했는지까지 기술해 놓았다.
기상 변화 연구에 도움이 되는 이유 ②
영조가 세종 대에 만들어졌던 측우기를 복원한 이후에는 강우량을 측정한 결과도 승정
조선 시대에 만든, 비가 내린 양을 재는 기구.
원일기에 구체적으로 기록되어 있다. 기상 변화는 매일 일어나는 것도 있지만 몇백 년을 주기로 일어나는 것도 있어서 그 내용을 분석하려면 오랜 기간의 자료가 필요하다. 그런
승정원일기가 기상 변화 연구에 필요한 이유
측면에서 승정원일기에 기술된 날씨와 강우량에 대한 기록은 과거뿐만 아니라 오늘날
오랜 기간 동안 기상 변화를 기록해 두었기 때문에
의 기상 변화를 연구하는 데에도 귀중한 자료가 된다고 할 수 있다.
➡ 승정원일기는 기상 변화를 연구하는 데 귀중한 자료가 됨.
이처럼 승정원일기는 역사적인 기록물로서의 가치만이 아니라 기상 변화 예측에 필요한 유용한 자원으로서 오늘날의 우리에게도 큰 의미가 있다. 선조들의 철저한 기록 정신이 담겨 있는 승정원일기는 우리가 자랑스럽게 여겨야 할 기록 유산이라 할 수 있다.
승정원일기의 의의
➡ 승정원일기는 우리의 자랑스러운 기록 유산임.

꿀 강의

조선 시대 기관인 승정원의 업무 일지인 승정원일기의 가치와 의의를 설명하는 글이다.

승정원일기의 가치
• 조선 시대에 국가의 정책이 어떻게 운영되었는지 이해하는 데 도움을 줌. • 기상 변화를 연구하는 데 귀중한 자료가 됨.

+

승정원일기의 의의
역사적인 기록물이자 기상 변화 예측에 필요한 유용한 자원으로서 우리가 자랑스럽게 여겨야 할 기록 유산임.

22 바른답·알찬풀이

정답

1 ④　2 ④　3 ⑤

1 글의 중심 내용 파악하기

승정원은 왕의 국정 운영을 보조하는 기관으로 왕명의 출납, 왕의 음식과 건강 관리, 경호 등을 담당했다. 그러나 왕실 교육을 담당하지는 않았다.

근거 있는 오답 풀이
① 승정원일기는 항상 날짜와 날씨로 시작하고, 하루 동안의 날씨 변화까지 기록했다.
② 기상 변화는 매일 일어나는 것도 있지만 몇백 년을 주기로 일어나는 것도 있다.
③ 승정원일기는 조선 초기부터 기록되었으나 전쟁으로 사라지고, 현재 남아 있는 것은 1623년부터 1910년까지의 기록이다.

2 비판하기

이 글에서는 승정원일기가 지닌 가치를 '조선 시대 국가 정책 연구'와 '기상 변화 연구'라는 두 가지 측면으로 나누어 설명하고 있다.

3 적용하기

승정원일기가 기상 변화 연구에 유용한 자료로 쓰일 수 있었던 것은 날짜마다 날씨에 대한 기록이 남아 있기 때문이다.

근거 있는 오답 풀이
①, ② 승정원일기에는 왕과 신하가 주고받은 이야기까지 낱낱이 기록될 정도로 자세한 내용이 적혀 있다. 이러한 철저한 기록 정신은 〈보기〉에서 언급한 동양의 기록 정신과 서로 통한다.
④ 〈보기〉에 따르면 '일기'를 기록한 담당 관리들은 왕이 궐 밖에 나갈 때도 따라다니며 기록했다고 했다.

어휘 공략하기
본문 80~81쪽

1 (1) ⓓ　(2) ⓑ　(3) ⓐ　(4) ⓒ
2 (1) 연구하다　(2) 복원하다　(3) 구분하다
　(4) 일반화하다
3 가로 ❶ 날짜 ❷ 측정 ❹ 기상 ❻ 언행
　세로 ❶ 날씨 ❸ 정책 ❺ 대상
4 (1) 낱낱이　(2) 반장으로서

- 중심 화제 두 가지에 각각 □, ○ 표시하기
- 두 중심 화제의 대표적인 특징에 ▬▬ 표시하기

세금은 세금을 걷는 방식에 따라 일반적으로 직접세와 간접세로 나눌 수 있다. 중심 화제 ① 직접세는 세금을 내야 하는 의무가 있는 사람이 직접 내는 세금이다. 직접세의 개념 개인이 자신에게 부과된 세금을 내는 소득세, 한 해 동안의 개인 소득에 대해 부과하고 개인이 직접 냄. 기업이 자신에게 부과된 세금을 내는 법인세 등이 이에 포함된다. 법인의 소득에 대해 부과하고 법인이 직접 냄. 간접세는 세금을 내야 하는 의무가 있는 사람과, 실제 그 세금을 내는 사람이 다른 세금이다. 간접세의 개념 주로 물건이나 서비스에 매겨지는 부가 가치세, 사치성이 높은 물품이나 서비스에 매겨지는 개별 소비세 등이 이에 포함된다. 간접세는 물건값이나 서비스 이용료에 포함되어 있으므로 사람들은 물건을 살 때나 서비스를 이용할 때 자연히 세금을 부담하게 된다. 물건을 사거나 서비스를 이용할 때마다 직접 세무서에 세금을 내는 것이 아니다. 세무서에 세금을 내는 사람은 물건을 팔거나 서비스를 제공한 기업이나 판매자이다. 간접세는 물건값이나 서비스 이용료에 포함되어 있기 때문임. ➡ 직접세와 간접세의 의미

직접세는 대체로 소득이나 재산에 따라 누진적으로 적용된다. 기업이나 판매자가 부가 가치세를 모아서 냄. 직접세의 특징 즉 소득이나 재산이 많으면 많을수록 세율이 더욱 높아진다. 따라서 「소득이 높은 사람은 세금을 많이 내고 소득이 낮은 사람은 세금을 적게 내기 때문에 직접세는 소득 격차를 줄이는 기능을 한다.」 「 」: 직접세의 장점 수준이나 품질, 수량 등이 서로 벌어진 차이. 하지만 「소득이 높은 사람들에게 너무 큰 세율이 적용되면 사람들은 열심히 일해서 소득을 늘리려는 의욕을 잃을 수 있다. 또, 정부 입장에서는 직접세를 걷기 위해 모든 사람들의 소득이나 재산을 일일이 조사해야 하므로 부담이 크다.」 「 」: 직접세의 단점 ➡ 직접세의 특징

반면 간접세는 소득이나 재산과 상관없이 누구에게나 똑같이 적용된다. 간접세의 특징 부가 가치세를 예로 들면, 물건을 살 때 부담하는 세금이 똑같다. 돈을 많이 버는 사람이 음료수 한 잔을 사 마시든지, 돈을 적게 버는 사람이 음료수 한 잔을 마시든지, 둘이 내야 하는 세금은 동일하다. 간접세는 모두가 똑같은 액수의 세금을 내 공평하고, 정부도 사람들이 물건을 살 때마다 자동적으로 세금을 걷을 수 있으니 효율적이라고 생각할 수 있다. 간접세의 장점 하지만 간접세는 소득이 적은 사람들의 세금 부담이 크다. 같은 액수를 내다 보니 소득이 적을수록 세금이 차지하는 비율이 커지기 때문이다. 간접세의 단점 간접세의 비중이 커지면 직접세를 통해 소득 격차를 줄이려는 정부의 노력도 효과가 떨어진다. ➡ 간접세의 특징
세금이 국가 재정의 재원뿐만 아니라 소득 격차를 줄이는 데도 활용됨.

직접세와 간접세 중 어떤 것이 더 적절한지 하나로 결론을 내리기는 어렵다. 각 세금의 특징과 장단점을 고려하여 공평하면서도 효율적인 균형점을 찾아내는 것이 관건일 것이다. ➡ 직접세와 간접세의 적절한 균형의 필요성

꿀강의

세금을 직접세와 간접세로 분류하고, 각각의 특징을 설명하는 글이다.

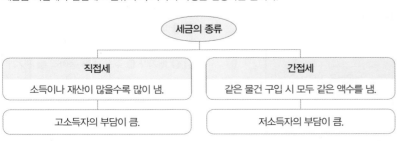

세금의 종류	
직접세	**간접세**
소득이나 재산이 많을수록 많이 냄.	같은 물건 구입 시 모두 같은 액수를 냄.
고소득자의 부담이 큼.	저소득자의 부담이 큼.

정답

1 ⑤   **2** ①   **3** ③

1 글의 중심 내용 파악하기

간접세는 소득이나 재산과 상관없이 누구에게나 똑같이 적용되는 세금으로 소득이 적을수록 개인의 재산에서 세금이 차지하는 비율이 커진다. 따라서 소득이 적은 사람들은 상대적으로 소득이 많은 사람들보다 간접세의 부담이 크다.

근거 있는 오답 풀이

② 기업은 기업 자신에게 부과된 법인세(직접세)와 물건값이나 서비스 이용료에 포함된 부가 가치세(간접세)를 모두 내야 한다.

③ 정부가 소득이 많은 사람에게 세금을 많이 걷고, 소득이 적은 사람에게 세금을 적게 걷으면 소득에 따라 벌어진 차이가 줄어들 수 있다.

2 글의 전개 방식 파악하기

이 글은 세금에 대한 사람들의 부정적인 오해에 대해서는 다루지 않았다. 다만 3문단에서 모두가 같은 액수의 세금을 내면 공평하다고 생각하는 것이 옳은 것은 아님을 설명하며 일반적으로 범하기 쉬운 오해를 바로잡는 부분이 있다.

3 적용하기

부가 가치세는 소득이나 재산과 무관하게 물건이나 서비스에 매겨지는 세금이다. 따라서 한울이가 초등학생이든 회사원이든 상관없이 물건을 구매하거나 서비스를 이용하면 이 세금을 내게 된다.

근거 있는 오답 풀이

① 부가 가치세는 간접세이므로 한울이가 부담하지만 직접 내지는 않는다.

② 부가 가치세는 기업이나 판매자가 국가에 내야 하는 세금이므로 식당 주인이 자기 돈처럼 사용할 수 없다.

- 중심 화제에 □ 표시하고, 그 특징에 ~~~ 긋기
- 글의 주제를 요약 및 정리한 부분에 ▬ 표시하기

심한 경쟁, 소통 부재의 삶터

극심한 무한 경쟁에 지친 현대인들은 <u>도시화</u> 이전에 서로 도우며 살아가던 옛날 공동체의 모습을 그리워하게 되었다. 그래서 사람들 사이의 관계가 중심이 되는 '<u>마을</u>'을 만들려는 노력을 기울였고, 그 대표적인 사업이 '마을학교'이다. ➡ '마을학교'의 등장 배경

협동, 소통의 삶터 / 중심 화제

'마을학교'는 마을의 구성원인 주민이 그들의 필요에 따라 만든다. 다른 기관처럼 관청이 주도하여 만드는 것이 아니다. '마을학교'에서는 주민이라면 누구나 선생님이 될 수 있고, 학생이 될 수 있다. 배울 내용 역시 주민이 스스로 결정한다. 그래서 주민은 '마을학교'의 주체이자 학습의 원천이 된다. ➡ 주민이 주도하는 '마을학교'
'마을학교'의 특징 ①

'마을학교'는 어디서든지 이루어질 수 있다. 우리는 학교라고 하면 책상과 걸상, 칠판이 놓인 교실을 떠올리기 쉽다. 하지만 '마을학교'는 주민 센터나 학교뿐만 아니라 마을의 찻집, 도서관, 식당, 놀이터 등 주민들이 생활하는 모든 곳을 '마을학교'의 공간으로 삼아 자유롭게 배움을 추구하고 활동할 수 있다. ➡ 공간의 제약이 없는 '마을학교'
'마을학교'의 특징 ② / 기존 통념대로 '교실'의 형태를 갖춘 공간 / '교실'이 아닌 자유로운 형태의 공간

'마을학교'의 가장 기초적인 활동은 마을 주민의 교육 프로그램 운영이지만, 이 활동은 가지를 치듯 다른 분야로 뻗어 나간다. '마을학교'에서 교육 프로그램으로 관계를 맺은 주민들은 동아리를 만들고 마을 축제도 기획하며, 나아가 마을 사업도 한다. 친해진 주민들끼리 모여 공동육아를 하고, 나아가 어린이집이나 학교를 세우기도 한다. 공부방에서 함께 공부하던 학생들이 만든 청소년 악단은 마을의 문화 예술을 책임지는 공연단이 되기도 한다. ➡ 다양한 활동을 하는 '마을학교'
'마을학교'의 특징 ③ / 개인 → 소규모 공동체의 이익 → 마을 전체의 이익으로 확장됨

이렇게 '마을학교'는 주민의 삶을 바꾸어 가는 것을 목표로 한다. 주민들은 학습을 매개로 만나지만 소통을 통해 긴밀한 유대 관계를 형성하는데, 이는 마을이라는 한 공간에 사는 사람들의 복합적인 관계망 속에서 서로 협력하여 마을의 문제를 해결하고 더 나은 삶터를 만들어 갈 수 있는 원동력이 된다. 즉 '마을학교'는 주민들의 따뜻한 관계를 토대로 '삶의 질 향상'을 위해 활동하는 것이다. ➡ 주민의 삶의 질 향상을 목표로 하는 '마을학교'
'마을학교'의 특징 ④ / 예) 4문단의 확장 사례 - 마을 축제, 어린이집·학교 설립, 청소년 악단 공연 등 / '마을학교'의 목표

'마을학교'는 마을과 학교가 하나가 되는 것을 추구한다. 마을이 학교의 기능을 단순히 보완하는 것이 아니라 마을 자체가 학교의 기능을 하는 것이다. 이러한 '마을학교'는 마을의 주인을 키워 내고, 주민 간의 어울림을 만들어 낼 것이다. 나아가 '마을학교'의 경험은 주민 스스로 마을을 움직이고 마을의 문제를 해결하는 마을의 역량인 '마을력'의 밑거름이 될 것이다. ➡ 마을과 학교가 하나 되는 것을 추구하는 '마을학교'
'마을학교'의 특징 ⑤ / '마을학교'의 영향과 기대 효과

꿀 강의

주민 스스로 삶의 질을 높이는 힘을 길러 주는 '마을학교'의 의미와 특징을 설명하는 글이다.

'마을학교'	주체	주민	
	공간	주민들이 생활하는 모든 곳	마을력을 기르는 '마을학교'
	내용	교육 프로그램 → 다양하게 확장	
	목표	주민의 삶의 질 향상	

정답

1 ③ 2 ④ 3 ⑤

1 글의 중심 내용 파악하기

'마을학교'의 기초적인 활동은 교육 프로그램 운영이나 이를 확장하여 다른 분야로 뻗어 나갈 수 있다.

근거 있는 오답 풀이

① 무한 경쟁 시대에 협력적 공동체에 대한 그리움이 등장 배경이다.
② 운영 주체는 마을의 구성원인 주민이다.
④ 활동 목표는 주민의 삶의 질 향상이다.
⑤ 학교를 보충하는 기능을 넘어 마을 자체가 학교로서 기능하는 것을 추구한다.

2 글의 중심 내용 파악하기

'마을학교'를 통해 더 나은 삶터를 만드는 것은 '현재 자신의 마을보다 더 나은' 삶터를 꾸리려 하는 것이므로 다른 마을과 경쟁하는 힘을 마을력으로 이해하는 것은 적절하지 않다.

근거 있는 오답 풀이

⑤ 마을의 문화가 풍부해지는 데 기여해 더 나은 삶터를 만드는 일이므로 ⑤는 마을력의 사례에 해당한다.

3 적용하기

3문단에 따르면 '마을학교'는 주민 센터나 학교뿐만 아니라 주민들이 생활하는 마을의 모든 공간에서 이루어질 수 있다. 즉 '마을학교'가 교실의 형태가 아니어도 운영할 수 있으므로 하연의 말은 적절하지 않다.

어휘 공략하기 본문 88~89쪽

1 가 ❶ 매개 ❷ 주민 ❸ 동일하다 ❹ 적용 ❺ 관건
세 ❶ 매기다 ❷ 주도적 ❸ 동아리 ❺ 관계
2 무한 경쟁
3 (1) ㉰ (2) ㉯ (3) ㉮
4 (1) 옛날 (2) 만들려는 (3) 됐다

젓가락으로 읽는 한중일의 식사 문화

- 한중일의 식사 문화에 〰️ 긋고, 그에 따른 젓가락의 특징에 ◯, △, □ 표시하기
- 글쓴이의 생각이 나타난 문장에 ▭ 표시하기

젓가락을 사용하는 인구는 전 세계의 약 30%라고 한다. _{구체적 통계 수치를 사용해 글의 신뢰성을 높임.} 한중일 삼국을 비롯해 태국, 베트남 등의 일부 동남아시아 국가에서도 젓가락을 사용한다. 젓가락은 사용하는 나라에 따라 그 길이와 모양 등에 차이가 있다. 각 나라의 식사 문화에 따라 젓가락이 다른 모습으로 발달해 왔기 때문이다. 그러면 한중일 삼국의 식사 문화가 젓가락의 길이와 모양에 어떤 차이를 가져왔는지 살펴보자. _{앞으로 전개될 내용을 안내함.} ➡️ 젓가락은 각국의 식사 문화에 따라 다르게 발달해 옴.

중국은 온 가족이 커다란 식탁에 둘러앉아 상에 놓인 음식을 각자의 접시에 덜어 먹는다. _{중국의 식사 문화 ①} 그러다 보니 멀리 놓인 음식을 쉽게 집어 먹을 수 있도록 젓가락의 길이를 길게 했다. _{중국의 식사 문화 ②} 또 기름에 볶는 요리가 많기 때문에 기름기가 많은 음식도 잘 집을 수 있도록 젓가락 끝을 뭉툭하게 했다. ➡️ 중국의 젓가락은 길이가 길고 끝이 뭉툭함.

일본에서는 크기가 작은 독상에 음식을 차려 먹는다. _{일본의 식사 문화 ①} 게다가 한 손으로 밥그릇을 들고 젓가락을 사용하여 밥을 먹는다. 그러니 젓가락이 길 필요가 없다. 또 일본인은 가시가 있는 생선구이나 생선회, 얇고 작은 야채 절임 등을 즐겨 먹기 때문에, 이런 음식들을 집기 편하도록 젓가락 끝이 뾰족하게 생겼다. _{일본의 식사 문화 ②} ➡️ 일본의 젓가락은 길이가 짧고 끝이 뾰족함.

한국은 가족이 함께 음식을 먹기는 하지만 밥상이 중국에 비해 작고 일부 어른들은 독상을 받았다. _{한국의 식사 문화 ①} 또한 반찬을 자기 접시에 옮겨 덜어 먹기보다는 반찬 그릇에서 집어 그대로 자신의 입으로 가져가는 경우가 많으므로 중국처럼 젓가락이 길지 않다. 또 중국이나 일본처럼 기름진 음식이나 해산물을 많이 먹는 편도 아니어서 젓가락 끝이 뭉툭하거나 뾰족할 필요가 없었다. 대신 김치나 깻잎, 콩자반처럼 크기와 굵기가 다양한 음식을 두루 집기 편하도록 젓가락 끝을 납작하게 만들었다. _{한국의 식사 문화 ②} ➡️ 한국의 젓가락은 길이가 길지 않고 끝이 납작함.

이처럼 한중일 삼국의 젓가락은 각 나라의 식사 문화에 따라 그 길이와 모양이 다르다. _{앞 내용을 정리 및 요약함.} 중국은 길고 끝이 뭉툭한 젓가락을, 일본은 짧고 끝이 뾰족한 젓가락을 사용한다. 한국은 중국과 일본의 중간쯤 되는 길이에 끝이 납작한 젓가락을 사용한다. 이들 중 어떤 것이 더 특별하고 우수하다고 할 수는 없다. 나라마다 젓가락 형태가 다른 것은 젓가락이 각 나라의 식사 문화의 특징을 반영하는 것이기 때문이다. _{글쓴이의 생각 - 젓가락은 하나의 문화이며 이러한 문화에는 높고 낮음이 없음.} 젓가락은 단순한 식사 도구가 아니라 하나의 문화이다. ➡️ 젓가락은 그 나라 식사 문화의 특징을 반영함.

꿀 강의

한중일 삼국의 젓가락 길이와 모양의 특징을 각국의 식사 문화와 관련지어 설명하는 글이다.

	식사 문화	젓가락 특징	
중국	• 온 가족 식사 • 기름진 음식	길고 뭉툭함.	식사 문화에 따라 젓가락의 길이와 모양이 다름.
일본	• 독상 • 생선, 야채 절임	짧고 뾰족함.	
한국	• 온 가족 식사와 독상이 섞임. • 크기와 굵기가 다양한 반찬	중국과 일본의 중간 길이에 납작함.	

정답

1 ③ 2 ③ 3 ⑤

1 글의 중심 내용 파악하기

멀리 있는 음식을 집으려면 젓가락의 길이가 길어야 하며, 젓가락 끝이 납작한 것과는 관련이 없다. 4문단을 보면 한국의 젓가락 끝이 납작한 이유는 크기와 굵기가 다양한 음식을 두루 집기 편하게 하기 위해서이다.

근거 있는 오답 풀이

① 중국은 기름에 볶는 요리가 많기 때문에 기름기가 많은 음식도 잘 집을 수 있게 젓가락 끝을 뭉툭하게 했다.

② 중국은 커다란 식탁에 둘러앉아 상에 놓인 음식을 각자 접시에 덜어 먹기 때문에 멀리 놓인 음식을 쉽게 집어 먹을 수 있도록 젓가락 길이가 길다. 이와 반대로 일본은 혼자 먹는 상에, 한 손으로 밥그릇을 들고 가까이에서 밥을 먹기 때문에 젓가락 길이가 짧다. 한국은 여럿이 먹는 상이지만 상에 놓인 반찬 그릇에서 음식을 집어 먹기 때문에 젓가락 길이가 중국과 일본의 중간쯤이다.

2 숨어 있는 내용 찾기

5문단에서 글쓴이는 나라마다 젓가락 형태가 다른 것은 젓가락이 각 나라의 식사 문화의 특징을 반영하는 것이기 때문이며, 그렇기 때문에 젓가락은 단순한 식사 도구가 아니라 하나의 문화라고 자신의 생각을 명확히 밝혔다.

3 적용하기

5문단에서 글쓴이는 한중일 삼국의 젓가락은 각국의 식사 문화를 반영한 것이기 때문에 어떤 것이 더 특별하고 우수하다고 할 수 없다고 했다. 따라서 ⑤와 같은 반응은 적절하지 않다.

근거 있는 오답 풀이

①, ②, ④ 글의 내용과 관련한 추가 정보를 궁금해하고 있으므로 적절한 반응이다.

③ 글의 내용과 관련하여 자신의 생활에 적용할 수 있는 방법을 생각해 낸 것이므로 적절한 반응이다.

- 2~5문단의 중심 문장에 ~~ 긋기
- 글쓴이의 당부가 드러난 문장에 ▬ 표시하기

　냉장고는 현대 가정의 필수품이다. 음식을 신선한 상태로 오랫동안 보관했다가 먹을 수 있게 한 냉장고 <u>냉장고의 긍정적인 측면</u> 는 우리에게 편리함을 가져다준 동시에 우리가 미처 생각하지 못했던 부정적인 변화도 가져왔다.
➡ 냉장고는 편리함을 가져다준 동시에 부정적인 변화도 가져옴.
　<u>먼저 냉장고를 사용하면 전기를 낭비하게 된다.</u> 언 냉장고가 가져온 부정적 변화 ① 제 먹을지 모를 음식을 보관하는 데 필요 이상으로 전기를 씀으로써 전기를 만드는 데 쓰이는 귀중한 자원을 낭비하게 되는 것이다.　➡ 냉장고는 전기를 낭비하게 만듦.
　<u>우리는 냉장고를 쓰면서 인정을 잃어 간다.</u> 냉장고가 없을 때는 많은 음식을 보관할 냉장고가 가져온 부정적 변화 ② 수 없어서 식구들이 먹고 남을 정도의 음식을 만들면 미련 없이 이웃과 나누어 먹었다. 냉장고 사용 전과 후를 대조하여 설명함. 하지만 냉장고를 사용하면서 일주일이고 한 달이고 오랫동안 상하지 않게 음식을 보관 할 수 있게 되자 이웃과 음식을 나누는 일은 점점 줄어들었다.
　　원인　　경과　冷장고를 사용하면서 이웃 간의 인정을 잃음.
　<u>냉장고는 당장 필요하지 않은 것들을 사게 한다.</u> 대부분의 가정집 냉장고에는 양의 차 냉장고가 가져온 부정적 변화 ③　　알게 저민 생선이나 고기. 이는 있겠지만 쇠고기, 돼지고기, 닭고기, 생선, 멸치, 포 등이 차곡차곡 쌓여 있다. 이런 당장 먹지 않을 음식들을 미리 사서 쌓아 둠. 식재료의 양을 전 세계적으로 따져 보면 엄청난 분량이 될 것이다. 「우리는 이렇게 당장 「 」: 냉장고가 환경을 위협하는 과정 먹지도 않는 것들 때문에 당장 죽지 않아도 되는 수많은 생명들을 죽인다. 냉장고를 사용함으로써 애꿏은 생명을 필요 이상으로 죽여 결국은 생태계의 균형을 무너뜨리게 어떤 일과 아무런 상관이 없는. 되는 것이다.」다시 말해 우리는 냉장고에 음식을 꽉꽉 채우기 위해 생명들을 마구 죽이 는 만행을 습관적으로 저지르고 있는 셈이다.
➡ 냉장고는 당장 필요하지 않은 음식을 사게 해서 생태계를 파괴시킴.
　<u>냉장고를 사용하면서 우리는 많은 음식을 버리게 되었다.</u> 냉장고가 커질수록 먹지 않 냉장고가 가져온 부정적 변화 ④　　경과　　원인 는 음식도 늘어나 냉장고에 쌓이기 때문이다. 이런 현상은 잘사는 나라뿐 아니라 가난한 나라에서도 일어나고 있다. 물고기를 잡아 시장에 내다 팔고 남은 것은 이웃과 정답게 나누어 먹던 소박한 사람들이, 동물들을 필요 이상으로 죽이고 저마다 자기 것을 챙겨 냉장고에 넣어 두고 혼자만 잘 먹고 잘 살려는 각박한 사람들로 변하고 있는 것이다.
➡ 냉장고에 쌓아 둔 음식들이 많이 버려짐.
　이렇듯 냉장고는 우리의 삶과 환경을 위협하고 있다. 커다란 냉장고에 음식을 많이 채 워 넣을수록 자원은 낭비되고 삶은 각박해진다. 또 냉장고는 우리에게 당장 필요하지 않 2~5문단의 내용을 요약하며 독자에게 경각심을 불러일으킴. 은 것을 사게 하여 생태계의 균형을 무너뜨리고, 그렇게 마련한 음식들을 다시 내다 버 리게 한다. 그렇다고 냉장고를 당장 버리고 사용하지 말자는 것은 아니다. ▬다만 냉장고 의 폐해를 인식하고 우리의 냉장고 사용 습관을 한번쯤 돌이켜 보자는 것이다.▬
　　글쓴이의 당부　➡ 우리의 삶과 환경을 위협하는 냉장고 사용 습관에 대한 성찰이 필요함.

꿀 강의
냉장고가 가져온 부정적 변화를 지적하고 냉장고 사용 습관을 돌아보자고 주장하는 글이다.

냉장고가 가져온 부정적 변화	
• 전기를 낭비함. • 음식을 나누지 않는 등 이웃 간의 인정을 잃음. • 당장 필요하지 않은 것들을 사서 생태계 균형을 무너뜨림. • 많이 보관한 만큼 많은 음식을 버림.	… 냉장고 사용 습관에 대한 성찰이 필요함.

정답
1 ②	2 ⑤	3 ④

1 글의 전개 방식 파악하기
이 글의 글쓴이는 냉장고가 우리 생활에 편리함을 주었다는 긍정적인 측면을 밝히고, 그것의 부정적 인 측면을 전달함으로써 냉장고의 폐해를 인식하 고 냉장고 사용 습관을 돌이켜 볼 것을 강조했다. 냉장고의 변화 과정을 시간 순서대로 서술한 부분 은 찾아볼 수 없으며 글의 주제와도 관련이 없다.

2 글의 중심 내용 파악하기
4문단에서 당장 먹지도 않는 것들을 냉장고에 쌓 아 두는 바람에 당장 죽지 않아도 되는 수많은 생명들을 죽이고, 이것이 생태계의 균형을 무너뜨 린다고 했다.

근거 있는 오답 풀이
① 5문단에서 냉장고를 사용하면서 우리는 냉장고 에 쌓인 많은 음식을 버리게 되었는데, 이러한 현상은 잘사는 나라뿐 아니라 가난한 나라에서 도 일어나고 있다고 했다.
② 3문단에서 냉장고가 없을 때는 많은 음식을 보 관하기 어려워 이웃과 음식을 나누어 먹으며 인정을 나누었다고 했다.
③ 5문단에서 이웃과 물고기를 나누던 소박한 사 람들이 냉장고가 있은 뒤로 혼자만 잘 먹고 잘 살려는 각박한 사람들로 변하고 있다고 했다.
④ 이 글에서는 냉장고를 쓰는 기간과 생태계 보 호와의 관련성을 언급하지 않았다.

3 적용하기
글쓴이는 냉장고가 커질수록 먹지 않는 음식이 늘 어나 음식을 많이 버리게 되는 현상을 비판하고 있다. 따라서 이웃과 나누어 먹을 음식을 보관하기 위해 더 큰 냉장고를 사야겠다는 반응은 글쓴이의 생각과 반대되는 행동이다.

어휘 공략하기
본문 94~95쪽
1 (1) ④ (2) ㉮ (3) ㉣ (4) ㉤
2 (1) ○
3 (1) 위협 (2) 폐해 (3) 귀중
4 (1) 무너뜨리는 (2) 납작하게 (3) 저지르고
5 냉동실

14강 실전 1

저작권을 보호하자

본문 96~97쪽

- 글쓴이가 비판하는 행위에 □ 표시하기
- 글의 주제가 드러난 문장에 ▬▬ 표시하기

몇 해 전 저작권에 관한 우리의 인식 수준을 확인시켜 주는 사건이 있었다. 「독립 영화 「워낭 소리」가 흥행에 성공하자 그 불법 파일이 인터넷상에 올라 불법 복제가 자행되고 미국과 일본에도 흘러 들어가 수출마 ── └─ 「」: 구체적 사례를 제시하여 독자의 관심을 유도함.
제멋대로 해 나감. 또는 건방지게 행동함.
저 못 하게 되었던 것이다.」그런데 많은 누리꾼은 "그만큼 영화관에서 봤으면 이제 내려받아도 되는 것 아니냐.", "관객이 많이 들었으니 그냥 풀어라."라는 말로 제작자의 가슴을 아프게 했다.
➡ 저작권에 관한 소비자의 인식 수준을 보여 주는 사례

우리는 수년 전 저작권 보호에 대한 누리꾼의 저항으로 국내 음악 시장이 쇠락의 길을 걷는 것을 목격했다. 음악 불법 내려받기 가 큰 사회 문제가 되었을 때 누리꾼은 '살 만한 └─ 글쓴이가 비판하는 행위 ①
앨범이 없어서 내려받기를 하는 것이고 음악을 공유하는 것은 국민 전체의 행복을 위해 좋은 일'이라는 궤변을 늘어놓았다. 그 당시 우리의 저작권 정책은 누리꾼의 주장과 공짜를 옹호하는 대중의 압력에 밀려 큰 힘을 발휘하지 못했다. 불법 내려받기가 만연해지 편들고 도움을 주어 지킴.
자, 비디오형 음악이 음악계를 지배하고 가수가 음악으로 승부를 걸기보다 드라마나 영화, 예능, 광고로 수익을 창출할 수밖에 없는 구조로 음악 시장이 변모되었다. 결국 이에 전에 없던 것을 처음으로 생각하여 지어내거나 만들어 냄.
따른 가장 큰 손해는 소비자가 입고 있다. 당장 코앞의 공짜 음악에 눈이 어두워 불법 내려받기를 함으로써 음악을 창작·생산해 내는 시스템을 망가뜨렸기에 소비자가 당연히 ── 음악 불법 내려받기가 미치는 부정적인 영향
누려야 할 '좋은 음악'의 감상 기회를 잃어버린 것이다.
➡ 음악 불법 내려받기로 인해 쇠락의 길을 걷게 된 국내 음악 시장
영화 산업도 음악 산업이 걸었던 길을 밟고 있다. 저작권 위원회에 따르면 2006년 영화 산업도 음악 산업처럼 불법 내려받기로 인한 피해가 심각함.
을 기준으로 국내 영화 불법 내려받기 시장의 규모는 6,090억 원, 영화 산업 피해 규모는 3,390억 원으로, 영화 불법 내려받기 를 강력히 규제하지 않으면 영화 산업의 피해 규모 └─ 글쓴이가 비판하는 행위 ②
는 해마다 증가할 것이다. 불법 내려받기를 한 누리꾼들은 '공짜 영화 관람 몇 편'이라는 어떤 힘에 눌려 기를 펴지 못함.
작은 이익을 얻을 수 있지만, 이런 행동은 전체 한국 영화 산업을 위축시키고 영화 산업의 구조를 황폐화함으로써 소비자가 '좋은 우리 영화'를 볼 수 있는 기회가 줄어들고 있 영화 불법 내려받기가 미치는 부정적인 영향
는 것이다.
➡ 영화 불법 내려받기로 인해 위축되고 황폐화된 국내 영화 산업

문화 상품의 저작권 보호를 위해 기본적으로 필요한 요소는 ㉠저작권 가치에 대한 소비자의 올바른 인식이다. 하지만 소비자들은 공짜 문화 상품의 맛에서 헤어 나오지 못하 불법 내려받기한 음악, 영화
고 있다. 저작권에 대한 소비자의 인식에 획기적인 변화가 없는 한 문화 상품에 대한 가 글의 주제
치는 어디서고 인정받지 못할 것이고, 문화 산업계가 꿈꾸는 장밋빛 미래도 없을 것이라 고 단언한다.
➡ 저작권 가치에 대한 소비자의 인식 변화 강조
확실하다고 믿고 망설임 없이 자신 있게 말함.

꿀 강의

문화 상품의 저작권을 지키지 못해 발생한 피해 사례를 제시하고, 저작권 보호에 대한 소비자 인식 개선의 필요성을 주장하는 글이다.

• 음악 불법 내려받기: 국내 음악 시장이 쇠락하게 됨. • 영화 불법 내려받기: 한국 영화 산업이 위축되고 영화 산업의 구조가 황폐화됨.	➡ 문화 상품의 저작권 보호에 대한 소비자의 인식 변화가 필요함.

정답

1 ③   **2** ④   **3** ⑤

1 글의 전개 방식 파악하기

1문단에서 영화 「워낭소리」가 불법 복제로 입은 피해 사례를 밝히고, 2~3문단에서 음악 불법 내려받기와 영화 불법 내려받기로 인한 피해 상황을 구체적으로 설명하고 있다.

근거 있는 오답 풀이

① 문화 상품의 저작권 침해에 대해 설명하고 있을 뿐 저작권 등록 방법이나 그 과정은 언급하지 않았다.
② '자문자답'이란 스스로 묻고 스스로 대답하는 방식으로, 이 글에 사용되지 않았다.
④ 저작권을 보호해야 한다는 전문가의 의견은 제시되지 않았다.
⑤ 저작권을 지키기 위한 영화 산업계의 노력은 제시되지 않았다.

2 글의 중심 내용 파악하기

3문단에서 불법 내려받기를 한 누리꾼은 '공짜 영화 관람 몇 편'이라는 작은 이익을 얻을 수 있었을 뿐이라고 했다. 이밖의 많은 누리꾼이 불법 내려받기로 수익을 얻었는지는 이 글을 통해 알 수 없다.

3 숨어 있는 내용 찾기

㉠은 문화 상품의 저작권을 보호하고, 정당한 방법으로 소비하고 감상해야 한다는 인식을 의미한다. ⑤에서 음악 불법 내려받기를 하지 않아야 한다는 인식은 적절하지만, 가수의 예능 및 광고 출연을 막기 위해서라는 전제는 적절하지 않다.

근거 있는 오답 풀이

③ 음악 불법 내려받기의 가장 큰 손해는 소비자가 입고 있으며 영화 불법 내려받기도 결국 모든 소비자가 좋은 영화를 볼 수 있는 기회를 줄게 한다는 내용을 통해 알 수 있다.

정답

1 ④   **2** ③

• 간접 광고의 문제점에 〜〜 긋기
• 글쓴이가 생각하는 문제 해결 방안에 ▬▬ 표시하기

우리는 각종 방송 드라마나 오락 프로그램에서 출연자가 특정 회사의 상표가 드러나는 옷을 입거나 자동차를 타는 장면을 흔히 본다. 이렇게 <u>상업적 의도를 감춘 채 프로그램 내에 배치된 기업의 상징물이나 상품 등을 소비자가 인식하도록 만드는 광고</u>를 '<u>간접 광고</u>'라고 한다. 우리나라는 2010년 1월부터 간접 광고를 허용했다. 허용 초기에는 간접 광고의 정도가 미미했지만 해가 갈수록 그 정도가 심해져 프로그램의 내용 전개와 무관한 간접 광고가 시청자들의 몰입을 방해하는 수준에 이르렀다.
   ➡ 간접 광고가 시청자의 몰입을 방해하는 수준에 이름.

간접 광고는 어떤 문제를 안고 있을까? 간접 광고는 앞에서 언급한 몰입 방해 외에도, <u>특정 기업이나 상품 등에 대한 무의식적인 각인 효과를 시청자에게 심어 준다</u>는 문제가 있다. 간접 광고가 은연중에 시청자들의 의식 속에 파고들면 시청자들이 비판적 판단을 하지 못하고 광고에서 다루는 대상을 무조건적으로 신뢰하게 된다.
   ➡ 간접 광고는 시청자에게 무의식적인 각인 효과를 심어 줌.

또한 <u>간접 광고로 인해 드라마나 오락 프로그램의 완성도가 떨어진다</u>. 간접 광고의 대가로 광고주들은 방송 프로그램의 제작비를 지원하는데, 간접 광고가 허용된 이후 광고주들이 간접 광고를 더 길게 더 자주 넣도록 강하게 요구하고 있다. 그 결과 프로그램의 완성도가 떨어지는 경우가 빈번해지고 있다.   ➡ 간접 광고는 프로그램의 완성도를 떨어뜨림.

한편 <u>간접 광고는 시청자의 선택권을 빼앗는다</u>는 점에서도 문제가 있다. 프로그램 앞뒤에 하는 직접 광고는 시청자가 볼 것인가 말 것인가를 선택할 수 있지만, 간접 광고는 프로그램 내에 포함되어 있어 그렇게 할 수 없다. 이는 시청자를 더욱 수동적인 존재로 만든다.
   ➡ 간접 광고는 시청자의 선택권을 빼앗음.

간접 광고의 문제를 해결하기 위해서는 우선 ▬법이나 규정을 명확히 해야 한다.▬ 방송법 시행령의 규정이 '제작상 불가피한', '자연스러운 노출'처럼 모호하면 광고주들과 방송사가 법망을 쉽게 피할 수 있어 간접 광고가 과도해지는 것을 막을 수 없다. 실제로 광고주들이나 방송사가 법이나 규정의 모호한 표현을 악용하는 사례도 매년 늘고 있다. 그러므로 법이나 규정을 명확히 하여 과도한 간접 광고를 막아야 한다. 더 나아가 ▬법이나 규정을 위반했을 때 가하는 법적 제재도 광고주들이나 방송사가 부담을 느낄 정도로 강화해야 한다.▬ 또한 ▬시청자들은 지나친 간접 광고가 프로그램을 즐겁게 시청할 자신들의 권리를 침해한다는 사실을 인식하고 지나친 간접 광고에 대해 비판의 목소리를 높여야 한다.▬ 시청자들의 목소리는 과도한 간접 광고를 막을 수 있는 또 다른 중요한 축이다.
   ➡ 간접 광고의 문제점을 해결하기 위한 노력이 필요함.

꿀강의

간접 광고의 문제점을 지적하고, 문제 해결을 위한 노력의 필요성을 주장하는 글이다.

간접 광고의 문제점		해결 방안
• 시청자의 몰입을 방해함. • 특정 기업이나 상품에 대한 무의식적인 각인 효과를 심어 줌. • 프로그램의 완성도를 떨어뜨림. • 시청자의 선택권을 빼앗음.	➡	• 광고 관련 법이나 규정을 명확히 해야 함. • 법이나 규정 위반 시 가하는 법적 제재를 강화해야 함. • 시청자 스스로 권리를 지키기 위해 노력해야 함.

---

1 글의 중심 내용 파악하기

2문단에서 간접 광고는 프로그램을 보는 시청자들의 의식 속에 은연중에 파고들어 광고에서 다루는 대상을 무조건적으로 신뢰하게 만든다고 했다. 따라서 간접 광고가 광고인 것을 알아차리지 못하더라도 특정 기업이나 상품을 알리는 광고 효과는 발생한다.

근거 있는 오답 풀이

① 직접 광고는 프로그램 앞뒤에서 하므로 광고를 볼지 선택할 수 있는 반면, 간접 광고는 프로그램 내에 포함되어 있어 그 프로그램을 보는 한 광고를 안 볼 수 없다.

2 관점 비교하기

이 글은 간접 광고의 문제점을 지적하고 이에 대한 해결 방안으로 방송 관련 법과 규정의 강화를 주장하는 반면, 〈보기〉는 간접 광고의 규제 완화의 필요성을 강조하고 있다. 이 글의 3문단에서 간접 광고는 프로그램의 완성도를 떨어뜨린다고 했다. 따라서 〈보기〉의 주장처럼 간접 광고 규제를 완화하여 광고가 더 길게, 더 자주 나온다면 프로그램의 완성도가 더 떨어질 것이므로 이에 대해 비판할 수 있다.

근거 있는 오답 풀이

② 프로그램 제작의 어려움을 고려하는 입장은 방송사의 입장으로 〈보기〉와 관련된다.

④ 기업과 광고주들은 방송법 규정의 모호한 표현을 악용하고 있으므로 명확한 표현으로 수정하기를 원하지 않을 것이다.

어휘 공략하기   본문 100~101쪽

1 (1) ㉮   (2) ㉰   (3) ㉯   (4) ㉱   (5) ㉲
2 (1) 가 규제 세 제재
    (2) 가 변모 세 모호하다
    (3) 가 각인 세 인식
3 (1) 드러났다   (2) 늘어놓기
4 (1) 심하다, 지나치다
    (2) 기죽다, 움츠러들다

「소나기」에서 왜 개울물이 불어났을까

본문 102~103쪽

- 중심 화제가 되는 질문에 □ 표 시하기
- 질문에 대한 답에 ▬▬ 표시하기

「황순원의 소설 「소나기」는 서울에서 시골로 내려
「 」: 소설 「소나기」의 줄거리
온, 윤 초시네 증손녀인 소녀가 개울가에서 한 소년과
증손자의 딸, 또는 아들의 손녀.
만나며 시작된다. 둘은 산에 놀러 갔다가 갑자기 소나
기를 만나 흠뻑 젖고, 금세 불어난 개울물 때문에 소
년이 소녀를 업고 개울을 건넌다. 이 일이 있은 지 얼마 지나지 않아 소년은 잠결에 부
모님의 대화를 듣고 소녀가 병을 앓다가 죽은 것을 알게 된다. 왜 하필 소년과 소녀가
놀러 갔던 그때 소나기가 내렸을까? 개울물은 왜 그렇게 금방 불어났을까? 소나기와
우리나라 하천 지형의 특성을 살펴보면서 이 질문에 대한 답을 찾아보자.
강과 시내. ➡ 소설 「소나기」의 줄거리를 소개하며 글의 화제를 제시함.
소나기는 어떤 비일까? 소나기는 대류성 강수이다. ㉠대류성 강수란 땅에 있던 물이
「 」: 대류성 강수의 개념과 특징
증발해 하늘로 올라가서 무거운 소나기구름을 만들고 다시 비가 되어 짧은 기간 동안 제
한된 지역에 내리는 자연 현상으로, 습하고 뜨거운 곳에서 잘 나타난다. 계절적으로 무
더운 여름에 자주 내리고, 뜨거운 봄날이나 가을날에도 가끔 내린다. 대류가 가장 활발
하게 일어나는 시간은 오후 두 시에서 네 시 사이이다. 「소나기」에서 소나기가 내린 시간
「소나기」에서 소년과 소녀가 놀러 갔을 때 소나기가 내린 이유
도 하루 중 땅이 가장 뜨거운 때였을 것이다. ➡ 「소나기」에서 소나기가 내린 이유를
대류성 강수인 소나기의 특성과 관련지음.
소나기는 짧은 시간 동안 갑자기 세차게 내리다가 그치는 비인데, 「소나기」에서는 왜
소나기의 개념
소녀가 혼자 건너지 못할 정도로 개울물이 금방 불어났을까? 그 이유는 우리나라의 하
천 지형과 밀접한 관련이 있다. 우리나라는 산이 많고 산과 산 사이의 간격이 별로 넓지
않다. 그래서 개울의 폭이 좁고 얕은 편이다. 따라서 짧은 시간 동안 비가 내리더라도 산
「소나기」에서 개울물이 순식간에 불어난 이유
을 타고 내려온 빗물이 개울로 흘러들면, 폭이 좁고 얕은 개울에 모인 물은 순식간에 불
어나고 물살 또한 빨라진다. ➡ 「소나기」에서 개울물이 금방 불어난 이유를
우리나라 하천 지형의 특성과 관련지음.
「소나기」는 양평을 배경으로 이야기가 펼쳐진다. 양평의 '두물머리'는 남한강과 북한
강이 만나는 곳이다. 남한강은 강원도 태백의 검룡소에서 발원하여 남쪽으로 내려가 충
청도 충주를 돌아 양평으로 온다. 또 북한강은 강원도 금강산에서 발원하여 춘천을 지나
양평으로 온다. 서로 다른 곳에서 시작한 강이 서로 다른 곳을 흘러서 두물머리에서 만난
「소나기」의 주인공들의 만남을 지역명과 연결 지음.
다. 마치 시골에서 태어나 살아온 소년과 서울에서 태어나 자란 소녀가 만난 것처럼 말이
다. 두물머리에서 만난 물은 하나의 한강이 되어 서울을 지나 서해 바다로 흘러 나간다.
➡ 「소나기」에서 소년과 소녀의 만남을 두물머리의 지형적 특성과 관련지음.
지금까지 소나기와 우리나라 하천 지형의 특성, 두물머리에 대해 살펴보았다. 이처럼
두물머리가 배경인 소설 「소나기」는 습하고 뜨거운 곳에서 나타나는 소나기의 특성과
개울의 폭이 좁고 얕은 우리나라 하천 지형의 특성을 바탕으로 그려진 소녀와 소년의 가
슴 아픈 사랑 이야기인 것이다. ➡ 「소나기」에 나타난 기후와 지형의 특징을 정리함.

꼭 강의

「소나기」에 나타난 자연 현상을 소나기와 우리나라 하천 지형의 특성과 관련지어 설명하는 글이다.

갑자기 소나기가 내린 이유 – 소나기의 특성		개울물이 금방 불어난 이유 – 우리나라 하천 지형의 특성
• 대류성 강수로 습하고 뜨거운 곳에서 잘 나타남. • 짧은 시간 동안 갑자기 세차게 내리다가 그침.	+	산이 많고 산과 산 사이의 간격이 좁아서 개울의 폭이 좁고 얕음. → 짧은 시간 비가 내려도 개울물이 순식간에 불어나고 물살도 빨라짐.

---

1 숨어 있는 내용 찾기

이 글은 소설 「소나기」를 바탕으로 소나기의 기후적 특성과 우리나라 하천 지형의 특성, 두물머리의 지형적 특성을 설명하고 있다.

근거 있는 오답 풀이

④ 소설 작품을 예로 든 것은 맞지만, 이는 지리적 특성을 설명하기 위해서이지 한국 문학에 관심을 가지도록 이끌기 위해서로 보기 어렵다.

2 글의 중심 내용 파악하기

4문단에서 두물머리에서 만난 물은 한강이 되어 서울을 지나 서해 바다로 간다고 했다. 그렇지만 이러한 두물머리의 지형적 특성을 「소나기」에서 소녀의 죽음과 연관 지어 설명하지는 않았다.

근거 있는 오답 풀이

① 소나기는 땅이 가장 뜨거운 때인 오후 두 시에서 네 시 사이에 대류가 가장 활발하게 일어나서 발생하므로 「소나기」에서 갑자기 소나기가 내린 것도 이와 같은 이유에서이다.

② 「소나기」의 공간적 배경은 두물머리가 있는 양평이다. 두물머리는 서로 다른 곳에서 시작한 강이 만나는 곳으로, 시골에서 태어나 자란 소년과 서울에서 태어나 자란 소녀의 만남과 관련지을 수 있다고 했다.

④, ⑤ 3문단에서 우리나라는 개울의 폭이 좁고 얕은 편이기 때문에 짧은 시간 동안 비가 내리더라도 개울물이 순식간에 불어나고 물살이 빨라진다고 했다.

3 글의 중심 내용 파악하기

대류성 강수, 즉 소나기는 습하고 뜨거운 곳에서 잘 나타나는 자연 현상으로 계절적으로 무더운 여름에 자주 내리고 봄가을에는 가끔 발생한다고 했다.

근거 있는 오답 풀이

② 2, 3문단에서 대류성 강수는 짧은 기간 동안 제한된 지역에서 내리는 자연 현상으로, 갑자기 세차게 내리다가 그치는 비라고 했다.

- 대상의 개념을 설명한 부분에 ▭ 표시하기
- 글쓴이의 주장에 ～～ 긋고, 근거로 제시한 부분에 □ 표시하기

'공정 무역 도시', '공정 무역 커피'라는 말을 들어 본 적이 있는가? '공정 무역'이란 가난하고 소외된 생산자의 노동에 정당한 대가를 지불하여 생산자가 경제적 자립과 발전을 하도록 돕는 무역이다.
_{공정 무역의 개념} _{남에게 매이거나 의지하지 않고 자기 힘으로 살아감.}
우리가 사용하는 제품은 세계 곳곳과 연결되어 있고, 우리가 제품을 구매하는 행동은 지구 반대편에까지 영향을 미친다. 따라서 공정 무역 제품을 사용해 윤리적이고 정당한 소비를 실천하여 선한 영향력을 끼칠 수 있어야 한다.
_{글쓴이의 주장}
➡ 공정 무역 제품을 사용해 윤리적이고 정당한 소비를 실천해야 함.

공정 무역 제품을 사용해야 하는 이유는 다음과 같다. 첫째, 생산자에게 돌아갈 정당한 이익을 지켜 준다.
_{근거 ①}
예를 들어 우리가 3천 원짜리 바나나 한 송이를 사면 약 45원만이 생산자인 농민에게 이익으로 돌아간다. 바나나가 생산국에서 우리 손에 오기까지 바나나 농장 주인, 수출하는 회사, 수입하는 회사, 슈퍼마켓 등이 총수익의 98.5%를 가져가기 때문이다.
_{일정한 목적을 위해 둘 이상의 사람이나 집단이 함께 조직한 단체.}
그러나 공정 무역에서는 생산자 조합과 공정 무역 회사를 만들어 중간 유통 단계를 줄임으로써 실제 바나나를 재배하는 생산자의 이익을 보장해 준다.
_{공정 무역이 생산자의 이익을 지켜 줄 수 있는 이유}
➡ 공정 무역 제품을 사용하면 생산자의 이익을 지킬 수 있음.

둘째, 아이들을 위험에서 보호할 수 있다.
_{근거 ②} _{세계 곳곳에 회사와 공장을 세워 생산과 판매를 하는 세계적 규모의 기업.}
일부 다국적 기업들은 물건의 생산 비용을 낮추려고 임금이 상대적으로 낮은 어린이를 고용하기도 한다. 예를 들어 우리가 좋아하는 초콜릿은 열대 지방에서 생산되는 카카오를 주재료로 사용하여 만드는데, 그 지방의
_{어떤 것을 만드는 데 쓰는 가장 중심이 되는 재료.}
많은 어린이들은 학교도 가지 못하고 카카오를 재배하고 수확하는 일을 한다. 하지만 공정 무역은 "안전하고 노동력 착취 없는 노동 환경이 유지되어야 한다."라는 조건을 지켜야 하기 때문에 아이들의 노동력 착취를 막을 수 있다.
_{공정 무역 제품을 사용하면 생산지의 아이들을 보호할 수 있는 이유}
➡ 공정 무역 제품을 사용하면 노동으로 고통받는 아이들을 보호할 수 있음.

셋째, 자연을 보호하고 생산자의 건강을 지킬 수 있다.
_{근거 ③}
일반적으로 카카오나 바나나, 목화 같은 것은 재배할 때 많은 양을 쉽고 빠르게 수확하려고 농약과 화학 비료를 많이 사용한다. 생산지에서는 농약 회사에서 권장하는 장갑과 마스크를 살 경제적 여유가 없
_{어떤 일을 권하고 장려함.}
기 때문에 해마다 가난한 나라의 농민 2만 명 이상이 작물 재배용 농약에 노출되어 여러 가지 질병을 앓고 있다. 하지만 공정 무역은 농민들이 농약과 화학 비료를 적게 쓰는 친
_{어떤 상황이나 환경의 영향을 직접 받게 하는 것.}
환경 농사법을 권장하여 이러한 문제를 해결하려고 노력하고 있다.
_{공정 무역이 자연을 보호하고 생산자의 건강을 지키는 방법}
➡ 공정 무역 제품을 사용하면 자연을 보호하고 생산자의 건강을 지킬 수 있음.

앞으로 초콜릿을 살 때 무엇을 보고 고르겠는가? 학교도 다니지 못하고 음식도 제대로 먹지 못한, 여러분보다 어린 동생의 노동력이 희생되어 만들어진 초콜릿이라면 그것을 정말 맛있게 먹을 수 있을까? 가난한 나라에 일시적으로 도움을 주는 데 그치지 않고 자립하도록 도와주는 방법이자 환경을 보호할 수 있는 공정 무역 제품. 이제는 우리가
_{공정 무역 제품의 가치를 언급하며 글쓴이의 주장을 다시 한 번 강조함.}
관심을 기울이고 사용할 때이다.
➡ 공정 무역 제품에 관심을 기울이고, 이를 사용해야 함.

꼼꼼강의

공정 무역 제품에 관심을 기울이고 이를 사용해 윤리적인 소비를 해야 한다고 주장하는 글이다.

공정 무역의 개념	주장	공정 무역 제품을 사용하자.
생산자의 노동에 정당한 대가를 지불해 생산자의 경제적 자립과 발전을 돕는 무역	근거	• 생산자의 이익을 지킬 수 있음. • 아이들의 노동력 착취를 막을 수 있음. • 자연을 보호하고 생산자의 건강을 지킬 수 있음.

정답

1 ⑤ 2 ④ 3 ④

1 글의 구조 파악하기

이 글은 1문단에서 공정 무역의 개념과 공정 무역 제품을 사용하자는 글쓴이의 주장을 제시하고, 2~4문단에서 그 주장을 뒷받침하는 근거를 제시하고 있다. 그리고 5문단에서 글쓴이의 주장을 정리하여 다시 한 번 강조하고 있다.

2 글의 중심 내용 파악하기

4문단에서 공정 무역을 통해 자연을 보호하고 생산자의 건강을 지킬 수 있다고 했다. 일반적으로는 농작물을 재배할 때 많은 양을 쉽고 빠르게 수확하려고 농약과 화학 비료를 많이 사용하지만, 공정 무역은 농약과 화학 비료를 적게 쓰는 농사법을 권장한다고 했으므로 ④는 적절하지 않다.

근거 있는 오답 풀이

①, ② 공정 무역은 친환경 농사법을 권장하여 자연을 보호하고, 생산자가 농약에 노출되어 질병을 앓는 문제를 해결하려 한다.
③ 공정 무역은 중간 유통 단계를 줄임으로써 생산자가 정당한 이익을 받을 수 있게 하여 그들이 경제적으로 자립하고 발전할 수 있게 한다.
⑤ 공정 무역은 "안전하고 노동력 착취 없는 노동 환경이 유지되어야 한다."라는 조건을 지키도록 한다.

3 적용하기

3문단에서 열대 지방의 아이들은 싼 임금을 받고 학교에 가지도 못한 채 초콜릿의 주재료인 카카오를 재배하고 수확하는 일을 한다고 했다. 이렇듯 초콜릿은 상대적으로 임금이 낮은 어린이들의 노동력을 착취하여 만들어지는 것이기 때문에 초콜릿을 '어린이의 눈물'이라고 부른다고 할 수 있다.

어휘 공략하기

본문 106~107쪽

1 (1) 자립 (2) 발원 (3) 수확 (4) 고용
2 (1) 권장 (2) 확산 (3) 소비
3 (1) 대가 (2) 초콜릿
4 (2) ○

정답

1 ⑤ 2 ④ 3 ④

- 중심 화제의 개념을 정의한 부분에 ~~~ 긋기
- 중심 화제를 예방하는 방법이 나온 부분에 □ 표시하기

「친구 손을 잡으려다 정전기가 튀어 깜짝 놀란 적이 있을 것이다. 스웨터를 벗으려다 '찌지직' 소리와 함께 머리카락이 곤두섰던 경험도 있을 것이다.」 이런 일은 정전기가 발생해서 일어나는 현상이다. 정전기가 발생하는 이유는 무엇일까? ➡ 정전기가 발생할 때 일어나는 현상

중심 화제

「 」: 정전기가 발생하는 순간에 일어나는 현상을 예로 듦.

'정전기'란 전하가 정지해 있어 그 분포가 시간적으로 변화하지 않는 전기 및 그로 인해 발생하는 전기 현상이다. 즉 흐르지 않고 머물러 있는 전기라는 말이다. 정전기는 전압은 높지만 전류가 거의 없어 위험하지 않다. ➡ 정전기의 개념

정전기의 개념

정전기가 생기는 것은 마찰 때문이다. 물질의 원자 안에는 원자핵과 전자가 있는데, 그중 전자는 작고 가벼워서 마찰을 통해 다른 물체로 쉽게 이동한다. 우리 몸이 주변 물체와 접촉하면 마찰이 일어나는데, 이때 몸과 물체가 전자를 주고받으며 전기가 조금씩 저장된다. 일정한 정도 이상의 전기가 쌓였을 때 몸이 전기가 잘 통하는 물체에 닿으면 그동안 쌓였던 전기가 순식간에 이동하면서 정전기가 발생하는 것이다. ➡ 정전기가 발생하는 원리

두 물체가 서로 닿아 문질러지거나 비벼짐.
한 원자 속에서 음전기를 띠고 원자의 핵의 둘레를 도는 작은 입자.
정전기가 발생하는 원리

정전기는 겨울에 더 기승을 부린다. 습도가 높으면 공기 중의 수분이 전하가 흘러갈 수 있는 도체 역할을 하여 정전기가 수시로 방전된다. 그래서 습도가 높은 여름보다 건조한 겨울에 정전기가 잘 생긴다. 건성 피부인 사람에게 정전기가 많이 생기는 것도 이 때문이다. ➡ 정전기의 발생 정도와 습도의 관계

기운이나 힘이 세서 좀처럼 약해지지 않음. 또는 그 기운이나 힘.
전기를 띤 물체에서 전기가 외부로 흘러나오는 현상.

「산업 현장에서는 정전기를 없애는 것이 중요한 과제이다. 반도체 같은 소재는 정전기에 의해 쉽게 파손되기 때문이다. 그래서 반도체를 다루는 사람들은 일할 때 소매와 양말에 감전 사고를 막기 위한 선이 달린 특수한 옷을 입는다.」 그렇다고 정전기가 해로운 것만은 아니다. 「정전기는 생활을 편리하게 한다. 복사기는 정전기를 이용해 토너의 잉크 가루를 종이에 붙인다. 집진기도 정전기의 원리를 활용해 공기 중의 먼지를 모은다. 식품을 포장할 때 쓰는 랩이 그릇에 잘 달라붙는 것도 정전기 때문이다.」 ➡ 정전기가 해로운 경우와 이로운 경우

「 」: 정전기가 해로운 경우
산업 현장에서 정전기를 없애는 것이 중요한 과제인 이유
「 」: 정전기가 이로운 경우

생활 속에서 다음과 같은 방법으로 정전기를 예방할 수 있다. 먼저 가습기 등으로 실내 습도를 높이고 보습 크림을 발라 피부를 촉촉하게 하는 등 적절한 습도를 유지한다. 또 플라스틱 제품을 사용할 때 주의한다. 예를 들면 플라스틱 빗으로 머리를 빗질할 때 빗을 물에 한 번 적셨다가 쓰는 것이다. 그리고 자동차 문을 열기 전에 손에 입김을 '하'하고 부는 방식으로, 평소에 전기를 중화하는 습관을 들인다. 이와 같은 정전기 예방법을 활용하면 생활 속에서 ㉠불청객처럼 찾아오는 정전기를 다스릴 수 있을 것이다. ➡ 정전기를 예방하는 방법

정전기를 예방하는 방법 ①
정전기를 예방하는 방법 ②
정전기를 예방하는 방법 ③

꿀강의

정전기의 개념 및 발생 원리, 정전기 예방법 등을 설명하는 글이다.

정전기의 발생 원리		정전기를 예방하는 방법
마찰로 일정한 정도 이상의 전기가 쌓였을 때 몸이 전기가 잘 통하는 물체에 닿으면 그동안 쌓였던 전기가 순식간에 이동하면서 발생함.	+	• 적절한 습도를 유지함. • 플라스틱 제품을 사용할 때 주의함. • 평소에 전기를 중화하는 습관을 들임.

1 글의 중심 내용 파악하기

이 글에서 정전기가 발생하는 원리와 발생 정도에 영향을 미치는 요인에 대해서는 설명하였으나, 정전기의 발생량을 측정하는 방법에 대해서는 언급하지 않았다.

근거 있는 오답 풀이

① 1문단에서 정전기를 경험하는 예로 친구 손을 잡을 때 정전기가 튀거나, 스웨터를 벗을 때 머리카락이 곤두서는 일을 제시했다.

② 4문단에서 습도가 높을 때보다 습도가 낮을 때 정전기가 많이 생긴다고 했다.

③ 2문단에서 정전기의 개념을 밝히고, 3문단에서 마찰 때문에 정전기가 발생한다면서 구체적인 발생 원리를 제시했다.

④ 6문단에서 정전기 예방법을 크게 세 가지로 나누어 제시했다.

2 숨어 있는 내용 찾기

'불청객'의 사전적 의미는 '아무도 오라고 하지 않았는데도 스스로 찾아온 손님.'이다. 글쓴이가 정전기를 불청객에 비유한 것은 예상하지 못했는데 불쑥 찾아온 손님처럼 정전기가 예상치 못한 순간에 발생하여 우리를 깜짝 놀라게 하기 때문이다.

3 적용하기

식품 포장용 랩이 그릇에 잘 달라붙는 것은 정전기의 원리를 이용했기 때문이다. 환경을 오염한다는 이유로 랩을 사용하지 않는 것은 정전기를 예방하는 방법과는 관련이 없다.

근거 있는 오답 풀이

①, ⑤ 실내 습도를 높이고 로션을 자주 발라 피부를 촉촉하게 하는 등 적절한 습도를 유지하면 정전기를 예방할 수 있다.

② 플라스틱 제품을 물에 적신 다음에 사용하면 정전기를 예방할 수 있다.

③ 정전기가 많이 발생하는 겨울에 손에 입김을 분 다음, 차의 손잡이를 잡는 것은 정전기를 예방하는 방법이 된다.

- 3문단의 핵심어에 ○ 표시하고, 이것의 특성에 ～～ 긋기
- 글쓴이가 생각하는 해결 방안에 ▬▬ 표시하기

자동차가 움직이려면 휘발유가 필요하듯이 인간도 영양소를 통해 열량을 얻어야만 생활할 수 있다. 인간에게 열량을 공급해 주는 3대 영양소는 탄수화물, 지방, 단백질이다. 탄수화물의 일종인 당분과 지방은 생명체가 살아가는 데 꼭 필요한 열량을 내는 영양소이다.
➡ 당분과 지방은 생명체가 살아가는 데 꼭 필요한 영양소임.

「인류는 오랫동안 영양소를 섭취하기 어려운 환경에서 살아왔다. 수만 년 전에는 기껏 해야 식물의 열매나 뿌리의 일부밖에 먹을 수가 없었고, 동물은 대개 인간보다 덩치가 크거나 빨라서 잡기가 쉽지 않았다. 그래서 수렵 생활을 하던 원시인들은 생활에 필요한 열량을 충분히 공급받지 못했다. 오랫동안 이러한 환경에서 살아온 인류는 열량이 많은 음식을 좋아하는 신체 구조로 진화했다.」 기름지고 달콤한 음식을 먹을 때 몸에서 분비되는 호르몬은 뇌를 자극해 행복감을 느끼게 한다. 우울할 때 맛있는 음식을 먹으면 기분이 좋아지는 이유가 여기에 있다.
`「 」: 인류가 고열량 음식을 좋아하게 된 이유`
`사람이 산이나 들에 나가 총이나 활 등으로 짐승을 잡는 일.`
➡ 인류는 고열량 음식을 좋아하는 신체 구조로 진화함.

인체가 열량을 좋아하고 저장하는 방식으로 진화하면서 지방 세포는 특별한 성질을 띠게 되었다. 일반적인 세포들은 일정 크기 이상으로 자라지 않는데 지방 세포는 원래 크기의 200배까지 커질 수 있다. 또한 우리 몸에 저장된 지방은 혈액 속의 혈당, 간에 저장된 글리코겐 다음으로 가장 나중에 소비된다.
`핵심어`
`지방 세포의 특성`
➡ 지방 세포는 특별한 성질을 지님.

이러한 지방 세포의 성질은 먹을 것이 부족했던 과거에는 인간이 생존하는 데 중요한 역할을 했다. 그런데 최근 들어 달고 기름진 음식들이 넘쳐나며 문제가 되고 있다. 탄수화물 덩어리인 정제된 곡물에 설탕을 잔뜩 넣어 반죽해 기름에 튀긴 도넛, 설탕과 유지방이 듬뿍 든 아이스크림, 혀가 마비될 것처럼 단 쿠키가 현대인들의 입맛을 사로잡았다. 이런 고열량 음식을 자꾸 먹으면 열량이 몸에 쌓여 문제가 된다. 오랫동안 열량이 부족한 환경에서 살아온 우리 몸이 쓰고 남은 열량을 버리지 못하고, 지방으로 바꾸어 지방 세포에 저장하기 때문이다. 이렇게 쌓인 지방은 비만과 성인병 등을 유발하는 원인이 되었다.
`과거에는 달고 기름진 음식을 구하기 어려웠기 때문에`
`물질에 섞인 불순물을 없애 그 물질을 더 순수하게 함.`
`열량을 쉽게 얻을 수 있는 시대가 되었지만 인간의 몸이 지방을 저장하는 방식은 변하지 않음.`
`고열량 음식을 많이 먹음. → 쓰고 남은 열량이 몸에 쌓임. → 건강을 위협함.`
➡ 고열량 음식 섭취로 쌓인 지방이 비만과 성인병을 유발함.

세상은 또 변화했다. 구하기 어려워 선망의 대상이었던 고열량 식품들이 지금은 비만의 주범으로 몰려 기피당하는 신세이다. 이것은 모두 세상의 빠른 변화에 우리 몸이 적응하지 못해서 벌어지는 일이다. 이 변화는 되돌릴 수 없으므로 건강하게 살려면 우리의 식습관과 생활 습관을 바꾸는 수밖에 없다.
`고열량 식품들에 대한 사람들의 태도 변화`
`어떤 일에 대하여 좋지 않은 결과를 만드는 주된 원인.`
`글쓴이가 생각하는 문제 해결 방안`
➡ 건강을 위해 식습관과 생활 습관을 바꾸어야 함.

꿀강의

고열량 음식이 문제가 되는 이유와 건강을 지키기 위해 우리가 할 일을 설명하는 글이다.

> 오랫동안 열량이 부족한 환경에서 살아온 인류는 고열량 음식을 좋아하는 신체 구조로 진화함.
>
> ↓
>
> 고열량 음식을 먹으면, 쓰고 남은 열량이 지방으로 바뀌어 비만의 원인이 됨.
>
> ↓
>
> 건강을 위해서 식습관과 생활 습관을 바꿔야 함.

정답

1 ④ **2** ③

1 글의 중심 내용 파악하기

2문단에서 기름지고 달콤한 음식을 먹을 때 몸에서 분비되는 호르몬이 뇌를 자극해 행복감을 느끼게 한다고 했다.

근거 있는 오답 풀이

① 4문단에 따르면 최근 들어 달고 기름진 음식이 넘쳐나며 문제가 되고 있다.

② 1문단에 따르면 인간은 탄수화물, 지방, 단백질의 세 가지 영양소에서 열량을 얻는다. 당분과 지방에서만 열량을 얻는 것은 아니다.

③ 4문단에 따르면 우리 몸에서 쓰고 남은 열량은 지방으로 바뀌어 지방 세포에 저장된다.

⑤ 2문단에 따르면 수만 년 전에는 식물의 열매나 뿌리의 일부만 먹고 동물을 거의 먹지 못하는 등 생활에 필요한 열량을 충분히 공급받지 못했다. 이러한 환경에서 오랫동안 살아온 인류는 열량이 많은 음식을 좋아하는 신체 구조로 진화했다.

2 적용하기

5문단에서 고열량 식품들이 지금은 비만의 주범이 되어 기피당하는 신세가 되었다고 했다. 그렇지만 〈보기〉에서 성인의 3분의 1이 비만이고 소아 청소년의 비만율이 증가하는 추세임을 밝힌 것을 통해 지금도 고열량 음식으로 인한 비만이 심각하다는 것을 추론할 수 있다. 또한 〈보기〉에 제시된 비만과 고도 비만의 위험성을 보고 비만 문제를 걱정할 필요가 없다고 생각하는 것은 적절하지 않다.

근거 있는 오답 풀이

④ 4문단에서 지방은 비만을 유발하는 원인이 된다고 했고, 〈보기〉에서 비만은 그 자체가 만성 질환이면서 다양한 질환을 유발한다고 했다.

어휘 공략하기

본문 116~117쪽

1 (1) ⓛ (2) ㉮ (3) ㉣ (4) ㉰

2 (1) 방전 (2) 기승 (3) 발생

3 (1) 빗질 (2) 섭취

4 (1) 파손 (2) 선망 (3) 기피

• 글쓴이의 의견을 뒷받침하는 실
 험과 그 결과가 나온 부분에 [ ]
 표시하기
• 중심 화제에 대한 글쓴이의 의견
 에 ▬▬ 표시하기

시험을 앞두고 밤을 새워 공부하는 것은 얼마나 효과적일까? 수면 시간과 뇌 작용 사이의 관계를 고려하
                                          └─ 중심 화제
면 밤새워 공부하는 것이 효과적이지 않음을 알 수 있
다. 전전두엽은 뇌의 전두엽 맨 앞에 있는 기관이다.
            └─ 전전두엽의 위치
이 부분은 「정보를 기억하거나 일을 계획하고 실행에
        └「 」: 전전두엽의 역할
옮기는 데 중요한 기능을 담당한다. 그런데 전전두엽은 수면이 부족하면 제 기능을 발휘

하지 못한다. 「밤새워 공부하느라 수면을 충분히 취하지 못한 상태에서 시험을 보면 전전
      └「 」: 수면 시간을 충분히 확보해야 하는 이유
두엽의 활동이 둔해져 뇌가 기억하고 추리하는 기능을 제대로 발휘하지 못하는 것이다.」
                                   ➡ 수면을 충분히 취하지 못하면 뇌가 기억하고 추리하는 기능을 제대로 발휘하지 못함.
이는 여러 실험을 통해서도 증명되었다. [미국의 스틱골드 박사는 실험에 참가한 사람
               └ 어떤 사건이나 판단이 진실인지 아닌지 증거를 들어서 밝힘.
들에게 여러 가지 방향의 사선을 보여 주고 이를 기억하게 했다. 이후 피험자를 두 집단
[ ]: 수면 시간과 뇌의 기억 활동의 관계를 보여 주는 실험과 그 결과
으로 나누어 한 집단은 잠을 충분히 자게 했고, 나머지 집단은 잠을 자지 못하게 했다. 그
후 첫날 보여 준 사선의 방향을 기억하는지 검사했다. 그 결과 잠을 충분히 잔 집단의 기
억력이 뛰어난 것으로 나타났다. 독일의 본 박사는 피험자를 세 집단으로 나누었다. 밤
에 잠을 한숨도 자지 않은 집단, 낮에 여덟 시간 동안 잠을 자지 않은 집단, 밤에 여덟 시
간 동안 잠을 잔 집단으로 나눈 것이다. 이 세 집단을 대상으로 숫자에 숨은 규칙을 찾는
실험을 진행했다. 실험 결과, (㉠   ) 나머지 두 집단도 잠을
충분히 자게 한 후 실험을 하니 문제를 잘 풀 수 있었다.] 이처럼 수면은 뇌의 기억 활동과
                                      └ 두 실험을 통해 얻은 결론
밀접한 연관을 맺고 있다.
➡ 수면과 뇌의 기억 활동이 밀접한 연관을 맺는다는 사실이 여러 실험을 통해 증명됨.
수면이 기억 유지에 영향을 주는 이유를 알려면 수면 구조를 이해해야 한다. 우리가
잠들면 뇌파는 일정한 상태를 유지하지 않고 서로 다른 파형이 주기적으로 반복된다. 이
                               └ 일정한 간격을 두고 같은 현상이나 특징이 다시 나타나는 것.
렇게 반복되는 수면 주기는 '비렘(N-REM)수면'이라 불리는 깊은 수면과 '렘(REM)수면'
이라 불리는 얕은 수면으로 나뉜다. 깊은 수면, 즉 비렘수면 상태에서 뇌는 깊은 부위인
                                    └ 깊은 수면 상태에서 뇌 세포가 작동하는 이유
해마를 활성화시켜 신경 세포를 움직인다. 이를 통해 우리가 각성 상태에서 학습했던 정
보를 보호하는 것이다. └ 잠을 충분히 자야 각성 상태에서 습득한 정보를 기억할 수 있음.
                 ➡ 깊은 수면 상태에서 뇌의 해마가 신경 세포를 움직여 학습 정보를 보호함.
잠은 최소한으로 줄여야 하는 대상이 아니다. 잠든 시간에도 뇌는 낮에 활동하며 얻은
                                      └ 수면 시간을 충분히 확보해야 하는 이유
정보를 분류하고 정리하고 기억한다. 벼락치기로 밤새워 공부하는 습관이 비효율적인
이유가 여기에 있다. 깨어 있는 낮 시간에 더 치열하게 살고 밤에는 충분히 수면을 취하
는 것이 공부에도 효율적이다. └ 글쓴이의 의견을 정리 및 강조함.
                 ➡ 공부 효율을 높이려면 밤에 수면을 충분히 취해야 함.

꿀 강의

수면 시간과 기억 활동의 관계에 대한 실험을 통해 충분한 수면을 취하는 것이 공부에 효율적임을
설명하는 글이다.

스틱골드 박사와 본 박사의 실험		밤에 충분한 수면을 취하
잠을 충분히 자야 뇌의 기억 활동이 활발하게 이루어짐.	➡	는 것이 공부에 효율적임.

---

1 글의 중심 내용 파악하기

3문단에서 우리가 잠들면 뇌파는 일정한 상태를
유지하지 않고 서로 다른 파형이 주기적으로 반복
된다고 했다.

근거 있는 오답 풀이

① 3문단에서 깊은 수면, 즉 비렘수면 상태에서 뇌
 는 해마를 활성화시켜 신경 세포를 움직인다고
 했다.
② 2문단에서 수면 시간과 뇌의 기억 활동의 관계
 에 관한 실험을 제시하며 수면은 뇌의 기억 활
 동과 밀접한 연관을 맺고 있다고 했다.
③ 3문단에서 뇌는 비렘수면 상태에서 신경 세포
 를 움직이고 이를 통해 각성 상태에서 학습했
 던 정보를 보호한다고 했다.
④ 1문단에서 전전두엽은 수면이 부족하면 제 기
 능을 발휘하지 못한다고 했다.

2 숨어 있는 내용 찾기

1문단에서 수면을 충분히 취하지 않으면 뇌가 제
대로 기능할 수 없다고 했고, 2문단에서 이를 뒷받
침하는 실험을 예로 들고 있다. 스틱골드 박사의
실험에서 잠을 충분히 잔 집단의 기억력이 뛰어난
것으로 나타났고, ㉠ 뒤에 이어지는 내용에서 나
머지 두 집단도 잠을 충분히 잤을 때 문제를 잘 풀
수 있었다는 것으로 보아 ㉠에는 밤에 잠을 잔 집
단이 나머지 두 집단에 비해 빠르고 정확하게 숨
은 규칙을 찾아냈다는 내용이 들어가는 것이 적절
하다.

3 적용하기

ⓐ는 얕은 잠을 자는 렘수면 상태이고, ⓑ는 깊은
잠을 자는 비렘수면 상태이다. 비렘수면 상태에서
뇌는 해마를 활성화시켜 신경 세포를 움직임으로
써 각성 상태에서 학습했던 정보를 보호한다. 따
라서 뇌의 해마가 활성화되는 시기는 ⓐ가 아니라
ⓑ이다.

정답

1 ③ 2 ③ 3 ⑤

- 1문단에 제시된 바이러스의 특징에 ~~~ 긋기
- 백신이 작용하는 원리에 [ ] 표시하기

인류 역사는 전염병과 싸워 승리한 역사라고 볼 수
도 있다. 중세 시대에는 흑사병이 유행하여 유럽 인구
의 3분의 1이 사망했고, 20세기 초에 발생한 스페인 독
감은 수천만 명의 목숨을 앗아갔다. 최근 들어 발생한
코로나 바이러스 감염증-19도 호흡기에 의해 사람 간
에 전파되는 전염병으로, 이들은 모두 인간의 몸에 침투한 바이러스가 일으킨 질병이다.
바이러스는 환경에 따라 모양이나 성질이 달라지는데, 이를 변이라고 한다. 변이가 잦은
바이러스는 완전히 퇴치하기 어려워서 인류는 오랜 세월 전염병과 싸워 온 것이다.
➡ 인류는 오랫동안 바이러스가 일으킨 전염병과 싸워 옴.

지금까지 알려진 바이러스의 종류는 약 5천 종이지만 각 종마다 수만 가지 변종이 있
다.「바이러스는 20~300나노미터(1나노미터 = 10억 분의 1미터)의 매우 작은 구조체로,
몸의 중심부는 유전 물질인 DNA나 RNA 핵산 분자로 구성되고 그 주변을 단백질이 에
워싼다.」바이러스는 생물의 세포 속에서만 살 수 있는데, 스스로 영양분을 만들지 못해서
세포 내부의 물질을 영양분으로 이용해야 자신을 여러 개로 복제할 수 있기 때문이다.
➡ 바이러스는 생물의 세포 속에서만 살며 수만 가지 변종이 있음.

바이러스가 인간의 몸에 들어오면 독감, 소아마비, 광견병 등 다양한 질병을 일으킨
다. 기저 질환이 있는 환자에게는 합병증을 일으켜 생명을 위협할 수도 있다. 바이러스
는 크기가 매우 작기 때문에 종류에 따라 물, 공기, 동물의 배설물, 신체 접촉 등을 통해
서도 쉽게 확산된다. 많은 인구가 밀집된 도시에서 바이러스가 발생하면 빠르게 그 지역
전체로 퍼져서 사람들을 감염시킨다. ➡ 바이러스는 인간의 몸에 들어와 다양한 질병을 일으킴.

바이러스로부터 인간의 생명이 위협받는 상황을 막기 위해서는 백신이 필요하다. 바
이러스의 일부를 이용해 만든[백신을 사람 몸에 투여하면 몸에 들어간 백신 그 자체가 병
원체인 항원이 되어 바이러스에 대해 면역 작용을 하는 항체를 만든다. 이렇게 만들어진
항체는 똑같은 바이러스가 우리 몸에 침투했을 때 이전의 기억을 바탕으로 바이러스와
싸워 이겨 낸다.] 이러한 과정을 통해서 우리 몸에는 바이러스에 대한 면역력이 생긴다.
➡ 백신을 통해 바이러스에 대한 면역력이 생김.

백신이 바이러스를 방어하는 최선의 대책이지만 이것이 모든 바이러스를 방어해 주
는 것은 아니다. 바이러스가 변이할 때마다 그에 맞는 백신을 개발하는 것이 어렵기 때
문이다. 따라서 우리는 백신 개발에만 의존할 게 아니라 평소 바이러스에 감염되지 않도
록 청결한 생활 습관을 기르고, 바이러스의 감염 경로를 파악하여 더 이상 확산되지 않
도록 방역을 철저히 해야 한다.
➡ 바이러스에 감염되지 않도록 청결한 생활 습관을 기르고 방역을 철저히 해야 함.

1 글의 중심 내용 파악하기

2문단에서 바이러스는 스스로 영양분을 만들지 못
해서 생물의 세포 속에 살며, 세포 내부의 물질을
영양분으로 이용해야 자신을 여러 개로 복제할 수
있다고 했다.

2 글의 전개 방식 파악하기

㉮ 5문단에서 바이러스로 인한 감염병을 막기 위
한 방법을 제시하고 있다.

㉯ 4문단에서 백신이 인간의 몸 안에서 작용하는
원리를 과정의 방법으로 설명하고 있다.

㉰ 1문단에서 '흑사병, 스페인 독감, 코로나 바이러
스 감염증-19'의 사례를 들어 바이러스가 각종
전염병을 유발하는 문제 상황을 밝히고 있다.

근거 있는 오답 풀이

㉱ 이 글은 바이러스가 각종 전염병을 유발한다는
문제 상황을 밝히고, 바이러스의 구조적 특징과
백신의 작용 원리를 설명한 뒤 바이러스 감염
을 예방하는 방법을 제시하고 있다. 2문단에서
바이러스의 구조적 특징을 서술하고 있으나 비
유적 표현은 사용하지 않았다.

3 적용하기

<보기>에서 변이 바이러스에 감염된 세 사람이 모
두 백신 3차 접종을 마친 상태라는 것을 통해 백
신이 모든 바이러스를 막아 주지 못한다는 사실
을 알 수 있다. 5문단을 보면 글쓴이는 백신이 모
든 바이러스를 방어해 줄 수 없으니 평소에 바이
러스에 감염되지 않도록 청결한 생활 습관을 길러
서 개인 방역에 힘쓸 것을 당부했다. 이를 종합했
을 때 ⑤의 반응은 적절하지 않다.

꿀강의

전염병을 일으키는 바이러스의 특징과 백신의 작용 원리를 밝혀 바이러스에 감염되지 않도록 하는
방법을 설명하는 글이다.

바이러스의 특징	
• 변이가 잦아 수만 가지 변종이 있음. • 크기가 매우 작음. • 유전 물질인 핵산 분자와 단백질로 구성됨. • 스스로 영양분을 만들지 못해 생물의 세포 속에서만 삶.	➡ 바이러스는 크기가 작아 인간의 몸에 침투하기 쉽고, 계속 변이하기 때문에 백신만으로는 방어하기 힘듦.

어휘 공략하기

본문 122~123쪽

1 (1) 가 면역력 세 수면 (2) 가 퇴치 세 치열
　(3) 가 활성화 세 생활

2 (2) ○

3 (1) 효과 (2) 주기

4 (1) 증명 (2) 검사 (3) 각성 (4) 추리

남극과 북극, 어떤 점에서 다른가

본문 124~125쪽

- 중심 화제 두 가지에 ○, □ 표시 하기
- 각 중심 화제의 지역적 특징에 [ ] 표시하기

지구에서 따뜻한 태양 에너지를 넉넉하게 받지 못 하는 땅이 바로 남극과 북극이다. 이 두 지역은 겉으로 는 비슷해 보이지만 서로 전혀 다른 특징을 갖고 있다.
극지방이라는 공통점이 있음.
미지의 탐사 대상에서 과학 연구의 대상이 된 두 지역 의 특징과 중요성을 알아보자.
➡ 겉으로는 비슷해 보이지만 서로 다른 특징을 지닌 남극과 북극

[남극은 면적이 1,360만km²로 한반도의 60배에 이르는 거대한 대륙이며, 지구상의 7대
[ ]: 남극의 지역적 특징
대륙 중 다섯 번째로 크다. 오랜 세월에 걸쳐 쌓인 눈이 단단하게 굳어져 생긴 2km 두께 의 거대한 얼음덩어리가 남극 대륙 표면의 98% 가량을 덮고 있다. 남극에서 오래된 운석 이 발견되는 것으로 보아, 이곳에는 오래전 지구 겉면의 모습을 확인할 수 있는 천연 자 료들이 보관되어 있을 것으로 보인다.] 반면에 [북극은 아시아와 아메리카 대륙으로 둘러
[ ]: 북극의 지역적 특징
싸인 거대한 북극해를 말한다. 북극해는 면적이 1,400만km²로 지중해의 6배이며, 전 세 계 바다의 3%를 차지한다. 북극은 이 북극해 주변의 바닷물이 얼어서 된 거대한 얼음덩 어리가 떠 있는 것이다. 물론 바다 위로 보이는 빙하는 전체 얼음덩어리의 10% 정도에
빙하는 수면 아래에 수면 위로 보이는 것보다 훨씬 큰 덩어리가 있음.
불과하다.]
➡ 남극과 북극의 지역적 특징

이러한 지역적 특징은 두 지역의 기후 조건에도 영향을 미친다. 그렇다면 남극과 북극
남극은 대륙인 반면, 북극은 바다에 떠 있는 얼음덩어리임. 3문단의 중심 내용
가운데 어디가 더 추울까? 남극이 훨씬 춥다. 육지는 바다에 비해 쉽게 데워지고 쉽게 식 는다. 남극은 이러한 육지가 밑에 있어서 한겨울에 해당하는 8월 말 무렵이면 높은 곳에 서는 기온이 영하 70℃ 가까이 내려간다. 이러한 기후 조건 때문에 남극에는 연구를 목
사람이 살 수 없는 기후 조건임.
적으로 거주하는 사람들 외에 원주민이 없다.
➡ 지역적 특징에 따른 남극의 기후 조건

북극은 주변에 있는 바다와 해류의 영향을 받는다. 겨울에는 최저 기온이 영하
4문단의 중심 내용
30~40℃까지 내려가지만, 여름에는 영상 10℃까지 올라가 비교적 따뜻하다. 얼음덩어
남극과 달리 사람이 거주할 수 있는 기후 조건임.
리보다 상대적으로 온도가 높은 바다에서 상승하는 따뜻한 공기 때문에 북극에는 우리 가 에스키모라고 알고 있는 원주민인 이누이트족이 살고 있다.
북극 지방에 사는 인종. ➡ 지역적 특징에 따른 북극의 기후 조건
남극과 북극은 온난화를 비롯한 지구 환경 변화를 예측하는 데 매우 중요하다. 남극은
5문단의 중심 내용
지구상에서 가장 깨끗한 지역으로 산업 지역에서 가장 멀리 떨어져 있고 사람도 살지 않 는다. 따라서 외부의 작은 오염에도 민감하게 반응한다. 북극 또한 지구의 기상, 기후, 해
바람, 비, 구름, 눈 등의 대기 속에서 일어나는 현상.
류 순환 등 환경에 커다란 역할을 한다는 사실이 연구 결과로 밝혀지면서 주목받고 있 다. 따라서 일반 사람들은 남극과 북극에 관해 많은 관심을 가지고, 정부나 민간 기업은
글쓴이가 이 글에서 말하고자 하는 내용
지속적으로 극지 연구를 하여 지구 환경 변화에 대처해야 할 것이다.
➡ 남극과 북극의 중요성과 지속적인 극지 연구의 필요성

꿀 강의

남극과 북극의 지역적 특징 및 기후 조건을 소개하고, 극지 연구의 중요성을 설명하는 글이다.

남극	• 얼음덩어리가 대부분 덮고 있는 거대한 대륙임. • 영하 70℃까지 내려가 사람이 살 수 없는 기후 조건임.	**극지 연구의 중요성** 남극과 북극은 지구 환 경 변화 예측에 커다란 역할을 함.
북극	• 거대한 바다에 떠 있는 얼음덩어리임. • 비교적 따뜻하여 사람이 살 수 있는 기후 조건임.	

---

1 글의 전개 방식 파악하기

이 글은 남극과 북극의 지역적 특성과 그에 따른 각 지역의 기후 조건을 설명한 뒤, 남극과 북극이 지구 환경 변화를 예측하는 데 매우 중요함을 강 조하고 있다.

근거 있는 오답 풀이

④ 남극과 북극의 지역적 특성에 따라 다르게 나 타나는 기후 조건을 말하고 있을 뿐 환경 문제 를 부각하지는 않았다.

2 글의 중심 내용 파악하기

5문단의 첫 문장에서 남극과 북극은 온난화를 비 롯한 지구 환경 변화를 예측하는 데 매우 중요하 다고 했다. 또한 북극이 지구의 기상, 기후, 해류 순환 등 환경에 커다란 역할을 한다는 사실이 연 구 결과로 밝혀졌다고 했다.

근거 있는 오답 풀이

① 북극에 대한 설명이다.
② 육지는 바다에 비해 쉽게 데워지고 쉽게 식는 데, 남극은 밑에 있는 육지의 영향을 받아 한겨 울에 영하 70℃ 가까이 내려가는 등 북극보다 훨씬 춥다.
④ 북극은 기후가 비교적 따뜻하여 원주민인 이누 이트족이 살고 있다. 연구를 목적으로 거주하는 사람들만 있고 원주민이 없는 것은 남극이다.
⑤ 북극은 바다에서 상승한 따뜻한 공기로 인해 여름에는 영상의 기온으로 올라가지만, 겨울에 는 영하 30~40℃까지 내려간다.

3 적용하기

〈보기〉에서 급속한 기후 변화로 남극과 북극이 모 두 온난화의 영향을 받고 있다고 했다. 따라서 온 난화로 인한 해수면 상승으로 남극과 북극의 지역 적 차이를 알 수 있다는 것은 적절하지 않다.

근거 있는 오답 풀이

① 〈보기〉에 제시된 연구 결과에서 1979년~2021 년 북극권 온도가 지구 평균보다 4배 더 빠르게 상승했다는 내용을 통해 알 수 있다.

- 중심 화제에 ○ 표시하고, 그 효과에 ～～ 굿기
- '반면, 그러나'와 같은 말에 △ 표시하고, 앞뒤 문장의 의미 살펴보기

생명체에게 안식처는 중요하다. 따라서 모든 생명체는 제각기 독특한 방식으로 집 짓기를 한다. 이 중 정육각기둥의 독특한 벌집 구조는 건축물은 물론 우리 일상생활에서 유용하게 쓰이고 있다. 그 이유는 무엇일까? ➡ 벌집은 정육각기둥의 독특한 구조를 지님.

자연은 효율적인 시스템으로 설계되어 있다. 벌집의 정육각형은 최소한의 재료로 최대한의 공간을 확보하는 가장 경제적인 구조이다. 수학적으로 둘레의 길이가 일정할 때 넓이가 최대가 되는 도형은 원이다. 하지만 원을 여러 개 이어 붙이면 사이사이에 못 쓰는 공간이 생기기 때문에 공간을 효과적으로 활용할 수 없다. 반면, 정육각형 모양의 구조물은 평면에 서로 붙여 놓았을 때 변이 맞닿아 있어 빈틈이 없다. 그래서 정육각형 구조는 벌집 무게의 무려 30배나 되는 양의 꿀을 저장할 수 있을 정도로 공간 활용도가 높다. ➡ 벌집의 정육각형 구조는 공간 활용도가 높음.

벌집의 정육각형은 가장 균형 있게 힘을 배분하는 안정적인 구조이기도 하다. 정삼각형도 안정적이긴 하지만 들어가는 재료에 비해 확보되는 공간이 좁다. 또 정사각형은 양 옆에서 조금만 건드려도 잘 흔들리기 때문에 외부의 힘에 쉽게 무너질 수 있다. 그러나 정육각형은 외부의 힘이 쉽게 분산되는 구조여서 아무리 세찬 바람이 불어도 끄떡없을 정도로 튼튼하고 안정적이다. ➡ 벌집의 정육각형 구조는 튼튼하고 안정적임.

이러한 벌집 구조는 가벼우면서도 튼튼해야 하는 고속 열차의 충격 흡수 장치와 경주용 자동차 등을 만드는 데 활용된다. 고속 열차의 충격 흡수 장치는 벌집 구조의 알루미늄 합금 소재로 만들어진다. 이 장치는 열차가 벽에 정면으로 충돌했을 때 받게 되는 충격을 80%까지 흡수한다. 경주용 자동차의 운전석은 벌집 구조의 알루미늄판을 샌드위치처럼 끼워 만든다. 이 특수 물질은 두께는 얇으면서 철판보다 훨씬 더 견고하고 충격에 강해서 운전자의 안전을 지켜 준다. 건축가들은 튼튼한 구조물을 만들 때 그 내부를 정육각형 구조로 만드는 경우가 많다. 현대 건축의 주재료인 콘크리트는 그 자체의 무게가 무거워서 벽 구조가 높은 건물을 짓는 데 한계가 있다. 하지만 벌집 구조를 활용하면 콘크리트 양은 줄이고 하중은 잘 버티게 하여 높은 건물을 더욱 튼튼하게 지을 수 있다. ➡ 벌집의 정육각형 구조는 일상생활에서 유용하게 쓰임.

이렇듯 벌집의 정육각형 구조는 과학적으로도 효율적이고 안정적인 구조로 볼 수 있다. 우리는 자연의 빼어난 솜씨에 그저 감탄할 뿐이다. ➡ 벌집의 정육각형 구조는 과학적으로도 효율적이고 안정적임.

꿀 강의

벌집 구조의 우수성을 살펴보고, 그 구조를 일상생활에서 활용한 예를 설명하는 글이다.

정육각형 구조는 공간 활용도가 높음.		정육각형 구조는 튼튼하고 안정적임.	
원은 여러 개 이어 붙이면 못 쓰는 공간이 생김.	↔ 정육각형은 서로 붙여 놓으면 빈틈이 없음.	정삼각형, 정사각형은 공간 활용과 충격 면에서 비효율적임.	↔ 정육각형은 외부의 힘이 쉽게 분산되는 구조임.

정답

1 ⑤ 2 ② 3 ⑤

1 글의 중심 내용 파악하기

수학적으로 원일 때 일정한 둘레 길이에서 넓이가 최대가 된다. 그러나 원을 여러 개 이어 붙이면 사이사이에 못 쓰는 공간이 발생하여 정육각형 구조만큼 공간을 효율적으로 활용할 수 없다.

근거 있는 오답 풀이

① 3문단에서 정육각형 구조는 외부의 힘이 쉽게 분산되어 안정적인 반면, 정사각형 구조는 외부의 힘에 쉽게 무너질 수 있다고 했다.

③ 4문단에서 경주용 자동차의 운전석을 만들 때 벌집 구조의 알루미늄판을 샌드위치처럼 끼워 만드는데, 이 특수 물질이 견고하여 운전자의 안전을 지켜 준다고 했다.

2 글의 구조 파악하기

1문단에서 벌집이 정육각형 구조를 갖추었음을 언급한 뒤, 2~3문단에서 벌집의 정육각형 구조의 효과와 특징을 설명했다. 그런 다음 4문단에서 벌집의 정육각형 구조를 활용한 사례를 제시하고, 5문단에서 앞의 내용을 요약하며 글의 핵심을 강조했다. 따라서 글의 짜임으로 적절한 것은 2문단과 3문단을 대등하게 제시한 ②이다.

3 비판하기

2문단에서 벌집의 정육각형 구조는 벌집 무게의 30배나 되는 양의 꿀을 저장할 수 있을 정도로 공간 활용도가 높다고 구체적으로 밝히고 있다.

근거 있는 오답 풀이

③, ④ 2~3문단에서 벌집의 정육각형 구조가 효율적이고 안정적인 구조인 이유를 원, 정삼각형, 정사각형의 구조와 비교하여 과학적으로 설명하고 있다.

어휘 공략하기

본문 128~129쪽

1 (1) ㉑ (2) ㉯ (3) ㉮ (4) ㉰

2 (1) 가 대륙 세 대처 (2) 가 안식처 세 안정
(3) 가 상승 세 영상

3 설계된 → 설계된

4 (1) 튼튼하다 (2) 예민하다 (3) 유별나다

19강 실전1 문이 열리는 방향을 결정하는 것

본문 130~131쪽

- 중심 화제가 되는 질문에 □ 표시하기
- 예로 든 문의 종류에 ○ 표시하고, 각 문이 열리는 방향을 결정하는 요인에 ～～ 긋기

「문은 외부와 내부를 차단하기도 하고, 공간과 공간을 기능적으로나 상징적으로 연결하기도 한다. 문은」 ┌: 양면성을 띠는 문의 특징
막는 동시에 통과시키는 등의 양면성을 띤다. 문은 여닫는 방법에 따라 옆으로 밀어 여는 미닫이문과 안팎으로 여닫는 여닫이문이 있는데, 「여닫이문은 다시 실 ┌여닫는 방법에 따른 문의 종류
내를 기준으로 하여 문이 안쪽으로 열리는 안여닫이와 바깥쪽으로 열리는 밖여닫이, 그리고 안팎으로 모두 열리는 양 여닫이로 나뉜다.」 이러한 문들은 건물의 쓰임새에 따라 └: 문이 열리는 방향에 따른 여닫이문의 종류
어떤 건물에는 안여닫이가, 어떤 건물에는 밖여닫이가 사용된다. 문이 열리는 방향이 왜 ┌중심 화제
이렇게 다른 것일까? 기능의 측면에서 살펴보면 이것의 요인은 크게 공간의 활용, 비상 인간 행동의 일반 법칙을 체계적으로 연구하는 학문. 문이 열리는 방향을 결정하는 요인
시의 대피, 행동 과학이라고 볼 수 있다. ➡ 문은 건물의 쓰임새에 따라 열리는 방향이 다름.

위에서 말한 세 가지 측면을 중심으로 우리가 사는 주택부터 살펴보자. 아파트를 제외한 주택의 현관문은 주로 공간 활용을 염두에 두고 방향을 결정한다. 한국은 신을 벗고 예시 ① 주택의 현관문이 열리는 방향을 결정하는 요인
실내로 들어가기 때문에 신을 벗어 둘 공간이 필요하다. 그 공간의 크기는 대략 1m² 내외이고 현관문의 폭도 1m 내외라, 만약 현관문이 안으로 열린다면 문을 열 때마다 현관에 벗어 둔 신들이 이리저리 쓸려 다닐 것이다. 주택의 현관문이 밖으로 열리는 까닭
➡ 주택의 현관문은 공간의 활용 측면에서 여닫는 방향이 결정됨.
그에 비해 아파트의 현관문은 비상시에 대피하는 것을 더 중요하게 여긴다. 아파트는 예시 ② 아파트의 현관문이 열리는 방향을 결정하는 요인
여러 세대가 밀집해서 사는 공동 주택이기 때문에 사고가 나면 많은 사람들이 동시에 대피해야 한다. 그래서 문을 여닫는 방향은 사람들이 대피하기 쉽도록 반드시 피난 방향으 「: 비상시 대피를 중요하게 생각하는 이유
로 열리게 법으로 규정하고 있다. 피난 방향은 안전한 장소로 가는 방향으로 보통 계단, 규칙으로 정함. 또는 그렇게 정해 놓은 것.
대피 공간, 옥상 등으로 가는 방향을 가리킨다.」 즉 아파트의 현관문은 사람들이 들어오는 것보다 나가는 데에 더 큰 관심이 있다.
➡ 아파트의 현관문은 비상시의 대피 측면에서 여닫는 방향이 결정됨.
은행 문이 열리는 방향은 어떨까? 은행은 다른 어느 곳보다도 안전과 신용을 중시하 예시 ③ 은행의 특징
는 곳이다. 물론 은행도 화재 등의 재난이 일어날 수 있어 문을 설계할 때 대피에 대한 관심을 완전히 배제할 수는 없다. 그러나 대부분 은행은 1층, 그것도 큰길에 바로 접해 있 받아들이거나 포함하지 않고 제외시켜 빼놓음.
다. 그만큼 외부로 대피하기 쉬우므로 도난으로부터의 안전을 우선시하여 문을 안으로 열리게 한다. 도둑이나 강도가 범죄를 저지르고 도망가는 시간을 1초라도 지연하자는 행동 과학 측면의 의도가 숨어 있는 것이다. 은행 문이 열리는 방향을 결정하는 요인
➡ 은행 문은 행동 과학 측면에서 여닫는 방향이 결정됨.

꿀 강의

다양한 문을 예로 들어 문이 열리는 방향을 결정하는 요인에 대해 설명하는 글이다.

문이 열리는 방향을 결정하는 요인	주택 현관문	공간 활용의 측면에서 밖으로 열림.
	아파트 현관문	비상시 대피의 측면에서 피난 방향으로 열림.
	은행 문	행동 과학의 측면에서 안으로 열림.

정답

1 ⑤ 2 ④ 3 ①

1 글의 중심 내용 파악하기

3문단에서 아파트의 현관문은 사람들이 대피하기 쉽도록 반드시 피난 방향으로 열리게 법으로 규정되어 있다고 하며, 이 문은 사람들이 들어오는 것보다 나가는 데에 더 큰 관심이 있다고 했다.

2 글의 전개 방식 파악하기

㉮ 1문단에서 문을 여닫는 방법에 따라 미닫이문과 여닫이문으로 나누고, 이 여닫이문을 다시 실내를 기준으로 문이 열리는 방향에 따라 나누고 있다.

㉯ 1문단의 '문이 열리는 방향이 왜 이렇게 다른 것일까?'에서 물음 형식을 통해 글의 중심 화제를 제시하고 있다.

㉰ 독자의 생활과 밀접한 주택 현관문, 아파트 현관문, 은행 문이 어떻게 열리는지 사례를 들어 문이 열리는 방향을 결정하는 요인을 알기 쉽게 설명하고 있다.

근거 있는 오답 풀이

㉱ 주택의 현관문, 아파트의 현관문, 은행 문이 열리는 방향을 결정하는 요인에 대해 설명하고 있을 뿐 각각의 장단점을 분석하여 제시하고 있지는 않다.

3 숨어 있는 내용 찾기

이 글에 따르면 주택의 현관문은 신을 벗어 놓을 공간을 확보하기 위해 밖으로 열리고, 은행 문은 도난으로부터의 안전을 먼저 생각하여 안으로 열린다.

근거 있는 오답 풀이

② 영화관 역시 아파트처럼 많은 사람들이 모여 있는 곳이므로 비상시 대피를 고려하여 설계될 것이라고 추론할 수 있다.

④ 2문단에서 한국은 신을 벗고 실내로 들어가기 때문에 신을 벗어 둘 공간이 필요하여 주택 현관문이 밖으로 열린다고 했는데, 집 안에서 신을 신고 다니는 환경이라면 주택 현관문이 꼭 밖으로 열리지 않아도 되므로 이와 같이 추론할 수 있다.

인터넷 스트리밍의 원리

본문 132~133쪽

- 중심 화제에 ○ 표시하고, 개념을 정의한 부분에 ～～ 긋기
- 중심 화제의 원리를 설명하는 부분에 [ ] 표시하기

인터넷을 이용해 영화를 보거나 노래를 들을 때, '스트리밍(streaming)'이라는 말을 접해 본 적이 있을 것이다. 스트리밍이란 공급자가 자료를 주고 수신자가 이를 받아 재생하는 과정이, '물 흐르듯' 이어지는 과정을 말한다. 즉, 인터넷에서 용량이 아주 큰 파일을 전송 및 재생할 때 끊김 없이 물 흐르듯 진행될 수 있도록 하는 기술이 바로 스트리밍이다.
중심 화제 / 스트리밍의 개념
➡ 스트리밍의 개념

[아무리 용량이 큰 파일이라도 같은 크기로 조각조각 나눠서 준비해 두면 이것을 이용하는 사람들이 가장 먼저 필요한 조각을 가져가고, 그다음 필요한 조각이 이용자에게 도달하면 자료는 물이 흐르듯이 흘러갈 것이다.] 스트리밍 기술은 이런 생각에서 출발한다. 예를 들어 노래 한 곡의 파일 전체가 열 조각이라고 하자. 1번 조각을 다 듣고 나면 준비된 2번 조각이 나오고, 이어서 3번 조각이 나오는 것이다. 이 과정이 쭉 이어지면 끊김 없이 전체 노래를 들을 수 있다.
[ ]: 스트리밍의 원리
➡ 스트리밍의 원리

인터넷을 이용해 노래를 듣는 방법은 두 가지가 있다. 「하나는 1부터 10까지 모두 ㉠다운로드를 해 두고, 당장 듣거나 며칠 뒤에 듣거나 3부터 듣거나 하는 것이다.」 다른 하나는 「실시간으로 우선 1번 조각 하나만 받아서 들으면서 듣는 동안에 2번, 3번 조각을 준비해 끊김 없이 듣고 파일은 저장하지 않는 것이다.」 각각의 방법은 그 나름대로 장단점이 있다. 그런데 노래 파일을 소장할 목적이 아니라면 아마도 뒤의 경우가 더 효율적일 것이다.
다운로드를 하는 것과 스트리밍으로 듣는 것 / 「 」: 다운로드로 듣는 방법 / 실시간: 실제 시간과 같은 시간. / 「 」: 스트리밍으로 듣는 방법 / 스트리밍으로 듣는 것
➡ 다운로드와 스트리밍의 차이

그런데 스트리밍을 실행하는 동안 다음 조각 파일이 도달하지 않을 수 있다. 이때 등장하는 것이 '버퍼'와 '버퍼링'이다. '버퍼'란 전송받은 파일을 임시로 저장하는 공간이다. 1번 조각 파일을 전송받아 재생하는 중에 2번 조각 파일이 버퍼에 도달한다면 파일 재생이 물 흐르듯 이루어질 것이다. 그러나 3번 조각 파일이 미처 버퍼에 쌓이지 않았다면 재생이 끊어지고, 이때 몇 초간 '버퍼링'이란 글자를 보게 된다. 버퍼링이란 재생을 위해 준비하는 과정이다. 버퍼링이 끝나면 다시 재생이 시작된다. 그때부터는 끊김 없이 물 흐르듯 진행되어야 한다. 그렇지만 인터넷에서는 가끔 노래나 영상이 잠깐 멈추거나 끊기는 경우가 있다. 초고속 통신망이 많이 발전했다고는 하나 아직도 전송량에는 한계가 있기 때문이다. 그러나 인터넷 전송 기술이 계속 발전하고 있기 때문에 머지않아 진정한 스트리밍이 실현될 것이다.
버퍼의 개념 / 스트리밍이 끊어진 상태 / 버퍼링의 개념 / 스트리밍이 끊기는 이유 / 실현: 꿈이나 계획 등을 실제로 이룸.
➡ 버퍼, 버퍼링의 개념과 스트리밍의 전망

꿀 강의

스트리밍 기술의 원리와 스트리밍이 끊어진 상태에서 등장하는 버퍼, 버퍼링에 대해 설명하는 글이다.

스트리밍의 개념
인터넷에서 용량이 큰 파일을 전송하거나 재생할 때 끊김 없이 진행되도록 하는 기술

+

스트리밍의 원리
파일을 같은 크기의 조각으로 나누어 이용자에게 순차적으로 도달하게 함.

---

1 글의 중심 내용 파악하기

4문단에 따르면 스트리밍을 실행하는 동안에 다음 조각 파일이 버퍼에 도달하지 않을 수 있는데, 이러한 현상이 일어나면 버퍼링이 생긴다.

근거 있는 오답 풀이

① 버퍼링이 끝나면 다시 재생이 시작된다.
③ 스트리밍은 용량이 아주 큰 파일을 실시간으로 전송 및 재생할 때 끊김 없이 진행될 수 있도록 하는 기술이다.
④ 초고속 통신망이 많이 발전했어도 인터넷에서 노래나 영상이 잠깐 멈추거나 끊기는 경우가 있다.

2 적용하기

스트리밍을 진행할 때 조각으로 나누어진 파일이 순서대로 도달해야 끊기지 않고 감상할 수 있다. 3이 도달했어도 2가 아직 도달하지 않았다면 스트리밍은 잠시 멈추거나 끊어진다.

근거 있는 오답 풀이

①, ② 스트리밍은 조각조각으로 나눈 파일을 순차적으로 도달하게 하여 끊김 없이 전송 및 재생한다고 했다. 따라서 수신자는 1을 제일 먼저 감상하고, 버퍼에는 1-2-3-4의 순서로 도달한다.
③ 2문단에서 스트리밍은 전체 파일을 같은 크기의 조각으로 나누어 전송한다고 했다.
⑤ 버퍼에는 조각 파일이 임시 저장되지만 수신자의 컴퓨터에 온전한 파일은 저장되지 않는다.

3 숨어 있는 내용 찾기

'버퍼'는 스트리밍을 할 때 전송 받은 조각 파일을 임시로 저장하는 공간이므로 다운로드를 할 때에는 해당 사항이 없다.

어휘 공략하기

본문 134~135쪽

1 (1) ○
2 (1) 소장 (2) 배제
3 (1) 잠정적으로 (2) 정기적으로
4 (1) 우선시 (2) 염두 (3) 대피
5 (1) 안팎 (2) 전송량

20 강 실전 1
공기 청정기는 어떻게 작동하는가

본문 136~137쪽

- 중심 화제에 ○ 표시하기
- 각 기기의 작동 원리에 ▭ 표시하고, 각각의 장단점에 ∿ 긋기

우리가 마시는 공기 중에는 건강에 해로운 세균이나 미세 먼지, 악취를 풍기는 냄새, 각종 오염 물질 등이 섞여 있다. 최근 미세 먼지의 정도가 심해짐에 따라 <u>공기 청정기</u>의 수요도 갈수록 늘고 있다. 「공기 청정기
　　　중심 화제
는 미세 먼지를 비롯하여 냄새나 공기 중의 오염 물질
을 제거하는 기계이며, 대표적인 작동 방식으로는 필터식과 전기식이 있다.」
액체나 기체 속에 든 이물질을 걸러 내는 장치.　　　→ 공기 청정기의 기능과 대표적인 작동 방식
└ 」: 공기 청정기의 개념, 대표 작동 방식

<u>필터식 공기 청정기는 필터를 이용하여 오염 물질을 여과하는 원리이다.</u> 여과는 입자
　　　　　　　　　필터식 공기 청정기의 작동 원리
의 크기 차이를 이용하여 액체나 기체로부터 고체 입자를 물리적으로 분리하는 과정을
　　　　　　　　　　여과의 개념
가리킨다. 미세한 입자를 여과할수록 필터의 능력이 뛰어나다고 할 수 있다. 요즘 많이
쓰이는 헤파 필터는 미세 먼지를 비롯한 진드기, 바이러스, 곰팡이 등과 같은 오염물을
제거하는 능력이 뛰어나다. 필터식 공기 청정기의 작동 방식은 다음과 같다. 「날개 달린
헤파 필터의 장점　　　　　　　　　　　　　　　　　└ 」: 필터식 공기 청정기의 작동 방식
팬을 이용해 흡입한 공기를 세척이 가능한 프리 필터에 먼저 통과시켜 머리카락이나 굵
은 먼지를 걸러 낸다. 그다음 헤파 필터의 섬유 성분에 있는 정전기의 힘을 이용하여 미
세 입자를 붙잡아 공기를 정화한 뒤 배출한다.」 필터식 공기 청정기는 필터가 더러워지면
안에서 만들어진 것을 밖으로 밀어 내보냄.　　　　필터식 공기 청정기의 단점
공기가 재오염될 수 있어서 필터를 자주 세척해야 하고, 주기적으로 필터를 교환해야 해
서 추가 비용이 발생한다.　　　　　　　　　　→ 필터식 공기 청정기의 작동 원리와 특징

<u>전기식 공기 청정기는 공기 중에 전기를 통하게 하여 만들어진 전자로 오염 물질을 제
　　　　　　　　전기식 공기 청정기의 작동 원리
거하는 원리이다.</u> 이는 중성의 원자가 전자를 얻어서 음(−)전하를 띠거나 반대로 잃어서
　　　　　　　　　　　　　　　　　　이온화의 개념
양(+)전하를 띠는 현상인 이온화를 이용한 것이다. 「기계 내부에는 두 전자가 일정한 간
격을 두고 있는데, 여기에 전기를 공급하면 두 전극 사이에서 전자가 만들어진다. 이렇
게 만들어진 전자가 공기 중의 입자에 붙으면 입자들이 음전하를 띠고, 전하를 띤 먼지
입자가 반대 전하를 띤 집진판에 들러붙어 제거된다.」 전기식 공기 청정기는 필터식 공기
먼지를 모으는 판.　　　　　　　　　　　　　전기식 공기 청정기의 장점
청정기에 비해 소비 전력이 낮고 조용하다는 장점이 있다. 반면 공기가 정화되기까지 다
소 시간이 걸리고 이온화 과정에서 오존을 발생시킨다는 단점이 있다. 실내의 오존 농도
　　　　　　　　　　　전기식 공기 청정기의 단점
가 높으면 두통, 호흡 곤란, 알레르기성 질환 등을 일으킬 수 있으므로 주의해야 한다.
　　　　　　　　　　　　　　　　　→ 전기식 공기 청정기의 작동 원리와 특징
이 밖의 공기 청정 방식에는 필터식과 전기식을 결합한 방식, 살균력이 있는 자외선을
　　　　　　　　　　　　　　　　　약품이나 열 등을 이용해 세균을 죽여 없애는 힘.
공기에 쪼여 미생물이나 바이러스를 제거하는 방식 등이 있으며, 최근에는 새로운 기술
이 속속 등장하고 있다. 먼지 외에 각종 냄새를 없애는 데에는 활성탄 필터를 사용하기
　　　　　　　　　　　　　　　　높은 흡착성을 지닌 탄소질 물질. 색소나 냄새를 잘 빨아들임.
도 한다.　　　　　　　　　　　　　　→ 이 밖의 공기 청정 방식과 냄새 제거 방식

꼼꼼 강의

공기 청정기의 대표적인 두 가지 작동 방식과 그것의 장단점에 대해 설명하는 글이다.

공기 청정기
미세 먼지를 비롯하여 냄새나 공기 중의 오염 물질을 제거하는 기계

필터식 공기 청정기	전기식 공기 청정기
필터를 이용하여 공기 정화	공기 중의 전자를 이용하여 공기 정화

1 글의 중심 내용 파악하기

이 글은 미세 먼지의 정도가 심해지며 공기 청정기의 수요가 늘어나고 있음을 밝히고, 공기 청정기가 미세 먼지를 제거하는 대표적 방식 두 가지를 설명하고 있다. 그러나 미세 먼지가 발생하는 원인은 다루지 않았다.

근거 있는 오답 풀이

① 2문단에 여과의 의미가, 3문단에 이온화의 의미가 나와 있다.

② 2문단의 '미세한 입자를 여과할수록 필터의 능력이 뛰어나다고 할 수 있다.'에서 그 답을 확인할 수 있다.

④ 2문단의 '날개 달린 팬을 이용해 ~ 공기를 정화한 뒤 배출한다.'에서 그 답을 확인할 수 있다.

⑤ 3문단의 '전기식 공기 청정기는 필터식 공기 청정기에 비해 소비 전력이 낮고 조용하다는 장점이 있다.'에서 그 답을 확인할 수 있다.

2 글의 전개 방식 파악하기

이 글은 공기 청정기의 개념을 정의한 뒤, 작동 방식을 기준으로 필터식 공기 청정기와 전기식 공기 청정기로 분류하여 각각의 원리와 장단점을 설명하고 있다.

3 적용하기

〈보기〉는 필터를 이용하여 오염 물질을 여과하는 필터식 공기 청정기의 구조이다. ⑤에서 입자의 크기 차이를 이용한다는 내용은 '여과'를 설명한 것이다.

근거 있는 오답 풀이

① ⓑ의 기능이다.

② ⓒ의 기능이다.

③ 전기식 공기 청정기의 공기 정화 과정에서 일어나는 일이다.

④ ⓐ는 미세 먼지를 비롯한 진드기, 바이러스, 곰팡이 등도 제거한다.

- 석빙고 기술의 원리 두 가지에 □ 표시하기
- 기술의 단계가 나온 문장에 ~~~ 긋기

여름이 되면 냉장고에 있는 얼음에 자꾸 손이 가기 마련이다. 놀랍게도 옛사람들 역시 더운 여름에 얼음을 사용했다고 한다. 겨울에 얼음을 채취했다가 여름에 꺼내 쓴 것이다. _{자연에서 나는 것을 베거나 캐거나 하여 얻음.} 냉장고도 없던 시절에 얼음을 어떻게 오랫동안 보관할 수 있었을까? 그 비밀은 석빙고에 있다. 석빙고는 겨울에 보관해 두었던 얼음을 봄·여름·가을까지 녹지 않게 효과적으로 보관하는 냉동 창고이다. _{석빙고의 개념} _{중심 화제} 석빙고의 얼음 저장 과정은 냉각과 저온 유지의 두 단계로 나뉜다. _{석빙고 기술의 원리}
➡ 석빙고에 얼음을 저장하는 과정은 두 단계로 나뉨.

첫 번째 단계는 겨울에 석빙고의 내부를 냉각하는 것이다. 「석빙고 출입문 옆에는 세로 _{첫 번째 단계 - 냉각} _{「 」: 석빙고의 냉각 원리} 로 튀어나온 ㉠'날개벽'이 있다. 겨울에 부는 찬 바람은 날개벽에 부딪히면서 소용돌이 _{냉각을 위한 건축 구조물} 로 변한다. 이 소용돌이는 추진력이 있어서 빠르고 힘차게 석빙고 내부 깊은 곳까지 밀 고 들어가고, 석빙고 내부는 이렇게 냉각된다.」 _{겨울의 찬 바람을 이용함. - 자연적 냉각}
➡ 첫 번째 단계 - 겨울의 찬 바람을 이용해 내부를 냉각함.

두 번째 단계는 2월 말 무렵에 얼음을 저장하고 나서 7~8개월 동안 석빙고 내부를 저 _{두 번째 단계 - 저온 유지} 온 상태로 유지하는 것이다. 이는 천장의 독특한 구조 덕분에 가능하다. 「석빙고의 천장 _{「 」: 석빙고의 저온 유지 원리} 은 1~2m 간격을 두고 나란히 배치된 4~5개의 아치형 구조물로 이루어져 있다. 각각의 _{저온 유지를 위한 건축 구조물} 아치 사이에는 자연히 움푹 들어간 공간인 ㉡'에어 포켓'이 생긴다. 얼음을 저장하고 나 서 시간이 지나면 내부 공기는 점점 더워진다. 하지만 더운 공기가 위로 올라간 순간 그 공기는 에어 포켓에 갇혀 아래로 내려오지 못하고 에어 포켓 위쪽에 설치된 굴뚝 모양의 _{온도 차에 의한 공기의 흐름을 이용함. - 자연적 저온 유지} 환기구를 통해 밖으로 빠져나간다.」 이렇게 해서 석빙고 내부는 한여름에도 저온 상태를 유지할 수 있었다.
➡ 두 번째 단계 - 아치형 구조물을 이용해 내부를 저온 상태로 유지함.

또한 지붕에는 잔디를 심어 태양열을 차단하고, 내부 바닥 한가운데에 배수로를 경사 _{안에 있던 물을 빼내 흘려 보내기 위해 만든 길이나 도랑.} 지게 파서 얼음에서 녹은 물이 밖으로 흘러 나갈 수 있는 구조를 ⓐ갖추었다. 빗물이 석 빙고 안에 들어오지 못하도록 석빙고 외부에 방수층을 만들고 얼음과 벽, 얼음과 천장, _{물이 고이면 습기가 생겨 얼음이 빨리 녹으므로 밖으로 빼내야 함.} _{지하실 벽이나 바닥, 지붕에 물이 스며드는 것을 막기 위한 막이나 층.} 얼음과 얼음 사이에는 짚과 왕겨 등의 단열재를 채워 넣어 외부 열기를 차단했다.
➡ 석빙고는 내부의 열을 낮추기 위한 장치들로 이루어짐.

석빙고는 자연 그대로의 순환 원리에 맞춰 계절의 변화와 돌, 흙, 바람, 지형 등을 활용 _{겨울의 찬 바람 이용, 온도 차에 의한 공기의 흐름 등} 해 자연 상태에서 가장 효과적으로 얼음을 오랫동안 저장할 수 있는 구조로 되어 있다. 우리 조상들은 자연의 원리를 알고 그것을 잘 활용하여 석빙고라는 놀라운 과학적 구조 물을 만든 것이다.
➡ 석빙고는 자연의 순환 원리를 이용한 과학적 구조물임.

꿀 강의

석빙고의 얼음 저장 과정에 담긴 과학적 원리를 설명하는 글이다.

석빙고의 얼음 저장 과정	겨울에 석빙고의 내부를 냉각함.
	↓
	석빙고 내부를 저온 상태로 유지함.
석빙고의 과학성	자연 그대로의 순환 원리를 이용하여 얼음을 오랫동안 저장할 수 있음.

정답

1 ⑤ 2 ④ 3 ④

1 글의 중심 내용 파악하기

4문단에서 석빙고의 내부 바닥 한가운데에는 배수로가 있어 얼음에서 녹은 물이 밖으로 흘러 나갈 수 있는 구조를 갖추었다고 했다. 이는 내부에 물이 고이면 얼음이 빨리 녹기 때문에 물을 밖으로 빼내려 한 것이다. 얼음에서 녹은 물을 다시 얼리지는 않았다.

근거 있는 오답 풀이

① 날개벽과 아치형 천장 등이 이에 해당한다.
③ 얼음과 얼음, 얼음과 벽, 얼음과 천장 사이에 단열재를 채워 넣어 외부 열기를 차단했다.
④ 겨울에 채취한 얼음을 봄·여름·가을까지 보관했다.

2 글의 중심 내용 파악하기

㉠'날개벽'에 부딪힌 찬 바람은 소용돌이를 일으켜 석빙고 내부로 들어가 안을 차갑게 만든다. ㉡'에어 포켓'은 석빙고 내부의 위로 올라간 더운 공기를 가두었다가 환기구를 통해 밖으로 내보낸다.

근거 있는 오답 풀이

① ㉠은 냉각을 위해, ㉡은 저온 유지를 위해 필요하다.
② ㉠, ㉡ 모두 공기 흐름을 이용해 온도를 낮춘다.
③ ㉠은 겨울의 찬 바람을 이용하는 것이므로 계절 변화를 이용한 것이 아니다.
⑤ ㉠은 외부의 찬 바람을 안에 가두는 것이므로 외부 공기의 유입이 필요하다.

3 숨어 있는 내용 찾기

ⓐ는 필요한 시설을 가지고 있다는 의미이므로 〈보기〉의 '갖추다 1'에 해당한다. '갖추다'가 이와 같은 의미로 사용된 것은 ④이다.

근거 있는 오답 풀이

①, ⑤는 '갖추다 2', ②, ③은 '갖추다 3'에 해당한다.

어휘 공략하기

본문 140~141쪽

1 (1) 말렸다 (2) 새기는
2 (1) 깨끗하게 하다 (2) 내보내다
3 (1) 주의 (2) 어떻게
4 (1) ㉕ (2) ㉔ (3) ㉔

정답

1 ② 2 ④ 3 ④

• 이덕무가 말한 책 읽기의 유익함에 〜〜 긋기

• 글쓴이가 생각하는 책 읽기의 유익함에 [ ]표시하기

우리는 왜 책을 읽을까? 그 이유는 무척 다양하다.
질문 형식으로 글을 시작해 독자의 관심을 유발함.
책을 읽으면 궁금증을 해결할 수 있고 다른 사람의 생각을 알 수도 있다. 교양을 쌓거나 기분 전환을 위해서 책을 읽기도 한다. 부모님이나 선생님이 시키니까 마지못해 책을 읽는 사람이 있는 반면, 더 똑똑한 사람이 되기 위해 스스로 책을 읽는 사람도 있다. 물론 재미로 책을 읽는 사람도 있다.
책을 읽는 다양한 이유
책 읽기가 온갖 병을 고치는 데 쓰는 만병통치약이라고 여긴 사람도 있었다. 조선 후
중심 화제   책 읽기가 여러 가지로 가치 있음을 비유적으로 이름.
기의 학자인 이덕무가 바로 그 주인공이다. 그는 간서치, 즉 '책만 보는 바보'라고 불릴 정
지나치게 책 읽기에 열중하거나 책만 읽어서 세상 물정에 어두운 사람을 낮잡아 이르는 말.
도로 책 읽기를 평생의 업(業)으로 삼은 사람이었다. 그가 말하는 책 읽기의 유익함은 다음과 같다.
➡ 책 읽기를 만병통치약으로 여긴 이덕무

약간 배가 고플 때 책을 읽으면 그 소리가 낭랑해져 글에 담긴 이치를 맛보느라 배고
이덕무가 말한 책 읽기의 유익함 ①
픈 줄 모르게 되는 것이 첫 번째 유익함이다. 조금 추울 때 책을 읽으면 그 기운이 몸속에
유익함 ②
스며들어 온몸이 활짝 펴져 추위를 잊게 되는 것이 두 번째 유익함이다. 근심과 번뇌가 있을 때 책을 읽으면 마음속 온갖 상념이 일시에 사라지는 것이 세 번째 유익함이다. 기
유익함 ③
침할 때 책을 읽으면 기운이 통창해져 막히는 바가 없게 되어 기침이 멎게 되는 것이 네
유익함 ④
번째 유익함이다.
➡ 이덕무가 말한 책 읽기의 네 가지 유익함

이덕무가 말하는 책 읽기의 유익함은 언뜻 보면 이해하기 어려운 부분이 있다. 하지만 이덕무의 사정을 알면 책에 대한 그의 남다른 애착을 어느 정도 이해할 수 있다.「그는 학식이 매우 뛰어났으나 서자 출신이어서 벼슬길에 나갈 수가 없었다. 능력이 있어도 이를
부인이 아닌 딴 여자가 낳은 아들.
발휘할 수 없는 답답한 상황에서 책은 그에게 따뜻한 위로가 되어 주었고 책을 읽고 함
재능이나 실력 등을 잘 나타냄.
께 이야기 나눈 벗들은 커다란 힘이 되었던 것이다.」
「」: 이덕무가 책 읽기에 몰두할 수밖에 없었던 이유   ➡ 이덕무가 책 읽기에 몰두할 수밖에 없었던 사정
이덕무와 같은 상황에 처한 것은 아니더라도, 평소에 좋아하는 책을 한두 권쯤 정해두는 것은 여러모로 유익하다.[슬프거나 화가 나는 일이 있을 때 책을 읽으면 마음이 고
여러 방면으로.   [ ]: 글쓴이가 생각하는 책 읽기의 유익함
요해지고 책에서 위로를 얻을 수 있다. 재미있는 책을 읽으면 책에 빠져들어 걱정이나 근심을 잊을 수 있고, 글을 읽던 중에 근심거리를 해결할 수 있는 좋은 생각이 떠오르기
좋지 않은 일이 생길지도 모른다는 두려운 불안한 마음.
도 한다. 힘이 들 때 꼭 책을 읽지 않더라도 예전에 읽었던 책이 도움이 되기도 한다. 책 내용이 내 몸 어딘가에 저장 혹은 기억되어 있다가 어느 순간 문득 떠오르면서 삶을 잘 살아갈 수 있는 지혜와 용기와 힘을 주는 것이다.]이렇게 보니 정말 책을 읽는 것은 만병통치약이 아닐 수 없다. 오늘부터라도 이덕무처럼 책 읽기에 빠져 보는 것은 어떨까?
책 읽기를 권하며 글을 마무리함.   ➡ 책 읽기를 권하는 글쓴이의 당부

꿀 강의

책 읽기에 열중했던 조선 후기의 학자 이덕무를 예로 들어 책 읽기가 가치 있는 일임을 주장하는 글이다.

이덕무의 사례	글쓴이가 당부하는 내용
능력이 뛰어났으나 서자 출신이라 벼슬을 할 수 없는 답답한 상황에서 '책만 보는 바보'라고 불릴 정도로 책 읽기에 몰두함. → 책에서 위로를 받고 힘을 얻음.	평소에 책을 읽는 것은 여러모로 유익하므로 책을 읽자.

1 글의 전개 방식 파악하기

'반어'는 원래의 뜻과는 반대되는 말을 하여 말하려는 내용을 강조하는 표현이다. 이 글은 책 읽기를 '만병통치약'으로 비유하여 책 읽기의 중요성을 강조하고 있으나, 반어적인 표현은 사용되지 않았다.

근거 있는 오답 풀이

① 조선 후기의 학자인 이덕무를 예로 들어 책 읽기가 가치 있는 일임을 설명하고 있다.
③ 책을 읽는 이유나 책 읽기의 유익함을 열거하며 설명하고 있다.
④ 1문단에서 '우리는 왜 책을 읽을까?'라고 질문 형식으로 글을 시작하여 독자의 호기심을 유도하고 있다.
⑤ 5문단에서 '오늘부터 이덕무처럼 책 읽기에 빠져 보는 것은 어떨까?'라고 책 읽기를 강조하며 글을 마무리하고 있다.

2 글의 중심 내용 파악하기

책에 나오는 인물을 통해 다른 사람의 삶을 간접적으로 경험해 볼 수 있으나, 이 글에서 글쓴이가 책 읽기의 유익함으로 제시한 내용은 아니다.

근거 있는 오답 풀이

① 슬프거나 화가 나는 일이 있을 때 책을 읽으면 책에서 위로를 얻을 수 있다고 했다.
② 책을 읽던 중에 근심거리를 해결할 수 있는 좋은 생각이 떠오르기도 한다고 했다.
⑤ 전에 읽었던 책 내용이 어느 순간 떠오르면서 삶을 잘 살아갈 수 있는 지혜와 용기를 준다고 했다.

3 비판하기

이덕무는 학식이 뛰어났음에도 불구하고 출신이 서자라는 이유로 벼슬을 하지 못했다. 사회적 차별로 인해 자신의 능력을 펼치지 못했던 것이다. 그는 이러한 자신의 불우한 처지를 책 읽기에 열중함으로써 극복하고자 했다.

옛 선인이 가르쳐 주는 올바른 독서 방법

본문 146~147쪽

- 독서를 비유한 표현에 □ 표시하기
- 4, 5문단에서 대조의 상황(대상)에 △ 표시하고 내용 비교하기

　　배우려고 책을 읽는 사람은 모름지기 번거로움을 참고 내용을 세밀하게 이해해 나가야 한다. 책을 읽을 _{읽기 목적이 배움일 때의 독서 방법} 때 절대로 성급한 마음을 지녀서는 안 된다. 만약 "꼭 책을 읽어야 해? 지름길이 따로 있는데."라고 한다면 이는 스스로를 깊은 구렁텅이로 밀어 넣는 것과 같다. _{(비유적으로) 벗어나기 아주 어려운 상태.} 배우는 사람이 깨달음을 얻는 과정은 여러 겹으로 포장된 사물을 보는 것과 같아 곧바로 안을 들여다볼 수가 없다. _{깨달아야 할 내용을 포장된 물건에 비유함.} 한 겹을 벗겨 내어 또 한 겹을 보고, 또 한 겹을 벗겨 내어 또 한 겹을 보며 읽어 가야 한다. ㉠겉을 다 벗겨 내면 비로소 살이 보이고 살을 발라내고 나면 뼈가 보이며, 뼈가 다 드러나면 그제야 골수가 보이는 것이다. 노력하지 않고 횡재를 얻으려는 허황된 마음을 품는다면 결코 얻을 수가 없는 일이다. ➡ 배움이 목적이라면 책을 천천히, 세밀하게 읽어야 함.

　　독서란 비유하자면 집을 관찰하는 것과 같다. 만약 밖에서 집의 겉모양을 보고는 문득 "집을 보았다."라고 한다면 그 집을 정확하게 알 수 없게 된다. 모름지기 안으로 들어가 하나하나 보고서 이 집은 몇 칸 집이며 몇 개의 창살이 있다고 해야 한다. 한 번 보고 또 _{꼼꼼히 읽어 책 내용 전체를 기억할 수 있어야 책 읽기를 제대로 한 것임.} 거듭 보아서 집의 내부 구조를 통째로 기억할 수 있어야 집을 제대로 본 것이다. ➡ 책을 제대로 감상하려면 여러 번, 꼼꼼히 읽어야 함.

　　사람들은 "독서는 마땅히 조용히 책 속의 뜻을 생각하며 감상해야 한다."라고 말하는데 이것은 곧 스스로를 나태하게 만드는 말이다. 「만약 책을 읽었는데 의미를 깨닫지 못 _{행동이나 성격이 느리고 게으름.}「 」: 중도에 포기하지 않고 읽는 태도를 강조함. 했다면 비록 급히 서둘러도 안 되겠지만 놓아 버리지 않는 것이 그래도 낫다.」만약 하루 종일 서성이면서 조용하다고 한다면 공부하는 것이라 간주할 수 없다. 약 달이는 것으로 _{무엇이 어떠하다고 생각되거나 여겨짐.} 비유하자면 모름지기 센 불로 달인 다음에 약한 불로 은근히 달여야 전혀 문제가 되지 _{의욕적으로 책 읽기를 시작하여 조용히 글의 의미를 생각하며 감상하는 것이 좋음.} 않는 것이다. ➡ 마음이 풀어지지 않게 강약을 조절하며 책을 읽어야 함.

　　누군가 이렇게 말했다. 배움에는 늙음과 젊음이 같지 않다. 젊을 때는 힘이 남으니 모 _{나이에 따라 다른 독서 방법을 사용해야 함.} 름지기 읽지 않는 책이 없어야 하고, 그 뜻을 궁구하지 않으면 안 된다. 나이가 들면 모름지기 중요한 것을 선택하여 힘을 써야 한다. 한 권의 책을 읽다가 문득 나중에 공부하기에 어렵겠다 싶거든 다시 읽어 깨달아 이해해야 한다. 깊이 생각하고 의미를 찾아내 지극한 곳까지 살펴보는 것이 좋다. ➡ 젊어서는 많은 책을 읽고 늙어서는 한 권의 책을 깊이 읽어야 함.

　　정신이 우수한 사람은 널리 익혀도 얻는 것이 많다. 정신이 부족한 사람은 다만 말뜻이 간단하고 쉬운 것으로 함양해야 한다. 중년이 지난 사람은 책을 많이 읽으려 들면 안 된다. 단지 조금씩 조금씩 감상하고 사색해야 의미가 절로 드러난다. ➡ 자신이 소화할 수 있을 만큼의 책을 사색하며 읽어야 함.

꿀강의

조선 후기 유학자인 양응수가 쓴 「독서법」에 실린 글로, 독서하는 방법에 대해 설명하는 글이다.

유추의 설명 방식	• 겉모양만 보아서는 집을 제대로 알 수 없고 하나하나 보아야 함. 　→ 책 역시 꼼꼼히 읽어서 책 내용을 생생하게 기억할 수 있어야 함. • 약은 센 불로 달인 다음 약한 불로 은근히 달여야 좋은 약이 됨. 　→ 책 역시 처음에는 의욕적인 태도로 읽은 뒤, 조용히 생각하며 읽어서 마음이 느슨해지지 않도록 해야 함.

---

1 글의 중심 내용 파악하기

이 글에는 독서를 할 때 글쓴이의 주장을 판단하며 읽어야 한다는 내용은 제시되어 있지 않다.

근거 있는 오답 풀이

① 4문단의 '젊을 때는 ~ 나이가 들면 모름지기 중요한 것을 선택하여 힘을 써야 한다.'와 5문단의 '정신이 우수한 사람은 ~ 함양해야 한다.'에서 알 수 있다.
④ 2문단의 '한 번 보고 또 거듭 ~ 기억할 수 있어야 집을 제대로 본 것이다.'에서 알 수 있다.
⑤ 3문단의 '만약 책을 읽었는데 ~ 놓아 버리지 않는 것이 그래도 낫다.'에서 알 수 있다.

2 적용하기

〈보기〉의 유진은 많은 양의 책을 읽는 것만을 목표로 하고 있다. 글쓴이는 4문단에서 젊을 때는 많은 책을 읽되 그 뜻을 궁구하지 않으면 안 된다고 했고, 1~2문단에서 책을 읽을 때 성급한 마음을 지녀서는 안 되며 내용을 세밀하게 이해해야 한다고 했다. 따라서 글쓴이가 유진에게 조언할 내용은 ③이 가장 적절하다.

3 글의 전개 방식 파악하기

㉠에 사용된 표현법은 앞 구절의 끝 어구를 다음 구절의 첫머리에 이어받아 표현하는 연쇄법으로, ③에 이 표현 방법이 쓰였다.

근거 있는 오답 풀이

① 은유법, ② 직유법, ④ 의인법, ⑤ 열거법이 사용되었다.

어휘 공략하기

본문 148~149쪽

1 (1) ㉣　(2) ㉢　(3) ㉡　(4) ㉮
2 (1) 통째로　(2) 달이는
3 (1) 가 사정 세 걱정　(2) 가 궁금증 세 궁구
　(3) 가 함양 세 교양
4 (1) 멈추다, 그치다　(2) 느리다, 게으르다
　(3) 좋다, 이롭다

동양의 그림과 서양의 그림

본문 150~151쪽

• 중심 화제 두 가지에 각각 ○, □ 표시하기

• 두 중심 화제의 특징을 비교한 부분에 ▬▬ 표시하기

〈그림 1〉과 〈그림 2〉는 우리가 흔히 '동양화'라고 하
는 그림과 '서양화'라고 하는 그림이다. 이들은 서로 비
<small>중심 화제 ①</small>
<small>중심 화제 ②</small>
슷한 시기에 그려진 것이고 둘 다 나무를 그렸지만, 얼
핏 보기에도 매우 다르다. 이런 차이는 무엇 때문에 생
<small>〈그림 1〉과 〈그림 2〉의 공통점: 창작 시기, 소재(나무)</small>
긴 것일까? ➡ 동양화와 서양화는 차이가 있음.

첫째, 동양과 서양은 그림을 보는 시각이 다르다. 동양에서는 그림을 인격 수양의 방
법으로 생각하여 그리는 이의 정신과 인격을 어떻게 표현하느냐를 중요하게 여겼다. 그
<small>말이나 행동에 나타나는 한 사람의 전체적인 품격.</small>
래서 사물을 보는 대로 그린다거나 대상의 색을 그대로 칠하는 것을 그림을 그리는 기초
<small>그리는 사람의 정신적인 측면을 중시함.</small>
에 불과하다고 생각했다. 그에 비해 서양에서는 주로 그림의 기록적인 측면이나 표현 방
법을 중요하게 여겼다. 서양 미술에서 원근법이나 빛에 따른 대상의 변화와 형태를 파악
<small>사실적 묘사를 중시함.</small>
하는 방법 등이 발달한 것도 이러한 까닭이다. ➡ 동서양은 그림을 보는 시각이 다름.

둘째, 동양의 그림과 서양의 그림은 그리는 재료가 다르다. 동양에서는 주로 한지나
화선지 또는 비단에 먹으로 그림을 그렸다. 한지, 화선지 같은 종이나 비단같이 결이 고
<small>동양의 그림 재료</small>
운 천은 먹의 진하고 연함이나 자세한 붓놀림을 잘 담아낼 수 있다. 그에 비해 서양에서
는 주로 캔버스라고 불리는 천과 유화 물감을 사용했는데 이 재료로 그림을 그리면 손쉽
<small>서양의 그림 재료</small>
게 덧칠하거나 고쳐 그릴 수가 있다. 심지어 완성된 그림 위에 완전히 새로운 그림을 덧
그릴 수도 있다. ➡ 동서양은 그림 그리는 재료가 다름.

셋째, 이런 차이 때문에 동양과 서양에서 그림을 그리는 방법은 매우 다르게 발전했
다. 먹으로 그릴 때에는 한 번의 붓질로 완성해야 하므로 순간적인 표현력이 중시되었
<small>일필휘지(一筆揮之): 중간에 쉬지 않고 한 번에 글씨를 씀.</small>
고, 넓게 칠하는 작업보다 선으로 가늘게 그리는 작업이 수월하여 선으로 표현하는 방법
이 발달했다. 반면에 유화 물감으로 그리면 계속 덧칠하여 그림을 고칠 수 있어서 꼼꼼
한 과정이 중시되었다. 대강의 형태를 스케치하고 그 위에 차근차근 색을 칠해 가는 것
이다. 그래서 선보다는 명암이나 색, 질감 등이 강조되어 입체적인 표현을 할 수 있었다.
<small>삼차원의 공간에서 부피를 가진 물체를 보는 것과 같은 느낌을 주는 것.</small>
<small>그림이나 사진 등에서, 색의 질감이나 밝기의 정도.</small> ➡ 동서양은 재료로 인해 그림 그리는 방법이 다르게 발전함.
이 밖에도 동양은 화면의 여백을 충분히 살려 그리지만 서양은 화면에 꽉 차게 그림을
그린다는 차이가 있다. 현대에 들어 동서양 간의 교류가 활발해지면서 동양과 서양의 그
<small>동서양 그림의 차이가 줄어든 이유 ①</small>
림의 차이는 많이 무너졌다. 자신이 생각한 바를 자신만의 방법으로 그리는 것을 중요하
<small>동서양 그림의 차이가 줄어든 이유 ②</small>
게 생각하는 풍조도 이에 한몫하고 있다.
➡ 동서양은 여백을 처리하는 방법이 다르고, 현대에는 동서양 그림의 차이가 줄어듦.

꿀강의

동양화와 서양화의 차이점을 몇 가지 기준으로 나누어 설명하는 글이다.

	동양화	서양화
그림을 보는 시각	정신, 인격 중시	기록, 표현 방법 중시
그리는 재료	한지, 화선지, 비단, 먹 등	캔버스, 유화 물감 등
그리는 방법	순간적 표현력, 선 중시	꼼꼼한 과정, 명암·색·질감 중시
여백 처리 방식	여백을 충분히 살림.	화면을 꽉 차게 그림.

1 글의 중심 내용 파악하기

2문단에 따르면 서양에서는 그림의 기록적인 측면
이나 표현 방법을 중시하여 원근법, 빛에 따른 대
상의 변화와 형태를 파악하는 방법 등이 발달했다
고 했다. 이는 곧 사실적 묘사를 중시했다는 의미
이다.

근거 있는 오답 풀이

① 4문단에 따르면 선으로 가늘게 그리는 작업이
수월하여 선으로 표현하는 방법이 발달한 것은
동양화이다.

② 3, 4문단에 따르면 동양화는 먹으로 그림을 그
려 한 번의 붓질로 완성해야 하는 반면, 서양화
는 유화 물감으로 그려 계속 덧칠하여 그림을
고칠 수 있다.

④ 4문단에 따르면 명암, 색, 질감 등이 강조되는
기법이 발달한 것은 서양화이다.

⑤ 4문단에 따르면 동양화는 순간적인 표현력이,
서양화는 꼼꼼한 과정이 중시되었다.

2 숨어 있는 내용 찾기

이 글은 동서양 그림의 특징을 그림을 보는 시각,
그림 재료, 표현 방법, 여백 처리 방식을 기준으로
비교하여 설명함으로써 동양화와 서양화에 대한
정보를 전달하고 있다.

근거 있는 오답 풀이

⑤ 동양화와 서양화의 특징을 설명하고 있을 뿐,
각각의 그림을 감상하는 방법은 밝히지 않았다.

3 적용하기

㉮, ㉯는 각각 이 글에서 설명하는 동양화와 서양화
의 특징이 두드러지게 나타나는 작품이다. ⑤는 오
늘날 동서양의 그림의 차이가 줄어든 것에 대한 내
용으로 ㉮, ㉯에 대한 설명과는 거리가 멀다.

근거 있는 오답 풀이

① ㉮, ㉯는 19세기에 나무를 소재로 그렸다는 공
통점이 있다.

③, ④ ㉮는 종이에 빈 자리가 많고, ㉯는 빈 자리
가 거의 없이 그림이 화면을 가득 채웠다. 이것
에서 여백을 넓게 쓰는 동양화와 화면을 꽉 차
게 그리는 서양화의 차이점을 발견할 수 있다.

독특한 우리 악기 분류법

본문 152~153쪽

- 중심 화제에 ○ 표시하고, 이것을 정의한 부분에 ~~~ 긋기
- 2~5문단에 나온 우리 악기의 재료에 □ 표시하기

흔히 악기를 분류할 때 관악기, 현악기, 타악기 등과 같이 연주 형태에 따라 구분하는데, 우리 악기는 독특한 방법으로 분류한다. 금부(金: 쇠붙이), 석부(石: 돌), 사부(絲: 실), 죽부(竹: 대나무), 포부(匏: 박), 토부(土: 흙), 혁부(革: 가죽), 목부(木: 나무)와 같이 <u>악기를 만</u>

우리 악기를 만드는 데 사용하는 여덟 가지 재료이자 우리 악기 분류법

<u>드는 재료에 따라 분류하는 것이다.</u> 우리 조상들은 자연에서 쉽게 얻을 수 있는 이런 재

우리 악기의 분류 기준

료를 최소한으로 가공하여 악기로 만들었다. 우리 악기의 분류법이자 이 여덟 재료를 가

중심 화제

리켜 **팔음(八音)**이라고 한다.

팔음의 정의

➡ 우리 악기의 분류법이자 악기를 만드는 여덟 재료를 가리키는 말인 '팔음'

먼저 쇠붙이로 만든 악기에는 징, 꽹과리, 편종 등이 있다. 이 악기들은 사방을 깨우는

우리 악기의 재료 ① *금부*

듯한 소리를 내어 **특별한 신호를 보내거나 놀이판의 흥을 높인다.** 돌로 만든 악기는 추

쇠붙이로 만든 악기의 역할 *우리 악기의 재료 ②*

위나 더위에 강하여 음의 변화가 거의 없기 때문에 **다른 악기의 음을 맞추거나 고르게**

하는 기준이 된다. 궁중에서 제사를 지낼 때 쓰는 편경은 나무틀에 'ㄱ'자 모양의 돌 열

돌로 만든 악기의 역할

여섯 개를 상하로 매달고 각퇴라는 채로 쳐서 소리를 낸다.

석부 ➡ 쇠붙이, 돌로 만든 우리 악기

실은 가야금, 거문고, 아쟁, 해금 등의 줄로 쓰인다. 특히 명주실은 잘 끊어지지 않고

우리 악기의 재료 ③ *사부*

탄력이 있어 우리 악기에 가장 많이 쓰인다. 가야금은 오동나무로 만든 울림통에 명주실

소리를 크고 맑게 내는 역할을 하는 몸통 부분.

로 된 열두 줄을 꼬아 얹어 만든 것으로 손가락으로 뜯거나 튕겨서 소리 낸다. 아쟁은 개

나리 나뭇가지로 만든 활대에 송진을 묻혀 명주실로 된 줄을 문질러서 소리를 낸다.

소나무와 잣나무에서 나오는 끈적끈적한 액체. ➡ 실로 만든 우리 악기

대나무로 만든 악기에는 대금, 단소, 피리 등이 있다. 대금은 입김을 넣은 강도에 따라

우리 악기의 재료 ④ *죽부*

세 가지 음색이 난다. 바가지의 재료이기도 한 박으로 만든 악기에는 생황이 있다. 생황

소리의 특색. *우리 악기의 재료 ⑤*

은 박으로 만든 울림통에 서로 길이가 다른 대나무 관 여러 개를 꽂은 것으로 우리 악기

포부

중에 유일하게 화음을 낸다. 흙을 빚고 구워서 만든 악기로는 각각 입으로 불거나 대나

우리 악기의 재료 ⑥

무 채로 두드려 소리 내는 훈과 부가 있다.

토부 ➡ 대나무, 박, 흙으로 만든 우리 악기

가죽으로 만든 악기 중 북은 대개 양쪽 모두에 소가죽을 씌우는 데 비해 장구는 양쪽

우리 악기의 재료 ⑦ *혁부*

에 다른 가죽을 쓴다. 장구의 오른편은 얇은 말가죽을 씌워 높고 날카로운 소리를 내고,

왼편은 소가죽이나 오른편보다 두꺼운 말가죽을 씌워 낮고 부드러운 소리를 낸다. 나무

양쪽에 소재나 두께가 다른 가죽을 사용하여 다른 소리를 내게 함. *우리 악기의 재료 ⑧*

로 만든 악기는 딱딱한 소리가 나서 합주할 때 연주의 시작과 끝을 알리는 역할을 한다.

나무로 만든 악기의 역할

박달나무 조각으로 만든 박이 그 예이다.

목부 ➡ 가죽, 나무로 만든 우리 악기

옛사람들이 우리 악기를 연주 형태가 아닌 재료로 분류한 까닭은 악기의 소리를 재료

가 결정한다고 보았기 때문이 아닐까? 분명한 것은 자연에서 얻은 여덟 가지 재료가 내

는 독특한 소리가 서로 어우러져 **아름다운 소리를 낸다는 것이다.**

우리 악기가 아름다운 소리를 낼 수 있는 까닭

➡ 조화를 이루어 아름다운 소리를 내는 우리 악기

꿀강의

자연에서 얻은 재료로 만든 우리나라 전통 악기를 분류하는 방법에 대해 설명하는 글이다.

팔음의 의미
악기를 만드는 재료에 따라 나눈 우리 악기의 분류법이자 우리 악기의 여덟 가지 재료

정답

1 ④   2 ⑤

1 글의 구조 파악하기

이 글은 크게 세 부분으로 나눌 수 있다. 1문단에서 설명 대상을 소개하고, 2~5문단에서 이 대상에 대한 예를 들어 구체적으로 설명하고, 6문단에서 요약 및 마무리하고 있다. 따라서 문단 간의 관계를 설명한 내용으로 ④가 가장 적절하다.

2 비판하기

이 글에서는 우리 악기가 자연에서 얻은 재료들을 최소한으로 가공하여 만들어진 것이라고 했다. 〈보기〉는 여기서 더 나아가 가야금을 예로 들며 식물성 재질이 많이 사용된 악기로 연주하면 금속성 재질의 악기로 연주하는 것보다 부드러운 느낌이 난다는 내용을 제시했다. 이를 종합하여 볼 때 글의 내용이 적절한지 평가하는 질문으로 알맞은 것은 글의 내용을 증명할 수 있는 구체적인 근거를 요구하는 ⑤이다.

근거 있는 오답 풀이

① 가야금의 소리를 더 좋게 하는 방법에 대해 궁금해하는 것은 비판적 읽기와 거리가 멀다.

③ 이 글은 자연에서 얻은 재료로 만든 우리 악기는 그 독특한 소리가 서로 어우러져 아름다운 소리를 낸다고 하며 그 우수성을 언급했다. 따라서 이러한 재료로 악기를 만들었을 때의 문제점을 궁금해하는 것은 적절하지 않다.

어휘 공략하기   본문 154~155쪽

1 **가** ❶ 동양화 ❸ 가야금 ❺ 음악 ❼ 화선지
 세 ❷ 화가 ❹ 해금 ❻ 악기 ❽ 조선

2 (1) 가공 (2) 풍조 (3) 교류

3 (1) 꽂고 (2) 끊어져 (3) 매달아

4 (1) ㉯ (2) ㉯

- 팝 아트 작가에 □ 표시하고, 작품의 특징에 〜〜 긋기
- 팝 아트의 소재에 ○ 표시하기

팝 아트는 누구에게나 친숙한 소재를 작품에 녹인 미술 장르이다. _{팝 아트의 개념} 1960년대 미국에서 팝 아트가 유행하기 전까지는 추상 표현주의라는 미술 사조가 유행했다. _{제2차 세계 대전 이후 1950년대 미국에서 일어난 추상 미술.} 뜻을 이해하기 어려운 추상 표현주의 작품에 고개를 갸웃거리던 대중은 자신에게 친숙한 소재를 활용한 팝 아트 작품을 보고 열광했다. _{팝 아트가 대중에게 인기를 얻은 이유} ➡ 팝 아트의 의미와 팝 아트가 인기를 얻은 이유

상품의 포장지로 작품을 만든 앤디 워홀은 팝 아트의 교황으로 불린다. _{팝 아트의 소재 ①} _{팝 아트 작가 ①} 워홀은 작품의 소재를 슈퍼마켓이나 대중 잡지에서 찾아 판화로 찍은 다음 반복해서 나열했다. _{앤디 워홀 작품의 특징} 워홀이 나열했던 이미지 가운데에는 당시 가장 유명한 여배우였던 매릴린 먼로의 사진도 있다. _{팝 아트의 소재 ②} 어디서나 쉽게 볼 수 있는 이미지가 작품으로 탈바꿈한 것을 보고 당시 사람들은 신선한 충격을 받았다. _{원래의 모양이나 형태를 바꿈.} 늘 보던 것이지만 반복하거나 확대하니 새롭게 보인 것이다. _{대중에게 익숙한 여배우의 이미지가 낯선 인상을 줌.} 그동안 사람들은 미술이 심오한 활동이라고 생각했다. 하지만 팝 아트 작가들의 생각은 달랐다. 특히 워홀은 미술을 오락적인 '상품'과 다름없다고 말하며, 미술이 미술관에서 나와 일상생활 속으로 뛰어들어야 한다고 주장했다. ➡ 앤디 워홀이 사용한 팝 아트 소재와 작품의 특징

팝 아트의 중요한 소재 가운데 하나는 만화이다. _{팝 아트의 소재 ③} 리히텐슈타인은 만화의 한 장면을 광고 게시판 크기로 크게 확대하여 표현했다. _{팝 아트 작가 ②} _{리히텐슈타인 작품의 특징} 대중에게 너무나 익숙한 만화지만, 크게 확대해서 보면 오히려 완전히 새롭게 보인다는 것을 활용한 것이다. _{익숙한 대상을 새롭게 보이도록 함.} 만화뿐이 아니다. 수저나 운동화가 백 배 정도로 커진 모습을 상상해 보면 더는 익숙한 물건처럼 보이지 않을 것이다. _{팝 아트의 소재 ④} _{팝 아트의 소재 ⑤} 올덴버그는 우리가 즐겨 먹는 햄버거나 아이스크림을 건물 크기 정도의 거대한 조각 작품으로 만들어서 관객들이 주변의 일상용품을 새롭게 볼 수 있도록 했다. _{팝 아트 작가 ③} _{올덴버그 작품의 특징} ➡ 리히텐슈타인, 올덴버그가 사용한 팝 아트 소재와 작품의 특징

팝 아트 작가들이 작품에 활용한 콜라, 햄버거, 만화, 매릴린 먼로 등과 같은 친숙한 이미지들은 대량 소비 시대의 산물이다. _{팝 아트의 주요 소재가 지닌 특징} '대량 소비'는 공장에서 한꺼번에 대량으로 만들어진 제품을 사용한다는 뜻이다. 이런 제품은 구하기 쉽고 편리한 대신 모두 똑같아서 개성이 사라진다는 단점도 있다. 팝 아트 작가들의 작품은 이러한 현대의 소비문화를 찬미하는 동시에 비판한 것이다. _{팝 아트 작가들이 드러내고자 한 것} ➡ 주요 소재에서 알 수 있는 팝 아트 작가들의 의도

팝 아트 작가들이 대중에게 인기를 끈 것은 익숙한 소재를 활용하여 색다른 재미를 주고, 대중이 쉽게 미술을 즐길 수 있는 기회를 주었기 때문이다. 팝 아트 작가들에게 미술은 소수의 사람이 즐기는 신성한 예술 활동이 아니었다. 이들은 미술을 오락으로 취급하고 마치 상품처럼 제공하여 오히려 미술의 새로운 장을 열었다. _{함부로 가까이 할 수 없을 만큼 귀하고 위대함.} _{팝 아트의 의의} ➡ 미술을 대중적인 예술로 이끈 팝 아트의 의의

꿀강의

대표적인 팝 아트 작가들과 그들의 작품을 중심으로 팝 아트의 특징을 설명하는 글이다.

팝 아트의 의미	누구에게나 친숙한 소재를 작품에 활용한 미술 장르
팝 아트의 주요 소재	포장지, 연예인 사진, 만화, 일상용품 등의 대중에게 익숙한 것
팝 아트 작가들의 의도	• 현대의 소비문화를 찬미하는 동시에 비판함. • 누구나 쉽게 미술을 즐길 수 있도록 함.

---

1 글의 중심 내용 파악하기

2문단에서 앤디 워홀은 상품의 포장지와 여배우인 매릴린 먼로의 사진을 작품의 소재로 활용했다고 했다. 만화의 한 장면을 팝 아트의 소재로 활용한 작가는 리히텐슈타인이다.

2 숨어 있는 내용 찾기

팝 아트 작가들은 콜라, 햄버거, 만화, 매릴린 먼로 등과 같은 대중에게 익숙한 소재들을 사용했는데 이들은 대량 생산·소비되는 것들이다. 그들은 이런 상품들을 반복하거나 확대하면 새롭게 보인다는 것을 활용하여 작품을 만들었다.

근거 있는 오답 풀이

① 팝 아트는 대중이 쉽게 미술을 즐길 수 있게 했다는 점에서 사람들이 이해하기 어려워했던 추상 표현주의 정신과는 반대된다.

② 1960년대 미국 전반에 대량 소비문화가 범람하던 가운데 팝 아트가 그 산물을 작품의 소재로 삼은 것이다.

③ 팝 아트가 당시에만 성행하고 오늘날에는 사라진 미술 사조라는 것은 이 글을 통해 짐작할 수 없다.

④ 여배우의 사진을 판화로 찍어 반복 나열한 것은 팝 아트 작가인 앤디 워홀의 작품 특징에 해당한다. 그런데 팝 아트 작가들은 미술을 신성한 예술 활동이 아니라 쉽게 즐길 수 있는 오락으로 취급했으므로 이러한 특징의 작품이 신성한 예술 작품이 될 것이라는 추론은 적절하지 않다.

3 관점 비교하기

〈보기〉는 예술 작품의 가치는 정신적인 창조의 과정을 거친 작가의 개성을 통해 드러나는데, 기존의 소재를 이미지화한 작품은 작가의 고민이 많이 들어 있지 않아 예술적 가치가 떨어진다고 보는 관점이다. 따라서 〈보기〉의 관점에서는 대중적인 소재를 가져와 확대해 작품화한 팝 아트 작품은 작가의 개성과 고민을 담고 있지 못해 예술적 가치가 떨어진다고 비판할 수 있다.

• 중심 화제에 ○ 표시하기
• 5문단에서 '원인 – 결과'의 관계
를 보여 주는 부분에 ～～ 긋기

한국 춤이 가진 특성을 단적으로 이르는 말로 "손
하나만 들어도 춤이 된다."가 있다. 이는「겉으로는 동
작이 거의 없는 듯하면서도 그 속에 잠겨 흐르는 미묘
한 움직임이 있어 수많은 움직임을 하나의 움직임으
로 집중하여 완결시킨 경지이다. 이를 흔히 '정중동'이라고 한다.

➡ 한국 춤은 '정중동'의 특성이 있음.

한국 춤에는 '장단을 먹어 주는' 대목이 많이 나온다. '장단을 먹어 주는' 대목은 맺힌
것을 풀어 주는 이완일 경우도 있고 풀린 것을 맺어 주는 긴장일 경우도 있다. 긴장과 이
완을 적절히 배합하여 맺고 풀고 어르고 당기는 데에 한국 춤의 묘미가 있다.

➡ 한국 춤에는 '장단을 먹어 주는 대목'이 많이 나옴.

이렇게 맺고 푸는 연결점의 고리 역할을 더 철저히 하면서도 더 자유분방한 경우가 있
는데, ㉠'엇박을 타는' 대목이 그러하다. '엇박을 타는' 대목은 정해진 순서대로 진행되는
구조에 작은 변화를 준다. 이렇게 해서 일상성은 새로운 상황을 맞이하고 새로운 활기를
얻는다. 그러나 그것은 어디까지나 이치에 맞고 우호적이어서 저항감보다는 오히려 친
근감을 더해 준다. 이러한 자연스러운 파격으로 만들어지는 흥은 한국적 해학이 되어 한
국 예술 전반에 두루 나타난다.

➡ 한국 춤에는 '엇박을 타는 대목'이 있음.

일상성의 파격은 한국적 선에서도 찾아볼 수 있다. 한국의 지붕 선은 직선도 곡선도
아닌, 기묘하게 휘어진 선이다.「기와지붕의 처마 선처럼 하늘의 빛을 어깻죽지에 받아
날렵하게 밑으로 흘리되 이를 그 끄트머리에서 다시 모아 고이게 했다가 조금씩 아래로
떨어뜨리는 한국적 선은 버선발의 선이나 소맷자락의 선을 최대한으로 살리는 한국 춤
의 선과 다르지 않다. 이는 멋과 흥을 어깨에 받아 선을 그리면서 이를 온몸에 펼치며 오
금과 돋움새로 발을 내디디는 한국 춤의 모양새와 일치한다.

➡ 한국 춤에는 한국적 선이 드러남.

한국인은 판에 박은 듯한 글씨나 그림을 높이 평가하지 않고, 도자기를 굽더라도 서로
모양이 다른 것이 나올 때라야 묘미를 느낀다. 똑같은 것을 두 번 되풀이하는 것을 재미
없어하는 것이다. 한국 춤을 흔히 멋과 흥의 춤이라고 하는데, 이러한 일상적 파격의 요
소들이 어우러져 때로는 음악과 춤이 전혀 다르게 제각기 제멋대로 공연되기도 하고, 때
로는 휘모리장단으로 마구 몰아대는 음악 반주에도 아랑곳없이 아주 느리고 태평스러
운 춤을 추기도 한다. 이러한 음악과 춤의 극단적인 대비로 오히려 역동성이 드러나고,
더 나아가 춤과 음악이 자유로운 불일치를 이루는 데에서 최고의 조화로운 경지를 이루
어 내는 것이다. 결국 한국인은 일상성의 파격을 바탕으로 이미 삶을 예술화하면서 살고
있다고 할 수 있겠다.

➡ 한국 춤을 보면 한국인의 삶을 알 수 있음.

꿀강의

한국 춤의 특성을 제시하고, 한국 춤에 담겨 있는 한국인의 삶의 모습을 설명하는 글이다.

한국 춤의 특성	
• '정중동'이 있음.	• '장단을 먹어 주는' 대목이 많음.
• '엇박을 타는' 대목이 있음.	• 한국적 선이 드러남.
• 춤과 음악이 자유로운 불일치를 이룸.	

정답

1 ③ **2** ⑤ **3** ⑤

1 글의 중심 내용 파악하기

5문단의 '한국인은 판에 박은 듯한 글씨나 그림을 높
이 평가하지 않고, ～ 똑같은 것을 두 번 되풀이하는
것을 재미없어하는 것이다.'에서 확인할 수 있는 내
용이다.

근거 있는 오답 풀이

④ 2문단에서 한국 춤의 묘미는 긴장과 이완을 적
절히 배합하여 맺고 풀고 어르고 당기는 데에
있다고 했다.

⑤ 수많은 움직임을 하나의 움직임으로 집중해 완
결시킨 경지를 가리켜 '정중동'이라고 한다.

2 적용하기

4문단에서 한국의 지붕 선은 직선도 곡선도 아닌,
기묘하게 휘어진 선이라고 했다. 또 이러한 일상성
의 파격을 보여 주는 한국적 선은 버선발의 선을
최대한 살리는 한국 춤의 선과 다르지 않다고 했
다. 따라서 한국 춤의 선과 한국 지붕의 선이 대비
를 이룬다는 것은 적절하지 않다.

근거 있는 오답 풀이

① 1문단에 따르면 한국 춤은 동작이 거의 없는 듯
하면서도(정적) 그 속에 미묘한 움직임(동적)이
있다.

3 글의 중심 내용 파악하기

한국 춤에서 '엇박을 타는' 대목은 정해진 진행 구
조에 변화를 주지만, 이치에 맞고 우호적이어서 저
항감보다는 오히려 친근감을 더해 준다고 했다.

근거 있는 오답 풀이

① 3문단에서 맺고(긴장) 푸는(이완) 연결점의 고
리 역할을 더 철저히 하는 경우가 '엇박을 타는'
대목이라고 했다.

어휘 공략하기

본문 160~161쪽

1 (1) ㉔ (2) ㉮ (3) ㉱ (4) ㉯

2 (1) 가 소비 세 대비
　　(2) 가 기묘하다 세 묘미
　　(3) 가 이미지 세 경지

3 (1) 탈바꿈 (2) 찬미 (3) 열광

4 (1) 저항 (2) 태평 (3) 친숙

- 중심 화제의 특징을 설명한 부분에 ▭ 표시하기
- 글쓴이가 사람들의 잘못된 생각을 지적한 부분에 [ ] 표시하기

중심 화제
사진은 시간을 정지시킨 기록물이자 정지된 시간
사진의 특징 ①
이전의 사연을 보여 준다. 정지된 시간은 카메라 셔터가 찰각거리는 찰나에 지나지 않는다. 하지만 사진에 포착된 시간은 과거의 모든 인과 관계를 담고 있다.「예
어떤 것을 꼭 붙잡음.
컨대, 우리는 갈비뼈가 앙상하게 드러난 아프리카 어
「 」: 사진이 담고 있는 과거의 인과 관계를 보여 주는 예
린이의 사진을 볼 때 그 아이가 굶주린 시간에 대해 생각한다. 전쟁터에서 쓰러져 있는 병사의 사진을 보면서는 그 이전에 벌어진 참혹한 전쟁의 상황과 병사가 겪은 고통을 떠
매우 비참하고 끔찍함.
올리지 않을 수 없다.」 ⊙이렇게 사진은 과거를 향해 열린 창문이어서 우리는 그 창문을 통해 정지된 시간 이전의 사연을 들여다볼 수 있다.
➡ 사진은 시간을 정지시킨 기록물이자 과거의 사연을 보여 줌.

한편 **사진은 세계의 이미지를 담은 기록물이다.** 모든 초상화가 그렇듯이 사진에 찍힌
사진의 특징 ②
그 시간은 사진이 사라질 때까지 하나의 기호 형태로 저장된다. 인간이 사용하는 모든
어떤 뜻을 나타내기 위해 쓰는 여러 가지 표시.
기호들처럼 사진도 심리적인 특성들을 갖는다. 다만 사진의 기호는 인간이 쓰는 언어와는 아주 다르다. 그것은 주어도 서술어도 없이, 단지 하나의 장면과 어떤 이미지들로 구
인간의 언어를 구성하는 것   사진을 구성하는 것
성된 언어이다. 이처럼 사진은 서술적이라기보다는 단편적이지만, 이미지를 통해 전달
사진을 상세하게 설명하지 않아도 복합적이고 풍부한 의미를 담을 수 있음.
되는 그 의미는 단편적인 것 이상이다.
➡ 사진은 세계의 이미지를 담은 기록물임.

「예를 들어, 사진작가 워커 에반스가 1936년에 찍은 사진 「어린아이의 무덤」을 보자. 이
「 」: 사진이 담고 있는 상징성을 보여 주는 예
사진이 미국 대공황 시절 각박하고 어려운 삶의 현실을 기록한 것이라는 사실을 모르더
기록물로서의 사진
라도, 이 사진은 한 장의 사진 이상의 것을 생각하게 한다. 흙으로 만든 무덤과 무덤 한가
상징성을 갖는 사진
운데 놓인 낡은 그릇은 죽은 아이와 그 부모의 삶이 결코 풍족하거나 편안하지 않았음을 짐작하게 한다.」 사진은 하나의 상징인 것이다. 오래 살아남는 사진일수록 이러한 상징성이 강하게 들어 있어서 우리를 깊은 사색에 빠지게 하고 사진의 배후를 상상하게 만든다.
➡ 사진은 상징성을 가짐.

사진은 우리가 세계와 관계를 맺는 하나의 통로가 된다. [사람들은 흔히 사진이 세계를
사진의 특징 ③   [ ]: 사진에 대한 사람들의 잘못된 생각을 지적함.
있는 대로 담아낸 것이고 사진을 찍는 사람은 사건에 개입하지 않는다고 착각한다. 하지
직접적인 관계가 없는 일에 끼어듦.
만 대부분의 사진에는 찍는 사람이나 찍히는 사람의 의도가 개입되어 있다.] 그 의도는
무엇을 하고자 하는 생각이나 계획.
나중에 사진을 보는 사람들이 사진을 통해 어떤 이미지를 느끼고 어떤 생각을 하고 어떤
사진에 찍는 사람이나 찍히는 사람의 의도가 담기는 이유
평가를 해 주기를 바라는 마음과 관계가 깊다. 사진을 찍는 일 자체가 자신을 포함한 세계에 대해 의미를 부여하는 과정이 되는 것이다. 또한 사진을 보는 이 역시 사진을 대상의 대체물로 삼거나 사진을 통해 꿈꾸고 평가하면서 대상과 간접적으로 만나 세계와 관
기능이나 역할이 비슷해 원래 있던 물건과 바꿀 수 있는 물건.
계를 맺는 것이다.
➡ 사진은 우리가 세계와 관계를 맺는 통로가 됨.

꿀강의

시간과 세계의 이미지를 담은 기록물로서 사진의 특징에 대해 설명하는 글이다.

사진의 특징 ▸
- 시간을 정지시킨 기록물로 과거의 사연을 보여 줌.
- 세계의 이미지를 담은 기록물로 단편적 이미지 그 이상의 의미를 전달함.
- 우리가 세계와 관계를 맺는 통로가 됨.

정답

1 ① 2 ② 3 ④

1 글의 전개 방식 파악하기

이 글은 사진의 특성을 설명하기 위해 사진작가의 작품을 예로 들고 있지만, 전문가의 말을 인용하고 있지는 않다.

근거 있는 오답 풀이

② 1문단에서 사진은 '과거를 향해 열린 창문'이라고 비유적 표현을 사용하고 있다.

③ 1문단에서 갈비뼈가 앙상한 아프리카 어린이의 사진과 전쟁터에서 쓰러져 있는 병사의 사진을, 3문단에서 워커 에반스의 「어린아이의 무덤」을 예로 들어 사진의 특성을 설명하고 있다.

④ 2문단에서 언어와 비교하여 사진의 특징을 설명하고 있다.

⑤ 4문단의 '사람들은 흔히 ~ 찍는 사람이나 찍히는 사람의 의도가 개입되어 있다.'에서 사진에 대한 사람들의 잘못된 생각을 지적하고 있다.

2 글의 중심 내용 파악하기

이 글은 사진이 정지된 순간의 이미지를 담는 기록물이지만 상징성이 강하여 우리로 하여금 세상에 대해 많은 생각을 하게 해 준다는 내용을 담고 있다. ②는 상징성을 통해 세계에 대해 다양한 생각을 하게 하는 사진의 특성을 나타내고 있다.

3 숨어 있는 내용 찾기

1문단의 앞부분에서 '사진에 포착된 시간은 과거의 모든 인과 관계를 담고 있다'고 했고, ⊙의 '과거를 향해 열린 창문', '그 창문을 통해 정지된 시간 이전의 사연을 들여다볼 수 있다'는 내용으로 보아 ⊙을 ④와 같이 해석하는 것이 적절하다.

근거 있는 오답 풀이

② 사진은 과거의 사연을 생각하게 하는 것이지, 과거의 사연을 그대로 기록하는 것은 아니다.

③ 사진은 과거의 인과 관계를 담고 있는 것이지, 과거 일의 원인이나 책임을 밝히는 것은 아니다.

- 핵심 질문에 ▬▬ 표시하고, 중심 화제에 ◯, ▢ 표시하기
- 핵심 질문에 대한 각 중심 화제의 관점에 〰〰 긋기

'인간이란 무엇인가?', '사랑이란 무엇인가?', '삶의 의미는 무엇인가?'와 같은 근원적 질문에는 명쾌하게 답을 내리기 어렵다. '예술이란 무엇인가?'에 대한 것도 마찬가지이다. 이 질문에 대해서는 오래전부터 '표현론'과 '모방론'이 양립해 왔다.

➡ '예술이란 무엇인가?'에 대해 표현론과 모방론이 양립해 옴.

우선 표현론은 예술이란 이 세상에 존재하지 않는 가장 이상적인 것을 창조해 내는 것이라는 입장이다. 예술가는 그 이상적인 것을 직접 창조하기 때문에 신적인 존재이다. 따라서 예술가가 하는 창작은 없는 것을 존재하게 하는 신적 창작이다. 「이를 잘 보여 주는 사례가 피그말리온 신화이다. 그리스 신화에 나오는 조각가 피그말리온은 자신이 만든 조각상을 사랑하게 된다. 그 마음을 안 아프로디테가 조각상에 생명을 불어넣어 주고, 피그말리온은 인간이 된 자신의 창조물과 실제 사랑을 이룬다.」 이 신화는 표현론의 관점을 잘 드러낸다. 그래서 표현론은 피그말리온형으로 불린다.

➡ 표현론은 예술을 세상에 없는 것을 창조하는 것으로 봄.

한편 모방론은 예술이란 새로운 현실을 창작하는 것이 아니라 눈으로 볼 수 있는 현실을 최대한 똑같이 베끼는 것이라는 입장이다. 표현론의 창작이 신적인 데 반해 모방론의 창작은 인간적이다. 「고대 그리스의 화가 제욱시스가 포도 넝쿨을 그렸더니, 참새들이 포도송이인 줄 알고 따 먹으려 달려들었다는 이야기가 전해진다.」 이 전설은 예술을 현실의 모방으로 보는 모방론의 관점을 잘 드러낸다. ➡ 모방론은 예술을 현실의 모방으로 봄.

피그말리온형은 우리가 흔히 마법의 시대라고 부르던 시대의 이야기다. 조각상이 실제 인간으로 변할 수 있었던 것처럼 가상과 현실이 분리되기 전에는 가상과 현실은 언제든 자리바꿈할 수 있었다. 이 시대 그리스 예술가들은 신상을 창작함으로써 신을 존재하게 만들었다. 이렇게 예술이란 새로운 삶의 방식을 만들어 내는 것이며, 여기에 예술의 본질과 진리가 있다는 믿음이 피그말리온형의 예술론이다.

➡ 가상과 현실이 분리되기 이전 시대에 피그말리온형의 예술론(표현론)이 있었음.

반면 제욱시스 시대는 인간의 상상력이 합리적 사유, 즉 이성에 억눌려 가상과 현실이 분리된 시대이다. 가상이 현실에서 분리될수록 두 세계를 연결하고픈 인간의 욕망은 강해졌고 화가들은 더욱더 눈속임에 집착했다. 르네상스 시대의 화가들은 원근법, 색채론, 비례론 등의 과학적 지식을 동원해 자신이 표현하고자 하는 대상을 완벽하게 재현하여 그 대상을 정복하려 한 것이다. 당대의 건축가이자 철학자였던 레온 바티스타 알베르티가 '원근법이란 눈에서 그물처럼 뻗어 나간 시선의 그물로 사물을 체포하는 것'이라고 말한 이유가 바로 여기에 있다. ➡ 가상과 현실이 분리된 시대에 제욱시스형의 예술론(모방론)이 등장함.

꿀강의

'예술이란 무엇인가?'라는 물음에 대해 양립해 온 표현론과 모방론의 관점을 설명하는 글이다.

표현론(피그말리온형)	예술에 대한 관점	모방론(제욱시스형)
이 세상에 존재하지 않는 가장 이상적인 것을 창조해 내는 것		눈으로 볼 수 있는 현실을 최대한 똑같이 베끼는 것

---

1 글의 중심 내용 파악하기

3문단에서 모방론이 말하는 예술의 본질(눈으로 볼 수 있는 현실을 최대한 똑같이 베끼는 것)을 설명하며 제욱시스의 그림을 예로 들었다.

근거 있는 오답 풀이

② 예술이 새로운 삶의 방식을 만들어 내는 것이라고 보는 관점은 표현론이다.

③ 피그말리온 이야기는 없는 것을 존재하게 하는 신적 창작의 예이다.

⑤ 그리스 예술가들이 신상을 창작한 것은 가상과 현실이 분리되기 전 가상과 현실이 언제든 자리바꿈할 수 있었던 시대로, 실제로는 없는 신을 존재하게 만들기 위해서였다. 대상을 완벽하게 재현하려는 것은 르네상스 시대 화가들의 창작에 해당한다.

2 적용하기

〈보기〉는 모방론의 관점에서 원근법을 사용한, 르네상스 시대의 작품에 대한 설명이다. ⑤의 용의 그림에 눈동자를 찍으면 용이 날아오른다는 믿음은 가상과 현실이 분리되지 않았을 때, 예술을 없는 것을 존재하게 하는 신적 창작이라고 생각한 표현론의 관점에서 할 수 있는 생각이다. 따라서 〈보기〉에 제시된 작품이 표현론의 관점에서 창작되었다고 본 ⑤는 적절하지 않다.

근거 있는 오답 풀이

①, ④ 모방론은 원근법, 색채론, 비례법 등의 과학적 지식을 동원해 대상을 완벽하게 재현하려 한다. 〈보기〉에 제시된 작품은 원근법을 사용한, 과학적 지식을 발휘한 결과물이라고 볼 수 있다.

②, ③ 〈보기〉에 제시된 작품은 가상과 현실이 분리된 시대에 인간의 상상력이 합리적 사유, 즉 이성에 억눌려 그린 그림이라고 볼 수 있다.

어휘 공략하기

본문 166~167쪽

1 (1) 부여하다 (2) 풍족하다 (3) 개입하다 (4) 기록하다

2 (1) 기호 (2) 서술 (3) 주어

3 (1) 찰나 (2) 예컨대

4 (1) 분명하다 (2) 메마르다 (3) 지어내다

www.mirae-n.com

학습하다가 이해되지 않는 부분이나 정오표 등의 궁금한 사항이 있나요?
미래엔 홈페이지에서 해결해 드립니다.

교재 내용 문의
나의 교재 문의 | 수학 과외쌤 | 자주하는 질문 | 기타 문의

교재 정답 및 정오표
정답과 해설 | 정오표

교재 학습 자료
개념 강의 | 문제 자료 | MP3 | 실험 영상

Contact Mirae-N
www.mirae-n.com
(우)06532 서울시 서초구 신반포로 321
1800-8890

미래엔 교과서 연계 도서

교과서 예습 복습과 학교 시험 대비까지
한 권으로 완성하는 자율학습서와 실전 유형서

미래엔 교과서 자습서

[2022 개정]
국어 (신유식) 1-1, 1-2*
　　　 (민병곤) 1-1, 1-2*
영어 1
수학 1
사회 ①, ②*
역사 ①, ②*
도덕 ①, ②*
과학 1
기술·가정 ①, ②*
생활 일본어, 생활 중국어, 한문

　　　*2025년 상반기 출간 예정

[2015 개정]
국어 2-1, 2-2, 3-1, 3-2
영어 2, 3
수학 2, 3
사회 ①, ②
역사 ①, ②
도덕 ①, ②
과학 2, 3
기술·가정 ①, ②
한문

미래엔 교과서 평가 문제집

[2022 개정]
국어 (신유식) 1-1, 1-2*
　　　 (민병곤) 1-1, 1-2*
영어 1-1, 1-2*
사회 ①, ②*
역사 ①, ②*
도덕 ①, ②*
과학 1

　　　*2025년 상반기 출간 예정

[2015 개정]
국어 2-1, 2-2, 3-1, 3-2
영어 2-1, 2-2, 3-1, 3-2
사회 ①, ②
역사 ①, ②
도덕 ①, ②
과학 2, 3

예비 고1을 위한 고등 도서

비주얼 개념서 룩

이미지 연상으로 필수 개념을 쉽게 익히는
비주얼 개념서

국어　문법
영어　분석독해

문학 입문서 손쉬운

작품 이해에서 문제 해결까지
손쉬운 비법을 담은 문학 입문서

현대 문학, 고전 문학

필수 기본서 엔픽

복잡한 개념은 쉽고, 핵심 문제는 완벽하게!
사회·과학 내신의 필수 개념서

사회　통합사회1, 통합사회2*, 한국사1, 한국사2*
과학　통합과학1, 통합과학2

　　　*2025년 상반기 출간 예정

수학 개념을 쉽게 이해하는 방법?
개념수다로 시작하자!

수학의 진짜 실력자가 되는 비결 -
나에게 딱 맞는 개념서를 술술 읽으며 시작하자!

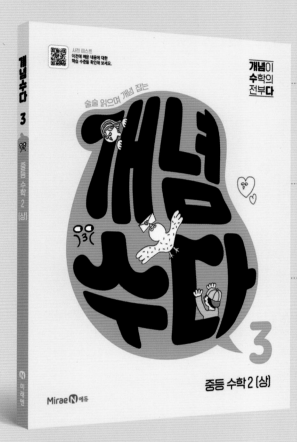

개념 이해
친구와 수다 떨듯 쉽고 재미있게,
베테랑 선생님의 동영상 강의로 완벽하게

개념 확인·정리
깔끔하게 구조화된 문제로 개념을 확인하고,
개념 전체의 흐름을 한 번에 정리

개념 끝장
온라인을 통해 개개인별 성취도 분석과
틀린 문항에 대한 맞춤 클리닉 제공

| 추천 대상 |
· 중등 수학 과정을 예습하고 싶은 초등 5~6학년
· 중등 수학을 어려워하는 중학생

개념이 수학의 전부다
수학 개념을 제대로 공부하는 EASY 개념서

개념수다 시리즈

0_초등 핵심 개념
3_중등 수학 2(상), 4_중등 수학 2(하)
5_중등 수학 3(상), 6_중등 수학 3(하)

수학은 순서를 따라 학습해야 효과적이므로,
초등 수학부터 꼼꼼하게 공부해 보자.

초등 핵심 개념
한 권으로 빠르게 정리!